世界大学100强

TOP 100 UNIVERSITIES IN THE WORLD

王战军 汪滢 李旖旎 等 编著

看世界·强国教育

教育部学位管理与研究生教育战略研究基地系列著作

中国科学技术出版社
·北京·

图书在版编目（CIP）数据

世界大学100强 / 王战军等编著 . —北京：中国科学技术出版社，2024.8
（看世界·强国教育）
ISBN 978-7-5236-0665-0

Ⅰ.①世⋯ Ⅱ.①王⋯ Ⅲ.①高等学校—介绍—世界 Ⅳ.① G649.1

中国国家版本馆 CIP 数据核字（2024）第 087613 号

| 王战军 汪滢 李旖旎 闫晓敏 于春晓 蔺跟荣 刘静 陈玲
王鹏 黄欢 邱钰超 雷紫绚 张泽慧 郭广霞 滕昌宏 郝敬丹
余依凡 詹达尔别克·莫尔达舍夫（Zhandarbek Moldashev）
玛迪娜·乌拉兹别克娃（Madina Urazbekova） 张晓峰 | 编著 |

总 策 划	秦德继
策划编辑	王晓义
责任编辑	王晓义
装帧设计	锋尚设计
责任校对	焦 宁
责任印制	徐 飞

出 版	中国科学技术出版社
发 行	中国科学技术出版社有限公司
地 址	北京市海淀区中关村南大街 16 号
邮 编	100081
发行电话	010-62173865
传 真	010-62173081
网 址	http://www.cspbooks.com.cn

开 本	710mm×1000mm　1/16
字 数	480 千字
印 张	27.25
版 次	2024 年 8 月第 1 版
印 次	2024 年 8 月第 1 次印刷
印 刷	北京瑞禾彩色印刷有限公司
书 号	ISBN 978-7-5236-0665-0 / G·1044
定 价	99.00 元

（凡购买本社图书，如有缺页、倒页、脱页者，本社销售中心负责调换）

内容简介

本书是一部从大学文化、大学精神视角描述世界百所顶级大学的著作。本书秉持"面向世界，服务需求"的理念，服务大学建设与发展，服务国际学生交流。本书以主要世界大学排行榜为参考，结合政治、经济、历史、文化等要素，兼顾国际学生数量，选取了美国、英国、德国、法国、俄罗斯、日本、中国等21个国家的100所世界顶级大学展开研究，试图厘清世界顶级大学的"根"与"魂"。全书在写作上坚持本真思维，用数据和事实说话，重点展现百所世界顶级大学的历史沿革、学科领域、研究生教育、学生构成、师资力量、校园文化等内容，力图揭示世界顶级大学的本质特征，展示世界顶级大学对人类文明进步的卓越贡献。

全书内容翔实、资料丰富，为服务社会大众对大学认识的需求和服务国际学生流动提供了有力支撑，为世界各国大学建设提供了可行路径，也为高等教育研究提供了有价值的资料。本书可以作为高等教育学、研究生教育学的教学用书，也可以作为教育管理人员、留学服务机构，以及学生和家长的参考书。

INTRODUCTION

This book is a comprehensive work that explores the cultural and spiritual aspects of the top 100 universities worldwide. Guided by the principle of "engaging with the world, addressing societal needs", this publication aims to contribute to university development and international student exchange. Drawing on major global university rankings and incorporating elements such as politics, economy, history, and culture, this book introduces 100 leading universities from 21 countries, including the United States, United Kingdom, Germany, France, Russia, Japan, China etc., in an effort to elucidate their "roots" and "soul". The author book adopts an objective approach by utilizing data and facts as substantiation. It focuses on providing detailed insights into these prestigious universities' historical evolution, academic disciplines offered, research programs at graduate level, international student composition, faculty expertise, campus culture etc., with the aim of revealing their distinctive characteristics and showcasing their significant contributions to human civilization progress.

This book offers a comprehensive content enriched with abundant resources that strongly support society's need for understanding universities and facilitate international student mobility. It also provides practical guidance for establishing universities globally and serves as valuable reference material for higher education research. This book can be utilized as a textbook for higher education studies and graduate education studies, and serve as a guidebook for educational administrators, study abroad service agencies, students and parents.

前言 PREFACE

　　大学是一种功能独特的社会组织，是人类文化发展到一定阶段的产物。大学与人类文明、社会发展密切相关，其功能逐渐发展为人才培养、科学研究、社会服务、国际交流与合作、文化传承与创新。随着科技革命与产业变革的加速，大学的作用越来越突出，由"象牙塔"走向社会中心。世界顶级大学成为人类文明进步的重要引擎，也是国家创新发展的"定海神针"，成为一个国家的科技创新和人才培养的战略基地。世界各国都极为重视世界顶级大学建设，纷纷采用适合自己国情的办学模式，走出了各具特色的世界顶级大学发展之路。

　　美国的世界顶级大学在全球高等教育体系中具有举足轻重的地位，不仅数量众多，而且学术水平卓越。为持续维护美国顶级大学的世界卓越地位，美国联邦政府从2005年起开始实施"国家综合战略"，相继制定和启动了《高等教育行动计划》《美国竞争力计划》等战略计划。该战略旨在通过增加美国高等教育的入学机会，提高其供给能力、社会责任和教育质量，维持美国高等教育的竞争力和世界卓越地位。德国作为欧洲最早实施大学战略资助项目的国家，于2005年开始实施"卓越计划"，致力于研究生院、卓越集群和精英大学的建设，以增强德国大学在国际研究领域的知名度和竞争力，彰显德国顶级大学优势，实现德国高等教育领先世界的复兴目标。2002—2014年，日本先后出台"21世纪COE计划""G-COE计划"和"TGUP计划"，旨在培养处于世界领先地位的创新型人才，推进具有国际竞争力且个性色彩凸显的大学建设。

　　中国始终重视世界顶级大学建设，将之作为高等教育发展的重大战略举措。从1952年开始，中国在高等教育领域进行了大规模的院校调整，旨在为工业建设培养人才、为高校培养师资。1954年10月，中华人民共和国高等教育部将北京大学等6所高校确定为全国性的重点学校。1978年，国务院转发教育部关于恢复和办好重点大学的报告，确定了88所全国重点大学。1999年1月，国务院批准教育部《面向21世纪教育振兴行动计划》，首次以政府文件形式提出创建"一流大学"的目标，"985工程"正式启动。2015年，中国开始实施"双一流"建设战略，把加快建设世界顶级大学和优势学科作为重中之重，旨在实现从高等教育大国到高等教育强国的历史性跨越。中国建设世界顶级大学旨在更好地服务国家战略、服务人民需要，体现了科学性与价值性的统一。

世界顶级大学建设与发展研究已经成为全球范围内的研究热点。目前，有很多关于世界顶级大学的著作，从研究目的看，主要是对世界顶级大学的宣传和推介，缺少对世界顶级大学精神和文化的挖掘；从研究视角看，多是在个案研究基础上展开讨论，缺乏对世界顶尖大学发展规律的系统论述。为此，我们本着"面向世界，服务需求"的宗旨，从学理性、学科性、学术性角度出发，揭示世界顶级大学的本质与特征，凝练世界顶级大学的文化与精神，以期把握世界顶级大学建设的"根"与"魂"。

在研究中，我们以主要世界大学排行榜为参考，初步选出在多个排行榜中均排在前150名的116所大学。在此基础上，充分考虑世界顶级大学在全球的影响力、吸引力和发展历史，所在国家的政治地位、经济实力和历史文化，并结合大学的国际学生数量，综合选择100所世界顶级大学进行重点研究（表1）。其中，北美洲39所、欧洲36所、亚洲19所、其他大洲6所；从国家分布看，选取的大学数量排在前三位的依次为美国（36所）、英国（13所）、中国（13所）、德国（5所）、澳大利亚（5所）。

表1　世界顶级大学100强名单　　　　　　　　　　（单位：所）

区域	国家	院校名称
北美洲（39）	美国（36）	哈佛大学（Harvard University）、斯坦福大学（Stanford University）、麻省理工学院（Massachusetts Institute of Technology）、加州大学伯克利分校（University of California, Berkeley）、普林斯顿大学（Princeton University）、哥伦比亚大学（Columbia University in the City of New York）、加州理工学院（California Institute of Technology）、芝加哥大学（The University of Chicago）、耶鲁大学（Yale University）、康奈尔大学（Cornell University）、加州大学洛杉矶分校（University of California, Los Angeles）、宾夕法尼亚大学（University of Pennsylvania）、约翰斯·霍普金斯大学（Johns Hopkins University）、华盛顿大学（University of Washington）、加州大学圣地亚哥分校（University of California San Diego）、

续表

区域	国家	院校名称
		密歇根大学安娜堡分校（University of Michigan，Ann Arbor）、纽约大学（New York University）、西北大学（Northwestern University）、北卡罗来纳大学教堂山分校（University of North Carolina at Chapel Hill）、杜克大学（Duke University）、威斯康星大学麦迪逊分校（University of Wisconsin-Madison）、德克萨斯大学奥斯汀分校（University of Texas at Austin）、南加州大学（University of Southern California）、普渡大学（Purdue University West Lafayette）、布朗大学（Brown University）、波士顿大学（Boston University）、卡内基梅隆大学（Carnegie Mellon University）、加州大学戴维斯分校（University of California, Davis）、华盛顿大学圣路易斯分校（Washington University in St. Louis）、明尼苏达大学双城分校（University of Minnesota，Twin Cities）、马里兰大学帕克分校（University of Maryland，College Park）、科罗拉多大学博尔德分校（University of Colorado Boulder）、范德堡大学（Vanderbilt University）、匹兹堡大学（University of Pittsburgh）、俄亥俄州立大学（The Ohio State University）、佐治亚理工学院（Georgia Institute of Technology）
	加拿大（3）	多伦多大学（University of Toronto）、不列颠哥伦比亚大学（The University of British Columbia）、麦吉尔大学（McGill University）
欧洲（36）	英国（13）	剑桥大学（University of Cambridge）、牛津大学（University of Oxford）、伦敦大学学院（University College London）、爱丁堡大学（The University of Edinburgh）、曼彻斯特大学（The University of Manchester）、伦敦国王学院（King's College London）、布里斯托大学（University of Bristol）、诺丁汉大学（University of Nottingham）、帝国理工学院（Imperial College London）、华威大学（The University of Warwick）、利兹大学（University of Leeds）、南安普顿大学（University of Southampton）、伯明翰大学（University of Birmingham）
	德国（5）	柏林洪堡大学（Humboldt University of Berlin）、海德堡大学（Heidelberg University）、慕尼黑大学（University of Munich）、慕尼黑工业大学（Technical University of Munich）、柏林自由大学（Free University of Berlin）
	瑞士（4）	苏黎世联邦理工学院（Swiss Federal Institute of Technology in Zurich）、洛桑联邦理工学院（Swiss federal Institute of Technology in Lausanne）、苏黎世大学（University of Zurich）、日内瓦大学（University of Geneva）
	荷兰（4）	乌得勒支大学（Utrecht University）、格罗宁根大学（University of Groningen）、莱顿大学（Leiden University）、阿姆斯特丹大学（University of Amsterdam）
	俄罗斯（2）	莫斯科国立大学（Moscow State University）、圣彼得堡国立大学（St Petersburg State University）
	法国（2）	巴黎-萨克雷大学（Paris-Saclay University）、索邦大学（Sorbonne University）
	丹麦	哥本哈根大学（University of Copenhagen）
	挪威	奥斯陆大学（University of Oslo）
	比利时	鲁汶大学（Leuven University）
	芬兰	赫尔辛基大学（University of Helsinki）

续表

区域	国家	院校名称
	瑞典	隆德大学（Lund University）
	奥地利	维也纳大学（University of Vienna）
亚洲 （19）	日本 （2）	东京大学（The University of Tokyo）、京都大学（Kyoto University）
	新加坡 （2）	新加坡国立大学（National University of Singapore）、南洋理工大学（Nanyang Technological University）
	韩国	首尔大学（Seoul National University）
	以色列	以色列理工学院（Technion-Israel Institute of Technology）
	中国 （13）	清华大学（Tsinghua University）、北京大学（Peking University）、哈尔滨工业大学（Harbin Institute of Technology）、复旦大学（Fudan University）、上海交通大学（Shanghai Jiao Tong University）、南京大学（Nanjing University）、浙江大学（Zhejiang University）、中国科学技术大学（University of Science and Technology of China）、西安交通大学（Xi'an Jiaotong University）、香港大学（The University of Hong Kong）、香港科技大学（The Hong Kong University of Science and Technology）、香港中文大学（Chinese University of Hong Kong）、香港理工大学（The Hong Kong Polytechnic University）
其他大洲 （6）	澳大利亚 （5）	悉尼大学（The University of Sydney）、墨尔本大学（The University of Melbourne）、昆士兰大学（the university of queensland）、新南威尔士大学（The University of New South Wales）、澳大利亚国立大学（The Australian National University）
	巴西	圣保罗大学（Saint Paul University）

我们对世界顶级大学的研究围绕"三要点、六要素"的思路展开。"三要点"即三项主要研究内容：发展规律、学术贡献、大学文化，重点研究世界顶级大学的发展规律，在学术领域和人才培养等方面所做的突出贡献，大学发展过程中所凝聚的大学精神与文化；"六要素"即六个核心研究模块：历史沿革、学科领域、研究生教育、学生构成、师资力量、校园文化，着力描述世界顶级大学在这六个主要方面的发展情况。通过这种多层次、多视角的研究，探析世界顶级大学的现状、特征、形成规律和发展趋势，以期为推动世界顶级大学建设与发展提供有力支撑。

世界顶级大学是具有全球吸引力、追求卓越、引领发展，能够培养顶级人才、产出领先成果，促进社会发展、引领文化方向、参与全球治理的大学。本书系统探索了世界顶级大学建设与发展的规律，深入探究了世界顶级大学的发展历史、现状及其未来。世界顶级大学都是在促进人类文明进步并服务国家经济社会发展中成长起来的，培养了一大批全球著名的政治家、金融家、科学家、企业家、教育家、军事家等顶尖人才，在探索世界、改造世界，促进人类文明与社会发展中发挥了重要作用，在全球大学建设发展中起到了引领示范作用。这些标志性成就形成了世界顶级大学的核心竞争力，彰显了各具特色的大学文化。

　　本书系统、全面、客观地描述了100所世界顶级大学的建设与发展情况，对深刻认识世界顶级大学的概念与内涵，服务全球国际学生流动具有较高的学术价值和参考价值。在此基础上，我们计划编写《世界大学100强》的姊妹书《中国大学100强》。该书将全面展现中国顶级大学的发展历程、学科特色、招生情况、大学文化等，以生动的方式讲好中国顶级大学的发展故事。我们期望这两本书能够引起全球读者对世界及中国顶级大学功能与作用的深度思考和研究，进一步推动全球及中国顶级大学的持续发展，为构建人类命运共同体不断贡献力量。

目录 CONTENTS

北美洲大学

哈佛大学 / 2

斯坦福大学 / 6

麻省理工学院 / 10

加州大学伯克利分校 / 14

普林斯顿大学 / 18

哥伦比亚大学 / 22

加州理工学院 / 26

芝加哥大学 / 30

耶鲁大学 / 34

康奈尔大学 / 38

加州大学洛杉矶分校 / 42

宾夕法尼亚大学 / 46

约翰斯·霍普金斯大学 / 50

华盛顿大学 / 54

加州大学圣地亚哥分校 / 58

密歇根大学安娜堡分校 / 62

纽约大学 / 66

西北大学 / 70

北卡罗来纳大学教堂山分校 / 74

杜克大学 / 78

威斯康星大学麦迪逊分校 / 82

德克萨斯大学奥斯汀分校 / 86

南加州大学 / 90

普渡大学 / 94

布朗大学 / 100

波士顿大学 / 104

卡内基梅隆大学 / 108

加州大学戴维斯分校 / 112

华盛顿大学圣路易斯分校 / 116

明尼苏达大学双城分校 / 120

马里兰大学帕克分校 / 126

科罗拉多大学博尔德分校 / 130

范德堡大学 / 134

匹兹堡大学 / 138

俄亥俄州立大学 / 142

佐治亚理工学院 / 146

多伦多大学 / 150

不列颠哥伦比亚大学 / 154

麦吉尔大学 / 158

欧洲大学

剑桥大学 / 164

牛津大学 / 170

伦敦大学学院 / 176

爱丁堡大学 / 180

曼彻斯特大学 / 184

伦敦国王学院 / 188

布里斯托大学 / 192

诺丁汉大学 / 196

帝国理工学院 / 200

华威大学 / 204

利兹大学 / 208

南安普顿大学 / 212

伯明翰大学 / 216

柏林洪堡大学 / 220

海德堡大学 / 224

慕尼黑大学 / 228

慕尼黑工业大学 / 232

柏林自由大学 / 236

莫斯科国立大学 / 240

圣彼得堡国立大学 / 244

苏黎世联邦理工学院 / 248

洛桑联邦理工学院 / 252

苏黎世大学 / 256

日内瓦大学 / 260

乌得勒支大学 / 264

格罗宁根大学 / 268

莱顿大学 / 272

阿姆斯特丹大学 / 276

巴黎-萨克雷大学 / 280

索邦大学 / 284

哥本哈根大学 / 288

奥斯陆大学 / 292

鲁汶大学 / 296

赫尔辛基大学 / 300

隆德大学 / 304

维也纳大学 / 308

亚洲大学

东京大学 / 314

京都大学 / 320

新加坡国立大学 / 324

南洋理工大学 / 328

首尔大学 / 332

以色列理工学院 / 336

清华大学 / 340

北京大学 / 344

哈尔滨工业大学 / 348

复旦大学 / 352

上海交通大学 / 356

南京大学 / 360

浙江大学 / 364

中国科学技术大学 / 368

西安交通大学 / 372

香港大学 / 376

香港科技大学 / 380

香港中文大学 / 384

香港理工大学 / 388

其他洲大学

悉尼大学 / 394

墨尔本大学 / 398

昆士兰大学 / 402

新南威尔士大学 / 406

澳大利亚国立大学 / 410

圣保罗大学 / 414

后记 / 419

北美洲大学

# 哈佛大学

哈佛大学（Harvard University）是世界大学建设发展的典范，是培养政治领袖、商业巨子、科学巨人和文化名人的摇篮，先后诞生了8位美国总统，158位诺贝尔奖和18位普利策奖获得者。沟通中美两国关系的亨利·阿尔弗雷德·基辛格（Henry Alfred Kissinger）博士，奠基中国近代人文和自然学科的林语堂、竺可桢、梁实秋、梁思成等都和这所世界顶尖级高等学府息息相关。初创的哈佛大学只是一所殖民地的小学院，但是，求是崇真的办学理念、精深多元的学科发展、分权自治的管理方式、卓越一流的师资生源、博雅笃学的校园文化，使哈佛大学成了世界顶尖大学。

1636年，哈佛大学的前身"剑桥学院"在波士顿成立，1639年为纪念约翰·哈佛的慷慨捐赠而易名为哈佛学院。1780年，在美国建国后的第四年，已走过144年光阴的哈佛学院更名为"哈佛大学"。哈佛大学在成立之初是一所小规模的本科学院，以培养"绅士"为目的。进入19世纪后，哈佛大学开始按照德国大学模式进行现代化转型，特别是1869年化学家查尔斯·威廉·艾略特（Charles William Eliot）出任校长后，通过率先实行选修课制度、改造专业学院、设立研究生院等一系列改革，建立了完备的大学教育体系，真正点亮了哈佛的"生命之光"。如今的哈佛大学已经从一所只有9名学生的小型学院，发展成为拥有15个学院近2万名学生的综合性大学。

哈佛大学几乎所有的本科生都在文理学院，学术型的硕士生和博士生也主要在文理学院。而为大众所熟知的商学院、法学院、肯尼迪政府学院、教育学院、医学院等主要以专业学位的研究生教育为主，实际上是专业性的学院。文理学院的学科设置以文、史、哲、数、理、化等基础学科为主。这些学科以对自然及人类社会规律认识及知识体系的建构为主。研究生层次的专业学院则是以社会实践中的一个行业或一类职业为基础建立的，对应的学科具有综合性与实践性的特点，如管理学、法学、教育学、工学、医学、农学等学科。随着学科的不断分化和融合，哈佛大学开展了很多跨学科的研究项目，建立了相应的研究中心，以促进跨学科研究的开展。

哈佛大学设有10个研究生院，其中肯尼迪政府学院、法学院和商学院尤为有名。肯尼迪政府学院成立于1936年，前身为公共行政学院，以培养专业的公共服务人员为目标。肯尼迪政府学院虽然年轻，却成就斐然，培育出了两位美国总统，还有多个国家的总统、政府要员入学学习，因此被誉为"政治家的摇篮"。哈佛大学法学院创立于1817年，是美国最古老的法学院，为美国乃至全世界培养了很多优秀的律师。法学院与美国政府的关系甚密，但二者既相互尊重又保持一定距离，政府很少干预学院内的学术研究，学生和教授的教和学都享有绝对的自由。创办于1908年的哈佛大学商学院，从一开始就确定了培养领袖的目标。毫不夸张地说，商学院的一举一动都影响着美国甚至世界的经济走向，它的一言一行都牵动着商业领域的潮起潮落。在事实和理论基础上进行引导、归纳，是哈佛大学商学院的教育模式。商学院的教学经验和所用的教材都被视为世界商科教育的典范，由商学院教师跟从公司运作写出的成功或失败的商业管理案

例让学生掌握了颇为难得的第一手材料。哈佛大学商学院已经成为世界商务案例创作的重要发源地。

"分权"和"自治"是哈佛大学研究生院的管理特色。各研究生院具有非常大的自主权,几乎所有的权力和责任都集中在学院一级,各研究生院的院长在整个大学管理中具有非常重要的地位。这种管理方式使各研究生院成为一个高度自治、自我发展、自我约束的组织。也正是由于这样的管理方式,哈佛大学成了一个非常多样化的组织,各个研究生院的管理与文化都有自己的特点,也都与各自的学科特点紧密相关。从管理角度看,哈佛大学更像一个自治学院的联邦,每个研究生院都是一个独立的实体,无论是招生、培养还是学位授予等方面都具有很大的自治权。如在招生环节,研究生院只负责对报名材料进行初审,然后分送各有关院系,最后再对院系确定的录取名单进行复审,中间的考选与录取工作都由院系组织进行。

哈佛大学的本科生规模较小。过去十年间,哈佛大学本科生总人数一直维持在6600—7000人,每届本科生人数为1700人左右。截至2022年,哈佛大学在校本科生为7178名。其中,国际本科生为947人,占比约为13%。在国际本科生中,加拿大学生人数最多,共有162人;其次是英国82人;澳大利亚和中国学生分别以42人和41人位居第三位和第四位。四届学生平均下来,每年哈佛大学录取的中国本科生在10人左右,在国际本科生总数中的占比约为1%。

哈佛大学的研究生规模远超于本科生。2022年,哈佛大学在校研究生为12551人。其中,国际研究生为5010人,占比约为40%。在各大研究生院中,设计学院、政府学院、商学院和公共卫生学院的国际研究生占比过半,其他研究生院则是以美国本土学生为主。中国是哈佛大学国际研究生的最大来源地,但是构成极不均衡。2022年,哈佛大学各研究生院在读的中国研究生数量总计1290人,占国际研究生总数的约26%。中国的研究生主要集中在文理学院、设计学院、公共健康、教育学院,而商学院、医学院、法学院的中国研究生人数相对较少。

哈佛大学汇聚了一批全球杰出的学者、教育者和实践者。他们致力于教育状况的改进,通过教育成就学生、变革社会、促进文明,推动世界的繁荣。截至2023年,哈佛大学任职教职员工5290人。其中,教师2452人,学术研究员2838人。历史上共有50多名教师在哈佛大学工作期间获得诺贝尔奖。任职教师中还有众多的图灵奖、普利策奖、菲尔兹奖获得者。哈佛大学的师资团队呈现出专业性、多元性的特征。专业性体现在各专业教师都是该领域专业水平精深的顶尖学者，如哈佛大学医学院的乔治·戴利（George Q. Daley）教授是国际公认的干细胞科学和癌症生物学的领导者；哈佛大学法学院的劳伦斯·却伯（Laurence H. Tribe）教授被誉为是近半个世纪以来美国最杰出的宪法学者。多元性体现在教师身份多元、学科知识背景多元，如哈佛大学的威廉·詹姆斯（William James）教授不仅是教育学家，还是著名的心理学家；国际教育政策专业的师资团队由各领域的知名学者组成，包括微观经济分析、国际项目监测和评估、营利组织管理、幼儿发展、冲突地区的教育推广和社会创业等。这样的师资团队有助于培养广域博学综合性人才，为学科建设的发展带来多领域交叉融合的生机和活力。

哈佛大学位于美国马萨诸塞州。哈佛大学的校园由不同风格和年代的建筑组成。其中最著名的是哈佛院系建筑，采用了哥特式和罗曼式的风格，代表着哈佛大学的历史传统。哈佛大学图书馆是美国最大的大学图书馆，藏书达1600多万册，馆藏资源覆盖学校各个学科，尤以医学、电子电信、化工、机械、经济管理、语言文学、哲学历史、人类学等最为丰富，为学术研究和文化交流提供了丰富的资源。哈佛大学在艺术和科学方面的研究比世界上任何一所大学都广博和精湛。哈佛大学有三座艺术博物馆，分别是威廉·海斯·佛格艺术博物馆、布什·莱辛格艺术博物馆和亚瑟·萨克勒博物馆。博物馆的馆藏品汇集了几代人的慷慨捐助，绝大部分捐助者是哈佛大学校友。通过百余年的努力，哈佛大学教职员工利用这些丰富的资源为深入教学和研究追本求源，为增长哈佛人的学问和知识旁征博引，创造了哈佛大学的博物馆文化。

哈佛大学的校训是"以柏拉图为友，以亚里士多德为友，更要以真理为友"，昭示着哈佛大学"求是崇真"的办学宗旨。哈佛大学在380多年的发展历程中取得了令人瞩目的辉煌成就，形成了独具一格的哈佛特色。它的影响力已远远超越美国国界，成为对其他国家，特别是发展中国家大学影响最大的大学。未来，哈佛大学将继续扩大国际合作与交流，吸引来自世界各地的学生和学者，促进多元文化交融，推动全球学术交流和创新，共同应对气候变化、能源安全、公共卫生、地缘政治风险等全球性挑战。随着数智时代的到来，哈佛大学还将加大对新兴领域的投入，如人工智能、生物技术、能源、材料等，以保持在世界科技发展中的领先地位。

# 斯坦福大学

　　斯坦福大学（Stanford University）以追求创新思维和实践能力的教育文化而著称。学校鼓励每个有梦想的人去创业、去突破。与斯坦福大学紧密相连的硅谷地区所催生的进取精神，成了学校和学生的精神支柱。斯坦福大学注重"学术—技术—生产力"领域的转化，并在办学理念和学校管理方面具有独特视野。学校一直秉承着人尽其才、物尽其用的思想，深植学以创业、学以致用的精神。整体而言，斯坦福大学以丰富而前瞻的办学理念，为学生和教职员工提供了充分发展的机会，并成了全球高等教育的典范之一。

　　1885年，斯坦福大学由铁路大亨阿马萨·利兰·斯坦福（Amasa Leland Stanford）和他的妻子简·斯坦福（Jane

Stanford)创立,为纪念他们已故的儿子而建立了这所大学。1891年,斯坦福大学正式开放,当时共有约500名学生,其中有2/3来自加州以外。1948年,物理学教授费利克斯·布洛赫(Felix Bloch)成为斯坦福大学第一位诺贝尔奖获得者。1951年,斯坦福大学的工程学院院长弗雷德里克·埃蒙斯·特曼(Frederick Emmons Terman)决定在校园创办工业园区,将校园的土地租给当时的高科技公司使用。这一决定使斯坦福大学成为美国首家在校园内成立工业园区的大学,不仅奠定了硅谷的基础,也彻底改变了斯坦福大学的格局。从此斯坦福大学就成了硅谷的核心和全世界科技创新的中心。特曼本人也因此被尊称为"硅谷之父"。20世纪70年代至今,斯坦福大学继续致力于推动大学教育和科研的发展。学校不断扩大学科范围,增加研究机构和中心,并与世界各地的大学和研究机构建立合作关系。

斯坦福大学课程涵盖多个学科领域,为学生提供了广泛的学科选择和深入的学术研究机会。学生可以选择在文学、历史学、哲学、艺术学等人文科学领域深入学习,也可以选择在经济学、心理学、政治学、社会学等社会科学领域进行研究。此外,斯坦福大学在自然科学领域拥有杰出的研究成果和优秀的学术资源,提供了物理学、化学、生物学、天文学等学科的学习机会。在工程学方面,斯坦福大学以在信息技术、生物医学工程、材料科学等领域的研究和教育而闻名,为学生提供了实践和创新的平台。斯坦福大学还拥有世界一流的医学院,提供医学教育和卓越的医学研究机会。斯坦福大学鼓励跨学科的研究和学习,开设了许多跨学科的研究中心和项目,为学生提供了丰富的研究机会,学生可以选择跨学科的专业,开展交叉领域的学术研究。斯坦福大学推崇自由学院制度,鼓励学生自主选择课程和专业方向,培养学生全面发展的能力和兴趣。

目前,斯坦福大学主要由7个学院构成,即文理学院、工程学院、商学院、法学院、医学院、教育学院、能源与环境科学学院。这7所学术学院共同构成了斯坦福大学的教学和研究体系。其中,工学院、能源与环境科学学院、文理学院提供本科生及研究生课程,商学院、法学院、医学院、教育学院只提供研究生(或专业学科)课程。斯坦福大学研究生教育提供了一个全面的学术环境,旨在培养学生的创新思维和研究能力。斯坦福大学商学院的使命是创造能够加深和推进人们对管理理解的想法,并利用这些想法来培养能够改变世界的,能创新、有原则和有见地的领导者;地球科学专业专注于可持续发展,满足人们现在和未

来的需求，并关注维持地球的生命支持系统；斯坦福大学教育学院致力于解决教育面临的最大挑战，通过严谨的研究、示范培训计划，以及与全球教育工作者的合作，正在为所有人追求公平、可访问和有效的学习创造可能；斯坦福大学工程学院长期以来一直处于开创性研究、教育和创新的前沿，通过跨学科开发和应用工程原理应对21世纪的重大挑战，创造了改变信息技术、通信、医疗保健、能源、商业等领域的关键技术。文理学院是斯坦福大学世界级文科教育的中心，包括23个系，从艺术和艺术史、英语和历史到经济学、数学和生物学，以及25个跨学科项目。研究生与世界知名的教师一起从事和塑造基础研究，从而带来突破和发现，进而揭示过去、影响现在和塑造未来；医学院与世界一流医院和硅谷科技走廊的密切联系，创造了一个独特的机会——将研究与医疗保健专业知识结合，以推动现实世界的创新。

斯坦福大学的学生构成是多样化的。数据显示，斯坦福大学有来自全球120个国家的约7000名本科生和9000名研究生，包括美国本土学生和国际学生。其中，约70%的学生来自美国，30%的学生来自其他国家。斯坦福大学非常注重学生群体的多元化，致力于创造一个包容性和多元化的学术环境，学校积极鼓励学生互相交流、学习和理解不同文化、背景和观点，以促进全球意识和跨文化交流。斯坦福大学非常欢迎来自各个国家的学生。在国际学生中，包括中国、印度、加拿大、韩国、英国、巴西等国的学生。斯坦福大学的学生身份十分多元化，分别来自不同背景和群体，其中包括各种族和民族的学生，以及有各种经济背景和家庭背景的学生。

斯坦福大学拥有一支优秀且多样化的师资队伍，他们在各自领域都具备丰富的经验和卓越的学术成就。斯坦福大学教职工约1600人，其中取得终身教授资格的占61%。现任教职工中有19位诺贝尔奖得主、1位菲尔兹奖得主、163位美国国家科学院院士、101位美国国家工程院院士、287位美国艺术与科学院院士、4位普利策奖得主、18位美国国家科学奖章得主和29位麦克阿瑟天才奖得主。

斯坦福大学的创建正逢美国产业革命和高等教育改革之时；这使它的办学理念无不刻着时代的烙印，无不彰显着务实、创业的精神。斯坦福大学在创建之初便确立了鲜明的办学宗旨，即"使所学的东西都对学生的生活直接有用，帮助他们取得成功。因此，它的目的是以整个人类的文明进步为最终利益，积极发挥大学的作用，促进社会福祉；教导学生遵纪守法，尽享自由给人的快乐；教育学生尊重和热爱民主政体中蕴含的崇高原则——因为这些崇高的原则源于人们生活、自由和追求幸福所拥有的不可剥夺的权利"。

斯坦福大学校训为"Die luft der Freiheit weht"（原文是德文，英文为The wind of freedom blows）。这句话传自16世纪的德国人类学家乌尔里希·修顿（Ulrich von Hutten），中文译为："自由之风劲吹"。校训的含义就是鼓励和保证学校师生能自由无阻地从事教学和相关的学科研究。

斯坦福大学位于美国加州旧金山湾区南部帕罗奥多市境内，临近高科技园区硅谷，是美国占地面积最大的大学。斯坦福大学基金丰厚，经费充足，教学设备也极为充裕，设有30个图书馆，不仅藏书800多万册，而且全计算机化管理。校内设有7000多部计算机供学生使用，亦设有多个计算机室及计算机中心为学生提供服务，学生可利用校内网与校内的师生联系。还有能容纳85000人的体育馆、高尔夫球场和游泳池等。斯坦福大学每年会与加利福尼亚大学伯克利分校进行一次橄榄球比赛，俗称"大比赛（Big Game）"，每届橄榄球优胜者有权持有"斯坦福之斧"锦标。这些赛场上的"较量"并没有损害学校的声誉，反而让学生们引以为豪、乐此不疲，为社会贡献了一场场经典的赛事和一段段广为流传的佳话。

斯坦福大学成立近140年，立校宗旨是服务社会。学校使命是通过教育使学生成为领导者和正直的贡献者，推进基础知识创新和创造力培养，引领开创性研究，为临床治疗提供有效的方法，加速解决方案的实施并扩大其影响，为世界做出贡献。回望过去，斯坦福大学在科学、人文、技术和社会领域取得了巨大成就，培养出不计其数的创新领袖和杰出校友，为社会发展和进步做出了重要贡献。展望未来，斯坦福大学将继续致力于培育具有全球视野和社会责任感的未来领导者，推进科学研究和跨学科合作，为全球挑战寻找创新解决方案，以实现更加繁荣、平等和可持续的未来。

麻省理工学院

　　麻省理工学院（Massachusetts Institute of Technology）占据着理工学科的中心，是一所顶尖的高等学府，拥有一批享誉世界的科学巨匠。查尔斯河畔的无数科学奇观在这里先后诞生：阿波罗登月计划的导航系统在这里设计完成，漫步月球的4名宇航员在这里完成学业。麻省理工学院的媒体实验室跨越时空，令人叹为观止，三极管、集成电路和磁存储器在这里相继问世，从此掀起计算机的革命风暴。世界上第一款电子游戏和第一个玩具机器人在这里孕育而生。麻省理工学院造就了一大批献身教育、顽强拼搏且成就卓著的科学家，成为全世界有志青年心心念念的圣地。

　　麻省理工学院建校时间是1861年，由著名自然科学家威廉·巴顿·罗杰斯（William Barton Rogers）创立。罗杰斯希

望能够创建一个自由的学院来适应正在快速发展中的美国。直到1865年麻省理工学院才迎来了第一批学生，随后在自然及工程领域迅速发展。1866年，由土地销售带来的利益使学校得以在后湾区发展。在19世纪最后的20年里学校不断成长，继而开办电子学、化学、海洋及洁净工程学，并兴建了新的教学大楼，吸纳了更多学生。1916年，麻省理工学院从波士顿市区迁往波士顿的剑桥城，与哈佛大学比邻。在第二次世界大战后，麻省理工学院借助美国国防科技研究需要而迅速崛起。在第二次世界大战和冷战期间，麻省理工学院的研究人员对计算机、雷达，以及惯性导航系统等科技发展做出了重要贡献。2018年，麻省理工学院启用10亿美元建设新的人工智能学院——麻省理工学院施瓦茨曼计算机学院，致力于将人工智能技术用于该校的所有研究领域。

麻省理工学院是一所科技院校，所有的学科专业都十分出色。电子工程和计算机科学是全美公认的第一名。生物医学工程、化学工程、机械工程、物理学都是声誉极高的专业。医学科技、生物工程都是该领域的领袖。同时，麻省理工学院强调"关心人生价值和社会目标的科学与工程的完美结合"，在人文方面也很下功夫，引进了不少人文方面的知名教授。为了培养学生的社会意识，学生在毕业前必须上8门诸如文学传统或政治制度的起源等人文课程。此外，学生还得上两学期的写作课，而主攻科技的学生也可选择一门非科技的副科。

麻省理工学院有6个研究生院，即建筑及城市规划研究生院、工科研究生院、人文社会学研究生院、斯隆管理研究生院、自然科学研究生院和健康科学研究生院。建筑及城市规划研究生院致力于培养建筑设计、城市规划、风景园林等领域的高级专门人才，具有较强的实践能力和创新能力。工科研究生院涵盖了工程、科学、技术、农学等多个工科领域，致力于培养在相关领域具有高水平研究能力和创新能力的高级专门人才。人文社会学研究生院致力于培养人文社会科学领域的高级专门人才，涵盖了哲学、经济学、政治学、社会学、历史学等多个学科领域。斯隆管理研究生院致力于培养管理学领域的高级专门人才，涵盖了管理科学与工程、工商管理、公共管理等领域。自然科学研究生院涵盖了物理学、化学、数学、信息科学与技术等自然科学领域，致力于培养在相关领域具有高水平研究能力和创新能力的高级专门人才。健康科学研究生院致力于培养医学、生物学、药学等健康科学领域的高级专门人才，具有较强的临床和科研能力。这六大研究生院共同构成了麻省理工学院的教育体系，为学生提供了广泛的学科选择和

研究方向。通过研究生院的学习和研究，学生可以获得世界一流的学术资源和研究机会，培养出具有创新精神和领导能力的高级人才。

麻省理工学院的本科生规模相对较小。2023年共有26914名学生申请麻省理工学院本科学位，最终录取了1291人，整体录取率约为4.8%。根据数据显示，麻省理工学院2023年本科国际学生申请总人数为5889人，而最终录取的国际学生仅有120人，录取率仅为2.0%左右。国际学生在麻省理工学院的录取过程中面临着激烈竞争和高度挑战性。麻省理工学院的国际学生录取率之低也彰显了该校在全球范围内的声望和优秀教育资源的吸引力。在美国本土学生的构成方面，亚裔学生占比达到了40%，位居首位；其次是白人学生，占总比例的38%；非裔学生和拉丁裔学生分别占总比例的15%和14%。这一数据显示出麻省理工学院学生群体的多元性和包容性，反映了校园中不同种族和文化背景的丰富多样性。此外，从国籍和族群的角度来看，麻省理工学院新生中来自59个国家的海外学生占总人数的10%。这进一步证明了麻省理工学院作为一个全球知名学府的吸引力，这种国际学生的多样性不仅丰富了麻省理工学院的学术氛围，也促进了跨文化的交流和理解。在2022—2023学年中，中国大陆学生在麻省理工学院的在校人数占到了国际学生总人数的25.15%。这意味着，中国大陆成为麻省理工学院的主要海外生源地。中国大陆学生的数量是排名第二的印度学生数量的3倍。这一数据反映出中国大陆学生在麻省理工学院的吸引力和影响力的巨大增长。

麻省理工学院拥有世界一流的师资力量，其中包括过多位诺贝尔奖获得者、图灵奖得主和菲尔兹奖得主。学院的教授在各自领域内进行前沿研究，他们的教学和研究成果对全球科学技术的发展都有着深远的影响。麻省理工学院的著名教授和杰出毕业生中获得诺贝尔奖数量是世界大学中最多的。杰出校友遍布各行业及政府部门，比如说劳伦·亨利·斯萨默斯（Lawrence Henry Summers）、贝聿铭、钱学森等。有百位诺贝尔奖得主曾在麻省理工学院学习或工作，在全球和全美高校中分别列第五名和第四名；约有30位图灵奖得主在麻省理工学院工作或学习过；另有8位菲尔兹奖得主曾在麻省理工学院工作，获奖人数位列世界第七。依靠这支杰出的教师队伍，学校在教学和培育高质量人才方面取得了优异的成绩；在科学研究方面，也处于举世瞩目的地位。

麻省理工学院校训为"Mens et Manus"（拉丁语），英语翻译为"Mind

and Hand",中文译为"既学会动脑,又学会动手"。麻省理工学院以其浓厚的学术氛围而闻名,学生们得以接触最前沿的科学知识和技术,并与世界一流的教授和学者进行深入的交流和合作。同时,该校还强调学生创新和实践能力的培养,鼓励他们勇于尝试和创新,积极参与科学研究和创新项目,并为他们提供了丰富的学术资源和机会。麻省理工学院的学生和教授拥有极强的创新精神,他们的研究成果和创新项目在世界范围内都有着广泛的影响和应用。该学院也以学生的创业精神而闻名,培育了许多成功的创业者和创新者,例如创办互联网公司美国在线(AOL)的史蒂夫·凯斯(Steve Case)、万维网的发明人蒂姆·伯纳斯-李(Tim Berners-Lee),以及微软联合创始人保罗·艾伦(Paul Alan),为世界的科技和商业发展做出了重要贡献。

麻省理工学院坐落在马萨诸塞州的剑桥镇,与鼎鼎大名的哈佛大学相距不远。校园位于查尔斯河靠剑桥市一侧,绵延约1.6千米。中央校区由一组互相连通的大楼组成,设计者为建筑家维尔斯·波斯维斯(Welles Bosworth),互相连通的设计是为了方便人们往来于各个院系,完成于2005年。麻省理工学院的宽带无线网络遍布校园各个角落,共有3000个无线接入点,是全美无线化做得最好的大学。麻省理工学院图书馆的图书馆由5个主要的图书馆和几个所属的分馆组成。所藏图书500万册,杂志19000种。图书馆建于1916年,建筑比较老式。因校内不能再扩建图书馆,故临时在市郊租用仓库作为书库。该校与哈佛大学和波士顿大学商定,共同在离波士顿市区25千米的地方建造藏书楼。麻省理工学院拥有33支校体育队,隶属于美国国家大学体育协会(NCAA)第三分区。包括16支男运动员队和15支女运动员队,以及2支男女混合队。大约有20%的本科生参加至少一个校体育队。

麻省理工学院作为全球顶尖的科技研究型大学,凭借其卓越的学术实力、研究成就和丰富的资源,为学生提供了一个极具竞争力的学习环境。在未来,麻省理工学院将通过教育、研究和创新来解决全球最紧迫的挑战,继续保持其创新和卓越的传统,为人类社会的科技进步贡献更多力量。

加州大学伯克利分校

加州大学伯克利分校（University of California，Berkeley）是美国加利福尼亚州最负盛名的公立大学，也是全球顶级的研究型大学之一。伯克利分校是加州大学系统的旗舰校，秉持着兼收并蓄、自由开放的传统。加州大学伯克利分校的研究水平达到世界顶级。伯克利分校在世界范围内拥有崇高的学术声誉，有众多世界级的学术大师。学校曾培养出众多诺贝尔奖获得者，包括尤利乌斯·罗伯特·奥本海默（Julius Robert Oppenheimer）、欧内斯特·劳伦斯（Ernest Lawrence）、艾尔文·查尔斯（Alvin Charles）等，这些名字闪烁着伯克利的辉煌历史。

加州大学伯克利分校所在的土地是1866年由私立的加利福尼亚学院买下的，但由于当年资金短缺，学院和州立的"农业、

矿业和机械工艺学院"合并，并于1868年3月23日在加州奥克兰市成立了加利福尼亚大学。该大学也是加利福尼亚州第一所全日制的公立大学，即未来的伯克利分校。学校于1869年9月开始招生，当时全校共有10名教职员工与40名学生。伯克利之所以能够成为世界顶尖学府，根本原因有两点：一是目光远大，二是重视人才。此外，1960年加州通过《加州高等教育总体规划》，对加州大学伯克利分校的未来发展产生了重要影响。这一规划明确规定了加州大学是唯一有权授予博士学位的公立高等学府，同时也是州政府主要资助的学术研究机构。根据这一规划，伯克利分校招收的学生必须是合格高中毕业生中的排名前1/8，而州立学院则招收排名前1/3的学生，社区学院则对所有年满18岁或更年长的学生开放。这一总体规划巧妙地解决了"卓越教育"和"平等机会"之间的平衡问题，使伯克利分校免受了20世纪60年代和70年代高等教育大规模扩张所带来的压力，继续坚守卓越的发展模式，巩固了其在加州大学系统中的杰出地位。

加州大学伯克利分校共有14个学院，涵盖170个系所。在14个学院中，"Colleges"包括本科和研究生教育，而"Schools"只有研究生，唯一的例外是商学院。加州大学伯克利分校提供106个本科学位项目，88个硕士研究生项目，97个学术型的博士研究生项目，以及31个职业导向的研究生项目。加州大学伯克利分校以卓越的学科特色而著称，其中最为突出的是计算机科学、工程、商学、法学和环境科学等学科领域。计算机科学学院以领先的人工智能和计算机科学研究而闻名，而哈斯商学院也被认为是世界上顶尖的商学院之一。此外，伯克利分校的法学院和环境科学领域也具有卓越的声誉，为全球环境问题提供了重要的研究和解决方案。

加州大学伯克利分校的本科项目非常强调艺术与科学方面的培养。大学一年级新生的入学竞争非常激烈，但有很多学生通过转学在大学二年级、大学三年级时进入伯克利分校就读。伯克利分校最受欢迎的专业有电子工程与计算机科学、政治科学、分子细胞生物学、环境科学以及经济学等。本科生完成学业的要求主要来自4方面：加州大学系统、伯克利分校、相应的学院以及专业开设的系、所。这些要求包括：入门级（Entry-level）的英文写作[必须满足SAT（"美国高考"）或ACT（美国大学入学考试）的最低分数要求]，完成"美国历史及机构"以及"美国文化的广度"课程，然后达到相应学院及专业的课程学分要求。不同的专业对毕业的学分绩点有不同的要求，学术表现最好的学生在毕业的时候会获得荣誉毕业生称号。

加州大学伯克利分校提供非常丰富的研究生项目，很多都是本科相应专业的

拓展和延伸。研究生学位包括：文学硕士、理学硕士、美术硕士、博士学位，以及一些特殊的研究生学位，如法学博士、工商管理硕士等。2012年，该校共授予887个博士学位，2506个硕士学位。进入各研究生项目的申请是独立的，学院和系、研究所具有独立的录取招生权利。2010年，美国国家科研理事会将伯克利分校的博士研究生教育排名全美顶级；2015—2016年，伯克利分校主要文理研究生项目位列全美前5名。伯克利分校本科生与研究生教育并重。长期以来，该校的研究生院在全美高校中保持最大规模，其研究生与博士后人数占全校学生总数的1/3。作为合格的高层次专家学者，他们源源不断地奔向美国社会的各个工作岗位，为经济和社会发展做贡献。

加州大学伯克利分校的研究生院是负责协调和管理研究生教育的部门，在机构设置、职能和管理方面独具特色。研究生院通常设有自己的领导团队，包括院长、副院长和行政人员，负责制定政策、规定和程序，以确保研究生教育的质量和有效性。其中，最突出的是以加利福尼亚大学评议会（the Board of Regents）这一最高管理系统，为学校教师赋予了高度自治的权利。研究生院的主要职能包括招生、注册、研究生课程和学位要求的管理、学术指导和支持、研究生奖学金和财务支持的分配、学术进展和研究进度的监督等。它还负责研究生生活的多样化，包括提供社会和学术支持、职业发展指导、研究生会议、研究生研讨会等。伯克利的研究生院在管理上强调学术卓越和多样性。它鼓励多元文化和多样性，以吸引全球的杰出学生和研究者。该院还关注研究生的学术发展和职业准备，提供资源和支持，以帮助学生成功完成研究生学业和顺利过渡到职业生涯。

加州大学伯克利分校的国际化水平突出，其中中国学生占比较高。2022年秋季进入加州大学的总人数为94837人，国际学生的比例为16.9%。其中，中国学生7229人，占国际生名额总数的一半多（54%），排在国际生源第二位的印度学生仅为12%（1661名）。在研究生方面，共有13222名研究生就读。其中，加州本地居民仅占41.5%；国际学生占21.8%，约2882人，其中中国大陆学生为1227人。加州大学伯克利分校的中国学生选择最多的依次为：工程/计算机、自然科学/数学、社会科学、生命科学、艺术人文、商科、法律。

加州大学伯克利分校拥有1642个全职以及600多个兼职的教职员工，分布在各大院系，截至2021年10月4日，伯克利分校的校友、教授及研究人员中，共产生了111位诺贝尔奖得主（世界排名第三，其中包括34位校友），还产生了25位图灵奖得主（世界排名第三）以及14位菲尔兹奖得主（世界排名第四）。此外，伯克利分校的教师中有149位美国国家科学院院士、76位美国国家工程院院士、235位美国艺术与科学院院士、4位普利策奖得主、15位美国国家科学奖章得主、33位麦克阿瑟天才奖得主、139位古根海姆奖得主和125位斯隆研究奖获得者。伯克利分校的教授、研究人员、学生和校友领导了曼哈顿计划、制造了人类第一枚原子弹（被称为"原子弹之父"的奥本海默为曼哈顿计划的首席科学家）和第一枚氢弹［爱德华·泰勒（Edward Teller）被称为"氢弹之父"］、发明了激光、回旋加速器、气泡室、碳-14年代测定法等先进科学技术设备与方法，伯克利分校还是全美国首个无过失离婚法案起草的地方。美联储前任主席珍妮特·耶伦（Janet L. Yellen）也是伯克利哈斯商学院的教授，曾两次荣获该校杰出教学奖。

　　加州大学伯克利分校主校区位于美国加利福尼亚州伯克利市，地处旧金山湾区东北部，与旧金山、金门大桥等隔湾相对，依山傍海，景色壮丽。伯克利分校的校园中心有著名的萨瑟塔，是世界最高的钟楼，每天在正点时刻便会有人敲钟、奏乐。傍晚时分，在钟楼下可以观看日落于金门大桥的壮观景象。伯克利校园环境优美，植被茂密，几乎随处可见松鼠、麻雀等野生动物，而且时常还会有野生的鹿、火鸡和浣熊出没。学校有东西南北4个校门，南门的萨瑟门为主校门。萨瑟门也是伯克利的标志性建筑之一，周围设有大型学生市场"金熊咖啡厅"，白天会有各个学生组织摆摊宣传或进行各种学生活动，十分热闹，而在学校西门处设有加州大学的标志。加州大学伯克利校园周边四通八达，往南通过旧金山-奥克兰海湾大桥或东湾高速可到达旧金山市区、斯坦福大学和硅谷等地，最后连接世界著名的加州一号公路（可直达洛杉矶、圣地亚哥）；往北可到达著名的加州葡萄酒产地纳帕谷和加州州政府所在地萨克拉门托。伯克利附近还有著名的滑雪胜地太浩湖和约塞米蒂国家公园等众多风景名胜区。

　　加州大学伯克利分校以拉丁语"Fiat Lux"为校训，英文是"Let there be light"，意味着"愿光明存在"。该校训强调知识、启发和智慧的重要性，传达了对知识、自由和创新的深刻承诺。它激励着学校的学生和教职员工不断追求卓越，推动思想和社会的进步。面向未来，加州大学伯克利分校将坚持不懈地致力于保持其多样化的、杰出的、创新的、承担公共使命的公立研究型大学的国际典范地位。继续扩大入学机会，创造新的艺术、知识，并更好地理解社会、地球和宇宙，将这些知识传达给世界，宣传公共价值，并帮助制定政策，使公立研究型大学面向未来。

普林斯顿大学

　　普林斯顿大学（Princeton University）坐落在美国东部"花园之州"新泽西州的普林斯顿市。美国独立战争在这里赢得第一次胜利，爱因斯坦（A. Einstein）在这里度过了22年时光。普林斯顿大学记录了博弈论大师约翰·纳什（John Nash）波澜壮阔的人生经历。爬满常春藤的哥特式校园，永不停歇地讲述着美丽心灵的故事。普林斯顿大学是美国政治家的摇篮，从这里走出了两位美国总统和44位美国州长。这里曾经盛开文学界姹紫嫣红之花。普林斯顿大学是推动人类前进的智库之一，69位诺贝尔奖得主以及众多华人学术精英，在这里为人类文明发展注入了智慧。

普林斯顿大学的历史可以追溯到1746年,当时学校名为新泽西学院。这所学府是美国殖民时期成立的第四所高等教育学院,而后于1756年迁至风景秀丽的普林斯顿市。在1896年,学校正式更名为"普林斯顿大学"。凭借百年传统,普林斯顿大学成为美国杰出的大学之一。在20世纪中叶,该校积极参与了核能研究,并在第二次世界大战期间扮演了重要的角色。这一时期也见证了普林斯顿大学的国际声誉的鹊起。1969年,普林斯顿大学开始录取女性本科学生,这是普林斯顿大学发展的一个重要的阶段性变化。在1887年,普林斯顿大学其实已经在当地的伊夫林街和纳苏街开办了名为伊夫林女子学院的姐妹学校,大概在10年之后关闭。多年后,校方决定吸收女生,并致力于将学校办得对女性更加友好。在1969年4月,当普林斯顿大学发出录取通知书时,这些计划尚未完全实现。普林斯顿的5年男女同校计划拨款780万美元,计划在1974年吸收650名女生。最后,148名女生,包括100名女新生和一些其他年级的女生,在1969年9月6日媒体的关注和审视中进入了普林斯顿大学的校园。

普林斯顿大学有工程和应用科学院、建筑和城市设计学院、威尔逊公共和国际事务学院三大学院,以及32个学系,涵盖人文社会科学到理工科医学等多个领域。普林斯顿大学以卓越的理论学术研究而著名。学校在数学、物理学、经济学、历史学、哲学和建筑学等多个学科领域表现出色。这里鼓励学生探索知识的深度,促进创新思维的培养。这里的学生和教师积极追求知识的深度和广度,为学术和社会发展做出卓越贡献。不仅如此,普林斯顿还强调跨学科研究,鼓励学生在不同领域之间探索和创新。普林斯顿大学不仅在本科教育上卓有建树,在研究生教育领域也表现出色。普林斯顿大学的研究生教育致力于培养未来的学术领袖和专业人士。学生们在这里可以接触到一流的教授和研究项目,深入研究他们所热爱的领域。这种学术氛围有助于激发创新思维和推动领域内的重大突破。

普林斯顿大学的研究生院在机构设置、职能和管理特色方面展现了卓越的特质。作为该校研究生教育的核心机构,研究生院设有院长和专业团队,负责制定和实施各类研究生政策、规章和程序。其主要职能包括招生管理、学位要求、奖学金分配、学术指导、学位课程和研究进展的监督,以及学生生活支持。在管理特色上,普林斯顿大学研究生院注重学术卓越,鼓励自主研究和独立思考,为研究生提供广泛的学术支持和资源。此外,研究生院推崇跨学科研究,鼓励学生涉足多个学科领域,促进了跨界合作和创新性研究。普林斯顿大学研究生院的管理

特色反映了其致力于培养未来的学者、研究者和创新者，强调了学术自由和卓越教育的核心价值。这一独特的教育体系有助于确保研究生在普林斯顿大学获得世界一流的教育和学术经验。

普林斯顿大学的国际化程度非常高。虽然在"常春藤"盟校中，普林斯顿大学的招生人数并不多，本科生招生5590人，研究生招生3212人。但是普林斯顿大学的学生构成却来自96个国家和地区，展现出多元化和国际化。在2022—2023年，普林斯顿大学申请人数不如其他藤校多，仅增长了15%。普林斯大学仅常规批次的申请收到37601份，录取人数为1498人，录取率为4%。其中，国际生比例为14%，最大生源国分别是加拿大、中国、英国；录取学生中校友子女占15%；学校的师生比例为1∶6，这在美国大学中相对较低。

普林斯顿大学以杰出的教授学者而自豪。教职工共计9067人，师生比5∶1。其中，教师（包括全职、兼职和访问教师）1267名，终身教授占比77%；其他员工7800人。截至目前，普林斯顿大学共培育出31位获得诺贝尔奖的学者，此外，还有诸多菲尔兹奖和图灵奖等世界级的学术荣誉的获得者。他们不仅在课堂上传授知识，还在研究和创新方面发挥重要作用，为学生提供了无限的学术启发。如数学家许埈珥（June Huh）因在几何学、拓扑学和代数变种的组合学领域的突出贡献被授予2022年菲尔兹奖，这一荣誉通常被称为"数学界的诺贝尔奖"；同年，计算机科学系的马克·布雷弗曼（Mark Braverman）获得了算盘奖章，尤金·希金斯（Eugene Higgins）物理学名誉教授和数学物理学名誉教授埃利奥特·利布（Elliott Lieb）获得了卡尔·弗里德里希·高斯奖。

普林斯顿市地处纽约市和费城市之间，位于新泽西州西南的特拉华平原，是一座别具特色的乡村都市，面积约为7平方千米，东濒卡内基湖，西临特拉华河。普林斯顿市的景色幽雅，四周绿树成荫、绿草丛丛，清澈的河水环绕着小城静静流淌；人口约为3万人，大多市民生活富裕；小城交通方便，距离纽约和费城只需大约1小时车程，加上小城恬静而又安详的生活，浓浓的文化氛围笼罩下的贵族气息，使普林斯顿市成为美国上层人士青睐的居住地。普林斯顿大学保有浓厚的欧式教育学风，在创立宗旨上强调训练学生具有人文及科学的综合素养。普林斯顿大学的校园风景优美，拥有诸多后哥特式的建筑，校园内一些现代的新建筑有一些是罗伯特·文图里（Robert Venturi）、希利尔·格如普

（Hillyer Graup）、德米特里·波菲里奥斯（Demetri Porphyrios）和弗兰克·格里（Frank Gehry）设计的。校内还有很多雕塑，包括亨利·摩尔（Henry Moore，作品：《椭圆上的斑点》，被戏称为《尼克松的鼻子》）、亚历山大·考尔德（Alexander Codder，作品：《五个盘子：一个空了》）的作品。校园的中间是1830年前后修建的隧道和可以划船的卡内基湖。

总之，普林斯顿大学是一所卓越的学府，以悠久的历史、卓越的学术研究、杰出的研究生教育、多元化的学生群体、杰出的教授学者和全球公益的使命而著称。这所学校一直致力于为学生提供最高质量的教育，并培养未来的领袖和创新者。其校训经历了变化，由出自曾任美国总统的普林斯顿大学教授、校长威尔逊的"为国家服务"，到庆祝250周年校庆的1996年更改的"为世界服务"，校训的内涵得到了更宏大的延伸，表明了积极倡导全球公益和社会责任，致力于为全球社会的发展和进步做出积极贡献的责任与决心。面向未来，普林斯顿大学将继续发挥在全球教育和研究领域的领导作用，为社会的进步和发展贡献更多力量。

哥伦比亚大学

　　哥伦比亚大学（Columbia University in the City of New York）是一所顶尖私立研究型大学，是美国大学协会的14所创始院校之一。自建校以来，哥伦比亚大学共计培育出96位诺贝尔奖、5位菲尔兹奖、3位图灵奖、39次奥斯卡奖得主；富兰克林·罗斯福（Franklin Roosevelt）、西奥多·罗斯福（Theodore Roosevelt）、贝拉克·侯赛因·奥巴马（Barack

Hussein Obama)、沃伦·巴菲特(Warren E. Buffett)、胡适、陶行知等人曾在此就读。秉持着"在已知的语言、人文和科学领域内教导和教育青年"的教育理念,哥伦比亚大学希望学子不断追求光明和真理,推动可持续高质量发展,强调国际化与多元文化融合。

哥伦比亚大学的历史最早可以追溯到1754年,作为纽约州最早的高等教育机构,根据乔治二世(George Ⅱ)国王的《王室特许状》被正式命名为国王学院。这所第一届仅有8名学生的学校在经历了教学活动暂停、图书室被洗劫一空、校舍被征用后于1784年重建,更名为哥伦比亚学院,直到1896年才正式更名为哥伦比亚大学,时任校长塞斯·洛(Seth Low)将校址搬迁至晨边高地。如今的哥伦比亚大学是美国重要的研究机构,也是"综合性大学"的典范,在教育界熠熠生辉。

哥伦比亚大学是拥有丰富教学和研究资源的顶尖学府之一。其学科领域涵盖了物理学、化学、生物学、地球与环境科学、计算机科学以及工程技术等多个领域,其中的强势学科包括商科、法学、医学、经济学、计算机科学、环境科学、材料科学、数学、力学工程、物理学、教育学、人类学等。

目前,哥伦比亚大学设有21个学院,包括3个本科生学院、14个研究生学院和4个附属学院。哥伦比亚法学院成立于1858年,被认为是世界上最负盛名的法学院,在商法领域具有强大实力,与华尔街有着千丝万缕的联系,因此有着"法学院中的商学院"的美誉。哥伦比亚大学教育学院,是世界顶尖的教育研究生院。教育大家、美国实用主义哲学之父约翰·杜威(John Dewey)曾执教于此。学院还是教育学博士培养制度、行为心理学派与实证主义哲学的诞生地。1923年,哥伦比亚大学教育学院国际研究所成立,奠定了"比较与国际教育"作为独立学科的地位。该研究所取得的巨大成就对全球国际教育产生了深远影响,同时吸引了众多国际学生到哥伦比亚大学教育学院学习,丰富了学术交流。哥伦比亚大学商学院在金融上有独特的优势,与金融界联系密切。哥伦比亚大学工学院、新闻学院、文理研究院和国际与公共事务学院在世界上同样享有盛名,授课教师多为相关领域的领军人物。

哥伦比亚大学的管理模式极具特色,注重多元化、开放性和国际

化发展，采用董事会主导下的直线型校长治理组织架构模式。该模式在学术上实行学院制，各学院拥有较大的自主权。学院内设系、研究所、中心等，各系、所、中心在学术管理上实行所长、主任负责制。校长是学校最高行政主管，负责监督教师和高级行政任命、预算、捐赠，保护大学财产，受校董事会领导。校长下设教务长、执行副校长、学校法律顾问、学校秘书和院长等职位，协助校长处理校园内的行政事务。这些职务的人选经由校长提名，董事会任命。这种模式的优势在于管理权和决策权较为集中，管理层次简洁，最高层级对学校事务管理更直接。学校设有参议院，其中有7个选区、111名参议员，对21所学院和附属机构进行管理，18个委员会开展大学事务管理。同时，学校注重与外部机构的合作和交流，通过开展各种合作项目和研究活动，加强与全球各地的联系，提高学校的国际声誉和影响力。

作为顶尖级学府，哥伦比亚大学的研究生招生环节同样标准严苛。哥伦比亚大学非常注重申请者的学术能力，包括在本科阶段的学习成绩、科研经历、论文发表等方面。申请者需要提供详细的成绩单和学术背景资料，以证明自己在相关领域的学术能力和潜力；还需要良好的英语能力以满足课程需要。杜威的实用主义思想对哥伦比亚大学的教育理念影响颇深，强调班级要小，学生要精，教师足够出色。

哥伦比亚大学现有学生35872人，其中本科生9704人，研究生26127人，参与特殊项目的学生41人。哥伦比亚大学共有来自全球162个国家和地区的20321名国际学生。在这庞大的国际学生群体中，中国留学生的数量达到了9961人，占所有国际学生的49%。

哥伦比亚大学的全球中心鼓励和促进大学的教职员工、学生和毕业生与全世界的高效沟通，以增进相互了解、解决全球性问题、促进知识传播和交流。全球中心由前哥伦比亚大学校长李·C. 博林杰（Lee C. Bollinger）创立，旨在与世界接轨，为合作学习创造机会，深化全球沟通联系。目前，哥伦比亚大学有来自152个国家的19001名外籍学生，包括14088名在读学生、4913名专业实习学生，男女比例较为均衡。其中，中国留学生人数位于首位，共9174人，占比48.1%。印度、加拿大留学生人数紧随其后。

哥伦比亚大学师资力量雄厚，现有教师4504人。其中，教授1466人，副教授751名人，助理教授1801人。哥伦比亚法学院迈克尔·杰拉德（Michael Gerrard）开创了一系列解决气候问题的前沿法律工具；主要教授有关环境法、气候变化法和能源监管的课程；撰写和主编了13本书，包括该领域的第一部著作《全球气候变化和美国法律》。著名全球发展问题专家杰弗里·萨克斯（Jeffrey Sachs），针对债务危机，恶性通货膨胀，国家计划经济到市场经济的转变，艾滋病、疟疾等疾病的防控，赤贫治理，人为引起的气候变化等复杂问题，提出了大胆而有效的解决方法，并因此获得广泛认可。美籍华裔物理学家李政道，是哥伦比亚大学200多年历史中最年轻的正教授，因宇称不守恒、李模型，KLN（Kinoshita-Lee-Nauenberg，木下-李-诺恩堡）定理，粒子物理，相对论性重离子碰撞物理，以及非拓扑孤立子场论等方面的贡献而闻名。

哥伦比亚大学坐落于美国纽约曼哈顿上城区晨边高地，拥有5个校区。作为一所兼容并蓄的学校，哥伦比亚大学尊重文化与艺术，哥特风格的建筑、充满文艺复兴气息的壁画、定期举办的大型文化活动让这所历史悠久的学校在古朴沉静中焕发出蓬勃的生机和活力。哥伦比亚大学风景优美，富有浓厚的学术氛围，不少经典电影曾借用哥伦比亚大学的场景进行拍摄。哥伦比亚大学共计有25座图书馆，收藏了大量的珍贵古籍和文献，其中不乏稀世之珍。这些古籍和文献涵盖了多个领域，既包括历史学、文学、哲学、艺术学等，又包括450多种语言的资源和跨越4000多年人类思想长河的原始材料，为学术研究的开展和文化的交流融合提供有力支持。洛维图书馆是哥伦比亚大学的一座标志性建筑，也是该校最宏伟的建筑。在课余生活之外，哥伦比亚大学鼓励学生积极参与社团活动、社区实践和实习。

哥伦比亚大学的校训是"In thy light shall we see light"，译为"借汝之光，得见光明"，激励着学子不懈地追求光明和真理。历经几百年的发展，哥伦比亚大学始终以其深厚的历史和深远的国际化视野保持着世界前列的优势，向世界各地输送大批人才，在追求真理的道路上不断前行。未来，哥伦比亚大学也将继续保持国际化、多元化，尊重世界文化与文明，推动学科领域交叉研究。利用自身独立的环境优势，响应全球数字化趋势，进一步发展数字化教育和在线学习课程，扩大教育覆盖范围，持续推动可持续化研究与实践，加强全球合作，积极参与全球问题研究和教学，广泛开展与各国、各地区的学术交流。

加州理工学院

　　加州理工学院（California Institute of Technology）是一所以科学与工程专业闻名于世的私立大学，是全美师生比例最高的大学，也是获诺贝尔奖密度最大的学校。在美国著名的大学中，加州理工学院的历史并不悠久、规模也不大，但凭借"小而精"的特点，成为世界一流大学。被誉为"中国航天之父"的钱学森于1939年获得加州理工学院博士并在此长期任教。加州理工学院还协助美国国家航空航天局（NASA）负责管理的喷气推进实验室。

　　加州理工学院起初是一所传统的、默默无闻的工艺技术学校，最初校名为苏普大学，1893年，更名为苏普工业大学。在它的前15年里，学校的办学宗旨为社区服务。1907年，学校解

散了商业、师资训练和中小学课程等专业院系，只留下理工学院，提供电机、机械和土木工程学士学位课程，于是便形成了该校"小而精而美"的特色。在发展过程中，学校逐渐从一所工科院校转变成了一所优先发展纯科学的研究型大学。1920年，学校更名为"加州理工学院"并沿用至今。在20世纪20年代，加州理工学院还仅仅是一所在大物理学科内进行本科生和研究生教育的学校。一直到1925年，学校还仅仅在物理学、化学和工程学3个学科上具有博士学位授予权。1925年，取得了地质学博士学位授予权；1926年，取得了航空学博士学位授予权；1928年，在生物学和数学方面也取得了博士学位授予权。从一开始，物理学就一直是学校的强势学科。在加州理工学院，物理学的学生最多，教师最多，经费也最多。20世纪90年代以来，加州理工学院就已经跃居美国一流大学的前列。

加州理工学院一共设置了6个学术部门和1个研究所：工程与应用科学学院，生物与生物工程学院，化学与化学工程学院，地质与行星科学学院，人文与社会科学学院，物理、数学与天文学学院，贝克曼研究所。贝克曼研究所的任务是寻找研究方法、发明仪器和材料，为化学和生物科学的基础研究开辟新的途径。该研究所是以化学家贝克曼的名字命名。贝克曼不仅是了不起的化学家，也是著名的实业家，贝克曼化学仪器公司就是一家遍及全球的大公司。

该校的本科课程设置紧紧地围绕"为教育事业、政府及工业发展需要培养富有创造力的科学家和工程师"的宗旨和使命，被誉为当之无愧的世界一流理工类学院，在专业人才培养上发挥了重要的作用。物理、数学与天文学学院是最受国际学生欢迎的一个学术部门，同时也是加州理工的头牌学院之一。近年来，被录取的中国学生基本是被理论物理学（Physics Graduate Studies）专业录取的。加州理工学院采用的是学季制（Quarter），一个学季10周左右，因此学生每个星期平均要学习70小时，才有可能赶上课程进度。现代大学里很多专业学科起源于加州理工学院，例如地震学、分子生物学、分子遗传学等。除了理论研究，学校的科研成果也相当有含金量，例如实验设计了人类最早的现代火箭，设计组装了阿波罗登月计划的太空飞船，等等。

加州理工学院的学生培养方案以严格的课程设置和与教师深度互动的小班制教学模式闻名。学校始终强调通过跨学科团队合作培养学生的批判性思维、团队协作能力及对各研究领域核心概念和原则的深入理解能力。每一名毕业生都致力

于成为科学、工程、学术、工业和公共服务领域的世界领袖。学生在识别、分析和解决科学与工程学科中具有挑战性问题的能力得到了充分的训练，并力争在整个职业生涯中能够广泛应用和交流专业知识。

加州理工学院以独特的"小而精"的教育特点而闻名。这种特点体现在学校的学生数量上，学校拥有的学生人数相对较少。根据2022年的统计数据，加州理工学院共有2393名学生。其中，本科生983人，占总人数的41.08%；研究生1410人，占总人数的58.92%。学校学生数量的相对较少反映了加州理工学院追求卓越教育质量和个性化培养的特点。"小而精"的学生规模使学校能够提供更加精细化和个性化的教育服务。此外，加州理工学院学生中包括亚裔、拉丁裔、非裔等多血统群体，包容性较强。

正是因为加州理工学院办学"小而精"，因而号称"招收世界上最好的精英学生"，在录取新生时完全采用择优录取的原则。在加州理工学院招生过程中，录取委员会除了看重申请者的学术素养，还对于申请者的个性特征、个人经验及课外活动给予高度重视。加州理工学院是全美已录取学生中"美国高考"（SAT）分数最高的大学，尽管每年有约8000多人申请加州理工学院，但其官方网站显示仅有230个名额的本科新生位置。此外，学校每年会接收10—15名转学生。而每年能够进入加州理工学院的中国学生非常少。

加州理工学院目前拥有全职教授358位，另有专职研究人员、博士后研究人员650余人。截至2020年10月，该校共有76位校友、教授及研究人员曾获得诺贝尔奖，是世界上诺贝尔获奖密度最高的大学。加州理工学院还产生了6位图灵奖得主以及4位菲尔兹奖得主，70位校友获得美国国家科学奖章或国家技术与创新奖章，112位教授当选为美国国家科学院院士。这些杰出的教授和研究人员在保证教育质量的同时，还为学生提供了参与前沿研究项目和实验室实践的机会。特别是学生们可以在加州理工学院大名鼎鼎的喷气推进实验室（JPL）进行研究学习。JPL是美国航空航天局（NASA）唯一一个由大学管理和运营的实验室。虽然叫作实验室，但实际上是一个规模相当庞大的太空研究中心。JPL不仅控制全球的深太空探测网，还进行地球的卫星测量和海洋观测。

加州理工学院的校训是"The truth shall make you free"，译为"真理使人自由"。加州理工学院的吉祥物是大自然里勤快的工程师——海狸。海狸是一种勤勤恳恳、劳劳碌碌一生的动物，它们的特点是勤勤恳恳，不知疲倦。这也代表了加州理工学院的学校形象，勤勉努力，在学术上孜孜不倦地自我提升，最终一步一个脚印进入学术的最高殿堂。自创始以来一直秉承"小而精"的办学特点的加州理工学院是精英学府的典范，这也是造就加州理工学院培养出了众多一流人才的原因之一。

加州理工学院位于加州南部风光迷人的帕萨迪纳市，好莱坞等娱乐胜地及洛杉矶市都近在咫尺。当地属于地中海型气候带，气候温和。学院的建筑充满了南加州传统的西班牙风格。加州理工学院图书馆系统包括5个分馆，分别是密立根图书馆、谢尔曼图书馆、达布尼图书馆、天体物理图书馆和地质行星科学图书馆。其中，密立根图书馆和谢尔曼图书馆是最重要的两个。密立根图书馆规模最大，是学校的中心图书馆，馆舍也是全校最高的建筑，图书馆管理、馆际互借、文献传递服务都集中在这里。谢尔曼图书馆主要收藏工程及应用学科的文献资料。

加州理工学院在促进科技创新、培养顶尖科研人才方面的骄人成绩赢得了全球的尊重。深厚的科研实力和严谨的教育标准，使它在全球高等教育舞台上独树一帜。这里是科学研究的殿堂，致力于为每一位学生提供接触最新科学成果和新知识的机会，从而让他们在这片繁荣的土地上不断学习、成长。

 # 芝加哥大学

芝加哥大学（The University of Chicago），拥有悠久的历史和优良的学术传统，以学术卓越和创新而闻名于世。芝加哥大学既延续了英国式本科教育传统，也融合了德国大学的科研气息，还融入了美国的实用主义精神，具有现代研究型大学的典型气质。芝加哥大学培养出101位诺贝尔奖获得者，包括经济学奖、文学奖、和平奖、物理学奖、化学奖和生理学或医学奖。华人诺贝尔物理学奖得主杨振宁、李政道、崔琦均在芝加哥大学取得物理学博士学位。美国第44任总统奥巴马（B. H. Obama）曾长期在芝加哥大学法学院任教。芝加哥大学凭借创新性的教育理念和卓越的教学质量，在短时间内取得了巨大成就。

芝加哥大学创立于1890年。它的创立得益于石油大王洛克菲勒（John Rockefeller）的资金捐助，以及美国浸信教育协会的捐资和马歇尔·菲尔德（Marshall Field）所捐赠的土地。威廉·哈珀（Willian Harper）是芝加哥大学的首任校长，也是芝加哥大学伟大的校长之一，他的办学理念奠定了芝加哥大学传承百年的精神传统。哈珀认为，芝加哥大学代表着大学的一种新模式，可供其他大学借鉴："在每一个知识领域中永不停息地研究，将知识用于为人类服务。"哈珀上任伊始，就从这样的办学理念出发，开始大刀阔斧地创新。芝加哥大学以知识探索为中心的创校理念使学校的发展路径越发清晰。芝加哥大学在建校4年之后便成为公认的高级学术研究中心；创校17年后，便诞生了该校第一位，也是美国第一位科学领域的诺贝尔奖获得者。在此后的发展进程中，芝加哥大学的卓越声誉日渐得到广泛认可。

与大多数美国大学相比，芝加哥大学是一所年轻和中等规模的教育研究机构，然而从建校起便对世界学术界做出了卓越的贡献，从而在世界范围内享有了声誉。芝加哥大学在经济学、社会学等诸多学科领域形成了享誉世界的"芝加哥学派"。芝加哥大学在自然科学界的学术贡献同样值得称道。1907年，芝加哥大学物理系第一任系主任阿尔伯特·迈克耳逊（Albert A. Michelson）因首先进行光速的测量并发展了同位素年代测定法而成为美国第一个诺贝尔物理学奖获得者。

芝加哥大学的本科学院提供50个主修专业和28个辅修专业，分为自然科学、生命科学、人文科学、社会科学和交叉学科五大方向。芝加哥大学的本科教育一般采用小班研讨、课外讨论的形式来提高学生的批判分析能力和解决问题能力，课堂形式也比较多样化。

芝加哥大学的研究生院包括学术型研究生院和职业型研究生院两种类型。学术型研究生院有4个学部，即数理学部、生物学部、人文学部和社会科学部。法学院、布斯商学院、普利兹克医学院、哈里斯公共政策学院、神学院、社会服务管理学院和雷厄姆职业学院则属于职业型研究生院。布斯商学院创建于1898年，是美国非常知名的商学院，也是首个授予博士学位和开设高级工商管理硕士（EMBA）课程的商学院。布斯商学院的工商管理硕士（MBA）项目以课程灵活著称，"领导力"是该学院开设的一门实践和体验课程，所有的MBA学生都要在这门课上学习谈判、团队搭建、人际沟通等重要的管理技能。芝加哥大学研究生

院的职能包括招生、课程管理、学术指导和学生服务等。在招生方面,负责制定招生政策和标准,组织招生宣传活动,接收和审核研究生申请等。在课程管理方面,研究生院与各个学院共同制定和管理研究生课程,协助学院和教师进行课程评估和改进,确保课程设置符合学术要求和学生需求。研究生院还为研究生提供学术指导,帮助研究生进行学术规划和目标设定,为研究生提供学术资源和科研经费支持等。在学生服务方面,关注研究生的福利和生活需求,提供住房、健康保险、就业指导和心理咨询等服务,同时负责组织社交活动和文化活动,促进研究生之间的交流与合作。

芝加哥大学的学校管理特色主要是强调学术自由和开放。学术自由意味着教师和学生在学术研究与讨论中有充分的表达和探索空间,没有固定的学术框架和思想束缚。比如,芝加哥大学鼓励和尊重长期从事一线工作的教师提出创新的想法,并对他们的提议进行反复讨论和论证,最后自下而上将提议规范化和体系化,确立为新的学科或专业。这些管理特点使芝加哥大学在学校管理方面具有独特性,塑造了学校的学术氛围和发展方向,推动了学术创新和知识进步。

截至2022年,芝加哥大学的学生总数为17470人,其中本科生7011人,研究生10459人。国际学生占学生总人数的13%,来自全球100个国家。在2021—2022年申请季,芝加哥大学共收到了37526份新生入学申请,最终录取了2041人,整体录取率约为5.4%。在入学的新生中,国际学生占16%,其中亚裔学生占22%,黑人或非裔美国人占14%,西班牙裔或拉丁裔占22%。芝加哥大学每年录取的中国学生数量相对较少。

芝加哥大学拥有一支高素质的师资队伍。他们不仅在课堂上传授知识,还积极参与学生的研究项目并为学生提供学术指导。芝加哥大学吸引了一批全球知名学者和科学家,包括经济学、物理学、化学等领域的诺贝尔奖得主。经济学家詹姆斯·赫克曼(James J. Heckman),芝加哥经济学派代表人物之一,微观计量经济学的开创者,因对分析选择性抽样的原理和方法所做出的发展和贡献,于2000年荣获诺贝尔经济学奖。数学家埃菲·杰曼诺夫(Efim Zelmanov)作为20世纪伟大的数学家之一,发展了约当代数的结构理论,把有限维约当代数的理论推广到无限维,解决了1938年约当、冯-诺伊曼和维纳提出的问题。这些教授的成就代表了芝加哥大学优秀的师资力量和杰出的学术传统。他们的研究和贡献在经济学和其他领域产生了深远的影响。

除了教学和研究，芝加哥大学还非常注重社区服务和全球意识的培养。学校鼓励学生积极参与社会实践和志愿者活动，倡导学生为社区和全球做出积极的贡献。学生有机会参与到各种公益和社会创新项目中，通过实践锻炼自己的领导力和社会责任感。校园生活也是芝加哥大学的一个重要组成部分。学校提供了丰富多样的社团和俱乐部，满足学生的兴趣和需求。学生可以参加各种学术、体育、文化和艺术活动，丰富自己的学生生活。此外，芝加哥大学还拥有各种现代化的设施和资源，如图书馆、实验室、运动场馆等，为学生提供了良好的学习和生活环境。

芝加哥大学主校区位于芝加哥市南的海德公园地区，东临杰克逊公园，西临华盛顿公园。校园以哥特式建筑群落为主，周围围绕园林。芝加哥大学图书馆是世界性图书馆，由6个分馆组成。总藏书量超过850万册，包括42万册的地图和航空照片，以及大量的微缩资料和稀有书籍。芝加哥大学还拥有一些美国国家历史遗迹，如为纪念世界上第一座可控核反应堆"芝加哥一号堆"（Chicago Pile-1）而修建的核能雕塑，著名瑞典生物学家、生物分类法创始人卡尔·林奈（Carl Linnaeus）的全身雕像等。

芝加哥大学的校训是"Let knowledge grow from more to more; and so be human life enriched"，译为"益智厚生"。"益智"强调学术知识的提升和扩展，"厚生"强调学生的全面发展。芝加哥大学致力于培养具备宽广知识基础、独立思考能力和创新精神的人才，使他们在职业生涯和未来人生中能够不断摸索、探索、成长。芝加哥大学的使命是创造、传播和应用知识，推动社会进步和改善。在芝加哥大学的历史和文化氛围中，学生们将获得终身受益的教育经历，为他们未来的发展奠定坚实的基础。

耶鲁大学

  耶鲁大学（Yale University）被称为"培养世界领导人"的学府，是美国历史悠久的私立大学。300多年的风雨历程，耶鲁大学培养出了5位美国总统，19位美国最高法院大法官。耶鲁大学还为中国培养了一大批杰出人才，如容闳、詹天佑、颜福庆、马寅初等。容闳是第一位取得美国大学学士学位的中国人，更是中国历史上留学生第一人。耶鲁从一座只有一位校长、一位教师、一名学生、一座校舍的，旨在培养神职人员的小型教会学校，到如今早已美名远扬，成为令美国乃至全世界学子高山仰止的名校。

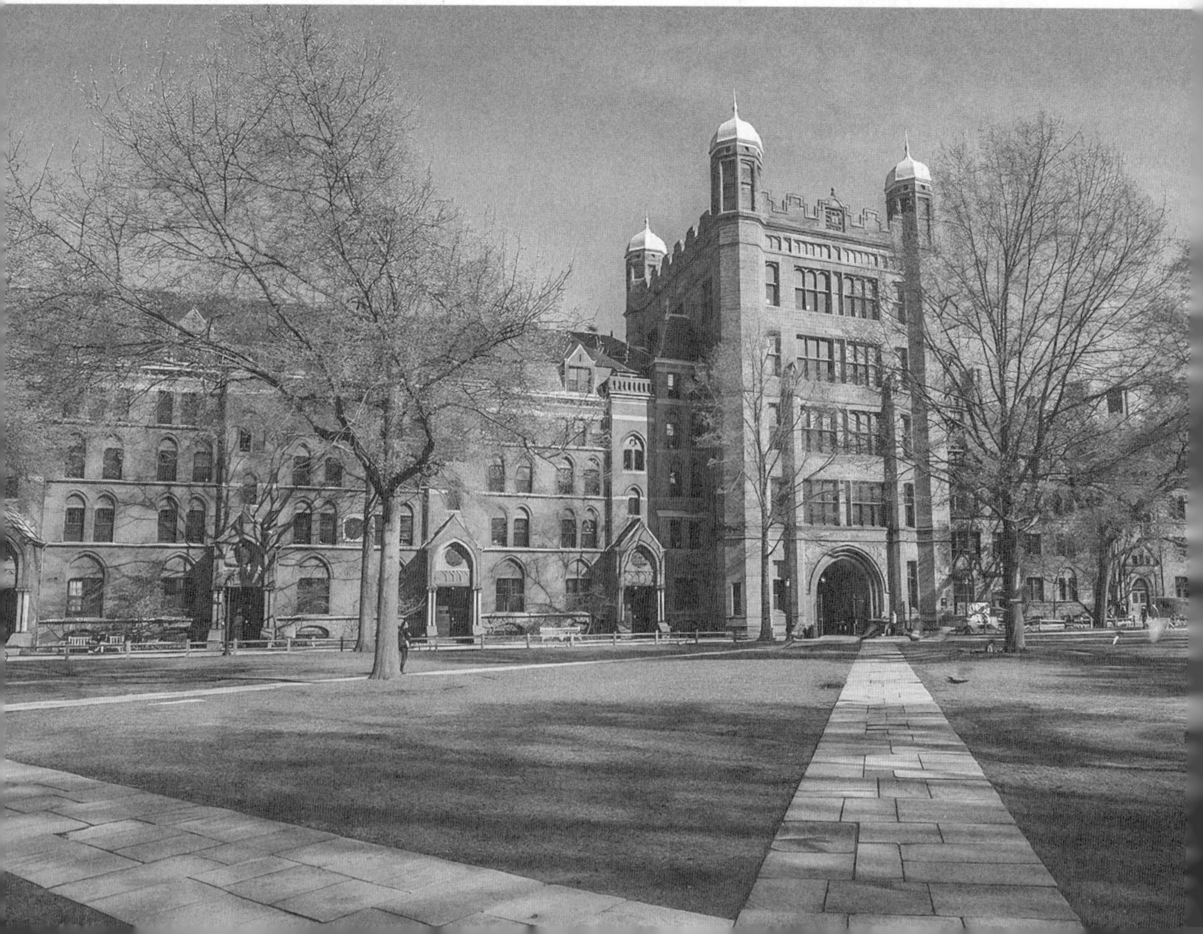

北美洲大学

耶鲁大学的前身雅利学院于1701年成立,在建校之初,还只是一所地区性私立教会大学。1718年,雅利学院迁至康涅狄格州纽黑文市,改名为耶鲁学院,以纪念英国商人和慈善家伊莱休·耶鲁(Elihu Yale)。在经历了160年的历史洗礼后,耶鲁学院在1861年正式更名为耶鲁大学,成为一所以人文科学为主的研究型大学。耶鲁大学拥有许多杰出的校长,他们的领导为耶鲁大学的发展和国际声誉的获得做出了重要贡献。特别是蒂莫西·德怀特(Timothy Dwight)在任期间,将学校从一所小型学院发展成为一所综合性大学。他推动了教育改革,引进新的学科和课程,为学术研究和学生发展奠定了坚实基础。

耶鲁大学拥有14个学院,涵盖人文、社会科学、自然科学、生命科学、工程学、艺术学等领域。其中,耶鲁学院为本科学院,文理学院为研究生院,其余学院为专业学院。约65个以上的系和项目为本科生提供超过2000门课程,学科领域涵盖非常广泛。比如在人文学科方面,文学与艺术学院涵盖了文学、语言学、艺术史、哲学、宗教研究、音乐、戏剧等学科。耶鲁大学学术气氛极其友好活跃,旨在培养学生的综合素养和批判性思维。学生可以根据自己的兴趣和目标,在丰富的学科领域中选择适合自己的课程和专业。这些学科分类和学院设置展示了耶鲁大学的学科多样性和跨学科的特点,为学生提供了广泛的学术选择和研究机会。

耶鲁大学的研究生院负责管理和组织研究生教育项目。每个学院和系、研究所负责不同的研究生专业领域,都有自己的院长和管理团队。耶鲁大学研究生院的主要职能包括:提供高质量的研究生教育、开展前沿研究、促进学术交流及提供学术支持和资源。耶鲁大学设有法学院、医学院、建筑学院、杰克逊全球事务学院等12个研究生专业学院。耶鲁大学法学院成立于1824年,是世界一流的法学院,提供极其优秀的学习环境、丰富的学术生活、大量从事法律工作的机会,培养了众多世界知名的优秀法律从业者、法学家、法官和政府官员。尽管耶鲁大学是文科见长的学校,但是耶鲁大学医学院是全美最古老的医学院,学院拥有全美顶尖的教职员工,包括多位诺贝尔奖得主和国际知名专家,在医学领域取得了卓越的成就。学院注重培养学生的临床技能和研究能力,鼓励学生积极参与各类实践活动,提供综合性的医学知识和技能。

耶鲁大学最重要的管理特色是"教授治校"。从建校初期起，经过三代校长的努力，耶鲁大学逐渐形成了董事会不具体参与校务管理，由教授会治校的管理规定。在当时的美国曾流传着这样一句话："普林斯顿董事掌权、哈佛校长当家、耶鲁教授做主。"耶鲁大学特别强调自由的思想和自由的学术空气，这种"自由教育"的原则使耶鲁大学能够包容各种思想流派，保持勃勃生机。比如在耶鲁大学的院长选举中，教授们有权参与评估和选择候选人。学校成立一个由学院的教授组成的委员会来筛选候选人并提名。委员会负责审核候选人的教学和研究成果，以及对学院的关注和承诺。最终，教授们通过投票选出最合适的候选人担任院长职务。

2022年，耶鲁大学在校学生14806人。其中，本科在校生有6645名，国际学生占比10%；在校研究生为8161人，国际学生的比例为32%。总体来看，耶鲁大学共有国际学生3296名，占比22.26%。这些国际学生来自119个国家，其中来源前5名的国家为：中国、加拿大、印度、英国和韩国。过去7年间，耶鲁大学每年在校的本科生人数为5400—6700人，每一届的本科生人数为1300—1800人。从2014—2022年耶鲁大学的本科生和研究生学生数量上来看，研究生占比均在55%以上。截至2022年，在校研究生中有2895名博士研究生。

耶鲁大学拥有世界一流的学术体系和卓越的师资力量，目前有5259名教师，他们分别在各个学科领域取得了卓越的成就，其研究成果和贡献为学术界和社会发展带来了重要影响。比如，化学家卡尔·巴里·夏普莱斯（Karl Barry Sharpless）在手性催化氧化反应和点击化学领域的开创性工作而两次获得诺贝尔化学奖，成了第五位两次获得诺贝尔奖的科学家，也是第二位在化学领域"梅开二度"的获奖者；哲学与国际事务莱特纳讲座教授托马斯·波格（Thomas Pogge），长期从事政治哲学，以及全球正义、全球贫困、气候变化等现实问题的研究，对全球贫困问题的理解和解决产生了重要影响。

耶鲁大学地处康涅狄格州纽黑文市，地理位置优越，拥有丰富的文化资源和深厚的历史底蕴。宽敞而美丽的绿地四周环绕着校园湖泊和运动场，为学生提供了一个宜人的学习环境。此外，耶鲁大学拥有一流的图书馆和研究资源。耶鲁大学图书馆是美国最大的互联网图书馆，馆藏超过1500万册图书和其他资料。学生可以随时进入图书馆进行研究和学习，并通过互联网访问全球各地的知识和文献。此外，大学还有丰富的实验室设备、科研中心和博物馆，为学生提供了丰富的学术交流和实践机会。耶鲁大学以其独特的校园建筑和文化活动而闻名。校园内有数十座历史悠久的建筑,其中包括17世纪的耶鲁大学红砖建筑、美术馆、音乐学院和法学院等。学校还有丰富多样的文化活动,如音乐会、戏剧表演、艺术展览和学术讲座等,为学生们提供了大量的交流机会并尽可能多地满足其兴趣爱好。

耶鲁大学以"光明与真理"(拉丁语"Lux et Veritas")为校训,鼓励师生们坚持追求知识的光明和真理,并致力于推动人类智慧和认识的进步。作为一所世界一流的研究型大学,耶鲁大学以其卓越的教育质量、跨学科的研究和创新思维而闻名。学校拥有丰富的学术资源和一流的教职员工,为学生提供了卓越的学习环境和深入实践的机会。无论是在学术研究、职业发展还是个人成长方面,耶鲁大学都为学生提供了全方位的支持和指导,培养出了一代又一代的顶尖学者和领导者。耶鲁大学作为世界顶尖大学之一,具备良好的发展前景。学校将继续吸引和培养杰出学生和教师,扩大国际合作和交流,推动跨学科研究和创新,并积极参与社会和全球事务。耶鲁大学致力于涵养全球知识、推动社会进步和塑造全球未来,将继续在全球教育和学术领域发挥引领作用。

 # 康奈尔大学

　　康奈尔大学（Cornell University）是美国境内的一所私立综合类研究型大学，为常春藤联盟成员校、国际大学气候联盟成员校、美国大学协会的14个创始院校之一。康奈尔大学坚持平等、开放，被教育家们称赞为"美国第一所大学"。康奈尔大学追踪最先进的技术和文化发展。最激动人心的火星探测在这里进行，世界上第一头克隆牛艾米在这里诞生……康奈尔大学将原先不登大雅之堂的酒店管理课程，塑造成了世界上权威的专业化课程。中国著名学者胡适曾在这里求学。康奈尔大学拥有最快的超级计算机，不仅是互联网的引领者，还是第一个计算机病毒的制造者。

　　康奈尔大学创建于1865年，筹建人是企业家埃兹拉·康奈尔（Ezra Cornell）和学者安德鲁·怀特（Andrew White）。康奈尔是一个依靠自己的勤劳和智慧，依靠技术致富的企业家和农场主，西部联合电报公司股票的最大拥有者。当时，莫里尔法案已经通过，纽约州议会正在考虑建立一所适合经济发展需求的农工

学院。然而，建校的资金却难以筹措。于是，怀特便说服康奈尔捐资，再加上政府的赠地资金建立了这所新型大学。1888年，农学院成立，奠定了康奈尔在农业领域的卓越地位。1894年建立的兽医学院，成为美国第一所国家支持的兽医学院。1898年医学院建立。1922年，康奈尔大学推出了全球首个酒店管理本科学位项目，开创了酒店管理教育的新纪元。150多年来，这所大学不断发展，迎接新的挑战，塑造了非凡的人才，并一路取得突破性成就。此外，康奈尔大学成立了美国第一家出版社，还是美国与中国学府建立长期合作关系的大学之一。

截至2023年，康奈尔大学有农业与生命科学学院、建筑艺术，以及规划学院、人类生态学院等17所学院，其中有79个本科专业。本科生入学后须接受两年博雅教育，其间找到自己的学习兴趣和方向，再选择相应的专业进行深度学习。研究生学习领域大多数是跨学科的，共108个。其中，91个为主修领域，18个为辅修领域（不授予硕士或博士学位）。在91个主修领域中，共有106个硕士学位授权点，85个博士学位授权点。在康奈尔大学的17所学院中，有4所由州政府资助建立的公立学院。而另外13所学院则是由私人资助建立的，这使康奈尔大学既有公立大学的公共财政支持，又能保持大学的独立性。因其具有双重性质，被称为区别于公立大学和私立大学的"第三类大学"。

康奈尔大学的自由选课制度为学生提供了广泛的选择，鼓励他们发展个性和独立思考，培养具有独特视野的人才。学校重视学生的社区实践，鼓励他们了解社会的需求，并利用创造性知识为社会做出贡献。康奈尔大学强调推动可持续未来解决方案，认识到人与地球之间的紧密联系，倡导可持续的生活和工作方式。此外，康奈尔大学通过跨国合作和国际化教育的实践，致力于培养世界公民，使学生具备更广阔的国际视野。

康奈尔大学秉持"充分的学术自由"和"跨越边界的自由探索"的核心价值观，在研究生教育的发展过程中，塑造了独具特色的交叉学科研究生培养模式。这一模式以"研究生领域"（graduate field）为核心，通过采取一系列创新措施，包括主修和辅修学科的结合、跨学科研究生课程体系的构建，以及导师特别委员会的组建，确立了完善的交叉学科人才培养系统。在研究生学位课程方面，康奈尔大学强调跨学科课程的学习，规定硕士研究生必须选择两个学科进行学习和研究，一个作为主修学科，另一个作为辅修学科。而博士研究生则需选择3个学科进行学习和研究，其中一个为主修学科，而另外两个则为辅修学科。

康奈尔大学采用了导师特别委员会（The Special Committee）制度。这一制度由来自不同研究生领域的多位导师组成，共同协助指导研究生的学术发展。每位研究生可以从学校所有研究生领域的研究生指导教师中自行选择成为导师特别委员会的成员。在学制方面，康奈尔大学设定了明确的规定，硕士研究生在注册学籍并满足硕士学位授予要求后，第一次学籍注册与达到硕士学位授予要求的时间间隔不能超过8个学期方可获得学位。学术质量的维护主要依赖研究生领域的教师和研究生研究主任，他们通过导师特别委员会共同开展工作。康奈尔大学的研究生院包括8个学院和1个继续教育与暑期课程培训机构（Continuing Education and Summer Sessions）。其中，包括1个研究生院与7个专业学院，共同构成了康奈尔大学综合而多样的学术体系。

康奈尔大学的学生群体呈现出多元化的特点，包括不同背景、种族、国籍和性别的学生。学校的师生比例为1∶12，约有57%的课堂规模小于20人。在2022年秋季的申请季中，康奈尔大学收到了共计71164份申请，最终录取了5168名学生，录取率约为7.3%。而实际入学人数为3533人，入学率约为68.4%。国际学生占比约为10.3%。

康奈尔大学人数最多的3个学院为文理学院（1045人）、工程学院（831人）和农业与生命科学学院（667人）。其次为人类生态学院（341人）、工业和劳工关系学院（176人）、约翰逊商学院（168人），人数最少的是建筑艺术与规划学院（142人）。在研究生招生方面，中国学生占据国际学生中的大部分。截至2021学年，康奈尔大学的研究生和专业学历学生分别为7102人和2978人。在7102名研究生中，美国本土学生有3532人，国际学生为3570人，国际生占一半。国际学生的主要来源国包括中国（1959人）、印度（473人）、韩国（165人）、加拿大（129人）等。而在2978名专业学历学生中，美国本土学生为1909人；国际学生为1069人，占1/3。国际学生主要来自中国（517人）、加拿大（164人）、印度（90人）等。

目前，康奈尔大学共有7656名教职工，1729名教授。其中，1094位教授为资深教授，34位教授为美国国家科学院院士、26位教授为美国国家工程院院士。康奈尔大学的教职员工不仅是杰出的教育工作者和负责任的公民，而且在科学研究领域表现出色。过去，共有33位研究人员获得了诺贝尔奖，而现今的教师们也正积极投身于前沿研究。如在纳米技术领域，康奈尔大学科研团队成为纳米制造能力的全球代表力量，特别是在先进的电子束和光学光刻，以及复杂工艺集成方面。在遗传学和基因组学领域，康奈尔大学是全国公认的实施和利用最新测序技术作为共享资源的机构。每年有超过1000名研究人员使用康奈尔大学的测序功能进行基因组学研究。此外，康奈尔大学的一个领先科学团队创造了世界上最著名的两个机器人——勇气号和机遇号，2004年1月开始探索火星。在生物物理学领域，康奈尔大学的科研团队发明了多光子显微镜，使研究人员能够对组织深处的荧光标记进行成像，"看到"活细胞内部发生的情况。

多元化与包容性是康奈尔大学最显著的特色。大学秉承着一项崇高使命，旨在创造一个校园社区，鼓励来自不同背景和生活经历的个体充分发挥潜力，实现个人成长。首任校长埃兹拉·康奈尔曾坚定地宣称，我要建立一个地方，不论男女、贫富，都有平等的机会接受教育。怀特则进一步深化了这一理念，提出了"让学生学习自己喜欢的，而不是学习自己厌恶的"，并强调："你们不是在这里接受教育，而是在这里进行自我教育。"这个理念将自由追求真理置于康奈尔大学的办学核心，将培养有教养的人作为最终目标，使大学所有活动都围绕着塑造具备广博教育和高尚品德的个体展开。

康奈尔大学位于美国纽约伊萨卡市。这里拥有壮观的自然景观，包括瀑布、湖泊和登山道。校园的主要颜色是大红色，鲜艳且富有力量感，仿佛为每位青年学子的青春注入了无限激情。这里有丰富多彩的传统节日，其中最著名的莫过于"龙日"。在这一天，建筑学院的大一新生们身穿奇特的服装，抬着他们亲手打造的巨龙，与来自敌对方工程学院学生的巨大凤凰进行激烈的较量，随后他们会在校园内进行一场盛大的游行，最后聚集在文科四方院结束游行。还有"春日"，这一天，学生会逃课参加庆祝活动来庆祝严冬的结束，迎接温暖的春天的到来。而"斜坡日"则是学生最喜欢的传统活动，是以现场音乐和娱乐活动庆祝学年的结束。

康奈尔大学的校训为"... any person ... any study"，译为"任何人……任何学问……"。在过去的150年里，康奈尔大学在变化中坚守初衷，始终致力于成为一个充满热情、关怀学生、注重公平正义的大学。在这个大学里，不同背景、不同观点的学生和教职员工可以在一种充满尊重的环境中，共同学习、创新和工作，共同为更广泛的社会价值贡献力量。在未来，康奈尔大学立志成为21世纪模范综合性研究型大学，将继续发现、保存和传播知识，以在当地和国际范围内影响变革。

# 加州大学洛杉矶分校

　　加州大学洛杉矶分校（University of California, Los Angeles）是环太平洋大学联盟和国际公立大学论坛成员，被誉为"公立常春藤"。培养出了24位诺贝尔奖获得者、3名菲尔兹奖获得者、4位图灵奖获得者，以及31位麦克阿瑟天才奖获得者、7名普利策奖获得者。加州大学洛杉矶分校还是美国商业金融、高科技产业、电影艺术等专业人才的摇篮，互联网之父温特·瑟夫（Vint Cerf），微软首任首席技术官内森·梅

北美洲大学

尔沃德（Nathan Myhrvold），第一位华人宇航员王赣骏，著名导演弗朗西斯·福特·科波拉（Francis Ford Coppola）皆毕业于此。

1919年，加州大学合并了洛杉矶州立师范学校，创立了南部校区。初期，为了保持伯克利主校区的地位，校董事会只允许南部校区提供两年制初级学院课程。1922年，校长穆尔（Ernest C. Moore）争取到了四年制教师培训项目的批准。1927年，校董事会正式将南部分校命名为"加州大学洛杉矶分校"。1933年，在伯克利分校的反对下，加州大学洛杉矶分校获准颁发硕士学位。1936年又获准授予博士学位。1951年，雷蒙德·B.艾伦（Raymond B. Alen）成了该校的首任校长，标志着加州大学洛杉矶分校正式获得了与加州大学伯克利分校同等的地位。到了20世纪90年代末，加州大学洛杉矶分校在各个学科领域获得了多项荣誉，不再被视为加州大学系统中的一般分校。第二次世界大战后的25年间见证了该校的巨大发展，大量新校舍兴建，学生人数大幅增加。2008年，洛杉矶分校校长查尔斯·杨（Charles Young）提出了"自力更生"的理念，鼓励商学院、医学院等盈利能力强的学院进行市场化运营，因而安德森商学院提出不再接受州政府资助，由市场自主运作。如今，加州大学洛杉矶分校已成为美国排名第一的公立大学，享有"公立常春藤"之美誉。

加州大学洛杉矶分校设有14个学院，分为6个本科生院和8个研究生院。文理学院是核心本科生院，拥有超过85%的本科生。加州大学洛杉矶分校为本科生提供120多个专业，其中最受欢迎的是生物学、商业经济学、政治学、心理学、心理生物学和经济学。

加州大学洛杉矶分校的研究生院，包括法学院、安德森管理学院、洛斯金公共事务学院、教育和信息学研

究生院、戴维·格芬医学院、西美尔神经心理与人类行为研究院、牙医学院和费尔丁公共卫生学院。安德森商学院作为世界著名的商学院之一，被誉为"最有创新力的商学院"。该学院会在每年春天举办各种竞赛，组织学生为大型企业发展提出建议，由公司管理层评判，优胜者会获得价值不菲的现金奖励。安德森商学院成立的创业者协会，每年会组织至少150次以上的创业活动，为高校创新创业教育和专业教育的融合提供相应的实践机会。教育与信息学研究生院就是一所具有跨学科性质的学院，下设教育学与信息学两个主干学科。传统学院的重组能拉近不同学科在组织建构层面的制度距离，促进跨学科的信息交流与资源共享，培养不同学科在跨学科研究生培养上的合作意向。

加州大学洛杉矶分校为研究生提供丰富多元的硕士和博士学位课程，覆盖了超过130个学术和专业领域，确保了学生在各个领域都有充分的选择机会。加州大学洛杉矶分校的艺术学、心理学、数学、历史学、社会学和英语等领域的研究生项目位居全美前40名。加州大学洛杉矶分校的研究生课程旨在培养未来能够对世界产生重大影响的专业人士、研究人员和领导者。为了支持学生的学术和职业发展，学校提供多种形式的财政支持，包括助学金、奖学金、实习机会、助教奖学金，以及研究生研究员职位。加州大学洛杉矶分校鼓励研究生进行跨学科学习和研究，以培养深厚的专业知识混合体。学校还为研究生提供了跨院系的研究项目合作机会。这种合作不仅限于校园范围内，而且延伸到洛杉矶地区的其他主要大学、公立和私立机构，以及公司。

加州大学洛杉矶分校对博士学位答辩申请有严格的要求。学校设有专门的博士委员会。博士委员会设主席1人，其成员包括至少3名教师，其中至少2人必须是学校评定的教授或副教授。博士委员会还设立专家组，他们有投票权，并负责评审博士论文。学校允许不同学位项目或院系根据需求自行调整委员会成员。

截至2023年，加州大学洛杉矶分校学生总人数46430人。其中，本科生32423人，研究生14007人；国际学生5247人，占学生总人数的11.3%。加州大学洛杉矶分校共有教职工7941人，其中包括105位美国艺术与科学院院士，86位美国科学促进学会会员，40位美国国家科学院院士，20位美国国家工程院院士，34位美国国家医学研究院院士，16位美国哲学院院士。2011年，计算机科学学院的朱迪亚·珀尔（Judea Pearl）教授获得了图灵奖，以表彰他在人工智能领域做出的基础性贡献。2012年，经济系的罗伊德·沙普利（Lloyd Shapley）教授获得了诺贝尔经济学奖，以表彰他在"稳定分配理论和市场设计中的实践"上所做的贡献。2020年，物理和天文学院的安德烈娅·盖兹（Andrea Ghez）教授获得了诺贝尔物理学奖，她的研究重点是银河系的中心。

加州大学洛杉矶分校位于美国洛杉矶西部。整个校园被分为南北两个校园，北校园是原校园的中心，建筑风格比较古老，是艺术、人文、社会科学、法律和经济等学科的中心。南校园的建筑物相对较新，风格与北校园截然不同，是自然科学研究的中心。加州大学洛杉矶分校的图书馆共有820多万册的藏书，其收藏数据的广泛性与高利用率在世界上也是首屈一指的，从中世纪的彩色抄本，到现代的电子刊物，只要进到这里，就可以尽情享用这里庞大的信息资源。加州大学洛杉矶分校也因学生在各种重要体育赛事中取得的优异成绩而闻名于世。学校学生和校友参加了自1920年以来的每届奥运会，截至2021年共获得了136枚奥运会金牌、71枚银牌、63枚铜牌，金牌数和总奖牌数均位列全美高校的第三名。

加州大学洛杉矶分校的校训是"Let there be light"，译为"让光明普照"。这一校训也是加州大学系统内所有分校共同遵循的理念。作为一所公共研究型大学，加州大学洛杉矶分校的首要使命在于创造、传播、保存和应用知识，以推动全球社会的进步。为了实现这一目标，学校致力于最大限度地保障学术自由，高度重视信息的开放获取，在尊重个人观点的前提下进行自由而活跃的辩论，并且坚决反对任何形式的偏见。秉持开放包容，不断追求卓越，推动教育、研究、服务"一体化"，展现了加州大学洛杉矶分校的美好愿景。

宾夕法尼亚大学

北美洲大学

宾夕法尼亚大学（University of Pennsylvania），由美国开国元勋本杰明·富兰克林（Benjamin Franklin）创立，是美国第四古老的高等教育机构，也是美国第一所从事科学技术和人文教育的现代高等学校。在数百年的学校历史中，宾夕法尼亚大学在教育以及科学技术上持续推动了人类文明的发展，诞生了人类历史上第一台通用电子计算机ENIAC，被誉为现代计算机科学文明的发源地；风疹疫苗、乙型肝炎疫苗、认知心理疗法等的发明挽救了无数生命。世界首富沃伦·巴菲特（Warren E. Buffett）、特斯拉创始人埃隆·里夫·马斯克（Elon Reeve Musk），哈佛大学第一位女校长德鲁·吉尔平·福斯特（Drew Gilpin Faust）都和这所著名学府有着不解之缘。初创的宾夕法尼亚大学仅为一所慈善学院，凭借知识与德行相结合的教育理念、法无德不立的文化传统、卓越一流的师资生源，宾夕法尼亚大学逐渐发展成了世界顶尖大学。

1740年，宾夕法尼亚大学始于"费城学院"。1755年，学校易名为费城学院和研究院。1779年，在美国建国的第三年，宾夕法尼亚政府通过立法对学校进行改组，将学校正式命名为"宾夕法尼亚州大学"，1791年，学校正式更名为"宾夕法尼亚大学"。作为学校创建人，美国著名科学家和政治家、开国元勋、《独立宣言》起草人之一本杰明·富兰克林（Benjamin Franklin），受苏格兰教育改革

47

影响，提倡和实施注重实际应用的新型教育，培养具有创新思维、对他人的创造反应敏捷、不脱离现实生活的人才。这一教育思想始终贯穿宾夕法尼亚大学的发展历程。宾夕法尼亚大学在成立之初是一所慈善学院，主要向贵族和工人阶级的儿童敞开学习的大门。1765年，学校的第一届毕业生约翰·莫根（John Morgan）创建了北美洲第一所医学院，这才使宾夕法尼亚大学成为事实上的大学。随后，北美洲的第一所商学院以及第一个学生会组织均诞生于宾夕法尼亚大学。如今，宾夕法尼亚大学已经从一所慈善学院，发展成为拥有12个学院的综合性研究型大学。

宾夕法尼亚大学的法学院和沃顿商学院最为出名。法学教育创建于1790年，以此为基础建立的法学院，是美国最负盛名的法学院。以商业管理课程为基础建立的沃顿商学院，则已跻身世界一流商学院之列，其金融专业更是全球公认的顶尖专业之一。随着学科的不断分化和不断融合，宾夕法尼亚大学秉持学科交叉的传统研究思想，开展了很多跨学科的研究项目，建立了几百个研究中心和机构，以促进跨学科研究的开展。例如，宾夕法尼亚大学贝克曼研究所率先证明人类免疫缺陷病毒（HIV）基因疗法如何使"柏林病人"远离艾滋病，为解决实际问题和推动社会发展做出了重要贡献。

宾夕法尼亚大学的研究生教育可以追溯到18世纪末，"自由"是宾夕法尼亚大学研究生院的管理特色。各研究生院具有非常大的研究生教育交叉培养权，学校为各研究生院的学科交叉研究生培养提供了多种多样的培养模式。这种管理方式使各研究生院成为一个高度融合、协同发展、共同约束的组织。也正是由于这样的管理方式，交叉学科学位项目成为宾夕法尼亚大学最具特色的研究生培养机制。目前，各研究生院已形成跨学科的研讨班、选修课、学分认可证书、辅修专业、选修专业、独立的学院间合作学位项目、双学位项目、交叉学科学位项目8种学科交叉研究生培养模式。

宾夕法尼亚大学本科生规模相对较大。过去5年，宾夕法尼亚大学的本科生人数一直稳定在11000人左右。2022年，宾夕法尼亚大学在校本科生人数为11250人，其中留学生431人。宾夕法尼亚大学的研究生规模与本科生较为相似。目前，研究生人数约为16951人，其中国际学生占26%。

宾夕法尼亚大学坐落于美国第四大城市费城，拥有3个校区。学校融合了英国牛津大学与剑桥大学的建筑风格，在保留一些哥特式建筑古老元素的同时，创新发展出了全新的校园建筑风格，体现了宾夕法尼亚大学不断寻求创新的历史传统。校园内拥有许多具有历史和建筑学价值的建筑，反映了其丰富的历史和学术传统。如休斯敦大厦（Houston Hall），建于1896年，是美国最早的大学校园联谊会堂；科尔杰特教堂（College Hall），建于1871年，是学校的象征性建筑，内部设有许多学校的行政办公室。宾夕法尼亚大学博物馆考古与人类学部（University of Pennsylvania Museum of Archaeology and Anthropology，也被称为"宾大考古博物馆"），以其丰富的考古和人类学藏品而闻名。它拥有来自世界各地的古代文物和民族艺术品，包括埃及，以及中美洲、亚洲等国家和地区的珍贵文物。

宾夕法尼亚大学的校训"法无德不立"，强调了法律与道德的关系，意味着只有法律和道德相辅相成，才能产生实际的价值。这句校训反映了宾夕法尼亚大学对学术严谨、道德责任的重视，也体现了其教育的核心价值观。经过280多年的发展，宾夕法尼亚大学已成为美国教育史上的丰碑、现代高等教育的典范。未来，宾夕法尼亚大学会更加注重对复合型、具有学科交叉创新能力的人才的培养。

约翰斯·霍普金斯大学

约翰斯·霍普金斯大学（Johns Hopkins University）的创立在美国高等教育发展史上起到了分水岭的作用，标志着美国第一所现代意义的研究型大学的产生。由此，美国高等教育转入"研究型大学时代"。约翰斯·霍普金斯大学也是美国第一所以讨论班方式授课、第一所分专业录取本科生的大学，其办学理念和模式对后来的美国大学产生了巨大的影响并纷纷效仿。

1873年，美国马里兰州巴尔的摩市银行家、贵格会教徒约翰斯·霍普金斯（Johns Hopkins）去世时，留下了一笔价值700万美元的巨额遗产（按购买力折算，相当于2006年的16亿美元）。遵照他的遗嘱，遗产分半后分别捐赠给以他名字命名的约翰斯·霍普金斯大学和约翰斯·霍普金斯医院。这在当时的美国是有史以来最大的一笔慈善捐赠。1875年，财产托管人在

巴尔的摩市中心的霍华德大街购买了第一块地皮，以此作为未来的大学校园。1876年1月22日，约翰斯·霍普金斯大学正式创立。当年2月22日，首任校长丹尼尔·吉尔曼（Daniel Gilman）就职。约翰斯·霍普金斯大学在美国及世界高等教育发展史中做出了许多开创性的贡献。开办于1878年的约翰斯·霍普金斯大学出版社（JHU Press）是美国现今仍然运作的历史最悠久的大学出版社。1889年，约翰斯·霍普金斯大学护理学院成立，是全美最早的护理学院。约翰斯·霍普金斯大学医学院是美国第一所开展研究生教育的医学院，成为日后许多医学教育机构效仿的对象。1909年，该校首倡成人教育。1916年，约翰斯·霍普金斯大学创办了全美第一所公共卫生学院——约翰斯·霍普金斯大学布隆伯格公共卫生学院。1986年，约翰斯·霍普金斯大学成为第一所在中国设立正式学术中心的美国大学。

约翰斯·霍普金斯大学设有9个学院。医学院和公共卫生学院长期以来享有崇高的声誉。医学院成立于1893年，作为美国卫生部投资最多的单位，其开展了几乎所有基础科学及医学方面的研究和创新工作。从创建至今，布隆伯格学院为美国和全世界输送了一大批顶尖的科学家和公共卫生管理人才，包括多位美国卫生部部长、美国总统顾问及数十位美国国家科学院院士，素有公共卫生领域的哈佛商学院之称。约翰斯·霍普金斯大学在社会科学和人文学科方面也具有很高的知名度。以人文学科为例，约翰斯·霍普金斯大学的写作研讨班（Writing Seminars）享誉全美。在这个富有特色的写作研讨班里，学生在教师的悉心指导下，认真研读英美名作家的经典之作，寻求和探索他们的写作风格和写作技巧，然后把名作家的写作方法应用于自己的写作练习之中，从中感受艺术大师的写作经验。在社会科学方面，约翰斯·霍普金斯大学政治系的国际研究课程不仅在该校是最受欢迎、选修学生最多的课程，而且在全国高校的同类学科中属于佼佼者。

约翰斯·霍普金斯大学是美国第一所把培养研究生作为主要学术职能的大学。约翰斯·霍普金斯大学的首任校长丹尼尔·吉尔曼声称研究生教育是大学最重要的使命，大学的目的是自由地促进一切有益知识的发展。在约翰斯·霍普金斯大学创立之时，美国的研究生教育制度非常的落后，吉尔曼认识到必须建立并改进美国研究生教育制度。他率先把重点放在研究生教育上，同时也强调本科教育与研究生教育结合，才能更有利于促进学校科研的发展，进一步为社会提供高素质的人才。为了保证研究生教育制度的实施，他采取了以下办法：首先，抓好本科生的教育工作。其次，推行"访问讲座制"，让社会上的著名学者来校做讲座，这样既弥补了该校教师的不足，又把各种思想引进自己的学校，从而达到在约翰斯·霍普金斯大学能汇集众家之言的目的，也使学生开阔了视野。最后，他引进了自己在耶鲁大学谢菲尔德学院时采用的"学习小组制"。结果证明这些制度取得了很大的成功，约翰斯·霍普金斯大学由此也获得了"博士制造工厂"的称号。

2021年，约翰斯·霍普金斯大学共招收了32049名学生。本科生和研究生入学人数中有38.80%的白人、15.00%的亚裔、9.36%的西班牙裔或拉丁裔、7.73%的黑人或非裔美国人、3.98%的两个或两个以上种族、0.165%的美国印第安人或阿拉斯加原住民，以及0.08%的夏威夷原住民或其他太平洋岛民。截至2023年秋季，约翰·霍普金斯大学共有5444名本科生，其中男生52.1%，女生占47.9%。在过去一个学年里，这些学生总共选修了73357门本科课程，平均每人13.5门。此外，不同于众多的美国研究型大学，这些学生在本科三年级阶段需要选择课题，从事研究工作，这也彰显了该校对学术研究的重视。

约翰·霍普金斯大学的研究生规模逐年扩大。每年约有5000名研究生被录取，包括硕士和博士学位的申请者。学校为学生和教职工在艺术和音乐、人文学科、社会和自然科学、工程、国际研究、教育、商业和健康等专业提供了400多个学习项目。其中，对硕士研究生提供了228项，对博士研究生提供了100项。此外，约翰霍普金斯大学在全球范围内设有多个研究生招生办公室，以满足不同地区、不同专业的招生需求。

约翰·霍普金斯大学的校训是"The truth shall make you free"，译为"真理将使你获得自由"。这句校训强调了真理、知识和独立思考的重要性。学校致力于培养具备批判性思维和独立思考能力的个体，同时推动知识的创造与传播，从而为社会发展做出贡献。真理、知识和独立思考是约翰·霍普金斯大学的核心要素，它们不仅在科学研究和学术成果上令世界瞩目，而且鼓励学生不断深入研究和反思，进而培养出具备综合素质的领导者。此外，学校倡导的"奉献、服务"体现了学校的社会责任感，致力于将知识和专业能力回馈给社会，通过公共服务、社区建设等方式履行社会责任。同时，大学教育不仅传授知识，更是培养学生的综合素质和自身发展，通过课堂学习和社会实践的结合，全面提高学生的能力，为社会做出贡献。

约翰·霍普金斯大学位于美国马里兰州巴尔的摩市，主校区位于美国马里兰州巴尔的摩市北部的霍姆伍德。此外，该校还有分校区位于美国首都华盛顿特区，并在中国的南京大学、意大利博洛尼亚设有教学校区。霍普金斯大学有很多知名的建筑物，比如校园中最为著名的建筑物包括吉尔曼大厅、霍普金斯医学院、霍普金斯公共卫生学院等。其中，吉尔曼大厅是约翰·霍普金斯大学的标志性建筑之一，建于1915年，是该校的主要学术殿堂。它采用了乔治亚红砖式建筑风格，建筑外观简洁大方，内部设计精美，是学校里重要的教学和研究场所之一。此外，约翰·霍普金斯医院也是一处重要的建筑，其建筑设计具有现代化的特点，包括玻璃幕墙、混凝土结构等。另外，还有一座标志性建筑"豪宅"，耗资3.7亿美元打造，位于宾夕法尼亚大道555号，距离美国许多著名的地标建筑非常近，透过窗外就能看到国会大厦和白宫。

约翰斯·霍普金斯大学作为一所具有世界一流声誉的学府，已经在国际影响力的不断扩大过程中展现出了引领全球的作用。在未来，该校将继续以全球视野为引导，促进跨文化交流和合作。同时，约翰·霍普金斯大学将致力于培养新一代全球领导者，为人类社会进步贡献力量。该校将继续推动科学研究和学术发展，并在各个领域取得卓越成就，为全球做出更多杰出的贡献。展望未来，我们对约翰·霍普金斯大学的发展充满信心，期待它能够继续成为全球社会发展中的重要推动力量。

华盛顿大学

华盛顿大学（University of Washington），是一所享有国际声誉的公立研究型大学，是美国大学协会、环太平洋大学联盟和国际大学气候联盟成员。共培养出20位诺贝尔奖、1位菲尔

北美洲大学

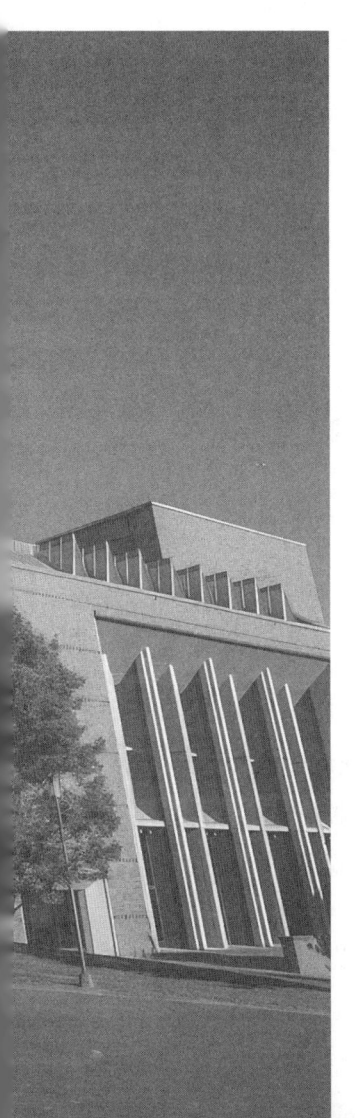

兹奖、2位图灵奖获得者，167位美国科学委员会学部委员，以及252位美国国家科学院、美国国家工程院、美国艺术与科学院院士。华盛顿大学以深厚的学术传统、卓越的研究成果和广泛的国际合作而著称，不仅为学生提供了一流的教育，更为世界培养了大量领军人才。

华盛顿大学的历史可以追溯到19世纪。它见证了美国西部的发展和变迁。华盛顿大学成立于1861年，是华盛顿州的第一所大学。学校最初位于西雅图市中心，但由于学校的发展和扩张，1895年迁移到了现在的校园位置。在早期的历史中，华盛顿大学经历了许多挑战，包括资金短缺和学生人数的减少。学校在20世纪初开始稳步发展，吸引了更多的学生和教师，建立了多个学院和研究所。20世纪60年代之后，华盛顿大学迎来了发展的"黄金时代"，1958—1973年，在时任校长查尔斯·奥德加德（Charles Odegaard）的领导下，华盛顿大学的生源、师资、设施、经营预算和学术声望有了巨大提升，跻身世界顶尖研究型大学之列。奥德加德校长设想建立"学者的社区"，并说服华盛顿州立法机关批准增加对大学的投资。在获得了联邦政府的投资后，华盛顿大学逐步加强了在医学、工程和自然科学领域的研究，成了美国顶尖的研究型大学之一。学校还建立了多个与工业界的合作关系，推动了技术创新和经济发展。近年来，华盛顿大学继续扩大其学术和研究领域，与全球多所知名大学建立了合作关系，学校还加强了与社区的联系，为西雅图市和华盛顿州的社会和经济发展做出了重

要贡献。

华盛顿大学是一所综合性大学,学科领域广泛,拥有超过180个本科专业,包括人文社会科学、自然科学、工程与技术、医学、艺术与设计等。建校158年来,华盛顿大学在全球多个领域都实现了突破,创造出众多改变历史进程的重大发明。如在航空航天领域,实现了驾驶宇宙飞船探月、设计了月球轨道飞船、设计了哥伦比亚航天飞机、设计了世界上最大的波音747客机等。在工业领域,设计出誉满全球的计算机操作系统DOS、发明了乙烯合成橡胶技术、驾驶飞行器在人类历史上第一个实现了音速突破等技术。华盛顿大学医学院是美国顶尖的医学院之一,提供医学、护理、药学等多个学科的教育和研究,其康复科在全美具有较大的影响力。医学中心在发展过程中,创造了多项著名成就,如造福全人类的乙型肝炎疫苗、肾透析术,并主导破解人类基因图谱揭示了生命奥秘等。

华盛顿大学的研究生院提供超过370个研究生项目。各领域都有顶尖学者坐镇,学术研究水平位居世界大学前列。研究生院协同学校其他部门,提供各种信息服务与支持,共同促进研究生的成长。研究生在学习的过程中,遇到任何问题都可以向研究生院寻求帮助或者在研究生院的牵引下获得支持。研究生院还帮助研究生选择合适的导师,鼓励学生建立自己的指导团队。在专业发展方面,研究生院为研究生在论文写作、会议交流、研究日程的制订、与他人合作等方面提供具体的指导。在职业发展方面,研究生院指导研究生制订职业计划,并为学生提供面试辅导、实习机会及就业信息等。华盛顿大学一直是全美国获得联邦研发经费最多的公立大学。除了美国联邦政府的巨额资金投入,华盛顿大学还有数额巨大的私人及企业捐赠,总部在西雅图的微软公司、波音公司及亚马孙公司长期资助华盛顿大学的计算机、信息学及自然科学的学术研究。如2016年比尔·盖茨(Bill Gates)在华盛顿大学宣布:比尔及梅琳达·盖茨基金会向华盛顿大学捐赠2.10亿美元,建造一座人类健康教学大楼,希望为全人类健康科学研究做出贡献。研究生院为学生提供了丰富而有价值的学术研究和实践机会,与多个研究机构和企业有着紧密的合作关系,如2015年华盛顿大学、清华大学和微软公司在美国西雅图联合创建了全球创新学院(GIX)。这是一个旨在推动技术创新和培养未来创新领袖的国际合作平台,不仅为学生提供了一个国际化的学习环境,同时也提供了接触前沿技术和参与实际项目的机会。

华盛顿大学的大学部和研究生院每年都会收到世界各地数以万计的国际学生

的申请，国际学生生源十分优秀。如2022年华盛顿大学西雅图校区招收了7808名国际学生，其中中国留学生4041人，占该校国际学生的51.75%。

华盛顿大学拥有一支高水平的教师队伍。学校的教师不但在各自的研究领域都有很高的影响力，而且致力于提供高质量的教育，采用创新的教学方法和技术，为学生提供了丰富的学习资源和实践机会。学校的教师经常组织和参与各种学术活动，如学术讲座、研讨会和工作坊，为学生和其他教师的交流和学习提供了诸多平台。

华盛顿大学位于美国西海岸华盛顿州西雅图市。除了西雅图的主校区，还设有塔科马校区和博塞尔校区。华盛顿大学的图书馆（Suzzallo Library）是典型的哥特式建筑，众多拱门镶嵌人物雕塑，门柱与窗框上都雕有复杂的花纹。在华盛顿大学正门不远处的布尔克自然历史和文化博物馆（Burke Museum of Natural History & Culture），门口有几个高大的图腾柱。馆内展示许多珍贵的印第安文物，其中有图腾、独木舟以及各式各样的手工制品。华盛顿大学有着丰富的文化艺术氛围，为学生提供了一个宽广的学术和文化平台。其中，哈士奇体验（Husky Experience）是华盛顿大学的标志性活动，旨在为学生提供一个全面的大学体验。通过这一活动，学生可以参与各种学术、社交和文化活动，深入了解学校的传统和价值观。

华盛顿大学的校训是拉丁语"Lux sit"，翻译成英文是"Let there be light"，中文意思是"要有光"。这个校训体现了华盛顿大学追求知识、启迪智慧、照亮未来的教育理念。

华盛顿大学有着明确的发展理念和目标，校长安娜·玛丽·考斯（Ana Mari Cauce）曾说："我对华盛顿大学的愿景就是使学校成为能够积极影响世界的顶尖公立大学。"未来，华盛顿大学将继续加强在创新、种族和公平，以及人口健康方面的研究和改进举措，同时推动学校的国际化进程，为学术界和社会做出更大的贡献。

加州大学圣地亚哥分校

  加州大学圣地亚哥分校（University of California San Diego）是美国加州大学十大分校之一，是世界顶尖的公立研究大学之一。学校位于美丽的太平洋西岸，以在海洋科学和工程领域的卓越研究而闻名。加州大学圣地亚哥分校的使命是通过教育、创造和传播知识与创意作品，以及参与公共服务来改变加州和多元化的全球社会。他们不仅提供了一流的教育，还培养了无数的领导者和创新者。

加州大学圣地亚哥分校于1960年成立。它的成立是为了满足加州日益增长的高等教育需求，并为学生提供一流的教育和研究机会。加州大学的董事会在1956年授权建立圣地亚哥校区时，期望把学校建成一个研究性机构，提供科学、数学和工程的教学。学校早期的发展非常迅速，在成立初期就建立了多个学院和研究所，致力于提供种类繁多的学术方向和丰富的研究机会。1964年该校的第一个学院南瑞弗尔（Revelle）学院招收了第一批本科生新生，其主要方向是经典的文学艺术。在随后的几十年中，学校继续扩展，增加了更多的学院和研究设施。1974年建立的厄尔·沃伦学院强调全面化的教育，同时要求学生选择两个不相关的学科作为主科，加州大学圣地亚哥分校的跨学科教育自此开启。1988年建立的埃莉诺·罗斯福学院强调全球化，该学院的教育结合了文化教育和跨学科教育。

加州大学圣地亚哥分校设有7个本科通识学院，其中药学、生命科学、数学、经济学、传媒学、计算机科学等学科位居世界前列。加州大学圣地亚哥分校健康中心在高级专业护理方面一直名列全美顶级医疗保健系统之列。加州大学圣地亚哥分校戏剧与舞蹈系MFA和本科课程被《好莱坞报道》评为世界第五名。雷迪管理学院的创新创业教育在2022年被《彭博商业周刊》评为全美第四名。随着学校的不断发展，加州大学圣地亚哥分校将继续致力于追求学术卓越和研究创新。学校的未来发展将更加注重跨学科合作和国际化进程，为学生提供更多的学习和研究机会。

加州大学圣地亚哥分校的研究生院提供了多个硕士和博士学位项目，涵盖了自然科学、工程、医学、人文社会科学等多个学科领域。学校的研究生教育在国内外都享有很高的声誉。学校设有5个学术型研究学院和5个专业型研究学院，同时管理斯克里普斯海洋研究所、高通研究所、圣地亚哥超级计算机中心等19个研究中心。根据美国国家科学基金会数据，学校的年均科研资金高达19亿美元，位居全美第五名、加州大学系统首位。在2023财年，加州大学圣地亚哥分校在研究上的支出为1.76亿美元，高于前一年的1.64亿美元——增幅超过6%，这标志着该校十多年来研究经费的持续增长，并涵盖了日益复杂和雄心勃勃的研究组合。

2022年,加州大学圣地亚哥分校的总申请人数为131245人,录取人数为31160人,录取率约为23.74%。国际生申请人数为23122人,录取人数为3574人,录取率约为15.46%。学校现有国际学生5332人。其中,中国留学生数为3015人,约占国际学生总数的56.55%。

加州大学圣地亚哥分校是一所与中国合作紧密的大学。早在2012年7月,首个由中美顶尖大学合作建立的学术研究中心——复旦大学—加州大学当代中国研究中心(Fudan-UC Center on Contemporary China)在加州大学圣地亚哥分校全球政策与战略学院成立。该中心旨在以学术的形式在北美建立一个认识中国社会、了解中国发展的窗口,为中美学者提供交流的平台。此后,加州大学圣地亚哥分校与中国科学技术大学、中山大学等高校在海洋生物多样性等领域达成了密切的合作,并与上海工程技术大学开展学分互换等协同人才培养项目。

加州大学圣地亚哥分校拥有一支高水平的教师队伍,目前共有教职工9402人。这些教师在国际上享有很高的声誉,在各自的研究领域有着深厚的学术背景和丰富的研究经验,其中包括16位诺贝尔奖获得者、3位菲尔兹奖得主、8位美国国家科学奖章得主、8位麦克阿瑟奖得主和2位普利策奖得主。化学家莱纳斯·卡尔·鲍林(Linus Carl Pauling),1954年因在化学键方面的工作获得诺贝尔化学奖,1962年因反对核弹在地面测试的行动获得诺贝尔和平奖。物理学家玛丽·戈佩特-迈耶(Maria Goeppert-Mayer),1963年与美国物理学家尤金·保罗·维格纳(Eugene Paul Wigner)和德国物理学家约翰内斯·汉斯·丹尼尔·詹森(Johannes Hans Daniel Jensen)一起被授予诺贝尔物理学奖。迈耶夫人也是继居里夫人之后的第二位获得诺贝尔物理学奖的女物理学家。

加州大学圣地亚哥分校位于美国圣地亚哥的海滨城镇拉荷亚。校园的标志建筑——盖泽尔图书馆是好莱坞电影《盗梦空间》的取景地。学校最大的活动是太阳神节(Sun God Festival),每年这个时候学校都会请全美著名的一些舞团来校园里表演。此外,校园内有一条很有名的街道,叫图书馆步道(Library Walk),这条街上每天都会有不同的学生社团,以及校外的一些组织来进行宣传。加州大学圣地亚哥分校的体育队自称为"海神",在游泳、水球、赛艇等项目上尤其强势,冲浪队获得过6次美国冠军。

加州大学圣地亚哥分校的校训是"Fiat Lux",这句校训源自拉丁语,直译为"让光照耀",深刻体现了学校对知识、真理、智慧以及社会责任的追求,激励着学校每一位师生追求知识、智慧和创新,为个人的成长和社会的发展做出贡献。

加州大学圣地亚哥分校的发展理念是:"我们所做的一切都致力于确保我们的学生有机会成为变革者,我们配备学生所需的多学科工具,以加速解决世界上最紧迫的问题。"未来,加州大学圣地亚哥分校将继续致力于追求学术卓越和研究创新,培养更多的领导者和创新者。学校的未来发展将更加注重跨学科合作和国际化进程,为学生提供更多的学习和研究机会。

密歇根大学安娜堡分校

　　密歇根大学安娜堡分校（University of Michigan，Ann Arbor），是一所享有盛誉的全球综合性研究型大学，拥有先进的办学理念、卓越的教育质量、深厚的学术积淀和丰富的文化内涵。自建校以来，培养了1位美国总统，22位诺贝尔奖得主，8

位美国国家航空航天局宇航员，18位普利策奖得主，30多位大学校长，以及各行业的大量精英。

密歇根大学安娜堡分校自1817年创立以来，经历了两个世纪的发展和多次转型，一直致力于卓越的教育和研究，对密歇根地区乃至全球的科技和学术进步发挥了重要作用。1817年，密歇根大学在底特律成立，目标是为新兴的密歇根地区提供优质的高等教育。随着时间的推移，学校逐渐发展壮大，并在1837年迁移到了现在的位置——安娜堡市。19世纪末，随着工业革命的到来，密歇根大学开始加强工程和技术教育，并为美国的工业化进程做出了重要贡献。20世纪初，随着研究的重要性日益增长，建立了多个研究所和实验室，为学者和学生提供了前沿的研究环境。在此期间，学校的医学、法律和商学院也取得了迅速的发展，成为该领域内的领先机构。两次世界大战期间，密歇根大学为国家的军事和科技研究贡献颇多。第二次世界大战后，随着美国的经济和社会发展，学校进一步加强了学术研究和国际合作。学校与全球多个学术机构和研究中心建立了合作关系，为学生提供了更广泛的学习和交流机会。进入21世纪，密歇根大学继续保持在学术界的领导地位，尤其在工程、医学、商业和社会科学等领域。学校的教师和学生在各种学术会议、研讨会和项目中都取得了令人瞩目的成果，为全球的学术研究和社会发展做出了重要贡献。

密歇根大学安娜堡分校作为美国的"学术重镇"，共有19所学术学院。学校拥有全美最高的研究预算，以及浓厚的学术气氛、优良的师资和顶尖的商学院、法学院、医学院、工学院及文理学院。文理学院为密歇根大学最大的学院。该学院设有包括数学、物理学、化学、生物学、地质学、天文学在内的自然科学和包括文学、历史学、哲学、经济学、各种语言学、考古学、传媒学在内的社会科学。而医学院、工学院、法学院、商学院等则是针对部分学科所设立的专门学院。其中，密歇根大学的工学院是美国最古老和最有声誉的工程学院。密歇根大学在航空航天、生物医学、化学、计算机、电气、机械和材料等多个领域都有卓越的表现。医学院是世界上最先进的医学研究和教育机构，提供从基础医学到临床医学，从公共健康到药学的全方位课程。通过与医学中心和临床实验室的紧密合作，医学院为学生提供了丰富的实践经验和研究机会。商学院是密歇根大学的商业和管理领域的核心，提供了多种商业、管理、金融和会计课程。商学院的教育方法注重培养学生的创新和领导能力。学生可以选择多种专业和方向，如市场

营销、财务管理、人力资源管理等，而后根据自己的兴趣和职业目标进行深入研究。

密歇根大学安娜堡分校是美国课程设置特别丰富的大学，吸引了众多杰出的学生来进行研究生学习。密歇根大学的研究生教育管理模式为拉克姆研究生学院与各学院合作，监督研究生的学术教育。2022年秋季学期共有9861名学生入学参加由拉克姆研究生学院和各学院提供的博士、硕士和研究生级别的证书课程。在同一学期，还有8669名学生入学参加医学、法律、商业、公共卫生、牙科、药学、护理、信息、工程、社会工作，以及建筑和城市规划等专业和其他（非拉克姆学院）的研究生学位课程。密歇根大学安娜堡分校的研究生总人数不断增长，从1960年的8916人增长到2022年的18530人，但占学校学生总数比例变化不到5%。同时，自2022年以来，研究生入学人数以平均每年1.7%的速度增长，占总学生入学人数的36%，比美国大学协会（AAU）公立机构的平均入学率高出约10%，但比美国大学协会私立大学的平均入学率低30%。

密歇根大学安娜堡分校的学生群体多样且国际化，2022年秋季，密歇根大学的入学总人数为51225人。其中，本科生32695人，研究生15798人，专业学生2732人。学生们来自不同的文化和经济背景，为校园生活增添了丰富的色彩。学校录取的学生来源分为美国黑人、亚裔美国人、欧裔美国人、拉丁裔美国人、美国原住民和国际生。在申请条件方面，学校会严格评估学生的学业成绩，同时也会综合考察学生的背景、身份、才能和兴趣等素质。在申请难度方面，密歇根大学的总体录取率不足50%，以2022年为例，学校申请总人数为84289人，获得录取通知的学生总人数为14914人，录取率仅18%。

密歇根大学安娜堡分校师生比为1∶15，在美国的大学中属于师生比中等的学校，91%的全职教师拥有相关领域最高学历。截至2022年，密歇根大学安娜堡分校教师员工有7954人。教师在教学和研究上都有丰富的经验和背景。他们经常受邀在全球各地的学术会议上发表演讲，分享他们的研究成果和经验。这种国际化的学术环境使密歇根大学安娜堡分校的教师更具开放和创新精神，为学生提供了最新的学术知识和技能。学校教师还参与社区服务和公共事务，经常走出校园，到社区中为弱势群体提供帮助，如为老人提供医疗咨询、为儿童提供教育辅导等。这种社会参与精神使密歇根大学安娜堡分校的教师更有责任感。此外，许多教师还获得了各种学术荣誉和奖项，如富布赖特奖学金、国家科学基金会的杰出青年研究者奖等。

　　密歇根大学安娜堡分校位于美国密歇根州安娜堡市。校园里教学楼和宿舍楼的建筑风格各异。校长住宅建于1817年，是唯一遗留下来的，与大学几乎同龄的老建筑，而古典式的安吉尔楼和哥特式的法学院四合院都是前来观光的游客的好去处。密歇根大学安娜堡分校校园的核心位置还有一方占地58.3万平方米的尼科尔斯植物园，是美国的国家级生态保护中心之一，里面有奇花异草，小径深幽，还有一条蜿蜒的休伦河。学校的图书馆是美国规模排名第七的大学图书馆，藏书830万册，并以每年17万册的速度增加。图书馆拥有全美最齐全的数学及牙医学的资料收藏，并且收集有西半球最多的古代纸草写文。密歇根大学安娜堡分校不仅是一个学术研究和教育的中心，更是一个充满活力、多元化和创新的文化社区。学校的狼獾队是唯一在美国全国大学体育协会NCAA顶级联赛中获得过四球大满贯的美国大学校队，并在奥运会上累计获得了超过180枚的奖牌。

　　密歇根大学安娜堡分校的校训为"Artes，Scientia，Veritas"，译为"艺术、科学、真理"，反映了学校对卓越、知识和真实的追求。

　　在科技与创新的浪潮下，密歇根大学安娜堡分校将进一步强化跨学科研究，同时积极推动学校对全球问题的批判性思考和解决方案的贡献，如气候变化、公共健康和社会公正。综合其卓越的师资、先进的研究设施和坚定的使命感，密歇根大学安娜堡分校将为全球带来深远的影响。

纽约大学

纽约大学（New York University）自诞生之日起就与纽约这座城市的脉搏同步跳动。它见证了无数的变革和创新，从一个小型的非教派学院发展为美国最大的私立大学。纽约大学是一个全球化的大学体系，拥有位于阿联酋首都阿布扎比的纽约大学阿布扎比分校和位于中国上海市的上海纽约大学两个授权门户校区，以及分布在全球各地的学术学习中心。它不仅是学术研究的殿堂，更是培养众多领域领军人物的摇篮。从政治家、商业领袖到艺术家和科学家，他们的足迹遍布全球。教职员工和校友中有39位诺贝尔奖得主、8位图灵奖得主、26位普利策奖得主、3位

国家元首，等等。纽约大学办学的突出特点在于它不仅是一所学府，更是与纽约城市及全球紧密相连的"社区"。学校的学术研究、文化活动和社会服务深植于这个多元都市之中。不同于传统封闭的校园，纽约大学将整个城市视作教室，为学生提供广泛的学习与探索机会，同时在全球范围内为社区和经济发展做出巨大贡献。

纽约大学的历史与纽约市日益增长的教育需求和社区服务需求紧密相连。1831年，由于当时纽约市缺乏足够的高等教育机构，前美国财政部长艾伯特·加拉廷（Albert Gallatin），以及一些富有远见的纽约市公民决定创建一个新的大学，纽约大学由此诞生。自成立之初，纽约大学就坚定地致力于为所有有能力和抱负的学生提供高质量的教育，不分种族、宗教与经济背景。早期的纽约大学主要是一个本科教育机构，提供经典的文理教育。随着时间的推移，纽约大学逐渐扩大了其学术领域，增加了法学院、医学院、商学院和工程学院等多个学院，以满足社会和经济的发展需求。20世纪初，随着纽约市的快速发展，纽约大学也开始迅速扩展，学校吸引了众多杰出的学者和研究者，使其成为一个真正的研究型大学。第二次世界大战后，纽约大学进一步加强了其在艺术、商业、法律和医学等领域的研究和教学，在此期间，纽约大学的斯特恩商学院、图什法学院和库兰艺术学院等都被广泛认为是全球领先的学术机构。21世纪，纽约大学继续扩展其全球影响力。它在全球多个国家设立了分校和研究中心，如阿联酋首都阿布扎比、中国的上海市、法国的巴黎市和阿根廷的布宜诺斯艾利斯市。这些全球站点为纽约大学的学生提供了独特的跨文化学习和研究的机会。从一个小型的本科学院到一个全球顶尖的研究型大学，纽约大学始终保持着独特的使命和价值观。

纽约大学学科设置丰富，涵盖人文、社会科学、商学、法学、艺术学、医学、工程等领域，为学生提供丰富的学术体验和跨学科的研究环境。其中，文理学院是纽约大学最古老的学院，提供了一系列的本科和研究生课程。斯特恩商学院是纽约大学的旗舰学院之一，以顶尖的商业教育和研究而闻名。无论是会计学、金融学、市场营销学还是战略管理学，斯特恩商学院都为学生提供了最先进的课程和实践经验。图什法学院是美国古老的法学院之一，学院的课程涵盖了从宪法、刑法到国际法和人权法等领域。库兰艺术学院是一个多学科的艺术学院，提供了从视觉艺术、音乐、戏剧到电影和电视等各种课程，鼓励学生进行创新和

实验，培养其成为未来的艺术家和创作者。医学院是世界上顶尖的医学研究机构之一。工程学院是一个集中于技术创新和研究的学院，课程涵盖了从计算机科学、电子工程到生物医学工程等领域。除了这些主要的学院，纽约大学还有许多学院和研究中心，如教育学院、公共服务学院、环境研究中心等。

纽约大学的研究生教育涵盖学科领域广泛，且学位类型丰富，能在学位申请方面向学生提供专业的支持。在研究生项目构成方面，纽约大学的研究生教育由多个学院和学校组成，每个学院和学校都有自己的研究生项目。这些学院和学校提供各种研究生学位，包括硕士、博士和专业学位。学生能直接申请到他们感兴趣的特定学院或学校的研究生项目。在研究生阶段，学生有机会深入研究自己最关心的研究方向，这意味着学生有更多的机会加强自己的技能和专业知识，从而在所选领域中确立自己的领导地位和创新能力。在研究生课程方面，纽约大学提供了多种研究生课程和学位，涵盖了艺术，商业、金融和管理，传播、新闻和媒体研究，教育，工程、数学和技术，政府、非营利组织和公共管理/政策，卫生专业，人文学科，个性化和跨学科研究，法律，专业研究，各种科学领域、社会科学与社会工作，以及城市研究等多个领域。此外，纽约大学还为研究生提供了丰富的非学位学习机会和在线学位课程，学生可以根据自己的兴趣和需求选择合适的课程。在研究生项目申请方面，已经确定想要在纽约大学某个学院学习的学生可以直接与学院联系，还不确定自己适合哪个项目的学生可以向入学咨询办公室（GMAC）咨询。

纽约大学拥有庞大多元的学生群体，尽管其考核竞争非常激烈，但仍连续5年成为美国国际学生和海外留学生数量最多的大学。目前，纽约大学有45000余名学生，每年约有10%的新生来自纽约市，20%来自附近的纽约州、新泽西州与康涅狄格州，70%的学生则来自美国其余47个州，以及130个国家和地区。作为一所世界顶尖级的大学，纽约大学的申请竞争非常激烈，具体的录取率会根据学院和专业有所不同，其中商学院的与艺术学院的申请竞争最为激烈。纽约大学的申请条件因学院和专业而异，但通常包括高中或大学的成绩单、推荐信、个人陈述或论文，以及标准化考试成绩（如SAT、ACT或GRE）。纽约大学在录取过程中对学生的考核是全面的，会综合考虑其学术成绩、活动参与、推荐信和个人陈述等方面的情况。同时，纽约大学还提供丰富的学术和社交活动，以及多种资金援助和奖学金机会。

纽约大学依托其世界一流的师资资源和选材体系，已建成一支国际化、高水平、结构合理的师资队伍。这支队伍不仅有来自纽约大学的联合聘用教师，还有面向全球招聘的专任教师，以及来自国内外其他一流高校的教师，共有4300余人。纽约大学的教师队伍中有许多在国际学术界享有盛誉的学者，其中包括美国国家科学院院士、美国国家工程院院士、美国艺术与科学院院士、美国科学促进会会士及国内外知名学术协会的重要成员，他们在各自的研究领域中都有深厚的学术积累和深远的影响力，常有研究成果发表于全球知名的学术期刊。纽约大学鼓励教师之间的跨学科合作，形成了多个创新团队，这些团队在各自的研究领域中都取得了显著的成果。如上海纽约大学的计算化学团队合作开发了人工智能模型，用于预测光化学反应，这是该领域的一项重要进展。纽约大学还吸引了全球知名的作曲家、艺术家和其他领域的专家加入其教职队伍，进一步丰富学校的学术和文化氛围。

纽约大学位于美国纽约市的格林尼治村，是纽约市的心脏地带。纽约大学的校园融合了历史与现代，既有古老的建筑，又有现代的设施。学校的建筑风格多样，既有古典的哥特式，又有现代的玻璃幕墙。校园内绿树成荫，是学生学习和休闲的好地方。纽约大学拥有多个博物馆和艺术中心，如灰色美术馆（Grey Art Gallery），展示了世界各地的艺术品。学校还经常举办各种艺术和文化活动，如音乐会、戏剧和艺术展览，为学生提供了丰富的艺术体验。纽约大学注重文化和身份多样性，鼓励学生接纳不同的文化和观点。学生可以参加多元文化中心的各种活动，如LEAD项目和盟友周（Ally Week），提高对多元文化的认识和理解。纽约大学的校园文化是其独特魅力的体现，为学生提供了一个充满活力和创意的学习环境。

纽约大学的校训是"Perstare et Praestare"，意为"坚持并超越"，体现了学校对卓越的追求和对学术的执着。作为一所具有深厚历史和卓越传统的学府，纽约大学始终致力于前沿的学术研究和卓越的教育。面对21世纪的挑战和机遇，纽约大学继续坚持培养学生的全人发展和生活技能，推动开展跨学科的研究项目以及知识的创新和应用，继续深化其国际化战略，扩大与全球的合作和交流。

# 西北大学

美国的西北大学（Northwestern University）是一所享有卓越声誉的私立研究型大学，以卓越的学术声誉和丰富的校园文化而闻名。特别是在社会科学、医学、工程技术、自然科学和商学等领域，该校的研究和学术成就备受世界瞩目。西北大学拥有超过90位诺贝尔奖、普利兹克奖、图灵奖获得者和政府官员等杰出校友。如美国总统乔·拜登（Joe Biden），诺贝尔经济学

奖得主戴尔·莫滕森（Dale T. Mortensen）、乔治·斯蒂格勒（George Joseph）。它在超越传统学术界限的高度协作环境中结合了创新教学和开创性研究，为学生和教师提供了个人和职业发展的绝佳机会。

西北大学创建于1851年，当初创建的主要目的，是服务美国西北部的居民。1853年，西北大学创始人约翰·埃文斯（John Evans）购买了一块面积达153万平方米的农庄土地，地点位于芝加哥以北约19千米处的密歇根湖岸边。后来应大学成立而兴起的市镇就被命名为埃文斯顿（Evaston），用以纪念西北大学的创始人约翰·埃文斯。西北大学的第一幢楼是在1855年建造完成的，其文科学院于同年开学上课，第一期学生只有10名男生，教职工也仅有2名。1869年起，西北大学开始招收女生，成为全美最早录取女生的高校。经过100多年的发展，西北大学已成为拥有12个学院的世界顶尖级大学。其中，9个学院提供本科生教育，10个学院提供研究生教育。

西北大学的新闻学院、文化艺术和工程学院实力最强。这些学科领域里的教授大多承担着国家和地区级的科研项目，有些还与外国学者合作从事一些课题研究。西北大学的学术水平起点高，学校始终强调质量，不断改进自己，进行有选择地投资，设法吸引最优秀的学生。在招收学生时不问种族、肤色、背景和国度，尽量使学生来源多样化，让来自不同国家和地区的学生在一起互相启发、相互学习。莫迪尔新闻学院是全美公认的最好、最出色的新闻学院。这所新闻学院不但设备先进、师资雄厚，培养了将近30位普利策奖得主，而且还在毕业前给学生们提供在美国多家报社、杂志社和电台10个星期的实习机会，使他们积累宝贵的工作经验。西北大学媒体管理中心创办于1991年，是美国高校中最早创办的媒体管理研究机构，除了招收媒体管理专业的MBA研究生，还面向各大型媒体中高层举办高级培训班，是美国著名的媒体管理人才培训基地之一。西北大学凯洛格商学院更是实力超群。凯洛格商学院的课程设置分为3种：全日制课程、非全日制课程及在职管理班课程。全日制课程学制为两年，共6个学期（本科为商学背景的学生可选择用4个学期修完）；非全日制课程在晚间上课，完成学业需两年半至五年；在职管理班课程在周末授课，对象为至少已有10年工作经验的在职管理者，学制

也为两年。此外，凯洛格商学院还经常为美国和世界各地的管理者举办不定期的培训班。

西北大学鼓励研究生参与不同学科领域的合作项目，促进了知识交流和创新。例如医学院的生物医学工程项目集结了工程师、生物学家和医学专家，共同解决医疗领域的复杂问题。这种跨学科合作培养了研究生的综合性思维和解决问题的能力。同时，注重实际经验和职业发展支持。学校为研究生提供了丰富的实践机会，包括实习、实验室研究、实际项目参与等。此外，学校的职业发展中心为学生提供职业指导、求职辅导和职业规划支持，帮助他们成功进入职场。如西北大学的法学院与芝加哥的法律公司建立了合作关系，为法学研究生提供了实习机会；西北大学的数据科学研究中心汇集了计算机科学家、社会科学家和生物医学研究人员，共同研究数据分析和人工智能，解决现实世界的复杂问题。

截至2023年，西北大学有本科生8000余人、研究生8000余人。其中，国际学生4808人，来自142个国家。学校设有国际学生/学者服务办公室，为国际学生提供各类支持和帮助。学校还设有国际学生迎新会，以便国际学生充分了解西北大学。

西北大学的教师长期以来一直得到世界上最负盛名的组织和机构的认可。全校共有教师2700余人。他们以在众多学科的研究中取得的卓越成绩而闻名，为社会和学术界做出了非凡的贡献。该校教职工获得的奖项涵盖人文、社会科学、科学、技术、工程、数学等领域。诺贝尔奖获得者有3位，约翰·波普尔（John Pople）、戴尔·莫滕森（Dale Mortensen）、弗雷泽·斯托达特（J. Fraser Stoddart）。还有8名教职员工被选为美国艺术与科学院的院士。他们的研究涉及生物材料、机械工程、化学、生物医学、社会学、遗传学、传播学等领域。该学校还有众多教师获得美国国家科学院、美国国家医学院、美国国家工程院院士资格。

美国西北大学位于伊利诺伊州密歇根湖岸的小城埃文斯顿。西北大学虽然校园面积不太大，但风景非常优美，有几千米长的湖滨沙滩和浴场。校园建造在密执安湖之畔，蓝色的湖水和软软的沙滩给校园景色披上了一层浪漫的色彩。西北大学的图书馆，造型更是别具一格，它极像一本打开来的书，从它那一层又一层的硕大玻璃窗里流泻出来的灯光，仿佛组成了书页上面一排接一排的字。设计者的别具匠心令人感佩。西北大学的校园生活丰富多彩，体现了美国中西部人开朗、奔放的性格。最能反映西北大学校园文化的是两个颇具特色的节目。一个是一年四季进行的"绘石"活动，另一个是经年不衰的"马拉松跳舞比赛"。"绘石"活动是西北大学的"怪"传统：校园里某一角放置着一块1.8米高的大石块，学生们为了展示自己的艺术灵感、几乎不分昼夜地在这块大石头上泼洒颜料，尽情涂鸦。由于这块石头上的艺术杰作天天翻新，自然而然地成了西北大学的一大景观。

西北大学的校训是"Quaecumque Sunt Vera"，翻译成中文是"真理即永恒"。校训强调了真理的重要性和永恒价值，塑造了一个追求真理、尊重知识的学术氛围，并对学生的成长产生了深远的影响。另外，校徽上一本翻开的书上还有一句希腊语"ho logos pleres charitos kai aletheias"，意思是"充满荣光和真理的路"。这两句格言反映了西北大学创立者的价值观。

优秀的大学需要一个开放的社会，允许人们在学校进行自由辩论。在大学和院系，年长者的观点应该受到年轻人的挑战，每个人都要经受得起挑战。西北大学正是在这样一种社会背景下获得了长足的发展，成长为世界顶尖的高等学府。反过来，西北大学的发展也促进了美国乃至世界高等教育的发展。

北卡罗来纳大学教堂山分校

北卡罗来纳大学教堂山分校（University of North Carolina at Chapel Hill），作为北卡罗来纳大学系统最古老的公立研究型大学，是第一个在18世纪对外招生的学校，也是唯一一所设有研究所的公立学府，被列入公立常春藤最早的几所大学之一。北卡罗来纳大学教堂山分校与杜克大学、北卡罗来纳州立大学共同组成了美国最大的科技园区北卡三角研究园（RTP）。学校培

北美洲大学

养了包括以美国第十一任总统詹姆斯·诺克斯·波尔克（James Knox Polk）为代表的政治界，摩根大通董事长威廉·哈里森（William Harrison）为代表的商业界，诺贝尔化学奖获得者、美国国家科学院院士、中国科学院外籍院士马库斯（Rudolph A. Marcus）为代表的科学界，以及其他多个领域的杰出人才。北卡罗来纳大学教堂山分校以其悠久的历史、卓越的学术声誉和多元的学术环境而闻名，是美国高水平公立大学的代表之一，吸引着广大学子慕名而来。

1789年，北卡罗来纳大学在北卡罗来纳州立法会上被特许成立。学校是第一家开班并招收研究生的公立大学，也是在18世纪颁发学位的唯一一所美国大学机构。1932年北卡罗来纳大学重组，教堂山分校成为重组的3个最初校园之一。1963年，重组后的大学完全实现男女合校。相应地，原北卡罗来纳大学女子学院被重新命名为北卡罗来纳大学格林斯伯勒分校，而北卡罗来纳大学本身则成为北卡罗来纳大学教堂山分校，1972年之后则统称为北卡罗来纳大学系统。

北卡罗来纳大学教堂山分校涵盖文理科、工程、医学、法学、商学、新闻与大众传媒、教育、社会工作、艺术等多个学科领域，是北卡罗来纳大学系统中门类最全、科目最多、实力最强的一所。学校共有66个博士学位项目、113个硕士学位项目，以及78个学士学位项目。学校的研究重心主要集中在自然科学、社会科学、人文科学和工程学等领域，在生物医学、计算机科学、经济学、教育学等领域的研究成果尤为突出。例如医学院和生命科学研究机构在癌症研究、神经科学、遗传学和免疫学等领域取得了重要突破，在癌症免疫疗法方面开发出了能够激活患者自身免疫系统来攻击癌细胞的新型治疗方法；社会科学和人文科学部门在人类行为研

究、社会政策分析、历史研究和文化研究等领域取得了显著成就，在社会不平等和种族关系研究方面具有卓越的声誉，在理解社会结构和社会问题方面做出了重要贡献；计算机科学系在人工智能、机器学习和数据科学等领域的研究处于国际领先地位，在自然语言处理和计算机视觉方面取得了重要突破，为人工智能技术的发展做出了贡献。

北卡罗来纳大学教堂山分校包括研究生院，以及艺术和科学学院、医学院、凯南-弗拉格勒（Kenan-Flagler）商学院、数据科学与社会学院等14个专业学院。研究生院成立于1903年，支持卓越的研究生教育，并为不同的研究生群体传授包容性的教育和专业发展经验。研究生院共支持80多个项目的研究生招生、录取和入学，提供160多个研究生学位。研究生院的学生人数约占全校入学学生总数的37%。其中，硕士研究生约占60.3%，博士研究生约占36.1%，学历生约占3.6%。研究生院为研究生提供奖学金、学费支持、旅游奖励和研究补助。许多奖学金都是跨学科的。另外，研究生院还为研究生提供教育学、领导力、沟通、资助写作和其他专业发展的研讨会和课程。

北卡罗来纳大学教堂山分校吸引了来自不同背景和地区的学生。学校目前共有19743名本科生、11796名在读研究生。卡罗来纳州招收来自北卡罗来纳州全部100个郡县，其他49个州和47个其他国家的学生，但由于是公立大学，州法律要求在每届新生中来自北卡罗来纳州的学生的比例达到或超过82%。在校生中，有56.2%的白人学生，8.8%的非裔或黑人，7.6%的亚裔，7.1%的西班牙裔等。学校约有14.2%的国际学生，其中中国学生占比约40%。

北卡罗来纳大学教堂山分校的师资队伍极为出色，包括许多国际知名的教授和研究员。学校吸引了世界各地的优秀教师，他们在各自领域内取得了卓越的成就，并积极参与前沿研究。学校目前有9023名教职工，其中有4085名教师。师资队伍中有许多知名的学者和研究人员，包括诺贝尔奖得主、普利策奖得主、美国科学院院士等。北卡罗来纳大学教堂山分校的师资队伍在各个学科领域都有很高的学术水平，特别是在生命科学、社会科学、工程学和人文科学等领域有着很高的声誉。师资队伍中有很多具有丰富教学经验的教师，能够为学生提供高质量的教学。

北卡罗来纳大学教堂山分校所处的教堂山镇被称为美国最好的大学城，这里不仅学术氛围浓厚，学生的课外生活也相当丰富。学校有着独特的校园文化，强调创新、创造力和社会责任，鼓励学生参与社区服务和志愿活动，培养他们的领导力和公民责任感。学校设立了如苹果冷（Apple Chill）、迎新节（Festifall）、卡罗来纳爵士节、北卡罗来纳文学节等文化节日。学校的图书馆藏书超过700万册。其中，北卡罗来纳馆藏书是全国校园与"州"相关的藏书中最大的，在威尔逊图书馆中收藏的与美国南方相关的书和罕见书是全国最好的。学校的阿克兰艺术博物馆（Ackland Art Museum）拥有16500件艺术展览品，长期展出包括20世纪与当代欧洲、亚洲及非洲等地的画作、出版物和摄影作品。在体育竞技方面，北卡罗来纳大学教堂山分校最知名的是其男子篮球队，多次获得美国大学生男子篮球赛（NCAA）冠军，且诞生了迈克尔·乔丹（Michael Jordan）、文斯·卡特（Vince Carter）等美国职业篮球联赛（NBA）超级球星。

北卡罗来纳大学教堂山分校通过其校训"Lux Libertas"（译为"光明与自由"）建立了一种独特的学术文化。鼓励学生努力学习，提高学术能力。在这样的学术氛围下，学生们可以获得全面的知识和技能。这种学术文化和氛围是其成就辉煌的主要因素之一。

北卡罗来纳大学教堂山分校致力于追求卓越，把坚持作为研究、学术和创造力的中心，培养本科生、研究生和专业学生成为下一代领导者作为使命。力图通过投入知识和资源，增加学习机会，以促进每一代年轻人的成功和繁荣。学校还将大学的知识服务和其他资源推广到北卡罗来纳州的公民与机构，以服务社会，改善生活质量。以光明和自由为创立原则，北卡罗来纳大学教堂山分校确定了一条大胆的变革路线，未来，学校将继续在各个领域取得卓越成就，培养更多具备领导力和创新精神的学生。学校还将继续扩展国际合作和全球影响，为未来做出积极贡献。

杜克大学

　　杜克大学（Duke University）是一所世界顶尖的私立综合研究型大学，也是美国优秀大学的代表，教育质量在美国南部更是居于首位。相比美国传统常春藤盟校的佼佼者，杜克大学虽然历史较短，但无论是教学质量还是学术水平足以与常春藤名校媲美，学生曾经一度戏称哈佛大学是"北方的杜克"。作为美国较为年轻的大学，杜克大学具有卓越学术实力和全球影响力，学科涵盖了文理商法等多个领域，拥有许多知名的教授和优秀的学生。杜克大学之所以能在较短时间内实现跨越式发展，重要原因就在于锐意进取，开拓创新。

杜克大学的起源可以追溯到1838年在北卡罗来纳州伦道夫县开设的一所小学校。它最初是一所名为联合学院的年轻人预科学校，于1851年被北卡罗来纳州特许为一所名为师范学院的教学学院。1859年，学校经历了另一次转型更名为三一学院。1842—1882年，布拉克斯顿·克雷文（Braxton Craven）担任校长，领导其从一所小型学校过渡到一所成熟学院。1897年，应华盛顿公爵的要求，学校开始招收女性作为普通学生，使之成为一所早期的男女同校机构。为纪念华盛顿·杜克对学校的捐赠，1924年12月，把"三一学院"更名为杜克大学。1926年，成立宗教学院和研究生院。桑福德公共政策学院于2005年成为杜克大学的第10所学院。此外，2012年，由杜克大学、中国的昆山市政府及武汉大学三方合办的昆山杜克大学正式获准筹建，并于2014年正式授课。如今，杜克大学整体实力和知名度节节上升，实现了从一所地区性本科院校向世界一流研究型大学的跨越。

杜克大学下设9个学院。其中，医学、政治学、公共政策、历史学、化学、工程学、生物学和物理学等专业在美国享有盛名。另外，还有40多个研究所和研究中心。杜克大学的重要学术机构还有资源与环境政策研究中心、威特兰动植物研究中心、海洋实验室、海洋生物医学中心和热带环境保护中心等。本科生入学后分别进入文理学院和工程学院，二者的选课要求不同。比如工程学院规定，学生至少要选两门数学、一门物理和一门化学课。在文理学院中，很多学生在第一年会选择很多自己感兴趣的课程，通过接触不同的课程，进一步明确自己的兴趣所在，从而确定自己今后所学的专业。医学院和法学院一样，同属于职业学院，与研究生院同一等级。在杜克大学，很多想从医的本科生通常会选修很多生物学和化学方面的课程，从而为将来攻读医学院做准备。而希望当律师的本科生会去选择人文社会科学方面的一个专业，毕业后再申请去法学院。

杜克大学将研究生教育的培养目标定位为"通过提供优质的研究生和专业教育，使未来的学术人员掌握所需的知识与技能；开拓知识前沿，促进知识创新，为国际学术的发展做出贡献"。杜克大学侧重培养研究生的教学能力，规定每位研究生自入学起都要分配一对一的指导教师，在学业与工作上接受导师的安排与引导，完成导师的要求并接受监督与评价。当研究生申请成为教学助理后，会得到教学指导教师的教学方法指导。杜克大学研究生教育的课程设置是紧紧围绕保证教学质量、提高学生综合素质，以及社会人才实际需求三方面展开的，可供研

究生选修的课程达400多门。在课程设置上,兼具规定性和灵活性,课程涵盖专题研讨课、独立阅读研究课、导师指导研讨课及课上讨论课等,旨在培养学生的综合素质与科研能力。在奖、助学金方面,杜克大学研究生院提供的资助项目有20多种,包括年度分配的奖学金、捐赠的助学金、基金会或者是个人基金、政府科研补助金,以及培养补助金和助学金等。

截至2021年秋季学期,杜克大学的在校本科生总数约为6500人,研究生总数约为10600人,总计约为17100人。作为一所国际化程度较高的大学,杜克大学吸引了众多国际学生来留学深造。杜克大学的国际学生比例高达22%。这些来自不同国家和地区的学生带来了多元文化和全球视野,丰富了学校的学术氛围。从学生人数规模、专业分布、地域分布、国际学生比例和性别比例等角度来看,杜克大学具有一定的规模和多样性。这既反映了杜克大学对优秀学生的吸引力,也展示了杜克大学在教育领域的重要地位。

杜克大学拥有一支优秀的师资队伍,包括来自世界各地的教授、研究人员和行业专家。杜克大学的师资力量既拥有丰富的学术经验和研究背景,又拥有多年的教学经验,能够为学生提供有价值的指导和支持。其教职员工在广泛的学科和专业领域获得了有影响力的奖励。杜克大学的两位教员先后获得了诺贝尔化学奖:2012年的罗伯特·莱夫科维茨(Robert J. Lefkowitz)教授和2015年的保罗·莫德里奇(Paul Modrich)教授。杜克大学的研究人员绘制了人类染色体图谱,并领导了对艾滋病毒和艾滋病治疗的研究。杜克大学的教职员工还研究紧迫的社会问题,在选举选区和公共卫生等主题上产生高影响力的学术研究。教师撰写了屡获殊荣的非小说类、小说类和诗歌类书籍,并获得了从国家图书奖到普利策奖等奖项。杜克大学的50名教职员工是美国艺术与科学院的院士。杜克大学的学生有很多机会在实验室和项目上与领先的教师合作,确保在学习过程中获得实践经验。此外,不断优化师资队伍是杜克大学长期的工作重点。20世纪80年代初,杜克大学雇用了一批跨越文学、历史学、法律等领域的杰出学者,改造了杜克大学的人文科学院系,推动了杜克大学的发展。

杜克大学坐落于美国北卡罗来纳州的达勒姆,拥有西校区、东校区、中校区3个校区。艺术博物馆是杜克大学的地标性建筑,其中有1.3万件艺术品,包括安迪·沃霍尔(Andy Warhol)、亨利·德·图卢兹-罗特列克(Henri de Toulouse-Lautrec)和巴勃罗·鲁伊斯·毕加索(Pablo Ruiz Picasso)的作品。杜克花园（Sarah P Duke Garden）建于20世纪30年代早期，占地22.3万平方米，是校园里主要的景点之一。杜克大学的特别之处不仅在于对学术优异的追求，而且包含体育和其他相关领域。杜克大学认为"杜克经历"远远不止于课堂授课。成为杜克大学的一员后，会受邀把脸涂成蓝色，为杜克男篮队加油助威，或者尝试其他一些从未经历过的活动。杜克大学体育异常出色，是美国私立名校的代表。美国体育频道ESPN评出美国十大篮球名校，杜克大学力压北卡罗来纳大学教堂山分校、堪萨斯大学，以绝对优势排名第一，是当之无愧的篮球第一名校。

杜克大学的校训是"Knowledge and Religion"，译为"博学笃信"，来源于卫理公会教派创始人约翰·韦斯利（John Wesley）的弟弟查尔斯·韦斯利（Charles Wesley）的一首赞美诗《神圣的知识》。校训中的"笃信"体现了术德同修，全面发展的理念。

杜克大学是一个充满活力的学习和研究的学区，致力于创建一个拥抱成长、协作、创造力、诚信和包容感的学生社区，特别寻求尊重并共同代表各种才能、背景、生活经历和观点的学生。杜克大学不仅是学术殿堂，更是修身养性的好地方。杜克大学之所以能在全美3000余所正规大学中脱颖而出，除了天时、地利、人和的因素，更重要的是大学的根本精神激发了全校师生的进取心。

威斯康星大学麦迪逊分校

　　威斯康星大学麦迪逊分校（University of Wisconsin-Madison）是美国顶级的公立研究型大学之一，位居公立常春藤之列，各个学科和领域在世界范围内享有盛誉，是世界高等教育史上具有划时代意义的"威斯康星思想"的发源地。多年来，威斯康星大学麦迪逊分校依靠卓著的学校声誉，浓厚的学术氛围，一流的科研实力，强大的师资力量，多元的文化生活和优美的自然环境吸引着世界各地的一流学子到此深造。

　　威斯康星大学麦迪逊分校的历史可以追溯到1848年，是威斯康星州的第一所大学。1850年，威斯康星大学正式成立，并在之后的几十年中逐渐发展壮大。1971年，威斯康星州政府进行了公立大学教育资源的整合，老威斯康星大学系统和威斯康星州立大学系统合并，成为现有的威斯康星大学系统，威斯康星大学麦迪逊分校成为该州州立大学系统的旗舰。目前，威斯康星

大学麦迪逊分校在行政上中形成了由威斯康星大学系统董事会、大学学术规划委员会、各种专门委员会或任务小组,以及质量促进办公室构成的战略管理实施与控制系统。

威斯康星大学麦迪逊分校的学科领域广泛,课程和专业丰富。本科层次设置124个专业、9146门课程,研究生层面开设160多门硕士专业和100多门博士专业。此外,威斯康星大学麦迪逊分校下设农业与生命科学学院、威斯康星商学院、教育学院、工程学院、文理学院、医学与公共卫生学院,以及推广部和研究生院等学院,涵盖了文学、人类科学、自然科学和社会科学等多个领域。其中,生命科学、数学与自然科学、医学、政治学及经济学等专业在世界享有盛名。威斯康星商学院是威斯康星大学麦迪逊分校的明星学院,是美国最早成立的五个商学院之一,同样拥有雄厚的科研和学术实力,学院强调培养一个协作、多元、包容的环境,专业课程运用了跨学科方法,整合了来自神经科学、组织行为学、心理学和其他相关领域的最新知识。学生还可以通过参与各种相关社团将所学知识运用到实践中,如体育与金融俱乐部、威斯康星投资银行俱乐部、经济学生协会,等等。

威斯康星大学麦迪逊分校研究生院的使命是"培养卓越的研究生"。为了推动研究生教育的进一步发展,研究生院建立了结构完善的行政体系结构,包括招生办公室、学位办公室、人事办公室、职业发展办公室、统筹办公室、政策中心、培训中心、数据中心、研究生跟踪系统中心,以及多元化、包容性和资金办公室。其中,多元化、包容性和资金办公室旨在为研究生提供社交网络、学习和专业发展的机会;培训办公室旨在对校园内所有教职员工或学生提供开放的资源与多样的培训;研

究生追踪办公室主要是针对已毕业的硕士与博士展开就业方面的调查，以进一步有针对性地提高研究生培养质量，改善研究生教育。

一流的研究生教育和校企合作教育是威斯康星大学麦迪逊分校研究生院的标志性特色。研究生院每年授予2500多个硕士学位和750多个博士学位，在校研究生总计11000多名，涵盖了多个学科领域。研究生课程的教学方式包括网络课程、讲座、实验室、实习、独立研究、实践学习、论文写作等，旨在为学生提供全面的学术指导和丰富的实践机会。另外，威斯康星大学麦迪逊分校积极开展校企合作，致力于为学生提供更广阔的实践和发展机会，同时也为企业和组织提供高质量的学术支持，一方面，威斯康星大学麦迪逊分校与多家企业和组织建立了合作关系，为学生提供实习、实践和研究的机会。另一方面，教师和研究人员也积极与企业合作，开展各种研究项目。此外，威斯康星麦迪逊大学还通过建立科技园、孵化器等机构，为师生提供一个有利于团队创新合作的平台，共同推进科技创新和经济发展。

威斯康星大学麦迪逊分校的学生规模很大。每年招收的新生比哈佛大学、芝加哥大学、耶鲁大学、普林斯顿大学4所大学招生人数之和还要多。截至2022年，共有49886名学生，其中有35184名本科生、9993名研究生、4709名专业学位学生。在国际学生方面，每10名本科生中就有1名国际学生，每3名研究生中就有1名国际学生。在这些国际学生中，有3500名来自中国，中国是威斯康星大学麦迪逊分校最大的国际生源国。

"威斯康星理念"是威斯康星大学麦迪逊分校得以闻名的直接原因之一。来自19世纪50年代美国威斯康星州的经济观念，对其他地区也产生了广泛影响。20世纪初期，校长查尔斯·R. 范海斯（Charles Richard Van-Hise）于1905年的一个演讲中宣称："大学应当是为本州全体人民服务的机构。它将努力寻求把英国的寄宿制学院和德国研究型大学的主要优点结合起来，人文学科、应用学科和创造性的研究将共同发展，兴趣各异的学生均可从这些密切相关的学科中得到益处。大学将是'瞭望塔'，应作为'公共事业'的基本工具积极参加改造社会的活动。"范海斯非常重视大学在社会经济文化发展中的作用，认为大学就是要把知识、技术传授给民众，使他们能够运用这些知识和技术去解决社会生产、生活中所遇到的问题从而达到为全州服务的目的。由于受到当时实用主义哲学及教育民主化思想的影响，范海斯主张教育不应该仅仅局限于课堂，真正的知识应该是有助于影响和改善人们的生活，大学就应该与社会生产和生活紧密联系起来，肩负起发展科学、培养人才、传播知识和推广技术的重任，从而为社会的发展和进步做出贡献。

威斯康星大学麦迪逊分校在师资力量出色，拥有众多领域内的权威学者和专家，能够为学生提供优质的教学和指导。全职教职员工约25297名，其中92%的教师拥有博士学位。拥有87位美国国家科学院院士，26位美国国家工程院院士，61位美国艺术与科学院院士，8位美国国家医学院院士。值得一提的是，威斯康星大学麦迪逊分校的教师和学生比例也相对较低。此外，威斯康星大学麦迪逊分校的教师不仅教授学生知识，而且鼓励和激励他们去探索学科，发掘自己的潜能。这种师生互动、以学生为中心的教学模式，不仅为学生提供了良好的学术环境，也有助于培养学生的独立思考和创新能力。学校最负盛名的教师奖项是杰出教学奖，每年举行专门的颁奖典礼，表彰10位杰出的教师，在全校宣传获奖教师的教学成果，激励学校其他老师向他们学习。为了聘请优秀人才，学校还设立了"机会目标计划"等项目，鼓励各院系招聘具有多元化背景的求职人员。

威斯康星大学麦迪逊分校位于威斯康星麦迪逊大学州首府麦迪逊，校园夹在门多塔湖和曼诺纳湖之间，每年都被美国杂志评为最适宜居住的地方。校园环境良好，拥有自然保护区和植物园，其中还有实验农场、植物园和健康科学中心，共有850栋建筑物。另外，校园活动丰富，每年大都会在门多塔湖举办各项运动竞赛，也有不少学生在湖畔进行社团活动或是小团体的聚会。威斯康星大学还是一所闻名全美的体育名校，运动队总共获得过28次全国总冠军。

威斯康星大学麦迪逊分校的校训是拉丁语"Numen Lumen"，译为"神圣的光明"或"神灵的光芒"，体现了学校追求知识、真理和智慧的精神，认为知识就像神灵赐予的光明，能照亮人类前行的道路。

杰出的实力与声誉让威斯康星大学麦迪逊分校被誉为美国的"公立常青藤"之一，也让其影响力超越了美国国界。未来，威斯康星麦迪逊大学将继续以"威斯康星思想"为指导原则，通过建立一种能够促进参与、包容、多样性和公平性的组织文化和氛围，加强与社区和州合作，扩展和应用威斯康星大学麦迪逊分校的研究、教育和基于实践的知识，以促进学习和支持整个威斯康星州的创新和繁荣。

 德克萨斯大学奥斯汀分校

德克萨斯大学奥斯汀分校（University of Texas at Austin）是美国德克萨斯州大学系统中的旗舰级大学之一，在美国有着"公立常春藤"的美誉，是世界知名的高等教育、研究、公共服务机构。在这里，传统与创新无缝融合，不仅为学生提供了丰富的大学体验，更为未来的艺术家、科学家、运动员、医生、企业家和工程师提供了无限的探索机会。非常丰富的校园资源，最先进的设施，多样化的观点，以及一些旨在促进学术成功的特殊举措使德克萨斯大学奥斯汀分校成为世界大学中的领导者。该大学也是杰出的体育运动大学，曾被《体育画报》（*Sports Illustrated*）评为"美国最佳体育大学"。

1883年9月，德克萨斯大学奥斯汀分校在借来的校园里招收了第一批221名学生。学校第一任校董会主席阿什贝尔·史密斯（Ashbel Smith）为了激励学生努力学习曾这样说："用知识之杖敲击岩石，无尽的财富之泉就会喷涌而出。"他何曾想到，40年之后，这个警句竟以意想不到的方式应验了。由于《赠地法案》的实施，大学拥有了16.2万平方米土地，而就在这片土地上接连不断地打出了石油，从此不尽的财源就真的滚滚而来，流进了德克萨斯大学的金库。1982年，这所大学的永久基金已达17亿美元，这笔钱投资后，每年获利达8606万美元。因此贝尔·史密斯的那句有名的预言便被人们镌刻在大学委员会大厅的穹顶上。经过140多年的发展，德克萨斯大学奥斯汀分校已成为涵盖18个学院的世界知名研究型大学。

德克萨斯大学奥斯汀分校在植物学、工商管理、化学、古典语言和文学、工程学、语言和语言学、拉丁美洲研究、中东研究、物理学和心理学等学科方面都成绩卓著，蜚声全美乃至全世界。此外，以约翰逊总统命名的公共事务学院则更具特色。约翰逊总统出生在德克萨斯州，因此在他任期届满离任后，美国政府在德克萨斯大学奥斯汀分校校园内建立了约翰逊总统图书馆和博物馆，大学也相应地将公共事务学院命名为林登·B.约翰逊公共事务学院。20世纪末，学校就意识到了纳米科技、新一代信息技术可能是新一轮科技革命的核心资源与力量，先

后组建了纳米科技中心、计算机科学与工程学院等前沿交叉科研教学平台，向全校工程技术学科学生开展跨学科的纳米理念教育，以新一代信息技术全面推进自然科学、人文社会科学、工程技术学科等超过25个领域的交叉升级发展。

德克萨斯大学奥斯汀分校研究生院成立于1883年，是德克萨斯州最古老的研究生院。研究生院提供丰富的研究生课程和研究项目，涵盖人文科学、社会科学、自然科学、工程学、商学、法学、教育学、医学等领域。研究生院致力于培养具有创新思维和领导能力的研究生，为他们提供优质的教育资源和研究机会。研究生院还与各学院和研究中心合作，促进学术交流和跨学科研究。德克萨斯大学奥斯汀分校研究生院拥有优秀的师资力量和先进的科研设施，为研究生提供良好的学术环境和发展机会。德克萨斯大学奥斯汀分校研究生院的学生来自世界各地，具有不同的文化背景和学术兴趣。研究生院注重培养学生的研究能力、创新能力和领导能力，鼓励学生参与学术研究、实践项目和社会服务等活动。此外，德克萨斯大学奥斯汀分校研究生院还与政府、企业和非营利组织等合作，开展了许多研究项目和实践合作，为学生提供了丰富的实践机会和职业发展支持。

德克萨斯大学奥斯汀分校的学生构成多元化。截至2023年，该校注册学生人数约为51913人。其中，本科生42444人，研究生9469人。德克萨斯大学奥斯汀分校吸引了来自不同背景和文化的学生，国际学生比例为9.6%，来自海外131个国家。

德克萨斯大学奥斯汀分校的研究人员致力于对抗和治疗疾病，为全球问题设计解决方案，解决至关重要的社会问题，并以各种方式改善人类状况。学校拥有世界一流的资源，包括多种的拨款和资助机会，各种的支持网络，致力于将想法转化为产品和公司，以及最先进的实验室、工作室和设施。学校每年科研经费为6亿—7亿美元，加上政府下拨公立院校的运转经费3亿—4亿美元，以及从社会各界、校友获得的数量仅次于哈佛大学的捐款，财政状况在美国高校中名列前茅。学校不惜重金聘用了一批第一流的学者，如成功预言弱中性流的原哈佛大学诺贝尔奖获得者斯蒂文·温伯格（Steven Weinberg）、协助形成"黑洞"理论的原普林斯顿大学天文物理学家约翰·韦勒（John Weller），以及前总统约翰逊的新闻秘书里茨·卡宾特（Ritz Carpenter）等。

德克萨斯大学奥斯汀分校的吉祥物是长角牛，这是德克萨斯州的象征之一。长角牛被认为是坚韧、勇敢和决心的象征，代表着学校的精神特质。标志性手势是"背斜手指",也被称为"长角牛手势"。这个手势是用一只手的食指和小指伸出,中指、无名指和拇指弯曲,形成一个类似长角牛的角的形状。这个手势在德克萨斯大学的体育赛事中经常被学生和球迷使用,代表着对校队的支持和鼓励。

德克萨斯大学奥斯汀分校图书馆是全美十大图书馆之一,下设16个分馆,藏书量达1000万册,所藏著名作家的手稿和著名画家的作品极为丰富。学校还拥有7个博物馆,其中布兰顿博物馆是美国最大的大学博物馆,馆藏量达17000件,包括知名的圭尔奇诺(Guercino)、塞巴斯蒂亚诺·德·皮翁博(Sebastiano del Piombo)、弗兰西斯科·帕尔米贾尼诺(Francesco Parmigianino)等大师的绘画作品等。

德克萨斯大学奥斯汀分校的校训是"Disciplina Praesidium Civitatis",译为"纪律是城邦之守"或"理性的思维是民主的守卫者"。这个校训鼓励学生们在学术和生活中保持严谨的态度和强烈的社会责任感。

德克萨斯大学奥斯汀分校是一所具有全球影响力的研究型大学,学校丰富多彩的学科设置、卓越的学术成就和充满活力的校园文化,吸引了来自全球各地的优秀学生和学者。自建校以来,德克萨斯大学奥斯汀分校就一直致力于推动科学技术的发展和研究,学校以高质量的研究和学术强项在教育与工业界享有很高的声誉。未来,德克萨斯大学奥斯汀分校将继续通过研究、创造性活动、学术探索,以及新知识的开发和传播,为社会的进步做出贡献。

南加州大学

　　南加州大学（University of Southern California）是美国西海岸古老的私立研究型大学之一，以鲜明的学校精神、卓越的学术水平、多元化的学科领域、杰出的师资队伍、创新的研究、丰厚的资金来源等闻名于世，是全美非常受欢迎、极具竞争力的大学之一，被卡内基基金会归类为"特高研究型大学"。南加州大学在全球范围内有着庞大而杰出的校友网络"特洛伊家族"，广泛分布于政治、经济、科技、艺术、体育等领域。

1880年，南加州大学由基督教监理会创办，校地由洛杉矶3位富有的基督教教徒捐赠，是一所卫理宗大学。学校开设之初只招收了10名教职员工和53名学生，主要以培养传教士和牧师为目的，首届毕业生仅有3人。数十年后，到20世纪20年代，南加州大学开始逐渐扩大课程设置，增设了商业、法律、工程、音乐、艺术等专业，至此南加州大学正式独立于卫理宗教堂。1926年，南加州大学校园迁至洛杉矶市中心，借助优质的地理条件开始了快速发展。20世纪50年代，南加州大学开始向现代化大学转型。21世纪初，南加州大学除了扩展校内课程设置，还在全球范围内开展了多项合作项目。

南加州大学的学科设置非常广泛，涵盖了文理科、工程、商学、医学、社会科学、人文学科、艺术等多个领域。学校拥有一流的学院和研究中心，以推动前沿研究和学术创新。学校共设有23个学院，在工科方面，工程学院是美国顶尖的工程学院之一，涵盖了航空航天、土木、环境、电子、机械、材料等多个工程领域。在计算机科学方面，计算机科学系是美国著名的计算机科学系之一，在人工智能、机器学习、大数据等领域的研究和教学处于领先地位。在商科方面，马歇尔商学院是美国著名的商学院，商业管理、市场营销和金融专业都位居全美前茅。此外，南加州大学在传媒、艺术、法学等领域也有很高的学术地位和影响力。如影视艺术学院位列全美第一名，造就了多位电影界知名导演，被称为"好莱坞梦工厂"。高水平、多样性的学科发展离不开研究平台的支持。南加州大学共有60多个研究实验室和服务机构，为师生提供了最先进的设施、技术、资源、跨学科专业知识和临床实践等。学校同时拥有两座美国国家科学基金会（NSF）设立的国家工程研究中心，即微电子生物系统中心（BMES）和综合多媒体系统中心（IMSC）。并与洛

克希德·马丁公司联合设立量子计算中心，被美国国土安全部选为第一个国土安全卓越研究中心。学校信息科学研究院（ISI）掌控着全球仅13个的根域名服务器之一，互联网域名系统、动态规划算法、VoIP技术，以及世界第一个防病毒软件都诞生于此。

南加州大学的研究生学位项目覆盖了工程、商学、法学、医学、社会工作、艺术等多个领域。其研究生教育注重学术研究和实践应用，培养了大量杰出的专业人才，主要有三方面特色：一是跨学科研究。南加州大学鼓励研究生在不同领域之间进行跨学科研究，以培养具有创新精神和综合能力的人才。二是实践教育。南加州大学注重实践教育，为研究生提供了丰富的实习机会和项目合作机会，以帮助他们更好地掌握专业知识和技能。三是国际化教育。南加州大学非常重视国际化教育，为研究生提供了广泛的国际交流和合作机会，以帮助他们更好地了解不同文化和社会背景下的问题。

作为美国特别受欢迎的大学之一，南加州大学本科生人数约为21000人，本科课程涵盖了从人文学科到自然科学的广泛领域。南加州大学常年被《美国新闻与世界报道》（*U.S.News*）评为全美本科最难被录取的大学之一。2023—2024学年有80808名新生提出入学申请，仅8094人（约10%）被录取，其中有3633人注册入学。南加州大学研究生和专业人员28500人，涵盖了科学、技术、工程、数学和人文等领域。同时，南加州大学的学生构成多元化，吸引了来自全球不同背景的学生。学校鼓励国际化，提供丰富的国际学术交流项目，为跨文化交流和理解创造了丰富的机会。国际学生13056人通常来自亚洲、欧洲和拉丁美洲等地区。其中，中国学生是最大的国际学生群体，共6513人，占比接近50%。

南加州大学的师资队伍在学术背景和研究经验方面都非常强大。截至2023年，学校拥有4624名全职教师，其中95%的教师具有博士学位或其他终身职位。其教职员工积极参与应对当代挑战和促进社会变革，带头为医疗保健、技术进步、可持续发展、社会正义等重要领域的紧迫难题设计创造性的解决方案。此外，南加州大学教师的专业知识超越了学术界，许多教师担任政府机构、行业领袖和非营利组织的顾问，在全球范围内参与政策制定和实践。学校拥有众多的知名教授和学者。例如，该校的工程学院有多位图灵奖得主和美国国家工程院院士。在艺术和娱乐领域，南加州大学的电影学院与戏剧学院也聚集了许多知名的教授和导演，包括奥斯卡奖和艾美奖的获得者。这些知名教授和学者不仅在教学上具有卓越能力，还在相关领域的研究和创作方面贡献卓著，为学生们提供了宝贵的学术资源和机会。

南加州大学地处美国加利福尼亚州洛杉矶市，主校区是大学公园校区，位于洛杉矶南部西亚当斯区。在市中心东北边还设有健康科学校区。凭借其优越的地理位置，学生能够融入多元化的文化、商业和娱乐氛围中。南加州大学的校训是"Palmam qui meruit ferat"，译为"让所有赢得桂冠的人得享荣光"。南加州大学校园环境优美，校内建筑以罗马式风格和近代风格为主。南加州大学的体育传统也非常浓厚，截至2021年，南加州大学的校友和学生已累计获得326枚奥林匹克运动会奖牌（153枚金牌），位列全美大学之首。

南加州大学有着独特的校园文化，强调创新、创造力和社会责任。学校鼓励学生参与社区服务和志愿活动，培养他们的领导力和公民责任感。"特洛伊人"是南加州大学学生的昵称，代表着意志坚强、勤劳勇敢、英勇奋斗的精神。所有特洛伊人共同持有正直，卓越，多样性、公平和包容，幸福，公开交流和责任6个价值观，并坚持诚信行事，追求卓越，拥抱多样性、公平性和包容性，促进福祉，参与公开交流，对实现其价值观负责。特洛伊人精神已深刻融入南加州大学学生的态度中。特罗伊人包含人类历史上首位登上月球的宇航员尼尔·奥尔登·阿姆斯特朗（Neil Alden Armstrong），以史蒂文·艾伦·斯皮尔伯格（Steven Allan Spielberg）和乔治·卢卡斯（George Lucas）等为代表的多位奥斯卡奖、艾美奖获得者，多位诺贝尔奖、图灵奖获得者，多位美国国家工程院、科学院院士，以及多位奥运会奖牌获得者等。

南加州大学融合了私立机构的探索自主性、规模和资源，以及公立大学的广度和规模。其发展目标包括不断提高学术水平，拓展研究领域，吸引更多国际学生和教师，扩大校园设施和资源，继续在各个领域取得卓越成就。学校还计划加强与行业和社区的合作，以推动创新和经济发展。未来，南加州大学将继续通过教学、研究、艺术创作、专业实践和公共服务等途径实现其中心任务：通过培养和丰富人的心灵和精神，促进人类和整个社会的发展。

普渡大学

PURDUE UNIVERSITY®

北美洲大学

普渡大学（Purdue University West Lafayette）是一所历史悠久的公立研究型大学，以工科闻名，有"美国航空航天之母""工程师的摇篮"的美誉，是以国防、军工、半导体，以及航空航天技术见长的院校。普渡大学是近现代为中国培养科学家甚多的外国院校之一，中国的"两弹元勋"邓稼先、第一代火箭专家梁思礼、热能工程奠基人陈学俊和王补宣、模式识别之父及机器智能学科的奠基人傅京孙等多位学术大家均毕业于普渡大学。在20世纪初期，普渡大学开始在学术、教学及设备三方面快速扩张，并逐渐成为全世界知名的理工科大学，如今普渡大学在科研、研究生教育及卓越的师资等方面拥有良好的声誉。

普渡大学是印第安纳州68个赠地链中的一环。1862年，美国总统林肯签署了《赠

地法案》，用来建设以传授农业和机械知识为主的大学。1869年，印第安纳州政府收到拉法叶地区的商业领袖和慈善家约翰·普渡捐赠的15万美元和10万平方米的土地。为了感谢普渡先生所做的贡献，立法者决定把该大学应命名为普渡大学。它是印第安纳州最大的大学，也曾是美国第二大大学。初期的普渡大学只有3栋建筑物、6位教师及39名学生，在1875年才正式颁发第一个学位。目前，普渡大学已然成为一所规模卓越的公共研究机构。

经过多年发展，普渡大学已经成长为以理工科和农学见长的特色院校，以首屈一指的质量与规模创造和传播知识。拥有工学院、理学院、农学院、文理学院等10个学院和400多个实验室，共开设200多种授予学位的专业、近6100门课程，其中工学院和文理学院规模最大。普渡大学的工程学院是一块响当当的金字招牌，在美国，每50名工程师中就有一名毕业于普渡大学。工学院开设专业覆盖航空航天、农学、生物学、生物医学、化学、土木、建筑、电子、计算机、工业、材料、机械、原子、勘察和一些交叉学科。该学院的农业和生物工程、工业工程、航空航天工程、材料工程、生物医学工程等在内的工程项目位居美国前列。航空航天工程专业走出了无数航空航天人才，其中最著名的当属登月第一人——尼尔·奥尔登·阿姆斯特朗（Neil Alden Armstrong）。除此之外，普渡大学还培养了22位宇航员，比如第一位太空人格斯·格里森以及最后一位登月人尤金·安德鲁·塞尔南（Eugene Andrew Cernan）。另外，普渡大学的师生还参与了美国航空航天局（NASA）超过1/3的项目。可以说，普渡大学为人类编织了大半个航天梦。普渡大学还是美国第一所拥有自己机场的大学，开设飞行课程供所有学生选课学习，考核通过后能够获得飞行执照。普渡大学始终秉承教育学生迎接全球的挑战以及可持续生活的理念，让学生接受培训，高效和创造性地思考如何应对全球化挑战。

普渡大学在教育中积极寻求与外界合作，形成了多种模式的学位授予制度。普渡大学西拉法叶校区的学生在入学第一年是不分专业的，第二年可以根据自己的兴趣转入不同的学院。普渡大学的其余5个分校区在管理和学位授予上均有所不同。其中，韦恩堡分校和印第安纳波利斯分校为印第安纳大学与普渡大学合办。韦恩堡分校由普渡大学管理，颁发印第安纳大学或普渡大学的毕业证书。印第安纳波利斯分校，由印第安纳大学管理，颁发普渡大学工学院、理学院，以及旅游、会议和事务管理系的学位。位于德国汉诺威的德国国际行政管理研究生院是普渡大学在美国境外开设的、可授予该校克兰纳特管理学院的工商管理硕士学位。

普渡大学对学术卓越的执着追求是由多样化的研究生和专业课程驱动的，这一切又归功于其独具特色的研究生管理模式。普渡大学研究生院致力于最大限度地提高所有部门和学院的研究生以及博士后学者的成功率，研究生课程和科研都归研究生院负责，在西拉法叶校区开设160多种研究生学位，另外几个校区开设了80多种研究生学位，研究生院下设院长办公室、招生办公室、商务办公室、奖助办公室、研究生课程办公室、信息管理与分析办公室、跨学科研究生课程办公室、毕业生多元化倡议办公室、专业发展办公室、记录办公室、论文/学位论文办公室、通信办公室。其中，普渡大学研究生院毕业生多元化倡议办公室致力于发展多元化的校园氛围，支持和丰富来自不同背景的研究生而闻名。比如开展研究生教育与教授联盟（AGEP）计划，加强经费资助，是全国为数不多的制度化的AGEP计划之一；毕业生多样性访问计划（GDVP）已成为其他机构开发类似计划的典范。暑期研究机会计划（SROP）多年来一直与十大学术联盟（BTAA）合作，培养新一代科学家，设置衔接课程为即将入学的研究生提供了一个参与专业发展的独特机会。

作为一个以工农研究见长的学校，普渡大学的使命是通过技术创新改善世界，学生的专业经验能力要求则主要依靠实习或合作教育来解决。普渡大学设有专门的专业实践办公室。办公室专门设立了相关实践课程，为学生提供专业实践介绍、求职信制作，以及面试技巧指导等帮助。此外，普渡大学与多家企业建有合作关系，每年会推出各种各样的实习生项目，使学生能够在工学交替中掌握专业经验。普渡大学每年会让学生参与国际性设计项目，学生的任务是与来自世界各地的大学生一起解决特定的工程问题。另外，在美国，学术机构通常使用认证来确保它们达到既定的教育质量标准。如前所述，认证通常分为机构认证与专业认证。机构认证通常是将一所学院或大学作为一个整体进行审查；专业认证是指由专业认证机构评估特定的教育计划。专业认证对接具体的行业，通常也被称为行业认证，是由外部的专业机构及相关行业成员对学校课程进行评估，以确保学校所教授的内容在当下的劳动力市场中具有价值，有助于学校不断对课程进行改进。普渡大学工程技术学位的第三方认证就属于专业认证。普渡大学理工学院设有专门的评估与认证办公室，负责管理和协调学院课程的评估与认证活动。目

前，普渡大学理工学院所有学士学位专业均获得高等教育委员会的机构认证，在此基础上，很多专业也进行了专业认证。长期以来，对普渡大学理工学院课程进行专业认证的机构主要有国际航空认证委员会、工程与技术认证委员会等6家机构。

截至目前，超过10.5万名学生在普渡大学学习。在普渡大学西拉法叶校区学习的学生有5万名，其中硕士生6080名，博士生4905名。另外拥有9452名留学生，其中中国留学生总人数为2359人，占所有国际学生的约25%；博士后学者501名。普渡有15座分散各地的大学生及研究生宿舍区，其中国际学生来自世界123个国家。每年4月第一个星期，普渡大学国际学者学生办公室均会定期举办世界周，促进国际学生与当地社区的联系。

普渡大学拥有世界知名的教师、前沿的研究和广泛的校友网络，是世界上负有盛名的大学之一。普渡大学的教职员工共计15612人，在教师人数方面，包括60名学术院长、副院长和助理院长，63名学术部门负责人，753名教授，副教授547人，助理教授447人；西拉法叶校区还雇用了892名非终身制教师、讲师和博士后；其他校区和全州技术中心雇用了另外691名终身教职员工和1021名非终身制教师、讲师和博士后。在职称方面，以工程学院为例，普渡大学工程学院教授中有22位美国国家工程院院士、2位美国技术和创新奖得主、71位美国国家科学基金会总统青年研究者得主、8位美国青年科学家总统奖得主。其中，电子及计算机工程系有4位美国国家工程院院士、2位美国国家工程院金奖得主，1位美国技术奖得主，23位电气与电子工程师协会（IEEE）会士。为了提高教师的教学能力，普渡大学推行IMPACT（Instruction Matters: Purdue Academic Course Transformation）计划，覆盖普渡大学西拉法叶校区所有学院的基于社群的教师。截至2018年，西拉法叶校区的321名教师、23396名学生参加了至少一门IMPACT课程，IMPACT的整体目标是强调高质量本科教学和学生学习追踪的重要性，从而促进教学文化的转变，具体表现为强调学生中心和学生成就的校园文化，提高学生参与、能力和收获，促进以研究性教学为核心的课程转型、反思与评估。

普渡大学位于美国中西部印第安纳州西拉法叶市。这是个纯朴安静的大学城。该市交通便利，距州首府、全美第十二大城市印第安纳波利斯约105千米，距全美第三大城市芝加哥约161千米，美国铁路每天都有列车经过此地前往芝加哥或是印第安纳波利斯。普渡大学的学生活动极为活跃，共有45个兄弟会和25个姊妹会，总共约5000名学生参与。普渡大学还是十大体育联盟的一分子，校园中较受重视的运动项目包括美式足球及篮球，多次参与并赢得美国大学男子篮球联赛冠军。

普渡大学的校训是"Education, Research, Service"，即"教育、研究、服务"，体现了其作为一所综合性大学的办学宗旨和社会责任，强调了教育、研究和服务三者相辅相成，共同推动社会进步的重要性。

在过去的154年中，普渡大学已经发展为全球知名的工程院校，为致力于追求共同建设一个更美好的世界的承诺，普渡大学将持续增加学生对学费的可负担性与教育的可达性；基于普渡大学在科学、技术、工程和数学方面的历史优势，响应美国号召，为这些学科培养更多高素质毕业生做好准备，争做发现和创新领域的国际领导者。同时，凭借卓越的研究能力和人才，追求满足全球发展需求的研究。这些举措将继续推动普渡、社区和世界走向更安全、更可持续和更公平的未来。

布朗大学

布朗大学（Brown University）是一所非营利性的研究型大学，美国88所常春藤盟校之一。布朗大学的使命是以自由探究的精神，发现、交流与保存新的知识和见解，并通过教育和培养让学生坚持追求知识和实践创新，为社区、国家和世界服务。布朗大学在办学历史上培养了很多全球顶尖大学的领导者，因此在全球高等教育领域有着极其深远的影响力。学校为学生提供完全自主自理、最大限度的自由教育体验，被冠以最为"自由开放"的头衔。

布朗大学成立于1764年，是新英格兰的第3所大学，也是

美国的第7所大学。布朗大学最初位于罗得岛州的沃伦镇,当时被称为罗得岛学院。1770年,布朗大学搬迁至罗得岛州首府普罗维登斯市。1804年,布朗大学因接受普罗维登斯商人尼古拉斯·布朗(Nicholas Brown)捐赠的5000美元而正式更名为布朗大学。1891年,布朗大学首次招收女性学生。女子学院后来更名为布朗大学的彭布罗克学院,1971年与男子本科学院布朗学院合并。女子学校今天被称为彭布罗克校园。2002年,布朗大学的第19任校长克里斯蒂娜·帕克森(Christina H. Paxson)通过一项战略计划,即"以卓越为基础",为布朗大学的未来规划了方向。该计划确定了一个愿景和一系列广泛的目标:作为一所大学,将创新教育和杰出研究结合起来,造福社会、国家和世界。它呼吁进行有针对性的投资,以吸引和支持最有才华、最多样化的教师、学生和员工;利用现有优势,并创造环境,以促进跨学科研究。总之,布朗大学始终坚持以最高水平履行教学、研究和服务使命。

布朗大学以创新的本科教育经验赢得了全球声誉。这些经验以学院为基础。目前,学校包括研究生院、工程学院、专业研究学院、公共卫生学院和沃伦·阿尔伯特医学院5个学院,开设了非洲研究系,美国研究系,人类学系,应用数学系,行为与社会科学系,分子生物学、细胞生物学和生物化学系,分子微生物学与免疫学系,分子药理学系,生理学系与生物技术学系等47个系/专业。其中,机械工程专业在学术界和工业界都享有很高的声誉,旨在培养具备创新能力和独立思考精神的机械工程师;生物学专业一直以其卓越的教学质量和丰富的学术资源而著称,该专业的教师们在基因编辑技术、癌症治疗、疾病机制、生物多样性保护等方面都有重要的发现;应用数学专业是一个跨学科领域,涉及领域包括金融学、物理学、生物学、工程学等,培养了大量擅长数学建模、算法设计和数据分析的人才,这些人才在人工智能、机器学习、大数据分析等方面表现优异。为促进知识整合和跨学科研究,布朗大学成立了安纳伯格研究所,卡尼脑科学研究所,科古特人文学院,数据科学研究所,哈森菲尔德儿童健康创新研究所,生物、工程和医学研究所,布朗环境与社会研究所等12个研究所。布朗大学的所有课程,均让学生自主选择,这在全美正规大学中是绝无仅有的。这一制度从建校之初沿袭至今。让学生自主选课,旨在培养他们在不断变化的世界中,尽快获得自己做出判断和决定的能力。

布朗大学的研究生教育始于1850年,第一个硕士学位颁发于1888年,第一

个博士学位颁发于1889年。1903年,研究生部成立,并设院长一职。1927年5月,研究生部更名为研究生院。1968年10月12日,研究生中心大楼落成。研究生委员会负责布朗大学研究生教育工作。委员会的职责是为布朗大学的研究生教育制定政策,并得到教职员工委员会和理事会的批准。这些政策包括入学条件和授予研究生奖学金的条件与程序,学位授予的监督,新课程和现有学位课程的其他修改的批准程序,以及关于新学位课程的批准和向教师提出的建议。委员会还负责与院系协商,至少每5年一次审查研究生项目,并向学院执行委员会(FEC)和教职员工委员会提交前一年活动的年度报告。就构成来看,委员会由各研究生院院长组成,具体包括医学及生物科学学院院长、工程学院院长、公共卫生院长、专业学院院长、大学图书馆员,以及由院长选出的其他8名学院成员和由研究生委员会选出的4名研究生。此外,委员会还邀请副校长、负责教学的副校长作为无投票权嘉宾,研究生院和专业研究学院的助理和副院长被邀请为无投票权成员。

目前,布朗大学共有学生10737名。其中,本科生7222名,在读研究生2920名,医学生595名。布朗大学本科入学录取率较低。2023年,本科生申请人数为51316人,最终录取了2566人,录取率仅为5%。布朗大学本科和研究生选拔方式主要是申请制,且使用通用申请(Common Application)系统进行线上申请。就本科招生而言,申请材料包括高中官方成绩单、美国高中毕业生学术能力水平测试(SAT)成绩、美国大学入学考试(ACT)成绩、期中考试报告、推荐信、托福或雅思考试(TOEFL/IELTS)成绩单等。就研究生选拔而言,申请材料包括:关于申请人兴趣和预期学习领域的个人陈述;成绩单、推荐信、研究生入学考试(GRE)成绩、托福或者雅思成绩,以及纸质证书和其他文件。

截至2022年秋季,学校共有教职员工5166名。其中,专任教师1629人,女性教职工占比为43%。布朗大学打造了一大批高水平研究团队。比如环境研究和地球、环境和行星科学的教授林奇(Lynch)和水资源专家劳伦斯·史密斯(Laurence C. Smith)正致力于收集有关北极新兴发展热点(如挪威北部的港口城镇柯克内斯)的数据,并评估这种发展如何影响北极环境和人民。史密斯的团队首创了测量格陵兰冰盖(全球海平面上升的主要原因)水流速度的技术。迈克尔·科斯特利茨(Michael Kosterlitz)与大卫·索利斯(David Thouless)

等因解释了奇异物质状态下的拓扑相变而被授予诺贝尔物理学奖。

布朗大学的办学宗旨：一是发现和利用知识，二是借助教育手段把学生引进知识世界。布朗大学的办学指导思想是：知识的发现和传授与教育过程有着必然的内在联系，两者相辅相成，互为一体。布朗大学较早就为自己的办学方向明确了研究与教学并举的定位。

布朗大学位于美国东海岸罗得岛州的普罗维登斯市，占地59.1万平方米。布朗大学图书馆包括小约翰·洛克菲勒图书馆、科学图书馆、奥维格音乐图书馆、约翰·海图书馆、尚普林纪念图书馆、约翰·卡特·布朗图书馆等。这些图书馆和馆藏网络助力了发现和高影响力的学术研究，是教学、研究和学习的重要资源中心。布朗图书馆在内的图书馆和资源网络为促进学术发展创造了一个实验室。该图书馆确保了布朗大学社区的成员可以在任何时间从世界任何地方获得数百个在线数据库和数以万计的期刊、报纸和电子书的访问权。环绕在校园中心绿色地带的皆是来历不凡的古老建筑，如呈现英国乔治王时代艺术风格的"大学楼"（建于1771年）是全美于独立战争前所建的七幢大学教学楼之一，在战争年代曾用作士兵驻地和医院，华盛顿总统曾经在此办公。布朗大学为学生提供优越的学习、生活环境，专门为他们设计了一套完善的咨询服务系统。这套系统把每一个学生跟一名教授、一个"同龄顾问"搭配起来，使学生在学习方面，乃至人生道路上都受益匪浅。

布朗大学的校训是"我们信仰上帝"，意思是像信奉上帝般信奉真理。作为一所非营利性研究型大学，布朗大学坚持以学生为中心的学习、跨学科教育和研究，以及致力于影响或改造世界。

波士顿大学

　　波士顿大学（Boston University），是一所历史悠久的顶级私立院校。波士顿大学不但拥有一流的师资、设备，也拥有健全的科系，在全球享有极高的学术声誉。同时，波士顿大学采取国际化、多元化的管理经营方式，吸引了来自世界各地的学生，

北美洲大学

使波士顿大学成为一所著名的世界文化交流的学府，素有"学生天堂"之美名。

波士顿大学创办于1839年，拥有着悠久的办学历史。波士顿大学起源于1839年在佛蒙特州纽伯里建立的"纽伯里圣经学院"。该学院于1847年迁至新罕布什尔州，后于1867年迁至波士顿的平克尼街23号，并更名为"波士顿神学院"。1869年，波士顿神学院的三位理事从马萨诸塞州议会获得了办大学的执照，建立了"波士顿大学"。1875年，亚历山大·贝尔（Alexander Bell）在这里发明了世界上第一部可用的电话。经过近200年的发展，目前波士顿大学已经成为一所在全球190个国家拥有分支机构和校友会的全球性的大学。

在学科领域上，波士顿大学学科体系健全，呈现多元化的特点。全校共有商务、法律、医学、教育、工程、人文和艺术等16个学院，250个以上不同的科系，是非常完整的综合大学。其中，文理学院是波士顿大学最大的学院，拥有24个学术部门、70多个专业，以及2500多门课程。该学院为学生提供了全面且广泛的人文科学、自然科学、计算机科学和社会科学方面的本科课程。波士顿大学的商学院，即凯斯特罗姆商学院，是该校的明星学院之一。商学院在全球范围内享有崇高的声誉，其教学质量、研究实力，以及校友网络都备受认可。波士顿大学的法学院也是声誉卓著。法学院拥有一流的师资力量和教学资源，注重培养学生的法律思维和实践能力。波士顿大学的医学院、教育学院、艺术学院

105

等也在各自的领域内拥有很高的声望和影响力。这些学院都拥有一流的师资力量、先进的教学设施以及丰富的教学资源,为学生提供了优质的教育和培训。波士顿大学的课程设置也很有特色,几乎每个学院的同学都要在修专业课之前学习社会科学、自然科学与人文学科。通过学习这些学科,同学们不仅可以更深层次地思考问题,培养兴趣,而且能对以后的生活与工作提供帮助。除了在美国设置的相关专业,波士顿大学还在国外开设了100多个学习项目,更是参与了世界各地超过400项的科学研究、调查和教育项目等,实现了教学科研的国际化改造。学校多样性和包容性的培养特色,让来自不同背景的学生都能蓬勃发展。

波士顿大学研究生院是副教务长办公室的下设机构,负责向大学副教务长提供咨询,协助制定和推广最佳的实践经验和政策,为整个研究生群体服务。同时,研究院下设的研究生委员会致力于促进所有研究生项目的卓越和公平,并为有效的信息交流提供平台。委员会每月召开一次会议,审议影响波士顿大学研究生体验质量的事项。其成员由大学副教务长设定,通常包括有研究生项目的分校和学院的副院长和助理院长,以及大学主要行政办公室的代表。委员会主席由研究生事务副教务长担任。办公室致力于确保继续追求卓越,在校园内推广最优秀的新学术和跨学科研究,支持大学开展广泛的国际交流工作,并维持由最优秀的教职员工和学生组成的充满活力的知识社区。

波士顿大学虽然是私立院校,但规模很大。波士顿大学2022年本科录取率约为14.1%,比2021年下降4.2%。研究生录取率约为42.9%。学生注册总人数为37557人。其中,男学生注册总数为16053名,占比约为42.74%;女学生注册总数为21504名,占比约为57.26%。就其生源来看,美国国内生源共有26674名学生,美国国外生源共有10808名学生。前五大生源地为中国(5095人)、印度(1474人)、韩国(444人)、加拿大(352人)和中国台湾地区(307人)。

波士顿大学的教师在教育和研究方面不断创新,以确保学校满足学生和世界不断变化的需求。波士顿大学的教师团队由一群来自各行各业的专家和学者组成。他们的专业背景涵盖了人文、社会科学、自然科学和工程等多个领域。这种多元化背景的教师队伍不仅为学校带来了丰富的教学资源,也有利于促进学科之间的交叉融合,为学生的全面发展提供了有力保障。2022年,波士顿大学共有全日制教学教师3112名。其中,女教师1550名(49.81%),男教师1562名

（50.19%）。波士顿大学生师比为11：1。在研究生培养中，共有超过3500名教授为来自131个国家的4015名研究生授课。波士顿大学的教师都经过严格的选拔和认证，拥有世界一流大学的教育背景和一流的专业知识。他们不仅具备丰富的教学经验，而且对各种学科领域有深入的研究。这确保了学生能在学校受到高质量的教育。波士顿大学的教师不仅在学术领域表现出色，还具有卓越的科研能力，不断为各学科带来创新，为学术界和社会各界贡献力量。比如第十一任校长梅丽莎·L·吉列姆（Melissa L.Gilliam）在医学、公共卫生和人文学科方面学识渊博，是美国国家医学院的院士。

波士顿大学位于美国独立革命的发源地新英格兰地区最大城市波士顿，校园闹中取静，交通便利，地下铁路横穿校园，又临查尔斯河畔，是一所拥有理想学习环境的大学。波士顿大学校区内设施先进，图书馆众多，包括非洲研究图书馆、天文学图书馆、校友医学图书馆、音乐图书馆、神学院图书馆、科学与工程图书馆、石学图书馆等10余所图书馆。除此之外，波士顿大学还提供了完善的住宿环境，沃伦·塔（Warren Tower）宿舍大楼为全美最大型的宿舍之一；体育馆和尼克森运动场是学生运动健身的好场所。

波士顿大学的校训是"Learning，Virtue，and Piety"，译为"学识、美德与敬虔"。未来，波士顿大学将继续专注于卓越的研究和杰出的、创新的本科与研究生教育；加强跨学科的相互联系，在研究和教学中创造新颖的方法，从而产生大胆的发现和研究影响；成为利用最先进的远程、数字和在线技术的领导者，以提高面对面课程并扩大的教育范围；成为一个更加多元化和包容性的机构，个人可以在其中找到自己的社区并茁壮成长，并在社会和种族正义学术工作中发挥领导作用。

卡内基梅隆大学

卡内基梅隆大学（Carnegie Mellon University）是一所享誉世界的美国顶级私立研究型大学，被誉为20世纪50年代以来的"人工智能研究和设计的领导者"。建校百年来，学校始终秉承"自由探索的精神、跨学科的学术环境、以社会服务为使命"的教育理念，鼓励创新和探索、提倡自由和挑战，站在机器人学和人工智能研究的前沿，同时不断开拓新的领域和进行突破性研究，全面助推经济发展和社会进步；强调责任和贡献、加强团结和协作，全方位联合世界高校及研究机构开展多领域合作，并运用前沿知识和技术解决世界现实问题，共同创造人类美好未来。

卡内基梅隆大学始建于1900年,由苏格兰美裔钢铁实业家安德鲁·卡内基(Andrew Carnegie)创建。学校最初名为卡内基技术学院,是一所提供2—3年职业培训的技术院校,为工人阶级子女提供良好的职业培训。1912年更名为卡内基科技学院,开始提供4年制学位,致力于培养适应当时产业需求的工程人才。1967年,学校与梅隆工业研究所合并后改为现名,开始注重多学科的发展,制定了"以应用为主线的发展思路、以跨学科教学科研为核心的发展手段、以信息科技为突破的发展重点、以开放包容为理念的发展保障"的学校战略规划。经过多年的发展,卡内基梅隆大学逐渐由一所地方性的职业技术院校发展为集工程、科学、商科和艺术等学科于一体的世界顶尖的综合性大学,为推动科学研究和教育发展做出了重要贡献。

卡内基梅隆大学现有7个学院,包括卡内基工学院、艺术学院、迪特里希人文和社会科学学院、约翰·海因茨公共政策与管理学院、梅隆理学院、计算机科学学院、泰珀商学院。其中,计算机科学学院因人工智能而享誉全球,是全球最大的计算机科学学院;工学院的优势在于聚集"土木工程、电气工程、机械工程"等多学科资源来提供全面的工程教育;其他学院如艺术学院、商学院、公共管理学院等也都各有优势和特色,并在全美高校中名列前茅。各学院之间注重交流合作,开展了很多独特的跨学科项目,如计算机学院及梅隆理学院合办的计算生物学硕士项目,旨在培养能够在医疗领域从事计算机科学工作的专业人才;计算机科学学院和艺术学院合办的娱乐科技硕士项目,旨在结合计算机科学、艺术和设计等领域的知识,培养能够在交互式媒体、游戏开发、虚拟现实等领域从事创意和技术工作的人才等。跨学科项目鼓励学生打破传统学科束缚,从不同的专业领域汲取知识,并将这些知识运用到实践,增强了学生的综合素质和实际操作能力,使他们在就业市场上更具竞争力。

卡内基梅隆大学设立的学科专业大部分都居于世界领先水平。计算机、机器人科学、理学、美术及工业管理等是举世公认的世界顶级学科专业,认知心理学、管理和公共关系学、写作和修辞学、应用历史学、哲学和生物科学等享誉全美。其中,计算机科学专业是卡内基梅隆大学的王牌专业,被公认为世界上顶尖的计算机科学学科之一,与麻省理工学院、斯坦福大学和加州大学伯克林分校的计算机科学学科并列全美榜首。该学科拥有丰富的教学资源和优秀的师资力量,课程设置非常全面,注重培养学生的独立思考和解决问题的能力,同时也非常注

重实践和应用能力的培养,与许多知名企业和科技公司的联系非常紧密,为学生就业提供了多种实习与就业机会。学校也因此被称作"码农的天堂"。

卡内基梅隆大学作为全美优秀的研究机构之一,以交叉合作研究而举世闻名。学校与全球许多机构、企业开展合作,共同进行研究和开发项目。例如,卡内基梅隆大学与美国航空航天局合作开发机器人技术和自动系统;与微软、谷歌等科技公司合作开展人工智能和计算机科学领域的研究等。为促进国际的合作与交流,学校还参与了多个国际科研项目,如欧洲核子研究中心的ATLAS实验、美国国家海洋和大气管理局的海洋生态系统研究等。这些合作研究大大提升了学校的教育和研究水平。此外,学校还与多所大学或机构合作成立研究机构,共同探索前沿领域。最著名的机构是学校和匹兹堡大学合作建立的"匹兹堡超级计算中心"。该中心不仅为全美的大学和研究机构提供高性能计算服务,并且通过培训和教育项目,推广超级计算技术在科学研究和工程领域中的应用,为美国的科研、教育、产业等领域发展做出了重要贡献。

卡内基梅隆大学研究生院以院长为核心,下设研究生委员会、各研究领域的系所、图书馆和信息服务中心、实验室和研究设施、学生服务办公室、行政办公室。研究生院院长负责整个研究生院教学、研究和行政事务的管理和协调,各研究领域的系主任和教授负责各自领域的教学和研究工作,并为学生提供学术指导和支持。此外,研究生委员会负责审核研究生入学、学术评价和学位授予等工作,并进行管理和监督,确保研究生院的教学质量和高效运营。研究生院各部门协同工作,为研究生提供全面的学术支持和职业发展指导。

卡内基梅隆大学被认为是最受中国学生欢迎的学校。截至2023年,在校学生23000人(本科生占40%、研究生占60%),其中注册在读的国际学生有6701人,而中国学生人数高达3214人,占国际学生的近一半。卡内基梅隆大学汇聚了一批全球杰出的学者、教师。截至目前,卡内基梅隆大学在职教职员工1300多人,其中包括5位美国国家医学院院士、22位美国国家工程院院士、54位美国国家科学院院士、9位图灵奖获得者等。他们不仅在研究领域有着很高的声誉和影响力,而且运用丰富的研究经验和专业知识为学生提供了高水平的指导和教育。如卡耐基梅隆大学的全职教授、波兰裔美国化学家克日什托夫·马蒂亚谢夫斯基(Krzysztof Matyjaszewski)(因提出原子转移自由基聚合技术而享有国际盛誉),秉持着创新和开放的教育理念,不仅注重实践和研究相结合,还关注学生的个性化发展和跨文化交流，培养了很多高水平的专业人才。

卡内基梅隆大学位居"三河之城"的美国宾夕法尼亚州匹兹堡市，距离市中心约8千米，生活十分便利。校园环境优美，绿树成荫，被誉为"被绿色环抱的都市校园"。校园内有许多现代化风格的知名建筑，如匹兹堡创新与创业中心呈现的"玻璃盒"造型、具有环保和节能特点的新材料工程大楼，以及以钢铁为主的卡内基科学中心等。这些建筑不仅在外观上引人注目，更在功能上为先进的教学和科研目标的实现提供了支持，充分展示了学校在科技领域的创新实力。同时，校园还保留着许多历史悠久、代表大学传统和历史的老建筑，如庄重典雅的克莱门特大楼。该建筑是校园内最古老的建筑，既纪念着那些在匹兹堡工业界、文化界和教育界做出杰出贡献的先辈，也见证着卡内基梅隆大学的发展历程和匹兹堡市的繁荣进步。学校的校园生活丰富多彩，每年举办各种艺术表演和音乐会（如交响乐、室内乐、话剧等）、各种体育赛事（篮球、足球、排球等）、各种校园文化活动（如科技文化节、多元文化节等），旨在增强交流和理解，培养团队合作精神和竞争意识。

卡耐基梅隆大学的校训取自卡耐基先生的名言"My heart is in the work"（译为"我心于业"）。校训不仅表达了学校对学术研究和教育工作的重视，也鼓励着全校师生全心全意地投入工作和学习，不断追求卓越和成功。

回望百年历史，卡内基梅隆大学始终充满活力和创新精神，坚持"提供富有特色的优质教育、培养创新与探索的能力、用学校创造出的新知识服务于社会"三大办学目标，致力于满足不断变化的各类社会需要，在教育、研究领域开拓创新并取得了辉煌的成就。展望未来，卡内基梅隆大学将继续立足世界一流的办学定位，在校训的指引下继续发扬"善于创新、解决问题、跨学科合作"的优良办学传统，持续致力于开展卓越的学术研究，推动全球学术进步；持续致力于为学生提供全面的教育体验，培养未来领导者；持续创新教育模式，注重学术声誉和扩大影响力，以适应时代需求并引领全球教育发展。

加州大学戴维斯分校

　　加州大学戴维斯分校（University of California，Davis）是一所位于加利福尼亚的世界级顶尖公立研究型大学，崇尚服务当地社会和全球社会，是名副其实的"公立常春藤"盟校。学校以在美国和全球环境保护方面的杰出贡献而闻名遐迩。建校多年来，学校秉持"让光明普照"的教育理念，致力于服务农业和社会发展，不仅推动了美国农业和粮食系统的可持续发展、促进

了美国公平健康的社区建设及生态环境保护。同时，学校以解决实际问题、增进福祉为使命，发挥自身科研优势，制定了全球化发展战略，在全球环境保护和可持续发展做出了卓越贡献。

加州大学戴维斯分校的历史可追溯至1905年的加州农业学院，当时致力于提供农业、农村发展和家政等领域的教育。1959年，加州农业学院正式更名为加州大学戴维斯分校，逐渐扩大学科范围，涉及工程、科学等多个领域。1966年，加州大学戴维斯分校成为独立的大学校区，跻身于加利福尼亚大学系统中的主要成员，与伯克利分校和洛杉矶分校并列。在20世纪70年代，加州大学戴维斯分校经历了迅速的发展，不仅新建了许多教学和研究设施，而且巩固了其在农业、生命科学、工程和社会科学等领域的领导地位。从20世纪90年代以来，加州大学戴维斯分校因在可持续发展、农业创新和环境科学等急需领域所取得的卓越成就而享誉全球。

加州大学戴维斯分校的学科设置丰富，在农业科学、生命科学、环境科学、社会科学等多个学科领域具有卓越的学术声誉。其中，农业科学专业是其最著名和顶尖的专业，拥有世界级的农学研究和教学团队；经济学、艺术学、人文学科、工程学科、社会科学、保健科学、法律和管理学等在美国也拥有很好的口碑。学校还拥有多个世界级的科研中心和机构，在各自的学科领域内都享有盛名。如农业与环境科学学院是全球生物农业与环境科学研究和教育中心，拥有世界领先的实验室和研究设施，研究领域包括植物科学、土木工程、环境工程、动物科学，以及农业与资源经济学和管理科学等，研究成果在全球范围内受到广泛认可，为学校的学科建设和发展提供了强有力的支撑。

加州大学戴维斯分校的研究生教育历史悠久，始于

1925年。自首批12名研究生在农学院注册以来，学校现已提供100多个研究生和专业学位项目，并以先进的研究设施、高效的实验室和积极进取的精神而闻名世界。研究生院的学科设置非常广泛，包括自然科学、社会科学、人文学科，还设置了多个专业学院，满足了不同学生的学术兴趣和职业发展需求。在各个学科领域，加州大学戴维斯分校都拥有世界级的师资力量和研究成果。自然科学领域是加州大学戴维斯分校的强项，包括物理学、化学、生物学、地质学、环境科学等。在这些学科中，学生可以深入研究自然界的奥秘，参与前沿科研项目，培养实验技能和科学思维。社会科学领域也是研究生院的重要组成部分，包括经济学、政治学、心理学、社会学等。这些学科关注人类社会的发展和变迁，培养学生的人文素养和社会责任感。研究生院还设有工程学院，提供包括计算机科学、机械工程、电子工程、土木工程等在内的多个工程学科。这些学科注重培养学生的实践能力和创新精神，使学生能够在未来工程领域中脱颖而出。

加州大学戴维斯分校的国际学生比例较高。截至2023年，在校生35066人，其中国际学生比例为11.68%，来自海外118个国家。学校设有国际生服务中心，为国际学生提供各类支持和帮助，以促进不同文化之间的交流和融合。学校在课程设置上也注重多元文化的体现，提供多种语言的课程和跨文化的研究项目，鼓励学生了解和尊重不同的文化和价值观，并设有多种奖学金和奖励，鼓励不同学科的学生聚集在一起，共同开展应对现实世界挑战的学术研究。同时，设有多个文化组织和社团，为学生提供展示自己文化和参与多元文化交流的机会，还经常举办国际文化节、多元文化讲座等活动，为来自世界各地的学生提供了一个包容、多元、充满活力的校园环境。

加州大学戴维斯分校的师资力量非常强大，包括美国国家科学院、美国艺术与科学学院、美国国家医学院，以及美国国家工程院院士等各个领域专家和学者。截至目前，学校共有2500多名教师。学校的教职员、校友和研究员共获有200多项世界与国家奖项，如诺贝尔奖、普利策奖、美国国家技术创新奖、国家科学奖章、美国国家艺术勋章、美国"青年科学家总统奖"、总统自由勋章、世界粮食奖、蓝色星球奖及麦克阿瑟天才奖等。加州大学戴维斯分校的教职员工不仅在各自的专业领域有着深厚的学术背景和丰富的教学经验，同时也具备卓越的研究能力和国际视野，为学生提供了最专业的指导和最优质的服务，是学生成长和发展的有力支持和保障。

加州大学戴维斯分校是一所集优美的校园环境、丰富的学习资源和优质的生活设施于一体的大学，是美国最大的校园之一，也是加州大学系统中校区占地最大的一个，跨越优洛县和索拉诺县。学校不仅是加州大学系统中唯一一所拥有机场的校区，也是加州大学系统中拥有消防队的两个校区之一。校园环境优美，包括大片绿地、湖泊和植物园，自然风光旖旎。校园建筑风格多样，涵盖了现代、哥特式和地中海风格等。最具代表性的建筑是博物馆和厄普森图书馆。其中，厄普森图书馆是学校最大的图书馆，拥有丰富的纸质和电子资源，为学生提供了良好的学习环境。学校生活设施非常齐全，提供多种类型的宿舍供学生选择，从传统的宿舍到带有独立客厅和厨房的套房应有尽有。此外，校园配备了运动场、健身中心、游泳池、艺术中心和学生活动中心等娱乐和文化设施，丰富学生的课余生活。

加州大学戴维斯分校的校训是拉丁语"Fiat Lux"，英文为"Let there be light"，中文意思是"让光明普照"。这个校训言明了知识和教育的力量，能够启迪人心，照亮未来，驱散无知和愚昧的黑暗。

在过去100多年的历史进程中，加州大学戴维斯分校在政府强力推动下萌芽，在自我砥砺振兴中形成和发展。自诞生之日起，学校一直依托自身专业优势致力于解决农业、环境和人文领域的实际问题，鼓励师生创新、发现和推动知识前沿发展，并通过学术研究和公共服务提高人们的生活水平，造福广大民众。面对全球化发展的新时代，学校作为可持续发展和气候变化研究的全球领导者，坚持以宏大的人类使命为指引，将愿景与现实、专业发展与学生需求、科学研究与成果转化等有机结合，运用全球发展眼光，持续探索农业、环境和人文领域的前沿研究，以全球发展的实际问题为导向，以促进社会发展和提供更健康的生活为核心，全力为全球民众创造更美好的世界和未来。

华盛顿大学圣路易斯分校

华盛顿大学圣路易斯分校（Washington University in St. Louis）是一所世界顶级私立研究型大学，是美国诸多华盛顿大学中建校最早、最负盛名的学校，属于美国9所"新常春藤"名校之一。学校坚持"培养领导者、发现知识、治疗患者"三大使命，致力于开展全面教育，帮助学生发展领导力、创新思维和解决问题的能力，成长为全球社会富有成就的成员和领导者；致力

于追求学术卓越，鼓励学生进行创新性的研究，围绕现实问题不断探索新的前沿知识领域；致力于社会责任感培育，引导学生关注公共利益和医疗等社会问题，通过科研和创新来改善现实，为社会、国家和全世界做出卓越贡献。

华盛顿大学圣路易斯分校的历史可追溯至19世纪50年代。其前身是1853年由商人韦曼·克劳（Wayman Crow）与牧师小威廉·格林利夫·艾略特（William Greenleaf Eliot Jr.）共同创办的密苏里大学，旨在为密苏里州西部地区提供高质量的教育。1854年，学校建立了夜校，为当时迁入的移民提供了工作之外的产业培训和基础通识课程学习。1859年，密苏里大学更名为华盛顿大学，以纪念美国国父乔治·华盛顿（George Washington）。1905年，在美国制造业公司创始人丹福斯家族的慷慨捐赠下，学校在圣路易斯市北部建立了新校区丹福斯校区，承担着医学院以外的绝大部分教学任务，是学校的主校区。1954年，学校成为美国第一批拥有完整学位授予权的男女同校的大学。1970年，学校成为美国大学协会（AAU）的成员，标志着学校在学术水平、研究实力、教学质量等方面得到了广泛的认可和肯定，并从本地学府逐渐崛起为一所国际知名的研究型大学。

华盛顿大学圣路易斯分校现有8个学院，且实力强大。其中，法学院建立于1867年，是美国特别受到推崇的法律学院之一。其法律硕士和法律博士课程都为学生提供了深入的法律教育和培训，让学生在充满活力的全球法律环境中追求正义，具有很高的声望。商学院开设了金融、会计、工商管理和高级管理人员工商管理等课程，为那些希望在商业领域取得成功的学生提供了宝贵的学习机会，颇受好评。最著名的学院是医学院，是美国最早的医学院之一，一直致力于推动全世界人类的健康发展，是培养护理、医学研究的全球领导者。该学院自1891年成立以来，为科学和医学贡献了许多发现和创新，在解剖和神经生物学、麻醉学、遗传学、内科学、神经学、病理和免疫学、精神病学、放射医学，以及外科等各个医学专业领域有着丰富的医疗实践经验，并且取得了显著的医学研究领域成果。

华盛顿大学圣路易斯分校的学科范围广泛，涵盖理工商法文等多个

领域。学校优势学科主要集中在医学、工程、商业、法律和社会工作等。在医学领域中，内科专业排名全美第8位、小儿科专业排名全美第6位、心脏病学专业排名全美第11位。其他领域的专业排名在全美都占据较高的位置。这些领域不仅有着高水平的教师、先进的设施、丰富的课程，而且特别注重创新思维培育和创新实践训练，培养了众多引领性的杰出领袖和人才，如美国前总统比尔·克林顿（Bill Clinton）、生物学家卡尔·斐迪南·科里（Carl Ferdinand Cori）、"股神"沃伦·巴菲特（Warren E. Buffett）等。

华盛顿大学圣路易斯分校是一所中等规模的研究型大学。截至2023年，学校共有学生15760人（本科生8284人、研究生7476人），来自110多个国家和美国境内的50个州。2022—2023年授予了学士学位1868个，硕士学位2830个，博士学位789个。学生构成基本上反映了美国人口的种族分布情况，其中白人学生占学生总数的66.7%，亚裔美国人12%，非裔美国人6.5%，西班牙血统的美国人1.6%，土著美国人0.2%，其余的是混血统学生（7%）和外国留学生（6%）。在性别比例方面，由于学校长期以来比较重视男女性别平等问题，一直保持着男女各50%的录取比例。

华盛顿大学圣路易斯分校教师队伍学术水平卓越，由众多领域的杰出专家和学者组成。目前有教师4415名，其中包含多位诺贝尔奖、普利策奖获得者，还拥有美国国家科学院、美国艺术与科学院院士与美国法学会（ALI）会员164余人。多位教师在各自学科领域有着广泛的国际影响力，研究成果被高引用、高评价，为全球的科学、文化、社会和经济发展做出了重要贡献。例如，医学院教授迈克尔·戴蒙德（Michael S. Diamond）和肖恩·惠兰（Sean Whelan）在新冠病毒的研究上取得了突破性的进展，为疫苗的开发和治疗提供了关键的信息。法学院教授布莱恩·塔马纳哈（Brian Z. Tamanaha）是国际知名的法理学家，他的著作《失败的法学院》和《现实的法律理论》等在全球范围内引起了广泛的讨论和影响。艺术学院教授希瑟·伍弗特（Heather Woofter）是著名的建筑师和设计师，她的作品获得美国建筑师协会的荣誉奖、入选芝加哥建筑双年展并在国际上获得了多个奖项和进行展览。优秀的教师队伍促进了学校的快速发展，是学校得以在第二次世界大战以后迅速崛起，成为今日美国25所顶尖大学之一的主要原因之一。

华盛顿大学圣路易斯分校被称作学科交汇和专家合作的集聚地。为加强不同学科领域的交叉和合作，学校建立了多个创新团队和创新中心，为解决复杂的社会问题开拓了交叉平台和路径。例如，麦道国际学者学院建设有跨学科的国际合作网络平台，汇集了来自全球的顶尖学者和机构，共同研究和应对全球的挑战，如气候变化、能源安全、公共卫生等。斯坎达拉里斯创新中心是一个促进创业和创新的中心，为教师和学生提供了创新教育、创业培训、创新挑战赛、创新研究基金等资源和机会，并促进与产业界的合作，培养与完成了许多创新型的人才和项目。此外，学校为促进学生和教师、学院和学院、学校和社会之间的交流和互动，建立了多元化和包容性的学习环境，以激发新的学术追求和知识发现，获得了国内外的认可和赞誉。很多本科生开展联合学习，约65%的学生获得了一个专业和一个辅修或一个以上的专业、超过1/3的人完成了两个专业的要求。

华盛顿大学圣路易斯分校共有6个校区，位于密苏里州圣路易斯市的不同区域，距离较近。主校区丹佛斯校区坐落在圣路易斯市西面与市中心相距约11千米处，整体环境很开阔，绿树成荫，欧式的古典建筑物和现代教学大楼错落有致，被誉为美国中部地区最漂亮的校园。附近有许多超市和餐馆，学生日常购物、就餐等非常便捷。学生校园生活丰富多彩。学校有数百个学生组织，涵盖学术、艺术、文化、社会服务等各个领域。学生可以根据自己的兴趣选择参加，与志同道合的同学一起参与各种活动。学校还提供丰富的学术资源，包括优秀的图书馆、实验室和研究设施。学生可以充分利用这些资源进行学习和研究，提升自己的学术能力。此外，学校还非常注重学生的安全问题。校园内有校警24小时巡逻，遇到紧急情况可快速出警，及时帮助学生解决问题。在住宿方面，学校提供多种住宿选择，包括学生宿舍、公寓和校外住宿，以满足不同学生的需求和预算。

面对未来，华盛顿大学圣路易斯分校将持续践行"从真理中汲取力量"的校训精神，坚定不移地追求学术卓越，并进一步加强责任意识，积极承担使命。学校将不断应对全球化和科技变革的挑战，持续为人类社会的进步和发展做出贡献。

 # 明尼苏达大学双城分校

明尼苏达大学双城分校（University of Minnesota Twin Cities）是明尼苏达大学全系统五大校区的旗舰校区，是全球排名顶尖级的综合类研究型公立大学。明尼苏达大学培养出以莎拉·比塞尔（Sarah C. Bisel）、欧内斯特·劳伦斯（Ernest O. Lawrence）为代表的25位诺贝尔奖获得者，2位美国副总统，1位最高法院首席大法官等。瞻仰一座长约77米的发现之墙，凯瑟琳·弗法利（Catherine Verfaillie）成体干细胞实验的笔记，著名建筑师拉尔夫·拉普森（Ralph Rapson）的格思里剧院绘制草图等一一呈现，伟大发现时刻的过程及成就让人肃然起敬。明尼苏达大学双城分校如今以悠久的历史，多元的学科类别，优秀的师资队伍，卓越的研

究实力，丰富多彩的校园文化等被称为全美范围内极为优秀且最受人尊敬的高等学府。

明尼苏达大学双城校区始建于1851年。明尼苏达州领土立法机构和州长亚历山大·拉姆齐（Alexander Ramsey）在明尼苏达州成为州之前7年，特许明尼苏达大学并选举董事会。建校起步阶段，学校规模较小，只有少数学生和教师，还经历过内战期间的短暂闭校。后来，在明尼阿波利斯的企业家约翰·萨金特·皮尔斯伯里（John Sargent Pillsbury）帮助下，学校又于1867年重新开办。皮尔斯伯里因此被认为是明尼苏达大学之父。在任州议员以及州长期间，他动用了自己的影响力，使学校正式成为受州政府资助的大学。明尼苏达大学双城校区先后于1880年授予第一个硕士学位，1888年授予全国第一个博士学位，逐渐发展成为美国中西部地区重要的教育机构之一。随后，学校开始扩建校园，增加课程，并吸引了越来越多的学生。1901年成立美国大学校园第一所护士继续教育学校护理学院。1946年成立圣安东尼瀑布水利实验室，使明尼苏达大学成为水资源和水利研究的世界领导者。1968年，创立美国大学中第一个美洲印第安人研究系。2000年，成立世界上第一个致力于干细胞研究的跨学科研究所。如今，明尼苏达大学双城校区持续发展壮大，不断加强与国内外高校、企业和政府的合作，推动科研成果的转化和应用，已经成为一所世界知名的研究型大学。

明尼苏达大学双城分校设立超过350个学术领域及项目，在主流学科领域均具有很强的研究实力。其中，医学和药学，社会科学，工程学、技术和计算机科学，生命和农业科学，以及自然科学和数学等研究领域在美国及世界均享有盛誉。另外，学校的学科门类齐全度位居全美高校之最。共提供370多个专业，包括150余个本科专业，超过200门研究生课程。其中，医学、经济学、生物科学、化工、数学、社会科学、教育学等专业都保持世界领先水平。同时，明尼苏达大学双城分校还积极开展跨学科研究工作，设有6个交叉学科中心：认知科学中心，法律、健康价值、环境及生命科学中心，前沿科学所，神经转化所，环境研究院，人口研究中心。

明尼苏达大学双城分校由16个学院组成。本科生新生主要就读于卡尔森管理学院，生物科学学院，设计学院，教育与人类发展学院，食品、农业和自然资源科学学院，文理学院，科学与工程学院，护理学院。在研究生教育层面，共提供130多个研究型硕士和博士学位。另有8所专门提供研究生教育的学院，分别为医学院、牙医学院、兽医学院、药剂学院、公共健康学院、法学院、汉弗莱公共事务学院、继续及专业教育学院。值得一提的是，汉弗莱公共事务学院虽不提供学士学位，但通过给本科生提供多门课程让来自不同专业的学生接触公共政策、公共事务、公民参与和规划的研究，以此丰富本科生的学士学位经验。诸如此类，如牙科学院的口腔卫生专业、医学院的太平间科学专业，联合健康计划中心提供医学实验室科学理学学士学位等。每所学院均具备一流的研究团队、先进的实验设施，提供学术领域课程和多样化的体验学习项目。其中以卡尔森管理学院、医学院、科学与工程学院等最为著名。生物科学学院更是实力雄厚，是美国致力于生物科学研究的重点学院之一，历史上曾诞生了保罗·波耶尔（Paul Boyer）为代表的多位诺贝尔奖荣膺者。

学校的研究生教育模式具有去中心化的特点。研究生院为所有研究型研究生项目相关的项目，以及教师、学生和博士后学者提供服务，确定研究生教育和博士后培训的优先事项，并倡导和支持最佳实践。在机构整体设定的政策范围内，每个学院、系或项目都有设计和定制其研究生课程、课程和政策的自由，以满足学生和教师的特定需求和目标。就各学院与研究生院关系而言，研究生院负责监督研究学位（研究生）课程，学院主要对自己的专业课程进行监督。且每个学院都有一名研究生课程副院长，他充当研究生院和大学学院之间的联络人，并在大学的研究生教育和博士后培训中发挥领导作用。此外，研究生院还设置研究生院咨询委员会以及研究生院多元化办公室来支持和加强研究生教育。研究生院咨询委员会是由代表明尼苏达大学系统研究型研究生课程的教职员工、博士后和研究生组成的团体，在整个学年定期开会，探讨和讨论研究生教育和博士后培训中的紧迫问题，并向副教务长和研究生教育院长提供建议，倡导变革以改善明尼苏达大学研究生和博士后培养的方式和成效。研究生院多元化办公室的工作包括招募、资助、保留、宣传和教育来自代表性不足社区的学生。

明尼苏达大学双城分校的在校学生来自明尼苏达州当地、全美50个州及全球130多个国家。在校生数量超过52000人，生师比17：1，研究生和专业学生约16000人，国际学生7197人。此外，明尼苏达大学双城分校在全球拥有超过485000名在世校友。其中63%的人居住在明尼苏达州，超过1/3的人拥有博士或硕士学位。包括诺贝尔和平奖获得者、美国前副总统、著名的记者、发明家、

民权活动家和体育巨星等。

明尼苏达大学双城分校的师资队伍庞大，群英荟萃。截至目前，共有教职工26700余人，其中4000名教职员工构成了双城校区的基石。明尼苏达大学双城分校作为美国顶尖的公立研究型大学，拥有屡获殊荣的师资力量、最先进的设施和世界一流的学者。其教师曾获得古根海姆奖学金、麦克阿瑟奖学金（"天才奖"）、诺贝尔奖和其他荣誉，包括美国国家科学院、美国国家工程院、美国国家医学院、美国艺术与科学院院士等专家和学者。另外，教师学者在各自领域深耕，致力于解决当今世界亟待解决的突出问题。如以劳拉·赖斯（Laura Rice）为首的团队将全球粮食安全问题与地方影响结合起来进行跨学科研究，致力于解决全球范围内的诸多紧迫性的农业挑战。以丽莎·菲茨帕特里克（Lisa Fitzpatrick）为首的团队创建了一个教育和艺术论坛，邀请个人、学生和社区成员探索他们在应对气候变化方面的个人经历以及这些变化产生的情感影响，以此加强社区的气候变化教育、提高人们认识和应对自然变化的能力，通过减缓、适应和复原力来应对气候变化的影响。

明尼苏达大学与中国有着悠久而深厚的联系。早在1914年，明尼苏达大学迎来了首批的3位中国留学生。百余年来，明尼苏达大学中国校友的数量已超10000名（数据截至2021年）。在1979年，明尼苏达大学成为首批与中国恢复学术联系的3所美国大学之一。明尼苏达大学与中国高校有着广泛的合作交流，目前已与30多所中国高校达成交流合作协议。另外，明尼苏达大学的中国校友会成立于1985年，规模超过5000人。

明尼苏达大学双城分校地跨明尼阿波利斯和圣保罗两座城市，因而得名"双城校区"，占地约487万平方米。校园分两个校区：一个横跨密西西比河，距明尼阿波利斯市中心仅几分钟车程，交通便利；另一个则地处圣保罗市的起伏山峦中，风景秀丽。双城地区民风淳朴，不仅连续多年被评为全美生活环境最佳及最安全地区，还是全国商业、食品加工、医疗、科技、传媒及表演艺术的中心，拥有多家国际性大公司，包括美国西北航空公司、3M公司等。明尼苏达大学双城分校还是一个极具包容性、多样性的校园，校园文化多姿多彩。学校不仅提供出色的学术训练，还拥有令人兴奋的体育运动、丰富的传统文化和充满活力的校园社区。其中，明尼苏达州军乐队成立于1892年，是校园内最具活力和知名度的组织。明尼苏达大学舞蹈队是全美顶尖的舞蹈队之一，更是啦啦队的诞生地。

明尼苏达大学双城分校的校训是"A common bond for all the arts",译为"所有艺术的共同纽带"。这里的"艺术"不单指代传统的艺术形式,而是包含了科学、技术、人文社科等多个领域的知识和成就。校训体现了学校对跨学科交流和融合的重视,也展现了其追求卓越、勇于创新的学术精神。

　　明尼苏达大学系统是全美非常全面的系统之一,使命是科研探索、教学育人、造福社会。170多年的历史风雨兼程,明尼苏达大学凭借世界一流的教育、开创性的研究理念,诞生了许多世界顶尖的技术和发明。到2030年在双城校区将实现培养33000名本科生的目标,以及研究生人数将保持稳定的愿景。规划以10个"大创意"为基础,代表了改善校园的目标、行动和机会,以及对未来的期望,包括打造更具包容性的校园、丰富学生体验、优化患者护理和医疗服务提供者的体验、发展伙伴关系促进创新、使未来发展与公共领域框架保持一致、可持续地利用土地和资源等诸多方面。

马里兰大学帕克分校

　　马里兰大学帕克分校（University of Maryland, College Park）是一所享有全球盛誉的公立研究型大学。作为美国中西部知名的十大联盟成员校，学校以"卓越学术、创新科研和公共服务"而著称，被誉为美国顶级的20所公立大学之一。多年来，学校始终坚守教育使命，持续提升教学质量，致力于在全球范围内提供卓越的教育资源和学习机会；矢志追求卓越，加强学术研究和创新，不断推动科学、技术、人文和社会科学的繁荣发展，为人类的进步贡献智慧和力量；积极协同合作，强调公共责任和使命，与世界各地的合作伙伴建立紧密联系，共同面对全球挑战

并着力解决现实问题，为推动人类公共福祉做出了重要贡献。

马里兰大学帕克分校的前身是马里兰农业学院。学院于1856年成立，旨在帮助马里兰州的农民改善生计，为培养农业领域的人才和推动当地农业发展奠定了基础。1862年，学院授予了第一批学位。1864年，学院获得《赠地法案》支持，受到联邦政府的资金资助，得到了进一步的发展。美国内战期间，因经济问题和入学人数的锐减致使学院破产。1867年，学院重新成立并开始招收学生。1888年，学院正式开始了校际篮球比赛，增强了学校凝聚力和体育精神，是学校体育发展的重要里程碑。1988年，学院成为马里兰大学系统的一部分，并被命名为马里兰大学帕克分校。这一变革为学校带来了更多的资源和机会，促进了学术研究和学科多样化的发展。经过一系列的教育改革，学校逐渐在全世界范围内赢得了很高的声誉，成为一所知名的公立研究型大学。

马里兰大学帕克分校现有13个学院。著名的学院包括行政管理与公共关系学院、商学院、计算机科学、数学和自然科学学院。其中，行政管理与公共关系学院全美一流，备受瞩目，注重培养学生的实践能力和社会责任感，在全美公共关系领域处于领先地位。商学院则被誉为全美著名的公共商学院之一，其商业管理专业在全美排名第17位，会计学、金融学、一般商学、国际商学等学科在学术界和业界也具有较高的声誉。计算机科学、数学和自然科学学院都拥有广泛的科研领域，为学生提供了多种学术选择和发展机会，其中计算机科学的毕业生在计算机领域一直具有很高的就业率。同时，学校因多个学科所具有的实力和优势，培养了众多优秀的领军人才，如美国第66任国务卿康多莉扎·赖斯（Condoleezza Rice）、"现代商业管理之父"阿尔弗雷德·斯隆（Alfred P. Sloan）、谷歌公司联合创始人之一谢尔盖·布林（Sergey Brin）等。

马里兰大学帕克分校以卓越的教学质量闻名全美。早在20世纪80年代以前，学校就有重视教学的传统。为了实现向学士、硕士、博士提供优秀教学服务的使命，学校积极开发国内领先课程和专业，实施个性化教学和多元化教学方式，注重学生个性与特长的发掘和培养，根据学生的不同需求、特点、能力和兴趣，设计适宜的教学计划和课程安排，激发学生的求知欲和创造才能，培养其创新能力和实践能力。多年来，学校教学质量在全美各项评估、评价中一直名列前茅。

马里兰大学帕克分校具有强大的研究实力。学校拥有众多世界级的研究中心和实验室，如美国国家气象中心、美国国家马里兰分子显微镜中心等，取得了许

多重要的科研成果。在生物医学领域，发现了多种用于治疗癌症、神经退行性疾病等新的药物候选物。在材料科学领域，开发出了新型的用于能源存储、环境保护等领域的高性能材料。在物理学领域，发现了新的物理现象，为未来的科技发展提供了新的思路。这些中心和实验室的研究领域广泛，涵盖了多个学科领域。他们的研究成果不仅推动了相关学科的发展，同时也为跨学科研究提供了新的思路和方法。同时，这些中心和实验室的研究成果也得到了广泛应用，为推动科技进步和社会发展做出了重要贡献。

马里兰大学帕克分校强调公共服务的使命。学校通过大学立法的形式，着力为社会提供多样性的公共服务。如支持农业研究和其他更广泛的项目服务、向政府提供技术支持、向州工业提供高新技术服务、提供在职培训和终身教育服务等。通过校内源源不断的科学研究项目来协助技术革新和经济发展，不仅反哺和促进了各学科领域的发展，还扩大提升了学校的影响力。同时，学校采取多种方式促进和鼓励学生参与社区服务活动和学习，如设有志愿服务中心，帮助学生找到适合自己的志愿服务项目，并提供必要的培训和支持，全力加强学生的社会责任感和公民意识。

马里兰大学帕克分校是马里兰州办学规模最大且学生构成多元化的学校。目前，学生总人数共计40813人，其中本科生30608人，研究生10205人。学校非常注重国际交流与合作，为国际学生提供多种支持和服务，包括语言课程、文化适应培训、职业规划等，帮助他们顺利适应美国的学习和生活环境，吸引了来自世界各地的不同种族、文化和背景的国际学生，被誉为国际研究生的首选学校。2022年秋季学期，学校接待了来自123个国家的本科国际学生747人、研究生国际学生3474人。来校留学生人数排前3名的国家为中国、印度和韩国。此外，学校与亚洲、拉丁美洲和欧洲的主要机构密切合作，为美国和海外的研究生提供丰富的交流机会，极大地拓宽学生的知识领域和国际视野。

马里兰大学帕克分校的师资队伍非常强大。目前，教师共计4474人（教授2659人、研究员1815人），其中包括2名诺贝尔奖获得者，10名普利策奖得主，69名美国国家科学院院士，1名艾美奖得主。大部分教师和研究人员都是世界级的专家和学者，特别注重跨学科研究，不仅精通自己领域的研究，而且积极与其他学科领域的教师合作，开展跨学科的研究项目，为学生的学术研究和职业发展提供了优质的教育资源、良好的学术氛围和有力的支持。

马里兰大学帕克分校位居美国马里兰州的王子乔治郡县的大学公园内，距离美国首都华盛顿特区市中心仅13千米。校园内绿树成荫，环境优美，中心位置有一个大湖泊，湖边有步道可供学生散步和休息。校园建筑兼具古典与现代风格。学校的标志性建筑是麦金利钟楼。这座钟楼高耸入云，每当钟声响起时，都能引起学生的共鸣。此外，学校的图书馆也是一座极具特色的建筑，拥有现代化的外观和丰富的藏书（包含超过400万本书以及60万册电子书），为学生提供了良好的学习和阅读环境。

马里兰大学帕克分校的校园生活丰富多彩，设有学术科研、文化艺术、体育健身等各种社团，不仅促进了校园文化的多样性，也培养团队合作精神和竞争意识。其中比较有特色的社团是学生自治会，即学校最大的学生组织之一，它致力于维护学生的权益、促进学生的参与和提供各种服务。学校还建有个大型游乐中心，包括健身房、游泳池、举重室、瑜伽房、乒乓球台、有氧健身房、运动馆、壁球场、深水游泳池、桑拿房、蒸汽房、浴室等，为学生提供了多样化的休闲娱乐。此外，学校的体育很强，多项体育项目如篮球、橄榄球、足球、长曲棍球等共获得过19次全美冠军，其中女子长曲棍球项目获得过10次全美冠军。

马里兰大学帕克分校的校训是"In quest of excellence"，译为"追求卓越"。校训强调对持续进步、不断提高和寻求最佳表现的承诺。它鼓励师生们始终保持对知识和技能的追求，不断挑战自我，超越自我，以实现个人的最佳状态。

回望百年发展历程，马里兰大学帕克分校从建校初始一路步履蹒跚、艰难前行，到20世纪80年代末期开始追求卓越、勇于探索，再到如今跨越式发展成为"国内卓越、世界一流"公立研究型大学，充分体现了学校教育改革和发展的意志和坚韧之心。就如学校校徽金刚背泥龟（Testudo）图案的寓意那样，学校在不断适应和前行中始终保持坚韧不拔的精神。展望未来发展道路，学校将继续保持其卓越的教育和研究水平，推动教育改革和学术创新，继续保持开放包容的姿态，与世界携手共同探索新领域和追求新突破，在人类社会的进步和发展史上谱写新的篇章。

# 科罗拉多大学博尔德分校

科罗拉多大学博尔德分校（University of Colorado Boulder）是科罗拉多大学系统的旗舰校，是美国领先的航空航天大学之一。自建校以来，科罗拉多大学博尔德分校共孕育出5位诺贝尔奖得主、9位麦克阿瑟奖得主、18位科罗拉多大学博尔德分校附属宇航员。其中，在最近的10年内物理系先后有4人获得诺贝尔奖。科罗拉多大学博尔德分校以其悠久的历史、特色鲜明的学科、丰富的办学资源、雄厚的研究实力、先进的科研设施，为学生提供了优质的教育和研究资源，成为追求知识与成就的理想学府。

科罗拉多大学博尔德分校的历史可以追溯到1876年。当时，学校在科罗拉多州的博尔德市成立，比科罗拉多加入联邦的时间还早5个月，是该州最古老、规模最大的学府。在20世纪

初，博尔德分校开始建立自己的校园，并逐渐发展成为一所知名的公立研究型大学。学校在1945年开始在科罗拉多泉开设多个课程点，主要设立在科罗拉多学院。1965年，依托之前成立的课程点成立科罗拉多大学斯普林斯分校。在20世纪末和21世纪初，博尔德分校逐渐成为科罗拉多大学系统的旗舰校区，并开始推动一系列的校园改造和升级计划。例如学校在2010年提出了"2030旗舰"计划，旨在提升校园环境和设施，并在2016年提出了"新2030旗舰"计划，进一步推动校园的升级和发展。经过多年的发展和变迁，如今已成为一所注重文化交融和国际合作、拥有广泛学科设置和优秀师资力量的公立研究型大学。

科罗拉多大学博尔德分校学科特色鲜明，涵盖了众多学科领域，提供超过4600门课程，学术课程涵盖150多个研究领域。该校在工程研究领域独树一帜，其中以航空航天工程最为知名，属于美国排名前四的航空航天工程系之一，拥有约1.7万平方米的航空航天工程科学大楼。据统计，该校航空航天系培养出19名宇航员；美国现役的所有卫星上都有该校设计和制造的仪器设备，是全美唯一将器材发送至太阳系所有行星的学校。此外，化学工程、土木工程、机械工程和计算机科学等专业备受推崇。除了工程领域，科罗拉多大学博尔德分校的理科专业研究水平也位居世界前列，如物理学、化学、地理和环境科学等领域，尤其在光学、原子物理学、地球科学等专业方面，均在领域前沿取得显著成果。

科罗拉多大学博尔德分校由9个学院系统组成，分别是文理学院、工程与应用科学学院、利兹商学院、环境科学学院、法学院、教育学院、新闻和大众传播学院、音乐学院、研究生院。其中，文理学院为本科生提供全面的文科教育，以及前沿的研究生教育，涵盖自然科学、社会科学和人文科学三个主要领域。工程与应用科学学院是科罗拉多州和整个落基山脉地区排名第一的工程学院，在18个学习领域拥有56种学位课程。尤其在能源、通信、材料、结构、计算机、医学和太空探索方面取得了突破性进展。迅猛发展的利兹商学院致力于培养有原则、有创新精神的领导者，已成为美国非常著名的商学院之一。教育学院致力于民主、多样性、公平和正义——确保教育爱好者通过教学和研究对学校和社区产生积极影响。法学院提供了全美最好的综合法律教育，使学生在法律基础知识、理论探究、法律推理工具和专业技能等方面奠定了坚实的基础。新闻和大众传播学院鼓励师生跨国界研究，致力于培养瞬息万变的信息社会的领导者。另外，音乐学院的实力同样不容小觑，是美国音乐学校协会的成员，将先进的音乐培养与

以专业为导向的发展经验和领先研究型大学的丰富资源融为一体。

科罗拉多大学博尔德分校研究生教育在全美乃至全球都享有盛誉，提供了多种学科的硕士和博士学位项目，涵盖了人文、社会科学、自然科学、工程学、健康科学等多个领域。科罗拉多大学博尔德分校研究生院提供124种硕士、博士和专业学位课程。在课程设置上，注重学科交叉和创新能力培养，鼓励学生跨学科选课和从事独立研究。在科研方面，提供各种实验室和部门致力于研究的计划，如各领域研究者协同配合、进行实验与分析的跨学科统计分析实验室（LISA）、旨在提供社会和行为科学方面的研究生专业社会化和方法/软件培训的社会科学跨学科培训（ITSS）计划，以及提供全方位数据服务的研究数据与数字学术中心。研究生可以通过参与科研项目，与世界级的专家学者一起工作，从而获得最前沿的科研经验和技能。

科罗拉多大学博尔德分校本科生教育规模庞大，在校学生人数约为34306人。其中，本科学生人数为30763人，留学生比例为7.19%。2022年，本科留学生1117人，在本科生总人数中占比3.62%。根据校方统计，2023年该校录取率为80.68%，在校国际学生占比8.47%，在被成功录取的学生中，获得大学奖学金人数比率为12.10%。在本科生培养层面，实行学士加速硕士（BAM）学位课程选项，为目前就读的科罗拉多大学博尔德分校本科生提供了在更短的时间内获得学士和硕士学位的机会。学生首先获得学士学位，但作为本科生（通常在大学四年级）开始学习研究生课程。值得注意的是，在本科期间申请者最多可以修读12个学分，以便后来用于攻读硕士学位，并且有限数量的学分可以重复计入学士和硕士学位的课程学分。另外，一定程度上减轻学生教育成本，为本科住校学生提供四年的学费和强制性费用保证，每年为学生节省840万美元的费用。

研究生人数远低于本科生人数。每年吸引着来自世界各地的近6000名研究生来到科罗拉多大学博尔德分校进行深造。2022年，研究生中的留学生有1640人，占总研究生比例20%。另外，学校注重小班教学，2014—2021年，生师比较为稳定在18∶1。科罗拉多大学博尔德分校是具有卓越学术和尖端科研的美国顶级高校，拥有12个世界级研究机构，如生物前沿研究所、环境科学合作研究所、行为遗传学研究所、大气与空间物理实验室、可再生与可持续能源研究所等。研究所的经费占科罗拉多大学博尔德分校所有赞助研究资金的一半以上。此外，跨越多个学术领域进行跨学科工作的研究中心超过75个，如航空航天力研究中心、空间技术中心、天体物理与空间天文学中心、美国音乐研究中心等。

科罗拉多大学博尔德分校师资力量雄厚，无论是工程、自然科学、人文科学还是社会科学，都拥有一流的教授和研究人员，他们在各自的领域具有丰富的研究经验和专业知识。科罗拉多大学博尔德分校拥有3800多名全职教师，以及4400名副教授和非全职教师。其中，拥有10位麦克阿瑟天才奖获得者、5位诺贝尔奖获得者、2位美国年度教授、5位国家科学奖章获得者，以及30多项格莱美奖和提名奖获得者。在航空航天、生物科学、能源、地球和环境科学、基础科学等领域更是拥有众多世界级的学者和科研人员，如工程学院有两名美国宇航局原宇航员和美国无国界工程师的创始人。此外，化学与生物化学特聘教授汤姆·切赫（Tom Cech）发现，核糖核酸（RNA）不仅是一种编码信息的分子，而且是一种催化剂，为分子遗传学的进步和对RNA生物学作用的新认识奠定了基础。地理学教授瓦利德·阿卜杜拉提（Waleed Abdalati）曾担任美国宇航局科学家12年，并于2011—2012年担任首席科学家。地质科学教授布鲁斯·雅科斯基（Bruce Jakosky）是MAVEN任务的首席研究员，也是世界上最杰出的火星大气和天体生物学专家，聚焦于火星和宇宙其他地方的生命潜力，以及天体生物学中的哲学和社会问题的研究。

科罗拉多大学博尔德分校位于美国西部科罗拉多州小城博尔德，常年被评为全美最美丽的校园。坐落于风景如画的落基山脉下，该地区气候宜人，风光秀美，阳光灿烂。四季的风景映衬的山脉，点缀着由灰红色的石头建成的校园建筑，令人陶醉。

科罗拉多大学博尔德分校的校训是"Let All Light Shine"，译为"让所有光芒照耀"。校训强调了知识和智慧的重要性，倡导创新精神和探索精神，体现了包容和多元的价值观，鼓励学生们充分发挥自己的潜力，追求卓越。

科罗拉多大学博尔德分校使命是成为科罗拉多州的综合性研究型大学，提供全面的本科、硕士和博士教育。目前，其学术和行政部门正在制定行动计划，重点推动员工技能与发展、学生成绩成效、社区建设、员工招聘成果、培养学生参与多元化民主5个领域目标的实现。科罗拉多大学博尔德分校的愿景是成为识别和应对21世纪人道主义、社会和技术挑战的领导者，构建多样性、公平性和包容性的开放型大学。

范德堡大学

　　范德堡大学，又称范德比尔特大学（Vanderbilt University），是一所备受赞誉的私立精英学府，以卓越的教育理念和人文精神享誉美国南方。建校百余年来，范德堡大学培养出了多位诺贝尔奖得主，以及两位美国副总统，众多的州长和国会参议员。这些杰出校友不仅在学术领域取得了卓越的成就，还为社会的发展做出了巨大的贡献。范德堡大学的成功得益于不断创新的培养模

式。在历任领导层、教职员工和学生的共同努力下，学校在人文社科领域创新推出通识教育（Course Program in Liberal Education）模式，取得了卓越的人才培养成效，使范德堡大学成为世界顶尖大学。

在范德堡大学的发展历程中，数任校长发挥了关键的推动作用。詹姆斯·柯克兰（James H. Kirkland）是范德堡大学历史上任职时间最长的校长。他成功地引领了学校与教会的分离，为学校的独立和发展奠定了基础。奥利弗·克伦威尔·卡迈克尔（Oliver Cromwell Carmichael）校长则致力于联合大学图书馆的建设，并引领了学校研究生教育的跨越发展。1949年，范德堡大学当选为美国大学协会成员，标志着其地位得到了国家认可。在建校90周年之际，范德堡大学首次跻身美国私立大学20强，展现了在高等教育领域的卓越实力。在亚历山大·赫德（Alexander Heard）和乔·怀亚特（Joe B. Wyatt）两位校长的领导下，学校增加了3所学院，进一步扩大了学校的规模和影响力。第七任校长戈登·吉（Gordon Gee）则推动了学校学术研究经费的大幅增长，使其在全美遥遥领先。2008年，第八任校长尼古拉斯·齐波斯（Nicholas S. Zeppos）实施了"范德堡机遇"（Opportunity Vanderbilt）计划，旨在为全美最优秀的学生提供免学费贷款。他还领衔了2016年范德堡大学和范德堡医疗中心的分离，这一决定为两所高等教育机构独立成功发展奠定了基础。丹尼尔·迪尔麦耶（Daniel Diermeier）是国际知名的政治学和管理领导力学者，于2020年7月1日开始担任范德堡大学第九任校长。他致力于保护以学校为核心的社区健康、安全和福祉，为范德堡大学的持续发展和进步提供了坚实的领导和支持。

自创立以来，范德堡大学便以卓越的学术传统而闻名于世。学校的精神内核在于不懈追求人性中最美好的一面，积极地将新思想推向发现的前沿、挑战可能的极限，并始终为社会的发展提供着孜孜不倦的服务。此外，范德堡大学还致力于广泛的全球研究和探索，不仅在本科生、研究生和专业学生的国际项目合作方面有着突出的表现，还设有包括拉丁美洲研究中心、现代法国研究中心等在内的全球研究所。这些研究所的设立进一步彰显了范德堡大学在推动学术研究和发展方面的卓越实力。

范德堡大学的研究生教育在全美处于领先地位，涵盖了众多领域的专业，包括但不限于人文学科、教育学、自然科学、生物医学、工程学、社会科学、宗教、法律、医学、护理和商业等，还开创了全新的研究生教育培养模式。皮博迪教育与人类发展学院开创了全新的博士生培养模式，以实践性为导向，成了全美的典范。在学院中，博士生毕业论文的选题源于客户需求和学生兴趣，学生与客户形成了一种新型的服务——委托代理关系。在整个培养过程中，学院始终坚持以解决现实问题为目标，形成了学科发展的卓越影响力，为实现一流教育学科建设的目标做出了积极贡献。

学校高度重视国际学生的培养，研究生院特设国际学生与学者服务部（ISSS）办公室，以便更高效地推动和支持留学生培养工作。国际学生与学者服务部以促进非本国学生和学者的教育与发展为己任，帮助他们实现各自的学术和职业目标，为留学生提供关于移民、跨文化和个人事务方面的专业建议、咨询和指导。他们还通过举办教育、社交和跨文化项目，营造一个有利于国际教育和跨文化意识培养的环境。此外，国际学生与学者服务部还积极与各学院、各部门，以及校内外相关机构建立紧密联系，以便更好地满足留学生的多元化需求。

范德堡大学坚守精英教育的理念，始终致力于推广人文教育。在本科阶段，学校便通过倡导所有学生学习人文学科、基础科学、历史和外语，来实现这一目标。这种教育方式被称为通识教育，其核心目标就是契合人文教育的宗旨。在范德堡大学前100年的历史中，学生人数每25年翻一番。令人瞩目的是，2022—2023学年，范德堡大学的注册在校生共计13710人，其中本科生7151名，研究生6559名。学生分布在文理学院、神学院、工学院、医学院，以及皮博迪教育与人类发展学院等10所学院。师生比为1∶7，这为师生提供了良好的交流条件。范德堡大学对师资要求极高，学校教职员工中97%拥有博士学位，凸显了其学术严谨性和高水平的教育质量。截至2022—2023学年，学校共有工作人员4528名，其中全职工作人员4201名，兼职327名。教职工1858名，其中全职1517名、兼职教师341名。此外，还有3044名全职教职员工和128名兼职教职员工是范德堡大学医学中心的医务人员，他们在范德堡医学院和护理学院任职，反映了学校与医院在教学和研究方面的紧密合作关系。马修·巴切塔（Matthew Bacchetta）教授作为外科主任，领衔课题组致力于将基础科学研究室转化为治疗终末器官衰竭患者的临床平台。他在创建器官支持系统领域方面有着深厚的造诣，为受伤器官提供扩展的生理支持、器官恢复和再生生物工程平台，还开发了人工肺辅助装置。在医学影像领域，范德堡大学成像科学研究所（VUIIS）创始所长约翰·戈尔（John Gore）院士主要研究方向为医学影像方法的开发与应用，为磁共振和其他成像技术在医学上的发展和应用做出了卓越的贡献，并带领范德堡大学在医学影像领域逐步走向卓越。在人文社科领域，哲学名誉教授、百年名誉教授约翰·拉克斯（John Lachs）研究领域集中于形而上学、政治哲学和伦理学，尤其关注美国哲学和德国唯心主义。在半个多世纪的校园生活中，拉克斯曾为10000多名范德堡大学的学生上课，他的伦理学导论课程深受学生欢迎。50多年来，拉克斯教授发人深省的哲学讲座不仅是在读学生们的最爱，也深受校友们喜爱，推动了范德堡大学人文社科领域的长足发展。

范德堡大学致力于推动公平、多样性和包容性的教育环境，不仅在校园内营造一个公平、多样、包容和无障碍的教育环境，更在校外积极推广这一理念。学校校训是"Education, a debt due from present to future generations"，译为"教育是从这一代到下一代的责任"，秉持着培养宽容、同理心和积极变革文化的理念，为师生研究与学习提供良好的环境。

范德堡大学位于美国田纳西州纳什维尔市中心的公园式校园内，被誉为"植物园"式学校。校园内拥有300多个乔木和灌木品种，最古老的建筑建于1859年，优美的环境和古老的历史融为一体。学校占地138万平方米，共有179座建筑，79%的本科生居住在校园内的28座宿舍楼和公寓中。此外，学校拥有18个餐厅、475个社团组织、35个俱乐部和校队，为学生提供了几乎无限的机会参与社区活动、找到自己热爱的事业并有所作为。范德堡大学在体育领域也表现出色，学校的橄榄球队、男子棒球队、女子篮球队和女子网球队都曾多次获得全美冠军。这充分展示了范德堡大学的体育实力和学生的热情参与。

范德堡大学的150年历史见证了该校如何通过优质教育、科研，以及社区服务为公众利益做出贡献。未来，学校将继续秉持这一传统，以创新和卓越为指引，迎接新的挑战和机遇。将致力于为全球社会提供更多的价值，努力成为21世纪最伟大的大学。

 # 匹兹堡大学

　　匹兹堡大学（University of Pittsburgh）前身为匹兹堡学院（Pittsburgh Academy），是该地区历史最为悠久的高等学府，也是世界上首例"脊髓灰质炎疫苗"的诞生地，被美国社会誉为"公立常春藤"大学。该校培育了多位诺贝尔奖、普利策奖获得者，其中包括美国心理学家弗雷德里克·赫茨伯格（Frederick Herzberg）、实验医学家乔纳斯·索尔克（Jonas Edward Salk）等。建校200余年来，学校在许多前沿领域均表现出色，尤其在器官移植领域引领世界。近年来，学校在医学学科传统优势基础上，大力发展基础研究和应用研究，在先进制造、可持续

发展、新型材料、生物工程、教育、计算机建模、社会科学等多领域一直处在世界前沿，使匹兹堡大学始终保持着世界顶尖级大学的地位。

匹兹堡大学是全美历史最悠久的高等学府。1787年，匹兹堡大学在美国边境的一间小木屋中诞生。学校以卓越的学术成就，特别是医学、生物技术，以及哲学相关学科领域的突出表现而广为人知。1819年2月，应匹兹堡学院受托人的要求，宾夕法尼亚州立法机构将该校重新注册为西宾夕法尼亚大学。然而，"西宾夕法尼亚大学"的名称未能体现出匹兹堡的具体位置，同时原名较长容易使人误认为该大学是宾夕法尼亚大学的西部分校，因此，于1908年，西宾夕法尼亚大学更名为匹兹堡大学。在教育发展方面，匹兹堡大学于1968年开始提供信息科学博士学位课程，成为全美最早开始培养信息科学博士的学校。这一开创性的课程为信息科学领域的发展培养了大量人才，进一步提升了匹兹堡大学在学术界的地位。现今，匹兹堡大学被评为全球100所最具创新力的大学之一，在全球范围内享有极高声誉。

匹兹堡大学是学科门类齐全的综合性大学，共设有16个学院，包括文理学院、教育学院、工程学院、健康与康复科学学院、法学院、医学院等。其中，在医学健康领域、人文社会科学，以及生物科学的相关学科领域最负盛名。医学院是全球顶尖医学院之一，在器官移植、神经外科学等领域均处于国际领先地位，其医学中心同样在全美医院机构中位居前列。心理学也是匹兹堡大学的强势学科，研究领域广泛，包括临床心理学、认知心理学、发展心理学等。匹兹堡大学的工程学院是该校的重要支柱之一，涵盖了生物工程、化学工程、土木工程、计算机科学等多个方向。社会科学和人文学科研究领域广泛，包括历史学、哲学、社会学、语言学等。另外，匹兹堡大学注重跨学科研究，设立了多个跨学科项目和研究中心，涵盖了环境科学、全球公共卫生、材料科学等领域。

匹兹堡大学注重研究生教育与培养。学校为研究生提供了包括研究生研究员（GSR）职位、教学奖学金（TF）、助教奖学金（TA）、研究生助学金（GSA）和其他奖学金在内的经济奖励。研究生入学申请由学校的14个具有研究生招生资格的学院进行具体管理，每个学院都拥有学术特色和独特的教育理念。这些学院各自负责招生工作，为研究生提供独特的教育环境和研究机会。匹兹堡大学的文理学院规模最大，致力于提供涵盖自然科学、社会科学，以及艺术与人文科学等多学科领域的研究生课程。该学院的研究生教育具有广泛性和深度，旨在培养

学生具备跨学科的知识和技能，以应对当今复杂多变的社会和科技环境。

匹兹堡大学一直以医学学科为引领，秉持着为医学新时代培养医生和研究人员的使命。其医学博士课程独具特色，将讲座和问题为基础的课程、早期和深入的临床经验，以及临床前科学的综合器官系统方法融为一体，形成了一套全面而深入的课程体系。在这里，学生有机会与世界一流的师资队伍互动，参与到具有悠久传统和卓越效能的临床和研究的培训中。这支教师队伍在医学领域具有深厚的学术背景和丰富的实践经验，有助于指导学生更好地掌握医学知识和技能，为未来的临床和研究工作做好准备。匹兹堡大学医学院的学生们接受到全面的医学教育，以成为下一代临床研究人员为发展目标，通过学习和实践，培养自己扎实的医学基础和卓越的临床能力，不断提升能力和素质，为未来的医学事业做出贡献。

匹兹堡大学教育学院作为宾夕法尼亚州排名第一的公立教育学院，不仅拥有齐全的专业门类和卓越的发展成效，还积累了丰富的教育人才培养经验。作为匹兹堡大学学术研究和培训的领先机构，该学院设有教育学和哲学博士学位。该学院的教育学专业学位项目十分齐全，涵盖了超过90个教育学专业的学位和证书项目，以及超过50个教育学类的研究生和本科生学位项目。博士课程涵盖几个学科：应用发展心理学、教育政策、运动生理学、高等教育、语言、识字与文化、学习科学与政策、特殊教育以及城市教育等。在这些博士学位项目中，该学院形成了特色鲜明的人才培养模式。自2014年秋季学期开始，该学院的学术型博士学位项目采用了研究密集型的培养模式（Research-intensive Training Model），旨在为学生在美国相关学术机构中从事研究职业做好准备。在学院课程体系中，学生需要修读包括至少90学分的六大类课程：学院核心课程、专业课程、研究方法类课程、指导研究课程、支持领域课程和学位毕业论文。此外，学生还必须通过程序严格的五项考核：初步考核、论文前测试、综合考试、论文开题和论文。通过这些措施，该学院为学生提供了全面的学术支持和指导，帮助他们成为优秀的学术人才。同时，该学院还注重与国内外其他学术机构的合作与交流，不断推动教育学科的发展和创新。

匹兹堡大学吸引了来自100多个国家的近3000名国际学生，被《美国新闻与世界报道》列为美国非常适宜国际学生就读的学校之一。学校共有全职在册学生27440名，其中包括2992名国际留学生。匹兹堡大学的生师比为14∶1，学生可以与各自领域的前沿教授一起学习和研究。

匹兹堡大学目前拥有4931名教职工，其中4664名来自美国本土。在这支教职工队伍中，不乏众多杰出的领军人物。例如，文理学院科学史与科学哲学系的杰出教授科林·艾伦（Colin Allen）被誉为全球最有影响的认知哲学家之一。他在动物和机器认知技能领域取得了卓越的成就，并获得了美国哲学学会颁发的巴韦斯终身成就奖、德国洪堡基金会颁发的洪堡奖等重要国际学术奖项。匹兹堡大学在青年教师队伍建设方面也表现出色。根据斯隆基金会的任命，4名匹兹堡大学教师被评为2020年斯隆研究员，分别是：斯旺森工程学院的助理教授苏珊·富勒顿（Susan Fullerton）、肯尼斯·迪特里希（Kenneth P. Dietrich），艺术与科学学院物理与天文学系的助理教授迈克尔·哈特里奇（Michael Hatridge），以及医学院计算与系统生物学助理教授罗伯特·李（Robert E.C. Lee）。这些优秀教师的研究领域涵盖了工程、物理、天文学、生物医学等多个学科，充分展现了匹兹堡大学在各个领域的卓越成就。

匹兹堡大学于匹兹堡市区东部的奥克兰地区，文化艺术丰富。学校由16个匹兹堡当地校区和4个地区校区（布拉德福德、格林斯堡、约翰斯敦和泰特斯维尔）组成，优越的城市地理位置为学生实习和研究提供了许多机会，公园般的校园则是学习和放松的理想场所。如钢铁大王卡内基捐建的卡内基历史自然博物馆、全美最大的个人作品美术馆安迪-沃霍尔美术馆等毗邻匹兹堡大学校园。匹兹堡大学校园共有各类专业性图书馆17座，收藏了丰富的学术资源，包括书籍、期刊、电子数据库等，为学生提供了广泛的学习和研究材料；威廉·皮特联合会是匹兹堡大学的学生活动中心，提供各种文化、体育和社交活动，是学生进行休闲娱乐和社交互动的重要场所。

作为美国顶尖研究型大学协会的成员，匹兹堡大学以"真理与美德（Veritas et Virtus）"作为校训，致力于追求卓越，不断探索创新，积极推动学术进步，因其卓越的学术成就和创新能力而广受认可。今后，学校确定了进一步发展的方式和领域，并以推动学术卓越、创新为目标，最大限度地利用资源，加强社区建设。展望未来，学校师生将继续开拓创新，勇往直前。

 俄亥俄州立大学

俄亥俄州立大学（The Ohio State University）是一所公立研究型大学，拥有悠久的历史和卓越的学术声誉。俄亥俄州立大学是美国大学协会的成员之一，也是公立常春藤的一员，在美国的公立大学中享有极高的声誉和地位。其大学校友中包括了4位诺贝尔奖得主、8位普利策奖得主、菲尔兹奖得主、沃尔夫奖得主及昂萨格奖得主。校友包括杨-米尔斯理论的提出者之一、著名物理学家罗伯特·米尔斯（Robert Mills），发明霍夫曼编码的戴维·霍夫曼（David Albert Huffman），维基百科联合创始人拉里·桑格（Larry Sanger）等。在美国俄亥俄州立大学，几乎感受不到"管理"的存在，取而代之的是细致入微的"服

务"。通过提倡"一切为学生服务"的工作理念，学校将服务作为管理的主体，走出了一条与众不同的特色发展之道。

俄亥俄州立大学的历史可以追溯到19世纪。它于1870年创立，鉴于相邻州（如宾夕法尼亚州、印第安纳州、密歇根州等）都有至少一所历史悠久的综合性大学，而当时工业经济比重极高且人口众多，有"发明者故乡"之称的俄亥俄州内仅存在一些不成气候的私立院校，同时也为了《赠地法案》在州内的顺利通过，时任州长的第19任美国总统拉瑟福德·伯查德·海斯（Rutherford Birchard Hayes）组织在首府哥伦布市建立俄亥俄州农工学院，校址最终定在了市中心以北6.4千米的一片土地上。当时校名为俄亥俄农工学院。当初，这所学校的使命是专注于农业和机械学科的教育。随着时间的推移，学校逐渐扩大了学科领域，成了一所综合性大学。而今，它在各个领域提供世界一流的教育和研究。该大学于1916年成为美国大学协会的一员，成为最早加入该协会的一批公立大学之一。这标志着其在高等教育领域的卓越地位。1922年，建造马蹄铁形状的俄亥俄体育场，建成时为全球最大体育场，直到5年以后被密歇根大学于安娜堡建立的密西根体育场超越。至今以容纳人数计，仍为全球第五大体育场。经过百年发展的俄亥俄州立大学在今天已经是全美规模前列的大学之一。

俄亥俄州立大学共有17个学院，在各个学科领域都有卓越的表现。无论是自然科学、社会科学、人文学科还是工程学，该大学都提供了一流的学术项目。商学院是国际商学院协会（AACSB）在1916年的最初16所创始成员之一；医学院位列全美前茅。大学的语言学系和商学、教育学、政治学、心理学和工程学院都是顶尖的院系。医学院的詹姆斯癌症研究所是美国先进的癌症研究所之一。俄亥俄州立大学开设的专业几乎涵盖所有学术领域，其中社会学、政治学、经济学、物理学、天文学、新闻传播学等学科名列世界前茅，MAcc项目更是美国较早的STEM会计硕士之一。从该校的毕业生薪资来看，工程学院各专业毕业生的起薪中位数高于5.6万美元，其中电子工程专业毕业生的起薪中位数达到70100美元，薪酬待遇非常可观。大学全面的学科覆盖为学生提供了广泛的选择，无论他们对哪个领域感兴趣，都能找到相关的学术资源。

俄亥俄州立大学为研究生提供了丰富的学术研究机会。研究生院在各个领域都设有一系列的硕士和博士项目。研究生可以与世界级的教师和研究员合作，参与各种前沿研究项目。这些项目不仅有助于拓展学生的知识，还为他们提供了实践和研究的机会。无论是在科学研究领域还是在人文和社会科学领域，俄亥俄州立大学的研究生院都能够满足各种学术需求。

俄亥俄州立大学的研究生院在机构设置、职能和管理特色上展现了独特之处。其独特性体现在对跨学科合作的强调，鼓励研究生参与不同学科领域的研究合作，以推动创新性研究和多学科融合。此外，俄亥俄州立大学的研究生院也特别关注多元文化和国际化，为国际学生提供特殊支持和资源，促进跨文化学术交流。这一独特的管理特色有助于塑造俄亥俄州立大学的研究生教育体验，为学生提供跨学科和跨文化的学术研究机会，强调多样性和协作，以满足不同背景和兴趣的研究生的需求。

俄亥俄州立大学拥有多元化的学生群体，吸引了来自世界各地的学生。使学校成了一个国际化的社区。此外，学校也吸引了来自全美各州的本土学生。这种多样性为学生提供了与不同文化背景的人互动和学习的机会，有助于培养学生全球视野和跨文化沟通的能力。根据《美国新闻与世界报道》公布的录取数据，俄亥俄州立大学的本科录取率为49%，与威斯康星大学麦迪逊分校等院校持平；低于同一级别的公立院校，如伊利诺伊大学香槟分校（66%），普渡大学（59%），匹兹堡大学（54%），华盛顿大学西雅图分校（53%）等。俄亥俄州立大学2022年录取的国际学生中，中国学生占国际生源的比例为37.9%，位列第一名。

俄亥俄州立大学以其卓越的师资力量而自豪。俄亥俄州立大学拥有一批高水平的教授和研究员队伍，其中包括6位诺贝尔奖获得者、5位马歇尔奖获得者、5位麦克阿瑟天才奖获得者等，这些享有国际声誉的学者涵盖了各个研究领域。同时，学校还注重引进高水平师资，为学生提供更丰富的学习机会和广阔的发展空间。这些教师不仅在课堂上传授知识，还在科研项目中起到关键作用。他们的研究为学生提供了机会，使学生可以参与各种激动人心的项目，并获得宝贵的实践经验。这种密切的师生合作有助于培养学生的学术兴趣和研究技能，为他们未来的职业生涯打下坚实的基础。

俄亥俄州立大学拥有现代化的校园设施，为学生的学术和生活提供了便利，包括图书馆、实验室、研究中心、宿舍、餐厅和娱乐设施。校园内的图书馆提供了丰富的资源，包括纸质书籍、电子数据库和期刊，以满足学生的学术需求。实验室和研究中心配备了最新的技术设备，支持学生和教师的科研项目。此外，校园内还有各类宿舍，以满足不同学生的住宿需求。学生可以选择传统的宿舍楼或公寓式住宅。餐厅提供各种美食选择，包括国际美食和素食。娱乐设施，如体育馆、电影院和音乐厅等，为学生提供了丰富的课余活动。俄亥俄州立大学致力于建立一个支持性和包容的校园社区。学校关注学生的身心健康，提供心理健康咨询服务、保健服务和校园安全措施。此外，学校还鼓励学生积极参与社区服务和志愿活动，以培养社会责任感。在校园社区内，学生有机会结交不同背景和兴趣的同学，建立友谊和职业联系。学校还经常举办讲座、研讨会和文化活动，为学生提供与教师和同学互动的机会。

俄亥俄州立大学拥有丰富多彩的校园文化。校园上有各种各样的学生组织和俱乐部，覆盖范围广泛，涵盖了体育、文化、社会活动、学术研究等领域。这些组织为学生提供了参与和领导项目的机会，帮助他们丰富课余生活，结交新朋友，并发展自己的兴趣爱好。此外，俄亥俄州立大学也以出色的体育传统而闻名。校内体育队伍，特别是橄榄球队（俄亥俄州立大学公牛队），一直都在美国大学体育协会（NCAA）比赛中表现出色，吸引了众多球迷。校园内有一系列体育设施，供学生和社区居民使用，包括健身房、游泳池和篮球场等。不仅如此，校园内还定期举办各种文化活动、音乐会、讲座和展览，满足不同学生的兴趣和爱好。这些活动丰富了校园文化，使学生有机会尝试新事物，拓展自己的视野。

俄亥俄州立大学是一所杰出的大学，拥有丰富的历史、卓越的学科、强大的师资力量和丰富多彩的校园文化。俄亥俄州立大学的校训是"Education for Citizenship"，中文翻译为"培养公民"。该校训强调了大学的使命和价值观，即通过教育培养出具备公民责任感和社会参与能力的毕业生。这不仅鼓励学生在学术领域取得成功，还强调了他们对社会和社区的工作积极参与的责任。面向未来，俄亥俄州立大学将会继续努力，不断改善教学条件，为学生提供更多的学习机会，努力提高学生的学术成就。同时，学校还将继续加强与当地企业的合作关系，为学生们提供更多就业机会，帮助他们实现职业梦想。

佐治亚理工学院

佐治亚理工学院（Georgia Institute of Technology）拥有全美规模最大的校企合作项目，尤以前沿的研究项目、优秀的教育质量和与工业界的紧密合作闻名于世，与麻省理工学院（MIT）、加州理工学院（Caltech）并称美国三大理工学院，其工程学科成就卓越、社会声誉极高。学校以培养技术领域的全球领导者为目标，通过跨学科教育、国际化教育与人文教育探索工

程人才培养特色，课程教学注重"学以致用"，不断加强学生的工程实践能力，打造工程人才的国际竞争力。佐治亚理工学院每年获得近1亿美元的研究奖励，是美国研究密集型大学之一，始终致力于通过先进的科学和技术改善人类的状况，被视为佐治亚州、东南部和全国经济发展的引擎。学校在法国梅斯市及中国深圳市设有两个海外校区。该校还曾参与承办了1996年亚特兰大奥运会。

美国于1865年提出了在佐治亚州建立一所技术学校的构想。1885年，佐治亚技术学校成立，学校的创建标志着美国南方农业向工业经济转型的开始。创建之初，学校只提供机械工程课程。1901年，学院将课程逐渐扩大到电气、民事、化工工程设计等方面，成为一所中等职业学校。1948年，为适应美国经济快速发展的需要，更为了展现教学理念的不断深化，以及学校着重发展高等科技的需要和向科学研究型大学的方向转型，佐治亚技术学校更名为佐治亚理工学院。佐治亚理工学院在发展过程中展现了极大的包容性。1952年，学校开始招收女学生。1961年，佐治亚理工学院成为美国南方腹地第一所在没有法庭命令许可的情况下招收非裔美国学生的大学。近年来，佐治亚理工学院在支持全球从工业经济向信息经济的过渡方面一直处于全国领先地位。在其发展的历史长河中，佐治亚理工学院一直致力于培养学生利用创新技能和强大的职业道德来解决现实世界的问题，改善世界各地人民的生活。2010年4月，佐治亚理工学院成为美国大学协会的重要成员之一，这一荣誉对佐治亚理工学院高质量的教学和科研给予了肯定。

佐治亚理工学院共设有6个学院，分别为计算机学院、设计学院、工程学院、理学院、伊万艾伦文理学院、谢勒商学院，各个学院均设有本科、硕士、博士学位课程。其中，工程学院是全美规模最大、最多样化的工程学院。计算机学院会根据学生的兴趣和职业发展量身定制严谨又不乏灵活性的课程，以便帮助学生成为计算机领域"高精尖"人才。谢勒商学院班级规模较小，崇尚社区意识。伊万艾伦学院在人文、社会科学、艺术和科学、技术、工程与数学的交叉领域提供创新的、以人为本的观点。佐治亚理工学院下属机构也极具特色。例如佐治亚理工学院下属的航空航天系统设计实验室（Aerospace System Design

Laboratory）承担了美国政府、军方或大型企业的一些重大科研项目，包括帮助航空航天制造公司攻克先进飞机设计的技术问题，为美国国会编制详细的登陆月球和火星的预算，以及为美国空军研发最先进战斗机等。此外，注重人文精神是佐治亚理工学院办学成功的一个要素，它独特的承诺——"通过先进的科学技术改善人文环境"——在工科大学中是极为罕见的。

佐治亚理工学院不仅重视科学研究，也强调通过创新与创业实现经济价值和社会影响，还致力于通过先进的科学技术改善人类状况，强调技术、经济、公共政策、法律、商业化和企业家精神交织在一起并蓬勃发展。为此，佐治亚理工学院构建了独一无二的创新创业生态系统。该系统以创新科学研究为基础，以循证创业为方法，以经济价值和社会影响为目标，通过创新创业研究所将学生、研究者、创业公司、孵化器、商业伙伴等紧密联系起来，形成一个完善的创新创业生态系统，支撑着佐治亚理工学院创新创业教育与实践，为创新创业人才培养和科学技术改善人类状况提供保障。佐治亚理工学院在科学研究、人才培养、服务社会、发展经济、改善人类生存状态等方面领先世界，这在一定程度上得益于其大学科技园——科技广场在科技创新、企业孵化和创新创业人才培养等方面的支持。两者相互依赖、相互促进，犹如生物学中的"共生关系"。

截至2021年，佐治亚理工学院拥有17447名在校本科生与26397名在读研究生。2019年，佐治亚理工学院的中国学生人数为1934人，中国学生占学生总数的7.2%，中国学生占国际学生的32.5%。2018年是历年来学校申请人数最多的一年，超过35600人申请佐治亚理工学院，申请人数增加了约13%（约4000人），近8000名学生被录取，总体录取率约为22.5%。

佐治亚理工学院有极难得的包容性。美国南部传统风气很浓，而佐治亚理工学院早在1952年就开始招收女学生，1961年又成为第一所没有在法庭强制下主动录取非裔黑人学生的南方大学。1969年，女性可以攻读佐治亚理工学院提供的任何学位。今天，从佐治亚理工学院毕业的女性工程师比美国的任何高校都多。此外，长期以来，佐治亚理工学院在培养非裔、亚裔和其他少数民族学生方面都走在了美国高校的前列。例如在授予黑人学生工程学士、硕士和博士学位方面，佐治亚理工学院排名均居全美第一名；在授予少数民族学生工程学士和博士方面居全美第二名；在授予亚裔学生学位方面也居全美前列。

佐治亚理工学院有教职员工6000余人。学校的校友、教职工及研究人员中包括数十位院士，多位诺贝尔奖、普利策奖等国际奖项得主，如著名的"聚合酶链式反应（PCR）之父"、诺贝尔奖得主凯利·班克斯·穆利斯（Kary Banks Mullis）；诺贝尔物理学奖引力波发现团队成员等。知名校友包括：美国前总统吉米·卡特（Jimmy Carter），苹果公司前首席执行官吉尔·阿梅里奥（Gil Amelio），可口可乐董事长约翰·F. 布洛克（John F. Brock），携程创始人兼董事长梁建章等政界或商界人士。

佐治亚理工学院以"通过先进科学技术改善人类生活"的办学理念而著称。它的使命非常明确："为佐治亚州提供具备基本科技知识和技术革新能力的劳动力，打造稳定繁荣的未来和公民高品质的生活。"这一使命恰好印证了学校的校训"Progress and Service"，意为"进步与服务"。这些元素的组合体现了学院的价值观、传统和文化内涵，塑造了学院独特的形象和个性。

佐治亚理工学院位于美国东南部最大的城市、佐治亚州首府亚特兰大。亚特兰大除了是深刻改变了美国历史进程的民权领袖马丁·路德·金（Martin Luther King）的故乡，还是美国东南部的重要交通枢纽，拥有世界上客流量最大的机场。此外，亚特兰大被誉为"新南方之都"，经济多元，设有上百家大公司总部，例如可口可乐总部与佐治亚理工学院一街之隔。如此特殊的地理位置为佐治亚理工学院的校企合作项目提供了便利条件。佐治亚理工学院的技术转移收益位居全美高位，这主要得益于佐治亚理工学院所拥有的全美规模最大的校企合作项目，产、学、研三者通过这个项目得以充分协作并获益，大学的研究能够顺利发展，企业冀求的技术创新不乏源头活水，而莘莘学子未出校门即可获得社会实践经验。

历经一百多年的磨砺与发展，佐治亚理工学院已经成为一所多方位的国际性的研究型大学和新技术的策源地，推动着美国及全球经济的进步与繁荣。面对新时代的到来，佐治亚理工学院在其先进办学理念的指导下，秉承其独特的人才培养模式，完善战略规划，不断追求与社会和国际的融合，必将在"世界理工大学丛林"中绽放耀眼的光芒。

多伦多大学

多伦多大学（University of Toronto）作为加拿大顶尖的研究型大学，先后培育出8位诺贝尔得主，以及被誉为"美国开放人工智能研究中心（Open AI）之父"的伊利亚·苏茨凯弗（Ilya Sutskever）等多位科技名人。多伦多大学致力卓越集群建设，坚持建立公平、开放、包容的环境，为社会流动提供条件，为培养人才、科学研究、技术创新提供优渥的环境，并且积极应对全球范围内所面临的各项挑战。多伦多大学的成功源于其包容性、活跃性，以及对多元文化和一流目标的追求。

多伦多大学的前身是成立于1927年的英皇学院，英国政

北美洲大学

府为加拿大安大略省颁发特许状，根据英王乔治四世于1827年颁布的皇家宪章允许在多伦多市建立一所英皇学院，成为英国殖民时代加拿大最早建立的高等学府。1849年，多伦多大学脱离了圣公会而不再属于宗教大学，后改为今名。多伦多大学的兴起源于对教育和科学发展的敏锐嗅觉。19世纪，世界科学中心开始向北美地区转移。20世纪初，北美开始在科学研究领域崭露头角。自20世纪开始，多伦多大学进入快速发展阶段，增加了专业的数量，设立各类专业课程和研究机构，吸引国内外优秀学者，强化和发挥自身在创新人才培养中的优势。除此之外，多伦多大学的崛起得益于明智的领导层建设和对治理理念的贯彻。多伦多大学的历任校长积极推进改革，例如福尔康（Robert Alexander Falconer）、科迪（Henry John Cody）等知名校长通过提升教师待遇，实施多元利益主体参与的行政管理，推进大学现代化的进程，形成了高质量的教师队伍和高效合理的治校体系。

多伦多大学作为一所世界知名的学府，拥有众多卓越的学科专业。在工程与应用科学领域，多伦多大学的工程学院享誉全球。它涵盖了多个核心专业，包括化学工程、土木工程、计算机工程、电气工程、工业工程、材料工程、机械工业和采矿工程等。这些专业不仅注重理论知识的传授，更强调实践能力和创新思维的培养，为学生提供了丰富的实验和研究机会。在社会科学领域，多伦多大学也拥有强大的实力。经济学、社会学、人类学等专业在多伦多大学得到了深入发展。这些专业关注社会现象、人类行为和经济发展等重要议题，培养学生的批判性思维、数据分析和社会研究能力。多伦多大学的商学院也是其特色学科之一。罗特曼商学院作为加拿大领先的商学院，提供本科、硕士和博士课程，培养了大量优秀的商业领袖和管理人才。该学院的课程设置紧密结合行业需求，注重培养

151

学生的实践能力和创新精神。计算机科学专业也是多伦多大学的强项。其计算机科学系是加拿大顶尖的计算机科学系，在人工智能、机器学习、计算机视觉、自然语言处理等领域拥有世界领先的研究成果。该专业为学生提供了丰富的课程和实践机会，帮助他们掌握最新的计算机技术和应用。

多伦多大学坚信科学研究对大学发展的重要作用，为此大力发展研究生教育并使其成为加拿大最主要的研究生教育中心。2021—2022学年，多伦多大学共有博士生10549人，2022—2023学年秋季，多伦多大学共有21617名研究生。为了满足如此大规模的研究生学习需要，相较于其他加拿大大学，多伦多大学提供的课程种类更加多样；为满足学生多样化的研究和学习兴趣，多伦多大学提供了700多门本科课程和200多门研究生课程。其中，研究生学位类型包括70种专业学位（professional graduate）、140种联合学位（combined degree）、14种双学位（dual degree）。作为世界上最大的和最具影响力的研究生教育中心，研究生教育管理在促进其卓越发展中扮演重要角色。多伦多大学研究生院通过营造一流的学习环境，为学生提供充足的研究支持，以培养卓越的未来研究者。研究生院扮演行政协调者的角色，制定研究生教育政策并促进以最佳的方式实施；为研究生社群提供各项支持。研究生院与研究生单位和部门共同负责研究生学习，通过合议制、咨询和领导制运作，制定和管理全校范围的研究生教育规定，为研究生学习提供制度保障。

2022—2023学年，多伦多大学共有在校生97678人，其中研究生21617人，本科生76061人。多伦多大学是北美地区最早接受中国选派留学生的大学之一。1973年后，中国政府选派了大量学者和留学生。多伦多大学的留学生来自全球170个国家，2023年在校国际生为5265人，其中中国是最大的留学生生源地。2022年秋季多伦多大学提供了700多门本科课程。由于专业和课程的差异性，国际本科生学费为39560—62250加拿大元。2022年秋季，多伦多大学提供了70多门专业研究生课程，140多门包括专业硕士课程在内的综合课程，以及14门双学位课程等200多门研究生课程。国际研究生的学费为26210—67160加拿大元，但大部分国际博士生的学费与加拿大本地学生学费相当，为5752—46270加拿大元。

一流的大学需要一流的教师队伍。为确保自身世界一流大学的领导地位，多伦多大学塑造了一支一流的教师队伍。截至2022年，多伦多大学共拥有全职教职人员16503人。多伦多大学在提升师资队伍质量方面采取两方面策略。一是确保教师的待遇。这是多伦多大学的传统，也是多伦多大学拥有一批拥护大学发展的基层力量的主要因素。二是建立严格的师资选拔制度。大学教职人员职称晋升经由系主任、学术委员会和院评审委员会、副校长组织评审后交校长审批，再递交校务治理委员会审核。升任教授的审定则在此基础上经5名校外专家联名推荐。为保障教师队伍的多样性，许多院校明文规定，不直接聘请获得本校学位的留校人员任教。

多伦多大学的校徽由橡树、王冠、书本、海狸、绶带等元素组成。海狸是多伦多大学的吉祥物，象征着不屈不挠的钻研精神。绶带上则是多伦多大学的校训，意思是"像树一样不断生长"，正如多伦多大学关注环境对人的塑造和创新能力的激发。

多伦多大学位于加拿大安大略省多伦多市，有3个校区，分别是圣乔治校区（St. George campus）、密西沙嘉校区（Mississauga campus）、士嘉堡校区（Scarborough campus），并与数十家附属医院开展合作教学。多伦多大学是加拿大最重要的研究机构，其学术研究在国际上享有盛誉。多伦多大学利用其位于国际大都市多伦多市的优越地理位置为学生提供变革性的教育体验，帮助学生具备驾驭瞬息万变的全球局势所需的知识和技能。大学拥有加拿大最大的图书馆，也是世界上知名的图书馆，以及许多实验室和专门的研究辅助设施。图书馆和这些研究设施也可供其他大学的成员使用。多伦多大学出版社是加拿大同类出版社的佼佼者，也是北美重要的学术出版商之一。

多伦多大学的校训是拉丁语"Velut arbor ævo"，译为"如同树木长存"，寓意着多伦多大学像一棵参天大树一样，历经时代变迁，始终保持学术的严谨和教育的卓越。校训激励着每一位师生像参天大树一样，扎根学术，不断成长，为社会做出贡献。

经过100多年的发展和变迁，多伦多大学现在已经成为加拿大规模最大、师资力量雄厚、设备先进齐全的一所综合性大学。它就像一个具有丰富学术背景的现代化大社区，学术上的优异性和综合实力上的领先性使它当之无愧为加拿大最优秀的大学。

 不列颠哥伦比亚大学

不列颠哥伦比亚大学（The University of British Columbia）位居全球最佳大学之列，是世界领先的卓越教学、学习和研究中心，一百多年来持续塑造不列颠哥伦比亚省和加拿大。建校以来，不列颠哥伦比亚大学秉承"卓越、正直、尊重（respect）、学术自由、责任"的办学理念，为政治、科学等领域培养了大量的人才，从这里走出了8位诺贝尔奖得主、3位加拿大总理和289名加拿大皇家科学院院士。不列颠哥伦比亚大学致力于"为具有好奇心、动力和远见的人们打开机会之门，以塑造一个更美好的世界"，将个人主动性转化为创新，将新想法转化为影响

力，在研究、学习和参与方面追求卓越，以培养全球公民意识，并在不列颠哥伦比亚省、加拿大和世界各地推进建设可持续和公正的社会。

不列颠哥伦比亚大学创立于1908年，前身为麦吉尔大学不列颠哥伦比亚分校。它的兴起得益于优秀的管理，前校长阿尔温德·古普塔（Arvind Gupta）提到，作为大学的管理者，大学中的任何群体，不论教师、学生还是管理人员，每个群里都应该有机会被倾听，同时尊重他们的职业责任，并且严肃考虑如何让每一个人专注于自己的角色，做好自己的核心工作。成立之初，不列颠哥伦比亚大学面临战争和资源匮乏影响，一度无法开设。1916—1922年，由于办学资源紧张，包括礼堂、办公室和演讲室，都安置在军队的旧棚屋里。1932年，由于受经济大萧条的影响，还曾面临政府减少大学运营拨款而带来的关闭风险。不列颠哥伦比亚大学秉承着卓越教育的理念和避免平庸的危机意识，持续强化和落实办学理念，认识到大学环境对学校可持续性的影响，认为卓越的教育环境需要精心培植，没有好的环境大学就面临"窒息"，会在平庸和杂乱中被淘汰。因此，不列颠哥伦比亚大学在办学之初就一直贯彻这样的开放思维和危机意识，以"多样化"保持大学活力，积极寻求政府、社会的帮助，鼓励和奖励优秀人才等策略造就了如今的辉煌。

不列颠哥伦比亚大学的优势学科众多，涵盖了多个领域，每个学科都有其独特的魅力和影响力。在自然科学领域，不列颠哥伦比亚大学的生物科学和医学处于全球领先地位。其生命科学学院和医学院在遗传学、神经科学、药理学等领域取得了显著的科研成果。此外，物理学和化学学科也备受推崇，拥有世界级的实验室和研究团队，致力于探索自然界的奥秘。在社会科学领域，不列颠哥伦比亚大学的经济学、政治学、心理学等学科也颇具实力。这些学科不仅拥有优秀的师资队伍，还注重培养学生的批判性思维和独立研究能力。经济学专业在全球排名中名列前茅，为学生提供了深入了解经济现象和政策制定的机会。不列颠哥伦比亚大学的商学、法学和教育学等学科也是其优势学科。商学院的商业管理、金融和市场营销等专业在全球范围内享有盛誉，为学生提供了丰富的商业知识和实践机会。法学院则在法律研究和教育方面有着卓越的表现，培养了大量优秀的法律人才。教育学院则以其全面的课程设置和优秀的师资力量而备受赞誉。

研究生院在研究生培养和服务科研产出中扮演重要角色。研究生和博士后研究人员是实现研究密集型大学使命的重要因素，为此研究生院制定了7个战略重

点"改善学生资助体系，促进研究生课程的卓越发展，加强研究生监督，促进对原住民的包容，支持学生的发展，构建理想的研究生教育，丰富学生体验"。在实施上，第一，明确并加强对其战略规划的监督和执行，增加利益相关主体对基于公共利益和学术利益的战略规划的理解和认可，同时保证其执行过程精简有效。第二，加强对高质量教育的保障。提升师资队伍质量，对导师工作开展更全面的支持。加强对研究生课程质量的审查，并持续跟进调查结果。在学生工作方面，提升研究生群体的生活保障、福利待遇及其对研究经费和生活成本的支付能力。第三，为导师和研究生群体提供良好的科研环境，如通过构建更具活力的研究环境和团体促进跨学科单位、学校的合作。第四，大学通过优化项目和适当的调整向政府和社会争取更多资金，为学校的各项工作提供充分的经济支持等。

不列颠哥伦比亚大学目前有温哥华校区和奥肯那根校区两个校区。2022—2023学年，两个校区共有在校本科生58222人、研究生12812人。在研究生的规模上，该校在加拿大排名第四，中国是其国际学生的最大生源地。据2021年统计，全校共有6874名中国（含港澳台地区）留学生，占国际生的35.41%。

不列颠哥伦比亚大学在人才培养上的投入，体现了对人才培养目标的追求。不列颠哥伦比亚大学认为未来变革的领导型人才是由多重身份构成，包括学习者、研究者、实践者和管理者，因此学校通过训练博士研究生通过适应研究情景、实践情景等消除学术与实践的隔阂，成为合格的高层次人才。凸显了在博士研究生培养中追求卓越、彰显个性、突出实践、注重合作的培养特色。注重研究生能力养成，根据不同阶段有不同的培养目标。以教育学为例，作为学位教育最高层次的博士研究生教育，致力将博士研究生培养为未来变革型领导，帮助学生实现教育博士候选人向学术实践者的专业身份转变。

不列颠哥伦比亚大学为学生提供了高质量的教育。在大学外部，不列颠哥伦比亚省通过教育质量保证评估和标准化建设确保了大学的国际竞争力。在大学内部，不列颠哥伦比亚大学积极应对教育领域的持续挑战，增强学生的未来适应力。课堂中普遍采取多样化的授课方式，如分组讨论、学生讲解、实践活动等，激发学生的兴趣，引导学生对知识的探索，并促进学生自学能力的培养。同时，还制定一系列的保障措施，如通过制定师生关系清单、召开师生研讨会、设置良好的冲突解决机制等措施构建良好的师生关系，确保研究生教育活动的顺利开展。

不列颠哥伦比亚大学共有教职人员7134人。在历史上共有8人获得了诺贝尔奖，22名国家级教学研究员（3M National Teaching Fellows），289名加拿大皇家科学院院士。教师广泛地参与教育改革是保持教师队伍活力的关键，不列颠哥伦比亚大学就是驱动教师教育改革发展的典型大学。由各利益相关主体构成的社会监督保障机制，如教师委员会等、第三方机构加拿大鉴定机构协会、加拿大大学和学院联合会等，为教师参与大学建设提供专业支持和监督渠道。不列颠哥伦比亚大学在《塑造不列颠哥伦比亚大学下一个世界战略计划》中强调了促进教师参与，支持教师工作，加强资源保证等方面的重要性。事实上，不列颠哥伦比亚大学也不断践行对教师发展的承诺。不列颠哥伦比亚大学的投入充足的科研经费支持研究者的科研活动，2022—2023年共投入74亿美元资助了9675个项目。

不列颠哥伦比亚大学位于不列颠哥伦比亚省的温哥华市。温哥华被称为加拿大的科技中心，尤其是对软件开发、生物技术、航空航天和视频游戏开发感兴趣的学生而言，这里不仅为学习创造了良好的空间，而且为学习和兴趣培养提供了良好的硬件设施，包括国家粒子与核物理实验室（TRIUMF）、加拿大第二大研究图书馆和一个传统的日本植物园。校园内有许多现代化的体育中心和大量的学生俱乐部，学生可以参加从滑雪到航空甚至考古等各种活动。不列颠哥伦比亚大学的奥肯那根校区于2005年在基洛纳成立，坐落在风景如画的温带葡萄酒之乡，俯瞰奥肯那根湖，其美丽程度不亚于温哥华校园。这是水上运动爱好者的天堂。

不列颠哥伦比亚大学的校训是拉丁文"Tuum est"，直译为"这是你的"或"由你决定"，强调个人责任与自主权、独立思考与决策、个人发展与潜能挖掘的重要性，体现了学校的教育理念和文化特色。

不列颠哥伦比亚大学的价值观是学术自由、追求卓越、为社会服务。学校致力于为学生和教职工打造绝佳的学习与工作环境，培养学生和教职工的"世界公民"意识，使其在推进民主和社会可持续发展中做出贡献。

麦吉尔大学

　　麦吉尔大学（McGill University）是加拿大领先的公立研究型大学，也是世界领先的大学之一，素有"北方哈佛"之称。麦吉尔的学术研究水平可与美国常春藤盟校媲美。200多年来，麦吉尔大学的师生突破知识的界限，凭借卓越的教学和研究项目而享誉全球。欧内斯特·卢瑟福（Ernest Rutherford）获得诺贝尔化学奖的放射性研究是在麦吉尔大学进行的。此外，麦吉

尔大学培育了12位诺贝尔奖得主、145位罗德学者、8位国家元首、5位宇航员、3位普利策奖得主,以及11位格莱美奖得主和9名奥斯卡金像奖得主,是加拿大培养诺贝尔奖得主和罗德学者最多的大学。这些辉煌成绩来自麦吉尔大学,以学术为中心的办学理念、以学科为核心的发展策略、以学生为根本的治校方略的办学特色。

麦吉尔大学由苏格兰商人詹姆斯·麦吉尔(James McGill)于1821年创立。成立之初是一所医学院,1843年才增设人文社会学部。如今麦吉尔大学已发展成为以多元化和多样性为标志的世界级高等教育机构。麦吉尔大学的发展离不开明智的校长,麦吉尔大学的历届校长都将学术视为大学延续和生命之源,很多校长本身也是知名的学者,因而使大学保持着自由而严谨的办学风格。在教学与科研的关系上,历任校长一贯认为,大学的教学功能与大学的科学研究密切相关,并且前者受到后者强有力的支持。他们认为大学不仅应该是一个知识贮藏与传播的场所,更应该是一个"学习、分析、研究——让知识的领域不断向前延伸"的基地。

麦吉尔大学共有12个学院及若干机构。麦吉尔大学以医学和自然科学研究见长,与蒙特利尔地区的7所大医院建立了教学和科研关系,有近50个不同的研究中心和研究所,为实现科学发展提供了充足的实践场所。在医学领域,医学与健康学院是麦吉尔大学优势学科集中的代表,是加拿大排名第一的医学院,拥有全校最多的教学单位和8个研究中心。在这里活跃着800多名全职教师和2212名研究生,每年论文发表超过2300篇。该学院与当地4家医院合作(麦吉尔大学健康中心、犹太综合医院、道格拉斯心理健康大学研究所、圣玛丽医院中心)建立了教学、科研、实践为中心的合作教学网络。戴维夫人医学研究所和RI-MUHC研究中心是蒙特利尔犹太总医院的研究部门,是加拿大最先进的医学研究机构之一,专门从事癌症、血管血液疾病、流行病学、衰老型疾病、艾滋病、社会心理学等研究。

RI-MUHC研究中心是世界知名的生物医学和医院研究中心,隶属于麦吉尔医学与健康科学学院,旨在改善个体患者一生的健康。其研究范围包括基础生物医学研究、面向患者的应用临床研究、卫生服务和卫生

系统研究，以及人口和健康促进研究，包括对健康的社会和文化影响。除了医学，物理学、化学、生态学、动物学、地质学、植物学、古生物学、气象学、农学、纸浆工艺、北冰洋环境研究等也是麦吉尔大学的优势科研项目，特别是在物理学和化学研究领域更是成就斐然。其中，欧内斯特·卢瑟福、弗雷德里克·索迪（Frederick Soddy）分别于1908年和1921年获得诺贝尔化学奖，瓦尔·L.菲奇（Val Logsdon Fitch）1980年获得诺贝尔物理学奖。20世纪90年代麦吉尔大学就已经在跨学科研究领域打下了扎实的基础，成立了90多个跨学科研究中心，每年科研经费预算超过1.2亿加拿大元。

作为重要的统筹部门，麦吉尔大学研究生院管理着该校400多个研究生课程，通过与其他学术单位合作，制定战略规划，保证研究生和博士后教育质量，实现高质量研究型大学的发展目标。在组织架构上，研究生院吸纳了各学院部分管理层共同开展研究生管理工作，在管理结构上，研究生工作由各学院的负责研究生事务的副院长和系主任共同负责研究生的管理工作。各学院的副院长负责处理研究生事务，既帮助研究生、博士后及其导师解决问题，也是所有研究生的纪律官员。此外，副院长协助制定与研究生和博士后研究相关的研究生课程和政策，并担任大学委员会成员。

麦吉尔大学现有学生39998名，其中全日制学生为28880名，魁北克省学生占52.3%，外省学生占22.2%，来自其他150多个国家的留学生则约占25.5%（美国学生约为5.7%）。麦吉尔大学的美国学生人数在加拿大大学中居于首位，这主要得益于其作为公立大学，不但学费相较于美国的常春藤盟校更为亲民，而且教学质量则与之不相上下。因此，麦吉尔大学也被誉为加拿大的"常春藤"。

2022年麦吉尔大学拥有终身教职的教师共有1778名，在他们的共同努力下，麦吉尔大学共获批65项国际和加拿大国家专利，并在2021年成立了14家公司。麦吉尔大学有充足的研究经费，2020—2021年度为68.74亿美元。其中，联邦政府拨款占总收入的56.9%，约39.1亿美元；其余来自行业、非营利组织及个人、省级政府等的捐赠与拨款。

麦吉尔大学位于加拿大蒙特利尔市的皇家山（Mount Royal）南坡，是联邦政府指定的鸟类保护区，可见其环境的得天独厚。麦吉尔大学的许多建筑都有高耸的石墙和倾斜的铜屋顶，而宗教研究学院的哥特式大楼则拥有彩色玻璃窗和木板内饰，尽管这并不全是哥特式建筑。麦克唐纳校区位于蒙特利尔岛上的圣安妮德贝尔维尤镇，拥有无尽的自行车道、滑雪道和温室，非常适合任何户外农业和环境科学专业的学生。在麦吉尔大学读书，不仅学识上有所收获，而且能接受独特的麦吉尔文化的熏陶。学校仅各类博物馆就有7座、大小图书馆17座。其中，雷德帕斯博物馆是加拿大最早的自然科学博物馆，至今仍享有盛誉；而里曼昆虫博物馆则是世界五大昆虫馆之一。在这些博物馆、图书馆中藏有大量的珍贵文献、资料、画册与实物，以及无数颇具科研价值的动植物标本。这些风格不同、情调迥异的展品潜移默化地滋养了学生的素质，造就了加拿大几乎一半以上的著名诗人与作家。

麦吉尔大学以"Grandescunt Aucta Labore"，即"辛勤耕耘，必有收获"为校训，因其优质的教学、鼓舞人心的学习氛围和卓越的学术表现而闻名于世，受到了加拿大社会和世界各地学生的广泛认可。麦吉尔大学正在努力为广大学子们提供更加广阔的发展空间，使他们能够感受到教育的精妙与有趣，共同踏上挑战未来的道路。

欧洲大学

剑桥大学

　　剑桥大学（University of Cambridge）是世界上非常古老的大学和领先的学术中心之一，是启蒙之所，更是智慧之源。在800多年的办学历程中，涌现出艾萨克·牛顿（Isaac Newton）、查尔斯·罗伯特·达尔文（Charles Robert Darwin）等引领时代的科学巨擘，塑造了以英国第一任首相罗伯特·沃

欧洲大学

波尔（Robert Walpole）为代表的政治精英，孕育了费朗西斯·培根（Francis Bacon）、约翰·梅纳德·凯恩斯（John Maynard keynes）等贡献卓著的学者，培养了约翰·弥尔顿（John Milton）、乔治·戈登·拜伦（George Gordon Byron）等开创纪元的文学家。此外，剑桥大学还为中华民族培养了诸多有为之士。中国数学家华罗庚、《再别康桥》的作家徐志摩、世界冠军邓亚萍等都与剑桥大学有着千丝万缕的关系。剑桥大学素以悠久的历史、厚重的学术传统、卓越的人才培养模式，以及优秀的师资队伍久居于世界高等教育发展史的领先地位。

剑桥大学作为世界现存第四古老的大学，历经了8个多世纪风风雨雨，铸就了如今的富丽堂皇。剑桥大学最初由一批为躲避殴斗而从牛津大学逃出来的教师成立于1209年，于1226年随着规模扩大才进行常规授课。然而，直到先后获得国王亨利三世（Henry III）、教皇格雷戈尔九世（Pope Gregory IX）的批准后，剑桥大学才于1233年真正意义上完成了大学的建立。1284年，第一所学院彼得豪斯成立。亨利三世及其继承人的法令确保了牛津和剑桥两所大学的垄断地位。整整600年间，剑桥大学同牛津大学作为英国仅有的大学，完全垄断了学术资源，获得空前的发展。受两次世界大战的影响，剑桥大学也曾陷入停滞。第二次世界大战后，在国家系统性支持下剑桥大学的规模迅速扩大，如今已经演变为综合实力与牛津大学并肩的综合性大学，被称为"牛剑"。

剑桥大学由最初培养牧师和神学家为主的教会型大学演变为如今学科门类齐全且跨学科教育全球领先的多学科大学，开设30多门本科课程，300多门研究生课程，涵盖超过65个学科领域，提供丰富的跨学科教学和

研究机会。多个学科领域名列世界前茅，如地理学、临床医学、数学、地球科学、生物科学、材料科学与工程。其中，剑桥大学的数学研究居世界领先地位。数学系由应用数学与理论物理系、纯数学与数理统计系组成，课程从纯数学的数论、逻辑学等，到应用数学的流体动力学、量子力学和宇宙学等，涵盖了数学的整个领域。一流的跨学科科研水平是剑桥大学发展过程中的突出特征，如本科生及研究生的跨学科课程安排、教学科研机构的跨学科合作，以及学生公寓的跨学科等。其中，提升跨学科科研生产力的典型代表卡文迪许实验室，通过息息相通的交叉嵌入，充分释放跨学科科研优势，成就显赫，培养了30余位的诺贝尔奖荣膺者，多位勋爵、爵士、皇家学会主席等，被誉为"诺贝尔奖的摇篮和孵化器"。

剑桥大学是一所学院联邦制的高等教育机构，由31个成员学院（College）、6所学术学院（School），以及150多个专业学院（Faculty）、学系（Department）组成。众多院系部门被归入6所学术学院，即艺术与人文学院、人文与社会科学学院、科技学院、物理科学学院、临床医学学院和生物科学学院。31所学院是由英国皇家枢密院颁发的学院章程，享有较大自治权，自行招生，经济上独立核算自负盈亏，都拥有独特的建筑群。其中，国王学院、三一学院最负盛名。国王学院由国王亨利六世（Henry Ⅵ）于1441年创立，以敢于创新闻名并不断努力维护亨利对"教育、宗教、学习和研究"的热爱。三一学院由亨利八世（Henry Ⅷ）于1546年创立，是剑桥唯一一所根据首相的提议任命院长的学院。每年招收本科生200名，通常90名艺术和人文学科学生，110名理科学生。三一学院规模虽小但获得诺贝尔奖的数量却占剑桥大学总数的1/3。

值得一提的是，成员学院和学术学院职能相辅相成，各有侧重。成员学院的主要职责在于负责本科生招生，为学生提供膳食、小组学习督导及照顾学生等，并配置个人导师，提供宿舍、餐厅、学院图书馆、专题研讨会教室，以及运动设施。学术学院的主要职能在于设置课程、日常授课与考核、学位授予等，同样提供教室、科研图书馆、实验室、博物馆以及特殊运动设施。也就是说，来自不同学院的学生，如果选择的是同一个研究生专业，课程实验相关的学术问题由学术学院或系负责，而诸如生活、住宿、举办课外活动和社交等则是在各自的成员学院进行。在一定程度上可以说各成员学院是伙伴关系，成员学院与学术学院则属于交叉互补的关系。

剑桥大学在研究生教育层面形成了自上而下、多方参与、职责分明的内部质量保障体系。大学理事会是剑桥大学最高管理机构，负责教学和学术工作，并同时管理不同院系的理事会。每个院系设立学部理事会确保教学活动的顺利开展，设立教学委员会监管教与学；大部分学院还设立学位委员会，主要负责研究生招生、研究生指导、学位或者其他文凭证书授予等。学部理事会不仅接受大学层面的指导，还要听取各种分委会委员建议。此外，每个院系下设师生联络委员会，由研究生、本科生及其导师、大学行政人员等构成，以充分保障参与主体的多元化。正是这种由上而下涵盖校、院、系或所各个层次，并且充分调动多方主体参与积极性的制度、组织体系与多方相互协调机制共同保证了剑桥大学研究生教育的质量和水平。

剑桥大学注重培养研究生创业教育，构建了校内外双联动的研究生创业能力培养体系。如为研究生开设系统的创业课程，采用多样化的创业课程教学方法，配备雄厚的师资队伍，打造良好的校园科技创业实践环境。其中，剑桥大学科技园堪称创新创业的典范，形成了享誉世界的"剑桥现象"。目前，剑桥大学拥有5300家知识密集型公司，也是23家企业的诞生地，每年的经济贡献近300亿英镑，并为英国各地提供超过8.6万个工作岗位。

剑桥大学本科生招生规模相对稳定。过去10年间，剑桥大学每一届招生人数基本稳定，约为3500人，本科生人数总人数一般为11000—12000人。同时，剑桥大学是一所多元化的国际大学，22000名的学生总数中包括来自近150个国家的9000多名国际学生，本科留学生占比25%。其中，中国、加拿大，以及中国香港特别行政区的学生比例常年稳居前三名，每年录取中国留学生人数数量最多（150—230人），且近3年有上升趋势。剑桥大学本科生教育学制一般为3年。学生接受3年本科教育，便可获得学士学位，完成第四年的学业，可获得硕士学位。倘若本科毕业后参加工作，即便在一年以后也能在工作岗位上通过提交论文来申请硕士学位。以剑桥大学数学系为例，剑桥大学的本科生数学课程，被称为数学三重奏（Mathematical Tripos），是一门为期3年或4年的课程。课程设置类似于倒置的金字塔，可选科目逐年增加，顺利完成前3年的学习便可获得学士学位，完成第四年的学习将获得数学硕士（MMath）学位。

剑桥大学研究生招生规模与本科生旗鼓相当。根据最新公示数据，剑桥大学2020—2021学年学生总人数24270人，其中本科生12940人，研究生11330

人，本研比接近1∶1。申请攻读硕士时，申请者能够选择两个成员学院作为志愿，并且超过65%的申请人会从中选择一个获得会员资格，否则将会按照顺序传递至其他3个学院。在选择志愿学院时应该综合考虑各种因素，除了年龄、性别，还应考虑招生规模与基础设施等。具体而言，除纽纳姆学院、默里·爱德华兹学院与露西·卡文迪许学院3所学院只收女学生，其余28所学院为男女同招。克莱尔学堂与达尔文学院只招收研究生。休斯学堂、露西·卡文迪许学院、圣埃德蒙学院、沃尔森学院只收成年学生（入学年龄大于21岁）。

剑桥大学还被认为拥有世界上最大的校友网络，在200多个国家拥有超过12万名海外校友，在90多个国家拥有超过420个志愿者领导的校友团体。此外，剑桥大学长期与中国保持着牢固的关系，学生中有1900多人来自中国，是单一国家最大的国际团体。另外，剑桥学者李约瑟（Joseph Needham）为西方对中国文化和科学技术史的理解做出了不可估量的贡献。剑桥大学还与中国在食品安全、可持续建筑设计、光子学和心理健康等多个领域开展了广泛的合作。

剑桥大学师资力量雄厚，始终处于学术研究的最前沿。根据最新数据，2020年剑桥大学共有教职工12437人。其中，学术人员1708人、学术相关人员2793人、合同研究4165人、技术与管理等其他人员3771人。剑桥大学的研究具有卓越性和多样性，聚焦于先进材料、人工智能与大数据、数字人文与数字社会、未来城市、生物多样性保护、全球粮食安全、癌症以及未来医学等。如帕特里克·钦纳里（Patrick Chinnery）教授因在临床医学，尤其是研究开发线粒体疾病新疗法的贡献，被任命为医学研究委员会（MRC）的新任执行主席。以阿莱西亚-简·特维格（Alecia-Jane Twigger）博士为代表的4名研究人员被誉为英国"最有前途的研究领导者"。此外，剑桥大学以卓越的学术实力和丰富的教学资源，培养了大批学术精英和专业人才。截至2020年，共有121位诺贝尔奖获奖者、15位英国首相、11位菲尔兹奖得主、7位图灵奖得主，以及194位获得奥运会奖牌的运动员。

剑桥大学鼓励自由探索的学术氛围，形成了在悠闲中治学的风格。同牛津大学一样，剑桥大学也实施导师制，推崇自主学习，注重学生个人与导师面对面的沟通交流，培养学生的创新与质疑能力。此外，剑桥大学一直保留着"下午茶"的传统，学者、师生无论国别、等级与职务，一起畅谈科学研究、文化地理、风土人情，以及逸闻趣事等。正是得益于这种平等自由、轻松自在的学术氛围，不同观点与见解互相碰撞，智慧的火花时常迸发，由此产生了诸多重要的学术思想和观念。

剑桥大学位于伦敦市北面80千米以外的剑桥镇。校园风光旖旎，弥漫着古色古香和幽静典雅的氛围。蜿蜒流淌的剑河，"那河畔的金柳，是夕阳下的新娘"。波光里的艳影，在众多向往者的心头荡漾。剑桥之美，美在教堂的竞比高，建筑群各擅奇巧，以及旱水仙、野草莓花簇拥着一座座经典的桥。剑桥之丰富，在于拥有9所专业博物馆、100多所图书馆、700余个社团组织，以及良好的体育运动设施。剑桥之活力，在于多姿多彩的校园生活，每年5月如期举行的"5月舞会"（May Ball），是剑桥大学延续数百年的艺术盛宴。

剑桥大学以"Hinc lucem et pocula sacra"为校训。该拉丁文翻译为"从此处获得光明和知识"，传递了剑桥大学对人类知识、道德和智慧的不懈追求。经过800余年的锤炼，在科学技术赋能创新发展的当代社会，剑桥大学勇于打破学科藩篱，通过组织相关领域的学者进行跨学科合作研究，创造新知识，解决当今世界的重大研究课题，推动人类的知识进步。科技发展创新以跨学科的时代潮流，剑桥大学今后将以更加坚定的决心和得力的举措维持其在国际学术研究的前沿位置。

 # 牛津大学

欧洲大学

牛津大学（University of Oxford）作为世界上特别古老的大学之一，在世界高等教育发展进程中始终居于遥遥领先的地位。它培养了不计其数的政治领袖、科学巨擘、商业精英和艺术大师，包括在世界反法西斯战争做出卓越贡献的丘吉尔（Winston Churchill）、"现代经济学家之父"亚当·斯密（Adam Smith），以及探索宇宙的传奇物理学家斯蒂芬·霍金（Stephen Hawking）。牛津大学历经数百余年而生机勃勃，至今保持着世界一流大学的地位。其高质量发展的秘诀主要在于一以贯之地以培养全面发展的绅士、领袖型人才为培养目标，坚持在历史的长河中积淀的分权自治的学院制、以学生为中心的导师制等优良传统，并依托普遍学问为基础的学科设置、多样化的课程体系、卓越一流的师资生源、丰富多彩的课外活动、雍容博雅的文化氛围等诸多特色进行人才培养。

牛津大学具有深厚历史底蕴，历经约900年而未衰。作为英国最古老、世界第二古老的大学，牛津大学具体成立日期尚不明确，但在1096年存在可以考证的教学形式。约1167年，随着国王亨利二世（Henry Ⅱ）禁止留学巴黎大学，从巴黎游学归来的若干师生组建了类似行业的非正式集合，功能也仅局限于培养少量牧师、传授经典知识。在初创的300年内，牛津大学并未取得法律上的合法地位，同时还深受罗马教皇和世俗政权的影响。在由罗马教皇任命的第一任校监罗伯特·格罗斯泰特（Robert Grosseteste）和女王伊丽莎白一世（Elizabeth Ⅰ）的影响下，1571年颁布的第一部大学法，正式承认牛津大学和剑桥大学独立自主的法人地位。历经文艺复兴、光荣革命、工业革命等历史阶段，其功能也不断变化和完善，规模也随之扩大，最终成为推动英国社会发展的"发动机"，形成了历史悠久、文化浓郁、规模庞大的牛津大学。

牛津大学以普遍学问为基础的学科设置，领域广泛。作为世界闻名的顶尖学府，在过去数百年间于教育、科研、医药、数学、经济及历史等各领域均取得了卓越成就。其中以生态学、地理学、数学、社会学、政治学、计算机科学与工程，以及临床医学为代表的学科位居世界前列，常年遥遥领先。此外，在考古学、人类学、古希腊/罗马文学、古典文学与东方研究等人文社科领域的地位也丝毫不能撼动。另外，牛津大学专业实力强硬，拥有约250门本科课程，以及超过300项研究生课程。其中，牛津大学的哲学、政治学和经济学专业开创了哲学、政治学和经济学的交叉融合，被伦敦政治经济学院、伦敦国王学院等诸多大学效仿。截至目前，共培育出英国首相戴维·卡梅伦（David Cameron）、美国总统比尔·克林顿（Bill Clinton）、澳大利亚总理托尼·阿博特（Tony Abbott）等声名显赫的政治家，被誉为"领袖的摇篮""首相制造专业"，以及"人文学科塔尖的皇冠"等。

牛津大学由校系图书馆和科学实验室，以及1个中央学校、4个学术部门、6所永久性私人学堂与39所学院（colleges）组成。4个学术部门分别是人文学科，数学、物理和生命科学，医学和社会科学，每个学术部门又各自下设独立的中心和研究所等。学术部门主要负责教学和研究活动，另外负责编制课程及给予学术指引。学术部门不是大学内的自治单位，而是跨学院的机构，不附属于任何一个学院。不过，各学术部门的教师和学生，必须是牛津大学内某一学院的一员。牛津大学的生物学专业在世界范围内享有很高的声誉。其研究涵盖了从分子生物学到生态学等多个领域，为学生提供了深入理解生命科学的机会。化学专业也是其科学领域的强项之一。该专业拥有先进的研究设施和优秀的师资力量，致力于培养具有创新精神和科研能力的化学人才。物理学专业涵盖了从基本粒子物理到宇宙学等多个研究领域，为学生提供了广泛的学术视野和实践机会。地球科学专业致力于研究地球的构造、演化以及地球系统科学，为学生深入了解地球及其环境创造了可能。环境科学专业关注环境问题的科学研究和解决方案，培养学生在环境保护和可持续发展方面的专业能力。

"独立自治"的学院制是牛津大学的鲜明传统。牛津大学由风格迥异的39所学院组成。学院是融合不同专业的独立自治团体，作为独立的行政机构并隶属于大学，具有较大独立自主权。学院自主管理，自行招生，自负盈亏。每所学院都是集宿舍、教学、实验研究室、办公室一体的建筑群，均有辉煌的历史与神话般的建筑遗迹。牛津大学学院系统伴随着牛津大学的独立运作而逐渐形成，最古老的贝利奥尔学院和莫顿学院早在12世纪便创立，而最年轻的格林坦普顿学院成立于2008年。

牛津大学的研究生教育主要由根据专业划分的4个学术部门承担，学术部门在研究生教学中扮演主要角色，提供讲座、课程并组织考试。学术部门也是接受校外机构资助的研究中心。与之相对，学院则负责本科生和研究生的招生工作。不过，研究生入学首先由各学术部门决定，其次是与之相关的学院。值得一提的是，纳菲尔德学院、圣安东尼学院、李纳克尔学院、圣十字学院、格林坦普顿学院、凯洛格学院、鲁本学院共7所学院仅接收研究生。

牛津大学以学生为中心，倡导自由探讨学问，追求真理的导师制。毕业于牛津大学并担任牛津大学奥里尔学院院士的纽曼（John Henry Newman）在《大学理念》中指出"自由教育就是一种自由、公平、冷静、克制和智慧为特征的终生思维习惯的形成"，崇尚自由的理念主要反映在牛津大学独特的人才培养制度——导师制。学习和教学自由体现在师生之间双向自由选择，导师根据申请材料可自主选择学生，学生也可以根据领域选择导师并有权更换。每周安排导师和学生见面一次，就学生学习、生活等方面进行指导。这一特色教学制度旨在培养学生创新精神和促进健康人格的全面发展，至今在世界各国备受效仿。此外，学期模式实行密集的三学期制，彰显自由创新的人才培养方式。每个学期为8周，每个学年从10月持续到第二年的6月。

牛津大学在校学生人数26497人。其中，本科生12683人，研究生13324人，访问学者或其他学生490人。本科生占学生总数的48%，研究生占50%，其他学生占2%。可知本研比约为1∶1，且研究生人数大于本科生人数，反映了牛津大学高水平的研究能力和学术水平。研究生在校生的54%为通过研究攻读学位，其余攻读授课式学位。按照国际来源划分，牛津大学拥有大量的留学生，国际学生占比46%，其中本科生中留学生占比23%，研究生中留学生占比65%。外国留学生来自160多个国家和地区，最大的国际学生群体按照总人数依次是美国（1900人）、中国（1756人）、德国（687人），中国留学生占比约7%。此外，从学校官网公示的招生数据来看，2022年有近2.4万人申请本科学习，超过3.7万人申请研究生学习，然而实际录取本科生约3300人，研究生约6000人，录取率均远低于20%。

牛津大学拥有卓越一流的师资、生源，可谓人才荟萃、硕果累累。在牛津大学从事学习或者工作的人员中，有28位英国首相，至少30位国际领导人，55位诺贝尔奖获得者和120位奥运奖牌获得者。就师资力量而言，牛津大学师资雄厚。截至2022年7月31日，牛津大学的教职工总人数为14841人，师生比约为1∶2，为延续至今的导师制使然。教职工包括90多名英国皇家学会院士和大约100名英国科学院院士。2023年，以副校长艾琳·特雷西（Irene Tracey）为代表的8位学者当选为英国皇家学会院士；2022年，数学家詹姆斯·梅纳德（James Maynard）教授被提名为菲尔兹奖；彼得·霍比（Peter Hobby）爵士在2020—2021年度获得享有盛誉的阿尔文·史密斯奖，以表彰其在改善流行病感染的治疗和控制等方面的卓越贡献；2020年，罗杰·彭罗斯（Roger Penrose）等学者因对黑洞研究的卓越贡献被授予诺贝尔物理学奖。

牛津大学坐落于英国英格兰南部的牛津郡，濒临泰晤士与查尔斯河。城与校高度融合、相互交融，学校大部分设施分布于市中心，没有校门和围墙甚至正式招牌，可以说是真正意义上的牛津大学城。牛津大学校园之美令人叹为观止，多次被评为全球最美丽的大学。圆拱屋顶的建筑、巍峨尖塔和别致角楼的宫殿式校舍隐没于绿荫中，嵌入在牛津城古色古香和幽静典雅的历史文化氛围中。四方院、回廊与拱门等如神话般的建筑遗址遍布校园，博物馆、图书馆与书店等建筑等风格迥异，无不彰显其深厚的历史底蕴与浓郁的学府气氛。此外，牛津大学研究设施之齐备和研究条件之先进是英国其他大学难以望其项背的，坐拥阿什莫林艺术与考古博物馆（英国最古老的博物馆）、大学自然历史博物馆、科学历史博物馆、贝特乐器典藏馆共8所博物馆。牛津大学出版社是世界上最大的大学出版社。牛津大学的校园活动丰富多彩，文艺表演和体育活动十分活跃，泰晤士河上的划船赛是传统项目。

牛津大学旨在提供卓越的教育，开展世界领先的研究。其校训："Dominus illuminatio mea"（拉丁文），译为"上帝是我的光明"（The Lord is my light），出自《圣经》中的诗篇第27篇。牛津大学所体现出来的大学精神是，对卓越有绝对的追求，无论是在教学还是科研上，都永远不会安于现状，持续地追求做得更好。今后，牛津大学将注重促进跨学科交流，变革与全世界分享人文社科认识的方式。如自2019年起，牛津大学规划建设集人文学院各个学科一体，包括前沿的人工智能伦理学院的苏世民人文中心，以便开展深层次的跨领域研究，并巩固牛津大学在人文研究与教学的前沿位置，凸显人文学科在帮助人类社会驾驭21世纪科技变革所扮演的至关重要的角色。

伦敦大学学院

　　伦敦大学学院（University College London）是英国教育独树一帜的典范，更是耀眼于世界舞台的"新秀"。伦敦大学学院诞生了30位诺贝尔奖获得者，为世界多个民族、多个领域培养了大量杰出人才。印度国父圣雄甘地（Mahatma Gandhi）、日本第一任首相伊藤博文（Hirobumi Ito）、文学巨匠泰戈尔（Rabindranath Tagore）及夏目漱石（Natsume Souseki）、科技巨擘"电话之父"亚历山大·贝尔（Alexander Bell）及外科消毒法创始人约瑟夫·李斯特（Joseph Lister）、艺术大家导演德里克·贾曼（Derek Jarman）等杰出人物都与之息息相关。此外，伦敦大学学院还为中华民族培养了诸多有为之士，如

中国体质人类学的奠基人吴定良、"共和国勋章"获得者钟南山、哲学家金岳霖等都与其有着千丝万缕的关系。伦敦大学学院以开创性的历史、广泛学科的影响力与跨学科的研究方法、卓越一流的研究水平、完善的研究体系，以及质疑创新的文化与颠覆性的思维等鲜明特征，高居世界顶尖大学之列。

伦敦大学学院始终保持颠覆性思维，开拓创新、锐意进取的同时兼收并蓄，海纳百川的优良传统。1826年，伦敦大学学院诞生于19世纪初欧洲最大的城市伦敦，前身为伦敦大学。在伦敦大学学院"精神之父"杰里米·边沁（Jeremy Bentham）的高等教育应广泛惠及的观点影响下，该校建校初期以"教育人人平等"为宗旨，向无法正常获得教育的人员提供教育，成为第一所漠视性别、宗教信仰、政治主张，以及社会背景上的差异的英国大学。1828年，开始招收第一批学生，在1833年迎来了英国第一位地理学教授；1841年引入了土木工程学科负责人，开创了建筑学作为一门学科的先河，同时也成为英国第一所开设工程学、化学和语言（英语、德语）等学科的大学。1878年，该校成为英国首个在同等条件下，接收女学生的大学。自1886起，伦敦大学学院通过合并研究所与研究院，不断扩大实力与广度，先后合并考古研究所、神经病学研究所、斯拉夫和东欧研究学院、伊士曼牙科研究所，以及药学院。2005年，才有权授予伦敦大学学院学位，此前授予伦敦大学学位。2014年，合并成立于1902年的教育与社会学院为第11个学院，如今已成为英国首屈一指的教师教育和培训及教育研究的中心。在近两个世纪的发展进程中，伦敦大学学院始终如一地为世界上最具开创性的一些研究做出贡献，并始终跻身世界一流大学之列。

伦敦大学学院是一所世界领先的多学科大学，并且注重跨学科合作，被《泰晤士报》和《星期日泰晤士报》优秀大学指南授予2024年度大学奖。伦敦大学学院下设艺术与人文学院、脑科学学院、巴特利特学院（建筑环境）、工程科学学院、教育与社会学院、法律学院、生命科学学院、数学与物理学院、社会与历史学院及教育与社会学院11个学院，囊括400多门本科课程和700多门研究生课程，并且拥有从建筑学到语言学、政治学、工程学、历史学到天体物理学的多所教学中心。伦敦大学学院在临床与健康研究、生命科学与医学、人文艺术学、心理学等多个学科领域位列世界前茅。此外，伦敦大学学院教育与社会学院自2014年起连续10年保持世界第一的地位，巴特利特学院在建筑与建筑环境领域首屈一指。另外，鼓励学者跨越传统学科界限，并建立了许多中心来促进跨学

科的互动。通过跨学科方法，在解决全球健康、可持续城市、人类福祉、文化理解、变革性技术、正义和平等诸多方面做出了突出贡献。如艺术与科学在跨学科研究方面处于领先地位。

伦敦大学学院是一所世界领先的研究型大学，形成了完善的研究生人才培养体系。副教务长办公室（研究、创新和全球参与办公室）通过与伦敦大学学院校长兼教务长，以及其他办公室的密切合作，为伦敦大学学院的研究活动确定战略方向，并创造条件确保整个大学的研究和创新继续保持最高质量和可持续性、研究人员能够茁壮成长和创新。

伦敦大学学院高度重视博士研究生教育，设有伦敦大学学院博士学院、研究学位委员会、学院研究生导师和主要学院委员会、系研究生导师和主要系委员会等机构。其中，博士学院制定伦敦大学学院博士教育的关键战略，并监督伦敦大学学院博士后研究人员战略的制定和实施，确保伦敦大学学院的研究培训的质量。研究学位委员会是校级别的委员会，由博士学院的副院长担任主席，以及研究生导师、行政人员等组成，直接涉及研究学位及其治理的各方面。每个学院由一名研究生导师担任学院研究学位委员会主席，全面负责学院研究生的一般学术和教牧监督，并向博士学院报告学院研究生事务。每个系由一名系研究生导师，一般是伦敦大学学院学术人员中经验丰富的成员，主要对系研究生进行一般的学术监督和教牧关怀，并就研究生事务与学院研究生导师保持密切联系。每个系还将有一个负责监督研究学位的委员会和一个师生咨询委员会，学生代表可以提出问题并就学生体验提供反馈。此外，博士培养规划过程由研究员培训战略委员会监督，为学院提供有关其计划的详细反馈。该委员会由博士学院副院长担任主席，由伦敦大学学院4个学院的高级学术人员、博士学院和副院长研究办公室的高级工作人员，以及研究生代表构成。

2023年，伦敦大学学院在校生人数为5.1万余人。其中，本科生25121人，研究生25937人，研究生人数略多于本科生人数。在研究生中，授课型研究生多于研究型研究生，授课型研究生19745人，研究型研究生6192人。伦敦大学学院拥有连接全球的网络，是真正的全球性大学。在190个国家拥有40万名校友。2023年，伦敦大学学院在校生中来自欧洲其他国家的为4232人，来自欧洲以外的留学学生为21207人，共计25439人，国际学生占比49.8%。

作为世界顶尖级的大学，伦敦大学学院的研究和教学质量在国际上享有盛誉。学校拥有一支高水平、多样化的科研与教学队伍。2023年，伦敦大学学院教职工人数为1.6万余人，其中有约850名教授，以及超过6000名学术与科研人员。该校教师中包括53位皇家学会会员、51位不列颠学院院士、15位皇家工程学院院士，以及117位医学科学院院士。此外，国际员工占比34%，多样化的教职工来源更加凸显了伦敦大学学院的国际吸引力。

迄今为止，有超过1.5万名中国学生在伦敦大学学院学习，400余名来自中国的教职员工，以及超过3万名遍布中华大地的伦敦大学学院校友。此外，伦敦大学学院与中国大学和研究机构有大约30个正式合作关系，其中包括北京大学与伦敦大学学院的第一个深度战略合作伙伴。在过去的5年中，伦敦大学学院与中国合作者共同发表的论文超过1万篇。

伦敦大学学院坐落于伦敦市中心的布鲁姆斯伯里区，位于世界上最具活力的城市的中心，拥有无可比拟的文化、学术和商业资源。一方面，学校周围环绕着欧洲最集中的图书馆与博物馆、娱乐场所与体育场地，如以国家美术馆、泰特现代美术馆和大英博物馆为代表的250家博物馆和画廊，385座公共图书馆，还有以皇家阿尔伯特音乐厅、巴比肯和皇家歌剧院为代表的古典音乐和歌剧院，网球的温布尔登体育馆、橄榄球的特威克纳姆体育馆等体育场馆。另一方面，校园里有一座主图书馆和15座专业图书馆，拥有超过200万册书籍与1.2万多种电子和纸质期刊，提供对所有学位科目的丰富资源的访问接口。并且拥有种类繁多的博物馆和藏品，包括丰富的物品、艺术品、标本和图像，汇集了可用于学术研究的国际重要资源。此外，还设有伦敦大学学院语言与国际教育中心，为语言学习或娱乐等提供了一流的设施。

伦敦大学学院始终秉持着"愿得天下英才而教育之"的校训，吸引来自世界各地雄心勃勃的创新者、有远见的潮流引领者和颠覆性思想家在此安家。致力于打造面向未来、面向世界的多元化知识社区。将鼓励和促进师生进行颠覆性的创造性思维、保持全面而强大的学科基础和专业知识、打造从事以问题为中心的研究和教育的跨学科社区，以及新学科的创建。面向全球挑战，伦敦大学学院继续以独特的研究、教育和创新方法，变革理解世界、创造知识与共享知识，以及解决全球问题的方式，努力成为英国创新的先锋、全球知识创新的领导者。

爱丁堡大学

爱丁堡大学（The University of Edinburgh）是一所公立型研究大学，始创于1583年10月14日，距今已有400多年的历史，具有深厚的历史底蕴，培养了一代代的科学巨人、文化名人以及政治领袖。进化论的奠基人查尔斯·罗伯特·达尔文（Charles Robert Darwin）、哲学家大卫·休谟（David Hume）、英国首相温斯顿·丘吉尔（Winston Churchill）等

都深受其校园文化的影响。辜鸿铭、章士钊、束星北、钟南山等中国学者曾在该校学习。马克思·玻恩（Max Born）、亚当·斯密（Adam Smith）等具有世界影响力的人物曾在该校任教。时至今日，爱丁堡大学一直处于世界学术界的前沿，以雄厚师资与特色课程、尖端研究与创新思维、深度合作与密切交流为核心，吸引着世界各地的学者和学生。

1582年，爱丁堡大学在苏格兰国王詹姆斯六世（James VI）的特许和爱丁堡市议会资助下开始筹建，旨在为苏格兰的学生构建高等专业教育的场所。1583年，爱丁堡大学正式成立，是当时苏格兰地区的第四所、整个英语圈的第六所大学，罗伯特·罗洛克（Robert Rollock）担任首任校长。在历经欧洲启蒙运动的浪潮洗礼后，爱丁堡大学开始渐渐成为欧洲学术和文化中心。爱丁堡大学的规模不断扩大，办学体系日益完善。19世纪末期，老学院（Old College）已经无法容纳众多的学生，1840年建立新学院（New College）。2018年，爱丁堡大学和英国政府、苏格兰政府共同签署了价值13亿英镑的《爱丁堡和苏格兰东南部城市协议》，希望通过数据驱动创新计划，为地区带来一系列经济效益，从而催生了5个创新中心，并计划提供"跨学科未来研究"本科和研究生学位。同时，学校宣布修复爱丁堡皇家医院，用于新创立的爱丁堡未来研究院。

爱丁堡大学有艺术、人文与社会科学学院，科学与工程学院，医学与兽医学院3个大学院，三大学院下共设21个小学院。艺术、人文与社会科学学院是爱丁堡规模最大、研究领域最广的学院，拥有4000多名员工和26000多名学生，提供本科课程1800多门，研究生课程1300多门。爱丁堡大学的兽医学专业位居世界顶级兽医名校之列。医学和兽医学院有5个主要的研究机构，每个研究所都有500多名工作人员和研究生，对100多个国家产生了影响。1996年爱丁堡大学皇家（狄克）兽医研究院旗下的罗斯林研究所培育出了世上第一只克隆哺乳动物多利；世界上第一支基因工程乙型肝炎疫苗也来自爱丁堡大学。爱丁堡大学科学与工程学院下属的人工智能系是欧洲人工智能研究的中心，智能系统及其应用中心在世界人工智能发展领域处于领先的地位。在课程设置方面，本科求广、硕士求专、博士求深，注重理论和实践相结合，为学生提供实训指

导和训练。

2020年，爱丁堡大学成立博士学院，负责全校所有研究生、研究人员的管理。博士学院的战略目标旨在促进专业知识交流，以支持和改善研究生体验；提高整个大学研究生研究的知名度等。博士学院的领导是由教职员工和学生代表组成的核心小组选举的，该小组在相关的大学治理委员会和小组中有代表，并向参议院教育委员会和研究战略小组报告。博士学院团队由来自学院、学校和专业服务部门的工作人员组成，他们通过每两个月举办一次的博士学院团队论坛协调和传达整个机构的研究生信息。

截至2023年，爱丁堡大学全职教师4846人，其中国内教师2663人，国际教师2183人；全日制在校学生37016人，其中本科生占68%，研究生占32%。爱丁堡大学的国际学生人数为17725人，本科生占52%，研究生占48%。爱丁堡大学培养了20多名诺贝尔奖获得者，1名菲尔兹获得者，4名图灵奖获得者，4名英国首相，以及众多皇室成员。量子力学奠基人之一的马克思·玻恩（Max Born）是爱丁堡大学的教授。以发现希格斯机制和预测希格斯粒子而闻名于世的彼得·希格斯（Peter Higgs）于2013年获得诺贝尔物理学奖。"古典经济学之父""现代经济学之父"亚当·斯密（Adam Smith）曾在爱丁堡大学讲授修辞学与文学。世界著名的胚胎学家伊恩·威尔穆特（Ian Wilmut）领导爱丁堡大学的克隆羊研究团队，成功培育了世界上第一只克隆羊"多利"。爱丁堡大学也有众多中国的知名校友，如共和国勋章获得者钟南山于2007年获得爱丁堡大学荣誉博士学位，于2020年获得爱丁堡大学首届杰出校友奖。

爱丁堡大学对海外学生的招生要求严格，申请人数远远超过录取名额，入学竞争非常激烈。2023年，爱丁堡大学约有7250名来自亚洲的学生，其中中国留学生人数达到了5000名。

爱丁堡大学是世界顶尖的研究密集型大学之一，校内研究中心和研究所总计200多个。爱丁堡大学致力于创新，通过将研究成果商业化，如学术界与商界合作开发技术，将技术许可给公司或者创立新公司将技术推给市场。爱丁堡大学通过创新将知识应用到更宽广的领域。在艺术、人文和社会科学学院中有80家中心和研究所，其中大多数为跨学科的。2019年，该学院设立了工作与经济、能源与可持续发展、数据与数字、未来城市、治理与民主、身份与不平等、文化遗产、童年与青年、健康与福祉9个跨学科专业，促进跨行业研究和实践，扩大新合作和伙伴关系。

爱丁堡大学位于英国苏格兰首府爱丁堡市，分成旧学院（Old College）和新学院（New College）两部分。其中，旧学院是法学院和欧洲研究所所在地。附近有麦克尤恩礼堂（McEwan Hall），是象征维多利亚农业丰收的建筑，内设有2200个座位，专门为举行毕业典礼及一些正式的大型洽谈会所设。新学院位于蒙德山山顶，俯瞰王子大街，神学院也位于该地。旧学院的一些原始建筑可追溯到1776年，但大多数建筑是现代的。爱丁堡大学的主图书馆位于乔治广场区。国王大厦区位于乔治广场以南约3千米处，大多数科学和工程学院位于该区，如电子工程学院、生态学院、工程信息学院，以及一些政府科研机构。这些建筑多数建于20世纪20年代，50—60年代扩建，并增设了气象学系、物理天文系，以及计算机等服务设施。爱丁堡图书馆是由计算机网络连接的众多场馆组成，图书馆的规模堪称苏格兰所有大学中最大的，也是世界上较大、较重要的学术性图书馆之一。

爱丁堡大学的校训是"The Learned Can See Twice"，即"博学之人能看到表象，也能发现内涵"，表达了爱丁堡大学对学生的殷切期望。面向未来，爱丁堡大学提出了2030战略。其愿景是"我们的毕业生，以及我们与合作伙伴一起发现的知识，使世界变得更美好"。其宗旨是"从现在到2030年，我们将通过以价值观为导向的教学、研究和创新方法，以及在本地和全球的合作来做到这一点"。2030战略重点关注人、研究、教与学、社会和公民责任。在研究方面，坚持无边界的精神。在教与学方面，爱丁堡大学将支持和促进注重经验、就业能力和对创造力、好奇心甚至失败价值的理解的教学，将扩大参与度，鼓励终身学习。在未来教育方面，致力于扩大跨学科和多学科交叉研究，加强研究生教育和数字教育。在社会和公民责任方面，爱丁堡大学注重与社区、企业、政府，以及国内外大学合作规划未来。

曼彻斯特大学

曼彻斯特大学（The University of Manchester），是一所学科门类齐全、科系众多的英国公立综合性大学。曼彻斯特大学因培养和聘用众多杰出校友与教授而享有盛誉，其中包括诺贝尔奖得主诺曼·霍洛韦（Norman Haworth）和曼彻斯特大学的现任校长、材料科学家莫尔·盖诺（Andre Geim）。曼彻斯特

大学的研究对全球产生了积极影响,特别是在物理学创新、能源研究和社会政策等领域。曼彻斯特大学以多元化和国际化,特别是在可持续发展、材料科学、医学多元化和创新性方面,积极倡导创新精神、自由探索和包容多样性,吸引了来自世界各地的学生和研究人员。

曼彻斯特大学的历史可追溯到1824年,近代化学之父约翰·道尔顿(John Dalton)等人创办曼彻斯特机械学院,后发展成为曼彻斯特理工大学。曼彻斯特维多利亚大学始建于1851年,那时称作欧文斯学院。该名来自纺织商人约翰·欧文斯(John Owens)的名字,正是他用96942英镑创办了这所学院。此后,曼彻斯特欧文斯学院首先发起了"市立大学运动",并在1880年成为第一批被授予皇家宪章的市立大学。由于这些大学大多有红砖砌成校园建筑,英国人把这些大学叫做"红砖大学"(Red Brick University)。全英国有6所大学享有这一称谓,分别是曼彻斯特大学、布里斯托大学、谢菲尔德大学、伯明翰大学、利兹大学和利物浦大学。2004年10月,曼彻斯特维多利亚大学与曼彻斯特理工大学合并,从此组成了英国最大的单一校址大学,新的学校被称为曼彻斯特大学。

2019年8月,曼彻斯特大学对院系结构进行了调整。如今,学校共有3个学部,每个学部由多个教学与研究成就享有盛誉的学院组成。在众多的学院中,曼彻斯特商学院和物理与天文系尤为出名。曼彻斯特商学院,简称"Alliance MBS",是英国最早建立的两所商学院之一,成立于1965年。经过50多年的发展,曼彻斯特商学院已成为一所享誉世界的商学院,为英国非常优秀的商学院之一。曼彻斯特商学院开设MBA、会计、金融、计量金融、商业分析、市场营销、管理学、人力资源管理、品牌管理、创新管理、供应链管理、信息技术管理和组织心理学等全方位商科课程。曼彻斯特大学物理与天文系是世界上排名最高的物理系,在卓越教学和杰出研究方面享有国际声誉,吸引了来自世界各地的优秀学生。在粒子物理方向,物理与天文系在欧洲核子研究组织(CERN)中参加的项目高达120项,与斯坦福大学的国家加速器实验室(SLAC)、芝加哥大学的费米实验室等也有合作,而凝聚态物理、生物物理、核物理等方向也与美国先进光子源研究中心(APS)、欧洲同步辐射研究中心(ESRF)、柏林中子散射中心、意大利国家核物理研究院等机构有多项合作协议。

与英国其他大学相比,曼彻斯特大学拥有最大的校友社区,在全球190多

个国家和地区拥有超过50万名毕业生。目前，曼彻斯特大学有超过12000名员工，其中包括近7000名教师和研究人员。南希·罗斯威尔（Dame Nancy Rothwell）教授是现任曼彻斯特大学校长，同时也是曼彻斯特大学的第一位女校长。截至2023年，曼彻斯特大学学生总人数为42759人。其中，本科生占70%，研究生占30%。教师总人数为4997人，国内教师3109人，国外教师1888人。在教师队伍中，就不乏诺贝尔奖获得者，如"原子核之父"欧内斯特·卢瑟福（Ernest Rutherford）主要从事核科学和放射性方面的研究；经济学教授约翰·希克斯（John R. Hicks）创建了一般均衡理论模式，推动了经济学领域的数量方法发展，建立了微观经济学的分析框架；物理学家安德烈·盖姆（Andre Geim）和康斯坦丁·诺沃肖洛夫（Konstantin Novoselov）于2004年成功分离出石墨烯，为电子学、纳米技术和材料科学领域带来了革命性的突破。

曼彻斯特大学是一所对多元文化包容性较强的大学，每年会迎接来自160个国家和地区超过4万名的国际学生，而其所处的曼彻斯特市也是世界上国际学生较为聚集的城市。由于国际学生人数较多，曼彻斯特展现出丰富的文化多样性并构建了独具特色的"校园社区"。每年2月，曼彻斯特的学生会在"校园社区"中自发组织为期一周的文化庆祝活动，融合各地习俗来庆祝"全球周"。

曼彻斯特大学鼓励学生共同构建一个充满活力和多样化的研究生研究社区。研究生作为研究人员发展的一部分，学校鼓励研究生在曼彻斯特和其他地方提高自己的研究社区的知名度和人脉。社区会为研究生研究员定期组织和安排会议与海报日，以及一些定期活动，如研究研讨会和博士展示会，为他们参与其中提供了充足的机会。曼彻斯特大学的研究学位类型主要分为以下4种：第一类，研究硕士——为期12个月的项目，包括研究硕士和企业硕士（MEnt）；第二类，哲学硕士（MPhil）——通常持续12个月；第三类，医学博士（MD）——为期两年的研究项目；第四类，外科硕士——为期两年的研究项目；第五类，哲学博士（PhD）——持续3—4年；第六类，合作博士——为学生提供了与外部合作伙伴（来自其他高等教育机构或工商界）开展研究项目的机会。合作博士学位可以分块授予，也可以联合授予。

曼彻斯特博士学院（MDC）负责监督曼彻斯特大学的所有博士培训和研究人员发展。MDC团队致力于改进研究生研究要求，开展跨学科、跨学校和跨教职员工的合作，以丰富研究生的研究经验。作为曼彻斯特大学的研究生研究员，你将成为MDC的一员，研究团体包括研究生研究员、主管、管理人员和外部合作者，共同努力改善设施，找到可获得的资金，并改善整个机构的研究生研究经验。MDC吸引了世界上最好的一些研究生研究人员，已经建立了如校长博士奖学金奖励计划等资助项目。

曼彻斯特大学坐落在世界上第一座工业化城市——英国曼彻斯特市。其图书馆由主图书馆、艾伦·吉尔伯特（Alan Gilbert）学习共享空间及其他9个图书馆组成。图书馆是英国第三大学术类图书馆，也是英国5个国家级研究型图书馆之一，共藏有400多万册各类纸质书籍与期刊，以及近100万册电子书刊，还有几百个数据库。其中，约翰瑞兰德图书馆是新哥特式建筑，高耸的拱顶、繁复的雕刻、彩色的镶嵌玻璃、复古的吊灯等，无不透露着神秘与庄严。馆内的珍稀藏书包括大量史料的古老手稿、知名文学家手稿、著名人士的信件等。

曼彻斯特大学的校训是"知识、睿智、人道"（Cognitio，Sapientia，Humanitas）意味着学校致力于追求知识、智慧和人性，培养学生具备独立思考、学术严谨、判断力强、乐于助人等品质。自创立以来，曼彻斯特大学已经发展成为一所全球领先的研究型大学，取得了不菲的成绩。在学术方面，曼彻斯特大学以其优秀的教育体系和世界级的研究成果而闻名。在社会服务方面，曼彻斯特大学致力于将学术研究成果应用于解决社会实际问题，成绩斐然。未来，曼彻斯特大学将继续致力于提高教育质量、拓展研究领域、加强社会服务。随着科技的快速发展和全球化的深入推进，曼彻斯特大学将更加注重跨学科的研究和合作，培养更多具有国际视野和创新能力的高素质人才。同时，曼彻斯特大学还将进一步加强与社会的联系，通过产学研合作、社会服务等方式，为解决人类面临的共同挑战做出更大的贡献。

伦敦国王学院

伦敦国王学院（King's College London）是世界顶尖的综合研究型大学，培养了众多杰出的校友，包括文学家艾德琳·弗吉尼亚·伍尔芙（Adeline Virginia Woolf）、政治家埃德蒙·伯克（Edmund Burke）等。伦敦国王学院在全球范围内具有广泛的影响力，其研究和教育成果对世界产生了积极影响。学院不仅在学术领域有所贡献，还在社会、文化和医疗领域发挥着重要作用。学院以国际化、多元化和包容性而著称，吸引了来自世界各地的学生和教职员工。学校设施先进，包括图书馆、实验室和研究中心，为学术研究提供了出色的条件。

伦敦国王学院于1829年由首相惠灵顿公爵（Duke of Wellington）和国王乔治四世（George Ⅳ）授予皇家特许状，

是英格兰第三古老的大学（伦敦大学学院于1836年获取皇家特许状。伦敦国王学院官方自称为英格兰第四所大学）。伦敦国王学院是一所传统的英格兰教会管理的大学学院，也是伦敦大学中第二古老的学院。国王学院还是当时英国国内唯一教授汉语的学院，汉语主讲教授是詹姆斯·萨默斯（James Summers）。此外，秉承了校父惠灵顿公爵的传统，伦敦国王学院拥有英国大学中唯一的战争系；神学系也十分著名。由于伦敦大学一直采用特殊的管理制度，学院英文名称至今仍使用King's College London。1836年，伦敦国王学院（KCL）与伦敦大学学院（UCL）合并成为联邦制的伦敦大学（University of London）。现在的伦敦国王学院是第二次世界大战后经过一系列合并与重组其他院校与研究机构后成立的，如1985年合并伦敦伊丽莎白女王学院、切尔西科学技术学院、伦敦精神病研究所和盖斯与圣托马斯（Guys and St Thomas）联合医学与牙医学院。如今，伦敦国王学院在全世界享有盛誉，属金三角名校和罗素大学集团，是英国负有盛名的多学科、以研究见长的大学之一。

伦敦国王学院共有9大院系，分别是：艺术与人文学院，商学院，法学院，牙科、口腔和颅面科学学院，生命科学与医学院，自然、数学和工程科学学院，护理、助产和姑息治疗学院，精神病学、心理学和神经科学学院，以及社会科学与公共政策学院。其中，生命科学与医学院的规模为全英国最大，也是非常成功的研究和教育中心。每年约招收1800名本科生及600名硕士生，约有400名教职工。医学院下属9个科系及23个研究组，与牙医学院及生命科学学院联系紧密；作为牙科教育、口腔和颅面科学研究，以及口腔保健提供方面的全球卓越中心之一。伦敦国王学院的牙科专业位列全球第一名。作为南丁格尔培训学校（建于1860年）的后裔，弗洛伦斯·南丁格尔护理、助产和姑息治疗学院是最为古老的护理学院，提供卓越的护理，并研究影响世界各地每个人健康的问题。潘迪生法学院是英格兰最古老的法学院，也是全球公认的世界上顶尖的法学院之一；自然、数学与工程科学学院在物理、数学、化学、计算机科学和工程领域拥有世界领先的研究和教学的悠久传统。社会科学与公共政策学院的跨学科研究在社会科学领域一直位列英国第五名，涉及政治经济学、安全研究、战争学、政策研究等多个研究领域。其中，战争研究系是世界上为数不多的专注于通过跨学科教学、研究和参与来理解冲突、安全和国际政治的复杂领域的学术部门之一。

伦敦国王学院设有多种本科和研究生课程，是英国大学中开设科目最为齐全

的大学之一。伦敦大学国王学院一直致力于让学生发掘全球问题，并通过运用所学知识来解决这些问题。该校地理系为学生提供了城市未来、地质计算、环境动力学等方向的课程，并为学生搭建进行项目研究与合作研究的平台，让学生发现全球性问题，并运用课程中所学的知识去开展项目研究。伦敦大学国王学院的战争系、化学与信息系与马歇尔电子化学习咨询公司于2019年10月联合推出全新在线模块课程"全球化世界中的专业技能"。该课程设置的目的是发展学生必要的知识与技能，帮助他们在多元文化中茁壮成长。这一课程聚焦世界的多样性和包容性，试图告诉学生可以通过管理偏见、言语及行为来影响他人并创造一个更具包容性的社会环境。该课程的授课方式也呈现出多样化形态，如通过学生间的互动、对教职工和学生的视频采访等形式，培养学生的沟通能力、适应能力。

截至2023年10月，伦敦国王学院拥有来自160个国家的45743名学生，规模在伦敦排名第二。其中，本科生在校生人数26791人，占比58.6%；硕士研究生人数达到15612人，占比高达34.1%；博士研究生人数达到2644人，占比5.8%。同时，伦敦国王学院也是全球11所国际化程度极高的大学之一，来自英国以外的其他地区学生共23171人，占比约为50.7%。其中，来自中国的留学生总人数为5257人，占比最高，约为22.7%；来自美国的学生位居第二名，人数约1277人；来自印度的学生人数排第三名，约为1207人。

伦敦国王学院的校友及教员中共诞生了12位诺贝尔奖得主，16位政府或国家首脑、34位英国现任国会议员。其中包括"上帝粒子"之父、诺贝尔物理学奖获得者彼得·希格斯（Petter Higgs），宾利汽车创始人沃尔特·本特利（Walter Bentley），文学巨匠托马斯·哈代（Thomas Hardy），诗人约翰·济慈（John Keats）以及女文豪弗吉尼亚·伍尔芙（Virginia Woolf）等。其中，彼得·拉特克利夫（Sir Peter J. Ratcliffe）教授（诺贝尔生理学或医学奖获得者）领导的研究团队在氧感知领域取得了重大突破——他们发现了人体内控制氧气水平的关键分子机制。这一发现对于理解疾病，如贫血和癌症的发展提供了重要线索，并为研发相关药物和治疗方法提供了基础。另外，以姑息治疗与政策教授艾琳·希金森（Irene Higginson）为代表的女性教授被评为世界顶尖女性科学家之一；流行病学研究团队参与了对抗多种传染病的研究，包括艾滋病病毒、埃博拉病毒和2019新型冠状病毒，不仅为应对这些大流行病提供了科学支持，还为制定预防策略和全球公共卫生政策提供了重要依据。

伦敦国王学院位于英国的首都、第一大城及第一大港——伦敦市。这座城市也是欧洲最大的都会区兼世界三大金融中心之一。伦敦国王学院拥有多个校区，包括滑铁卢校区、河岸校区、盖伊校区、圣托马斯校区和丹麦山校区。莫恩图书馆是国王学院的主图书馆。馆内藏书涵盖的领域包括德语、历史学、语言学、音乐、哲学、葡萄牙与巴西研究、西班牙与美籍西班牙人研究、神学与宗教研究、战争研究等。伦敦国王学院的每一个教学学院都拥有自己的图书馆，可以最大限度地满足学生的阅读需求。图书馆的书目全部计算机化，学生可以十分便利地在校园各处对书目进行检索，也能查询重要的线上书目资源和文献目录信息资源。国王学院的计算机中心可为所有学生提供联网计算机和数据库设施服务，以及计算机方面的咨询和帮助。国王学院学生会于1873年建立，是伦敦历史最悠久的学生会，同时也被称为英格兰最古老的学生会。学生会有着各式各样的活动及服务，包括50多个运动俱乐部、200多个活动社团、一系列义工服务机会等。学院学生会的首任会长是艾维森·麦克亚当爵士（Sir Ivison Macadam），他也是英国大学学生会联盟的首任主席，河岸校区的学生会大楼以其名命名为麦克亚当大楼。学校在每年10月的新生周期间有社团招新的活动，加入社团不仅能让学生们迅速融入校园，交到外国朋友，也为他们培养能力提供了绝佳的机会。学生会也会举办其他活动，以此来丰富学生们的课余生活。

伦敦国王学院是一所国际知名的大学，拥有卓越的教育水平和世界领先的研究能力，致力于推动社会的积极和可持续的变革。伦敦国王学院的校训是"Sancte et Sapienter"，这句拉丁语的意思是"圣洁与智慧"。这个校训体现了学院的创校理念和价值观，强调了追求知识和智慧的同时，也要保持道德的纯洁和高尚。近200年来，伦敦国王学院一直处于研究型教学的最前沿，激励学生成为能够领导和改变世界的批判性思想家。展望未来，伦敦国王学院有着巨大的发展潜力。例如，人工智能和数据科学等领域的快速发展，将为伦敦国王学院在科研和教学上提供更多的发展机会。同时，随着全球对于可持续发展和社会公正等问题的关注度提高，伦敦国王学院的社会科学、法学、医学等专业将有更多的用武之地。总的来说，伦敦国王学院以其卓越的学术实力和前瞻性的判断，将继续在未来的教育和科研领域中发挥重要的作用，并继续为全球的进步做出贡献。

# 布里斯托大学

　　布里斯托大学（University of Bristol）是英国最受欢迎和非常成功的大学，以"学术卓越创新与独立前瞻性精神相结合"享誉全球。布里斯托大学培养了13位诺贝尔奖得主，以及为数众多的英国社会科学院院士、医学科学院院士、英国皇家学会院士、英国皇家工程学院院士等，其科学研究与人才培养始终处于全球研究领域前沿。英国前首相温斯顿·丘吉尔（Winston Churchill），英国皇家学会会长、诺贝尔奖得主保罗·纳斯

（Paul Nurse）曾担任布里斯托大学校长，丘吉尔任校长长达36年。现任校长是伊夫琳·韦尔奇（Evelyn Welch）教授。

布里斯托大学的前身是布里斯托尔大学学院，成立于1876年，1909年得到皇家特许授权并更名为布里斯托大学。1876年10月10日，学院正式开始授课，最初有2名教授和5名讲师提供15个科目的课程，共有99名日间学生和238名晚间学生注册。经过近150年的发展，布里斯托大学已成为英国十大大学、英国顶级招聘人员的四大目标之一、世界上最好的企业孵化器之家、毕业生英国收入最高的学府。

目前，布里斯托大学已从仅提供15个科目的课程的小型学院，发展为一所举世闻名的公立研究型大学。学校目前有6个学部：人文艺术学部、工程学部、生命科学学部、科学学部、健康科学学部、社会科学与法律学部。学校拥有丰富的专业设置，除了久负盛名的医学专业，还有极富特色的工程专业，其他专业的优势也极其显著。英国教育成果数据显示，布里斯托大学是英国特别受欢迎的大学之一，仅排在牛津大学和剑桥大学之后。其毕业生颇受全球雇主青睐，且是毕业生收入在英国排前10名的大学。在众多的专业当中，工程、科学、艺术和社会科学学部毕业生毕业后3年的收入高于全国平均水平。从具体专业而言，收入最高的是医学和牙科毕业生，其平均工资为42500英镑；其次是经济学毕业生，收入为38300英镑；心理学、生物学和语言专业毕业生紧随其后，平均工资为27200—28500英镑。

布里斯托大学的研究生课程体系是以《英国高等教育质量准则》（*UK Quality Code for Higher Education*）中的高等教育资格框架（The Frameworks for Higher Education Qualifications）为依据设计的。在这一框架的规定下，布里斯托大学注重对研究生的学习成果及相应能力进行考察，在研究生的日常培养中，注重对研究生学科前沿知识和方法论，以及处理复杂问题的能力、沟通能力、判断能力和专业发展能力、职业发展能力的培养。为了达成上述人才培养目标，在课程设置上，布里斯托大学不同类型的研究生培养方案均注重研究方法类课程。在教学方式上，注重综合运用多种方法，包括教师讲授、工作坊、关键材料的阅读与讨论、小组讨论与合作、实践操作、学习汇报等。在课程评价上，大部分硕士课程都采用形成性评价与终结性评价，博士课程则主要采用终结性评价，形式灵活多样。

布里斯托大学的6个研究生学部具有各自不同的特点。其中，人文艺术学部是布里斯托尔大学最大和最多样化的学院，由3个学院组成，包括15个学术部门和多个研究中心，涵盖的范围涉及广泛的艺术及人文学科。学部为研究生提供了丰富的选择性课程，并坚决致力于跨学科和跨部门、学校和整个学院的协作研究工作。工程学部的研究领域包括能源和环境网络与安全、健康与生活、智能机器人、材料制造、交通运输、人工智能、量子技术等。生命科学学部的研究和教学活动主要围绕生命科学的各个层面，包括分子、细胞、组织和器官系统到行为、社会和环境。科学学部研究领域包括环境研究、新型材料、数据科学、数字化学等。其在博士研究生培养中注重与工商界合作，如通过气溶胶科学博士培训中心、技术强化化学合成博士培训中心、计算统计和数据科学博士培训中心等，对博士研究生提供全面技能培训支持。健康科学学部包括布里斯托医学院、布里斯托牙科学校、布里斯托兽医学校、解剖学院。在研究方面，人口健康科学研究中心和转化健康科学研究中心的研究涵盖遗传和生命过程流行病学、公共卫生和保健服务、神经科学和内分泌学、心血管科学等诸多方面。社会科学与法律学部学科涵盖政治学、社会学、国际研究、政策研究、社会工作、健康科学市场营销等。学部下设经济学院、教育学院、政策研究学院、社会学学院、政治和国际研究学院、布里斯托尔大学商学院、布里斯托尔大学法学院等多个学院。

布里斯托大学现有本科生20311人，研究生7202人。其中，社会科学和法律学部本科生人数最多，为4705人。从教学型研究生数量而言，社会科学和法律也是拥有最多的人数，为3069人。研究型研究生数量最多的为科学学部，为619人。

目前，学校有提供全职服务的教职工共4139人。其中，全职教师与研究人员数量为1524人，各类兼职师资有1700余人。在布里斯托大学培养的众多杰出校友中，共有13位诺贝尔奖获得者，涵盖化学、工程、物理、文学、医学、经济学等领域。此外，学校还培养了39位社会科学院院士（含退休）、27位医学科学院院士（含退休）、21位英国皇家学会院士（含退休）、11位英国皇家工程学院院士、1位高等教育女王周年纪念奖获得者。

布里斯托大学的校训为拉丁文"Vim Promovet Insitam"，英文译为"Learning promotes one's innate power"，中文译为"学习提高一个人内在天赋"。布里斯托大学位于古城布里斯托市中心，哥特式的建筑位于两条热闹的街道交界处，各院系则坐落在靠近风景如画的港口的山坡上。布里斯托大学没有真正意义上的校门，各个学院、图书馆、教学楼、学生宿舍等，散落在布里斯托市各处，大学与城市融为一体，尽显和谐包容。其中，威尔斯纪念楼（Wills Memorial Building）不仅是布里斯托大学的标志性建筑物，也是整个布里斯托市的标志之一，被认为是英国最后一座伟大的哥特式建筑。这座68米高的大楼于1925年由英王乔治五世（George V）和玛丽王后（Queen Mary）共同开启，从威尔斯纪念大楼正门可以直接进入到威尔斯纪念图书馆（Wills Memorial Library）。

在近150年的发展历程中，布里斯托大学以其学术声誉享誉全球，也保持着很高的教学质量和学生满意度。同时，学校与全球许多知名大学建立了广泛的合作关系，提供了丰富的国际交流和合作机会。当今世界，新的技术不断涌现，布里斯托大学将不断保持原有优势，并致力于开拓新的研究领域。

诺丁汉大学

诺丁汉大学（University of Nottingham），这所位于英国的心脏地带的学府，以其卓越的教学质量、深厚的学术底蕴和广泛的国际影响力赢得了全球的赞誉。诺丁汉大学是罗素集团创始成员，曾获英国《卫报》大学国际战略奖，女王企业奖（持续创新与发展类），英国女王高等教育年度金奖，女王企业奖（国际贸易类），并培养了3位诺贝尔奖得主。在诺丁汉大学的校友

名录能够看到，诺丁汉大学的校友从诺贝尔奖获得者到奥运会金牌获得者、前沿科学家、国际政治家、记者、小说家和演员，在世界各地、在各自选择的领域做出了重大贡献。这其中包括葛兰素史克公司的首席执行官安德鲁·威蒂（Andrew Witty），荣获2003年诺贝尔经济学奖的克莱夫·格兰杰（Clive Granger）爵士，荣获官佐勋章、发明止痛药布洛芬的药理学家斯图尔特·亚当斯（Stewart Adams）博士等。

1881年，诺丁汉大学学院正式开办。1948年，学院被授予皇家特许权，并更名为诺丁汉大学。今天的诺丁汉大学共有6个校区，其中包括在英国之外成立于2000年的马来西亚校区、成立于2005年的国王牧场校区和成立于2004年的中国宁波诺丁汉校区。

诺丁汉大学设有64个学系，分属于5个学部：人文艺术学部、工程学部、医学和健康学部、科学学部、社会科学学部。人文艺术学部下设现代语言和文化、音乐、哲学、神学和宗教研究等10余个学院和系；工程学部下设建筑和建筑环境、化学和环境工程、土木工程等近10个学院和系；医学和健康科学学部下设健康科学、生命科学、医学等学院和系；科学学部下设生物科学、化学、计算机科学、数学科学等学院和系；社会科学学部下设经济学、教育、地理学、法律、政治和国际关系，社会学和社会政策，以及诺丁汉大学商学院等学院和系。

在研究生培养方面，诺丁汉大学设有丰富的研究中心，供研究生与学者交流、学习与共享。其中，比较有代表性的研究中心包括高级数据分析中心、航空航天制造业中心、亚洲及太平洋研究所、英国政治中心，以及媒体、政治和通信研究中心等。诺丁汉大学共计有80余个研究中心。在各研究中心的运行与研究生培养中，诺丁汉大学注重相互合作与交流的跨专业教育。以隶属于医学与健康科学学部的跨专业教育与学习中心为例，该中心在跨学科合作的实践中做出大胆尝试，提供了包括医学与健康科学学部、社会科学学部及科学学部的共同学习和多学科团队合作，不仅在学科交叉领域进行了探索，也培养了学生的跨专业合作意识。该中心创新设计跨学科课程，其课程参与者主要为医学与健康科学学部、社会科学学部及科学学部3个学部8个系的学者与研究生。

最新数据显示，诺丁汉大学在校生为35275人，本科生占比79%，

研究生占比21%。其中，国际学生数为9718人，本科生占比55%，研究生占比45%。学校教职员工总数为3384人，其中国际职员占比为35%。学校不遗余力地倡导国际化办学目标与跨学科研究与教学，为不同学科专业的学者和学生提供了共同交流、学习的平台，创设了学校内部跨界、交叉、融合开展研究与学习的良好氛围。

诺丁汉大学的图书馆藏有100多万册各种书籍和期刊，以及大量的手稿。同时，电子服务项目不断增加，包括目录、索引和电子期刊。图书馆分布在几个地点，每个地点都有专职工作人员。所有的图书馆都有借书和咨询服务，学期中的晚上和周末都开放。为支持研究者日益增加的研究数据需求，适应数据密集型科研范式的需求，发挥科研数据的价值，解决学校科研数据的管理需求，诺丁汉大学整合学校图书馆、研究与科技中心、信息网站中心的相关职能，协同构建研究数据管理服务体系。这一科学的研究数据管理服务体系，为科研人员提供研究数据的保存、组织、管理、共享等服务，支撑学校整体科技发展战略。

诺丁汉大学马来西亚校区于2000年开始招生，是英国大学在英国以外设立的第一所分校，实现了诺丁汉大学21世纪建设全球化大学愿景。这一创新理念为诺丁汉大学赢得了国际上享有盛誉的女王企业奖。马来西亚校区既有马来西亚教育特色，又充分体现了英国教育的所有特色——创新的教学和评估方法，鼓励独立、创造性的思维。作为一所全球性大学校区，该校区拥有超过1400名国际学生。

宁波诺丁汉大学（UNNC）是在中国开设的第一所中外合作大学。成立于2004年，由诺丁汉大学与中国教育行业的龙头企业浙江万里教育集团合作运营。该校现有学生9000余人，其中有7%以上来自中国港澳台地区及海外国家。现有教职工900多名，教职员工和学生来自全球约70个国家和地区。校园位于浙江省宁波市，占地58万多平方米。学校设有商学院、科学与工程学院、人文社会科学学院3个学院，开设29门本科课程和18门研究生授课课程。学校于2008年12月获得博士学位授予权，现有博士研究生500余人。在师资团队中，宁波诺丁汉大学既有从英国诺丁汉借调或按诺丁汉大学标准任命的学术人员，又有李达三讲座教授计划（the Li Dak Sum Chair Professorship scheme）聘请的25名顶尖学者。他们引领重点领域研究发展，讲授的领域包括海洋经济学、新材料、商业创新等。当前，该校在健康研究、交通研究、环境研究，以及智能制造、绿色化学品和能源、生命科学和医疗保健等方面，开展广泛的国际合作与研究。

诺丁汉大学以"A City is Built on Wisdom"为校训，译为"城市建于智慧之上"。诺丁汉大学拥有6处校区，在英国本部，包括大学公园校区（University Park）、萨坦·伯宁顿校区（Sutton Bonington Campus）、朱比利校区（Jubilee Campus）、国王草地校区（King's Meadow Campus）4个校区，以及马来西亚校区与中国宁波校区。其中，大学公园校区依湖而建，风景秀丽；朱比利校区曾接受过奥运圣火传递。现代化的建筑风格和能源可持续技术应用，让诺丁汉大学蝉联"世界最绿色大学"称号。其校园风景如画，进入英国最漂亮的大学校园之列，校园距离古城诺丁汉市中心不到5千米。从该校的朱比利校区和大学公园校区乘公交车或骑自行车到市中心，只需很短的时间；从市中心到萨坦·伯宁顿校区也只有20分钟的路程。由于诺丁汉位于英国中部，因此从这里去英国其他大城市和到国外，交通都非常便利。乘火车至伦敦圣潘克拉斯车站只需2小时，至英国第二大城市伯明翰仅需40分钟左右。

今天，诺丁汉大学在英国诺丁汉、马来西亚吉隆坡、中国宁波的3个校区的人才培养、科学研究、社会服务中做出了卓越贡献，因此在世界范围内获得了广泛的美誉。未来，诺丁汉大学将继续朝无国界大学的目标努力，培养学生的进取心和创造力，打造教职员工的全球思维，向学生、校友、合作伙伴、行业、政府和公民持续寻找合作力量，坚持无国界原则，实施跨越结构和文化界限的合作，继续向全球最好的研究型大学的发展目标努力。

 # 帝国理工学院

　　帝国理工学院（Imperial College London）是英国著名的公立研究型大学，是G5超级精英大学之一。G5又称作"the G5 group"或"the G5 super elite"，是被英国媒体所说的5所精英学校剑桥大学、牛津大学、帝国理工学院、伦敦大学学院和伦敦政治经济学院的并称。帝国理工学院具有世界顶尖的科研水平、师生质量和经济实力，与麻省理工学院、加州理工学院、

苏黎世联邦理工学院并称为"世界四大理工学院"。在帝国理工学院的历届校友和教职人员中,共产生了14位诺贝尔奖得主、3位菲尔兹奖得主,许多中国科学院院士曾在此就读。

1907年,学院成立章程签署,帝国理工学院成立。它是由维多利亚女王(Queen Victoria)和阿尔伯特亲王(Prince Albert)于1845年建立的皇家科学院和大英帝国研究院、皇家矿业学院、伦敦城市与行会学院合并组成,曾是伦敦大学的成员之一。2007年,在建校100周年之际才正式脱离伦敦大学成为一所独立的大学。

帝国理工学院专注于科学、工程、医学和商业,强调跨学科的研究,以及世界一流的教育体验。在2020—2025年的学校发展愿景中提到,学校以研究为基础、以学生为中心、以证据为基础,强调包容性和多样性、外向型和技术型。学校强调创业精神,持续与企业、非政府组织和政府合作,特别是与全球商业界、学术界、非营利组织、医疗保健和政府机构的合作,充分体现了学校对"跨界融合"的追求。

学校共有工程学院、医学院、自然科学学院、帝国学院商学院4个学院。其中,工程学院包括航空学、生物工程学、化学工程、土木和环境工程、计算、戴森设计工程、地球科学和工程、电气和电子工程、材料、机械工程等学院(研究所)。医学院包括大脑科学、免疫学和炎症、传染病、临床科学、代谢、消化和生殖、国家心肺研究、公共卫生、外科与癌症、生命科学等学院(研究所)。自然科学学院包括化学、数学、物理学、生命科学、环境政策等学院(研究所)。帝国学院商学院包括财务、管理和创业、经济和公共政策、市场营销、分析和业务等学院(研究所)。值得一提的是,帝国理工学院极其重视跨学科研究与合作。目前,帝国理工学院拥有35个帝国卓越学院网络和29个帝国学院卓越中心,支持学者与研究生的学习、研究、交流与合作。

帝国理工学院尝试创建灵活的多学科网络、中心和机构框架,以促进跨学科研究。从研究设施来看,帝国理工学院不断投资,持续改善研究设施,使其拥有最先进的研究设施,为数据分析和可视化等领域提供支持。此外,学院还通过与其他研究机构和大学合作,共享研究设施。在帝国理工学院众多的研究设施中,转化研究与成像设施已成为解开疾

病分子秘密的关键工具。哈默史密斯校区拥有最先进的临床前和临床成像设施，支持世界领先的转化研究，可用于跟踪和评估生活中的新疗法，减少临床研究所需的受试者数量，并有助于个性化护理。帝国理工学院的数据观测站是欧洲同类数据观测站中最大的，致力于为学术界和工业界提供数据可视化的平台，并促进在沉浸式和多维环境中复杂数据集成和分析的交流，屏幕总分辨率为1.3亿像素，由64个显示器组成，并形成圆形墙壁的环绕视觉体验，其技术在世界同类型研究设施中处于前端。

在最新公布的数据中，帝国理工学院共有9800名本科生、8600名研究生，以及3700名学术和研究人员。帝国理工学院高度重视国际化办学，60%的学生来自英国以外的国家，其中20%来自其他欧洲国家，2/3的研究者为国际合作者，来自130多个国家。根据2021年公布的卓越研究框架（REF），帝国理工学院表现突出，在英国大学整体排名中名列前茅，世界领先研究的比例高于英国其他大学，研究成果排名英国第一，研究环境排名英国第一，研究影响力在罗素集团大学中排名第一。该结果显示，帝国理工学院在所评估的各个领域取得巨大进步，在世界一流研究型大学中保持绝对优势。

作为一所开放式大学，帝国理工学院在英国本土的校区较为松散，主校区为南肯辛顿校区，周围有海德公园、皇家阿尔伯特音乐厅等知名艺术场所。此外，英国本土校区还有圣玛丽校区、希尔伍德公园校区、切尔西和威斯敏斯特校区、皇家布罗普顿校区、查令十字校区、哈默史密斯校区、崴校区7个校区。每个校区都配备了相应的图书馆设施。中央图书馆位于南肯辛顿校区，是帝国理工学院的主要学术研究资料图书馆，拥有大量的印刷和电子馆藏。中心图书馆藏书丰富，包括350多万本图书和1800种期刊，总藏书量达725万册。萨拉姆图书馆是帝国理工学院的主要图书馆，于1969年8月开放，接替了1959年开放的原里昂普莱费尔图书馆。帝国理工学院每个院系也都设置了自己的图书馆，为学生提供了便捷的图书借阅和学习空间。

南肯辛顿校园中央的女王塔是帝国理工学院的标志性建筑。女王塔是从前大英帝国研究院保留下来的建筑物，建于1887年，为纪念维多利亚女王登基50周年而建造。塔高85米（287英尺），覆盖波特兰石，顶部有铜覆盖的圆顶。从地面到穹顶底部共有324级台阶，通往顶部的大部分路线都是狭窄的螺旋楼梯。塔里悬挂的10口大钟，是1982年来自澳大利亚的礼物，以王室成员名字命名。每有重要王室成员生日或其他王室纪念日,大钟都会在下午敲响。观景廊能够呈现伦敦全景。伦敦塔附近没有高层建筑,在良好的观测条件下,最远可见点为32千米,这样意味着从伦敦各地的各个地方都可以看到女王塔,因此,女王塔是帝国理工学院独具特色的标志性建筑。

诞生于1908年的校训为"Scientia imperii decus et tutamen"(拉丁语),译为"科学是帝国的光彩和庇佑",已于2020年全面停用,目前暂未公布最新校训。

帝国理工学院在世界范围内享有很高的声誉,除了因拥有优秀的教育资源和高水平的教学水平,还因有着独特的文化和社会环境。在人才培养方面,帝国理工学院致力于为整个人类社会培养优秀人才。

华威大学

华威大学（The University of Warwick），是一所享有盛誉的世界级名校，被认为是英国顶尖学府之一。严格的招生标准、高水平的学术研究，以及卓越的教学质量使其声名远扬。华威大学在工业、商业、政治和学术领域都享有盛誉。校友和教职工团队中有多位诺贝尔奖、图灵奖、菲尔兹奖、理查德·W. 哈明奖、艾美奖、格莱美奖，以及帕德玛·维布胡珊奖的得主。此外，还有英国国家学术院、英国皇家工程院和英国皇家学会的院士，英国

皇家文学学会会员，国家元首及政府高级官员等精英人才。在研究领域，华威大学的研究人员也做出了显著的贡献，如青霉素和音乐疗法的发明，华盛顿共识、计算标准（包括ISO和ECMA）、复杂性理论、合同理论和国际政治经济学等理论的提出等。这些成就彰显了华威大学在推动科学和社会进步方面的引领地位。

华威大学是英国年轻的大学之一。1961年，英国政府批准划分出1.62平方千米，用于建立华威大学。这也是英国第一批新式大学，其现代建筑风格与当时以维多利亚建筑风格为主的红砖大学形成了鲜明的对比。1964年，华威大学招收了一小部分研究生。1965年，华威大学在获得英国皇家宪章后，招收了第一批本科生450人。1979年，学校合并了考文垂教育学院，并进一步将校园扩展至2.9平方千米。华威大学在英国高等教育领域中具有先驱地位，是首批引入商业运作模式的大学之一。通过与商界建立紧密的联系，华威大学不仅挖掘了学术研究的商业价值，而且在高等教育中树立了进行商业合作的典范。这种前瞻性的做法不仅丰富了学校的发展履历，也为其在学术研究和商业实践之间建立了坚实的桥梁。

华威大学开设有3个学院及1个跨学科研究中心。三个学院分别是社会科学学院、科学工程和医学学院、人文与艺术学院。这4个研究机构下辖30多个院系及60多个研究中心。华威大学商学院是英国非常优秀的商学院，是英国第一所获得三重认可的国际商学院。华威大学制造工程系，简称WMG，是世界顶尖的研究和教学中心，英国政府资助建立的汽车创新研究中心、制造材料中心等，与汽车、快速消费品、医药、零售等领域顶尖公司都有合作。

在英国高等教育基金管理委员会的评估报告中，华威大学的纯数学、应用数学、统计学和运筹学、计算机科学、经济学、管理学、化学工程、土木工程、机械工程、矿业工程、冶金学，以及材料科学等专业均获得了5星满分评定。临床前研究、生物化学、生物学、化学、物理学、制造工程、电机及电子工程和历史学等专业也取得了5分的高度评价。华威大学以广泛而优势的学科覆盖、卓越的评估表现，以及在工业、商业等领域的引领地位，不仅展现了其在学术研究和教育领域的强大实力，也为与产业界的深度合作树立了典范。

华威大学的研究生教育拥有悠久的历史，始建之初即着眼于培养研究生。当前，学校提供超过120个本科专业，以及200多个硕士和博士学位。根据英国研究生教育体制，华威大学的硕士研究生分为授课型研究生和研究型研究生。3个

学院分别设有博士培训中心，而在学校层面还设立了博士学院，专门负责协调和管理研究型硕士研究生和博士研究生的事务。博士学院设有学术领导和行政领导，并下设4个办公室，分别是研究生培养、研究生财务、研究生奖学金和研究生学位考试。这种有序的组织结构确保了对研究生全方位的关照，包括培训、财务支持、奖学金申请和学位考试等方面。通过这些结构的精心设计和协调，华威大学在研究生教育领域展现出了全面而有力的支持体系。

学校现有学生28597人。其中，本科生18560人，研究生9315人，交换生、访问学者、国际预科学生等722人。各学院的人数比率和本科生、研究生比率不同，其中，文学院、科学工程与医学院、社会科学学院的在读本科生占学院人数（不包括交换生、访问学者、国际预科学生）的85%、66.7%和57.8%，研究生占比分别为15.0%、33.3%、42.2%。

根据华威大学官方公布的2023—2024学年招生数据，申请季中，华威大学共收到51641份研究生入学申请，总计发放录取通知书20285份，最终接受录取的人数为6307人。中国学生申请数量达到33104人，学校共发放11504份录取通知书，最终成功录取的人数为2507人。从整体数据看，总录取率为12.21%，而中国学生录取率为7.57%。中国学生申请量比较大的院系是华威商学院、华威大学制造工程系，以及教育学、应用语言学、文化及传媒政策、经济学与计算机等系。

华威大学拥有一支结构合理、素质卓越的师资队伍。截至2022年年底，华威大学的教职工总数达到7188人，其中教研人员有2638人。这支教育队伍由来自世界各地的一流专家组成，其中包括多位诺贝尔奖得主、院士等精英人才。他们在人文社科、自然科学等领域都有深厚的造诣。这些教育专家不仅具备专业的学科知识，而且积累了丰富的教学经验，能够为学生提供多元化的学术视角和丰富的学术资源。除了在教学方面的卓越表现，华威大学在学术研究领域也有优异表现。每年都有大量科研项目获得国际认可，成果被发表在世界顶级学术期刊上。更值得一提的是，师生之间的紧密合作不仅推动了学术创新，还培养了学生的研究能力和团队协作精神。学生在真实的科研环境中学习，无疑为他们未来的职业生涯提供了极佳的锻炼机会。

华威大学位于英国沃里克郡和考文垂市交界处，校园分为3个部分：主校区、吉比山校区（Gibbet Hill）和西木校区（Westwood）。学校拥有现代化的教学大楼和基础设施，以及迷人的湖泊和森林景观。周边乡村地区风景宜人，同时还保留着沃里克城堡、埃文河畔斯特拉特福（威廉·莎士比亚故乡）、科茨沃尔德等多个名胜古迹。两座主要图书馆拥有近100万册藏书和6000多种期刊，采用先进的电动移动书柜系统，提供多样的学习环境，包括电子白板、多媒体教学室和个人研究室，以满足学生和教职员的学习与工作需求。学校每年在图书资料方面的经费支出平均每名学生超过100英镑。此外，学校还设有电脑中心、语言中心、音乐唱片中心和英国石油档案中心等多个支持学习的设施。

华威大学的校训是"Mens agitat molem"，这句拉丁语的意思是"才德驱动万物"。这个校训体现了华威大学对于精神力量和思想的重视，强调了精神和智力对于物质世界的主导作用。作为英国顶级大学之一，华威大学肩负着整合卓越学术实力、产业合作伙伴关系、创造力和企业家精神等多方面资源的责任。学校坚守研究和教育的核心目标，以创新、包容性、区域领导力和国际化为四大战略重点，坚持核心价值观，迎接2030年的挑战。在这个不断变化的时代，学校致力于为教职工和学生提供最优越的环境，支持各学科的发展，努力创造更卓越的成就。

利兹大学

利兹大学（University of Leeds），是世界顶级的公立研究型大学，是英国罗素大学集团的杰出成员之一，也是英国规模名列前茅的大学。利兹大学因研究和教学质量而享誉全球，尤以在气候研究领域的卓越表现而蜚声国际。利兹大学的历史可追溯至1831年，当时成立的利兹医学院为其奠定了雄厚的基础。1904年被正式授予利兹大学的名号。经过一个多世纪的不懈努力和发

展，利兹大学已经成为享有盛誉的综合研究型大学，跻身世界百强名校之列。

利兹大学的历史与维多利亚时代利兹市成为英国纺织工业和服装制造国际中心的发展密不可分。该大学的起源可追溯至1831年成立的利兹医学院和1874年成立的约克郡科学院。1887年，这两所学校与欧文斯学院（曼彻斯特大学的前身）和利物浦大学学院（利物浦大学的前身）联合成立了维多利亚大学。随后，各个城市开始认识到建立自己的大学的好处。在曼彻斯特市和利物浦市决定建立大学后，利兹市也紧随其后。1904年，国王爱德华七世（Edward Ⅶ）颁布皇家宪章给利兹大学，宣告利兹大学正式成立了。

利兹大学开设丰富多样的学科专业，研究和教学的范围覆盖了绝大多数社会和自然科学的领域，是专业设置齐全的英国综合性大学之一。利兹大学设有7个学部，开设超过700门不同的学术课程，学科包括工程学、理学、医学、商学、教育、法律、语言学、人文、艺术学，以及许多跨领域的交叉学科等。其中，部分学科在国际评估中名列前茅，如工程学、计算机科学、地理学等。利兹大学的地球科学在全球范围内享有很高的声誉，其研究实力和学术贡献都位于世界前列。交通运输工程专业具有世界级的科研实力，其排名在全球范围内都相当靠前，为学生提供了优质的学习和研究环境。化学研究实力强大，不仅在学术界有很高的认可度，而且其毕业生在就业市场上也备受青睐。商学院也颇具盛名，其商学、管理和营销学等专业在英国及国际上都享有很高的声誉。凭借卓越的教学质量和丰富的实践经验，利兹大学的商科毕业生在就业市场上具有很强的竞争力。

利兹大学的7个学部均提供多元化的本科和硕士学位课程，同时设立了利兹博士学院，该学院由博士学院运营部和各学部下设的研究生院共同组成。博士学院运营部在这一结构中扮演着统筹管理的角色，致力于协调和确保下设的研究生院在研究生培养方面保持卓越水平。各学部的研究生院主要负责招生和管理研究型研究生，而授课型研究生则由各学院负责招收和管理。需要注意的是，并非所有学部的下设学院都招收授课型研究生，利兹大学共有12个学院开设授课型研究生课程，包括商学

院、土木工程学院、计算机科学学院、设计学院、地球与环境学院、电子电气工程学院、地理学院、法学院、数学学院、传媒学院和表演文化产业学院。利兹大学研究生管理体系具有明确的组织结构和职责分工。博士学院运营部在保障整体质量的同时,各研究生院和学院分工负责,使不同类型的研究生能够在专业领域得到专属而全面的培养。这一管理特色使利兹大学在研究生教育领域更具灵活性和有效性。

学校当前在校学生总数为36740人,其中本科生有26300人,研究型研究生为2200人,授课型研究生为8135人。国际学生为11125人,来自100多个国家。2022—2023学年,研究生的录取率为48%,国际学生中授课型研究生的录取发放率为47%,研究型研究生的录取发放率为15%。在2017—2020年的授课型研究生课程中,体育与运动医学、经济与金融学、商务与公共服务口笔译研究等相关硕士项目的录取率较低,录取接受率分别为8.5%、10%、11%。其中,经济与金融学硕士的申请人数众多,竞争十分激烈。而录取率最高的专业为中学教育硕士(PgCert PGCE Secondary SCITT)、铁路运营、管理与政策硕士、交通规划硕士,录取接受率分别为99%、94%、94%。

作为英国顶尖高校之一,利兹大学拥有一支杰出的师资队伍。学校目前共有8642名教职员工,其中包括3531名教学和科研人员。这些教师大多数在顶尖大学取得了硕士和博士学位,深耕各自领域,具备广阔的学术视野和深厚的学科知识。他们注重学生培养,通过互动式教学和案例分析等方式,致力于培养学生的学术和实践能力。在科研方面,教师们积极从事前沿科学研究,发表高质量的学术论文,并获得一系列重要的科研项目资助。他们广泛参与学术交流和合作,与国内外知名学者和研究机构保持紧密联系。这些科研成果不仅在学术界产生影响,也为相关行业和社会的发展做出了积极贡献。在凝聚态物理学领域,学校设立了"卡文迪许物理学首席专家"职位,由该领域的学术权威担任,如1915年获得诺贝尔物理学奖的威廉·亨利·布拉格(William Henry Bragg)教授。他在校期间发明了第一台X射线光谱仪,并与儿子威廉·劳伦斯·布拉格(William Lawrence Bragg)一起创立了X射线晶体学。如今,该研究组由5名学术人员组成,致力于自旋电子学、材料结构与磁性,以及碳基材料的研究。在化学领域,1952年诺贝尔化学奖获得者理查德·劳伦斯·米林顿·辛格(Richard Laurence Millington Synge)教授在利兹大学期间,与阿彻·马丁(Archer

Martin）合作发明了分配色谱法，该技术彻底改变了分析化学的研究方法。

　　利兹大学位于利兹市中心。利兹市是一个充满活力和热情的城市，也是学生人口最多的英国城市之一，是一个非常适合学习和生活的城市。在这里，每个人都能找到适合自己的生活内容和方式。利兹大学只有一个校区，从校园出发步行即可到达市中心。大学校园设施齐备，如数字化学习和教学空间、实验室和研究设施、全英最佳的图书馆、小组和个人学习空间、室内健身运动场馆（The Edge）等，完全满足学生学习所需。利兹大学的图书馆分布在5个地点，拥有278万册图书、26000种印刷和电子期刊、850个数据库和6000种电子书，位居英国最大的研究型图书馆之列。学校配备了高技能计算设施，为师生提供完整的互联网技术服务平台、咨询和培训。每个学术部门都配备了专业的研究设施，涵盖从国际重要收藏到最先进实验室的各方面，以满足教职工和学生的需求。例如，利兹大学的驾驶模拟器在交通研究领域是全球最先进的设备，它使交通研究人员能够在精确控制的实验室条件下观察驾驶员行为，避免了在实际环境中可能面临的风险。合作伙伴圣詹姆斯大学医学院使大学能够运营涉及生物医学、物理学和食品工程等学科的一系列高科技研究实验室，包括用于生物纳米技术的洁净室和植物科学温室，促进了医学研究和实践的融合。此外，学校还拥有航空领域的研究设施，如空中客车A320飞行模拟器，以提升飞行操作的安全性和效率。利兹大学以其位于充满活力的城市中心的便利位置，优越的校园设施和卓越的研究设备，为学生提供了一个丰富多彩、安全宜居的学习环境。

　　利兹大学的校训为"Et augebitur scientia"（拉丁文），译为"学以修身"。作为英国著名的研究型大学，利兹大学承载着悠久的历史和丰富的传承。学校在学科建设、国际合作、校园文化和社会贡献等方面取得了显著成就，为高等教育领域树立了良好的典范。为了更好地应对未来的挑战和机遇，利兹大学制定了2020—2030年的学术发展战略。该战略强调了研究和教育的整合发展，力求通过协作方式为塑造更美好的未来做出更为深远的贡献。这一战略不仅是对学校发展方向的明智规划，更是对学校使命的清晰表述。在学术战略的指导下，利兹大学将继续在国际范围内拓展合作，推动全球学术交流和合作项目的开展，支持跨学科研究，为社会创造更多福祉，助力人类更好地适应时代的变革。

南安普顿大学

南安普顿大学（University of Southampton），是罗素大学集团、世界大学联盟，以及科学与工程南联盟的成员之一。学校主校区位于英国汉普郡南安普顿市，这里是泰坦尼克号的起航地。该校是一所专注理工科的公立研究型大学，自成立以来已培养出众多杰出人才。在过去的160余年里，学校为各行各业输送了众多优秀人才。校友包括克兰菲尔德大学校长、女王大学前校

长彼得·格雷森爵士（Sir Peter Gregson），历史学家大卫·切萨拉尼（David Cesarani）等。学校以开放和进取的态度不断探索新的领域。它是全球最早支持校园创业项目的大学之一，也是最早开设电子学系并推出网络课程的大学。这些创新举措进一步巩固了南安普顿大学作为世界顶级大学的地位。

　　南安普顿大学以研究为驱动，具有深厚的历史底蕴。其前身哈特利学院于1862年10月15日正式成立，并在短短3年内迅速发展，拥有近700名成员。1902年，学校更名为大学学院，并在1902—1952年作为伦敦大学的学院独立颁发学位。1952年4月29日，学校获得了英国女王伊丽莎白二世（Queen Elizabeth Ⅱ）授予的皇家宪章，正式成为能够独立颁发学位的全日制大学——这是女王登基后首次授予这一宪章的大学，也是学校发展历程中的里程碑式事件。进入21世纪以来，南安普顿大学旨在发展成为一所世界领先的大学。在学校的良好氛围引导下，学生们通过奉献和努力，继承并发扬南安普顿大学的创新传统。

　　南安普顿大学的工程学专业享有很高的声誉，涵盖了机械工程、电子工程、土木工程等多个方向，注重理论与实践相结合，为学生提供了丰富的实践机会。计算机科学专业具有强大的师资力量和先进的研究设施，在人工智能方向的研究取得了显著成果。社会科学专业也颇具特色，包括社会学、心理学、政治学等领域。这些专业都拥有优秀的教师和丰富的研究资源，为学生提供了深入学习和研究的机会。南安普顿大学在艺术和人文领域也有着不俗的表现。其音乐、戏剧、文学等专业都拥有优秀的师资力量和丰富的教学资源，为学生提供了展现自己才华的舞台。

　　南安普顿大学在科学研究与社会需求的紧密结合方面处于世界前列。学校的研究领域广泛，世界一流的教学和研究活动由5个学部负责，分别为：艺术与人文学部、工程与物理科学学部、环境与生命科学学部、医学部、社会科学学部，每个学部下设多个学科院系。研究人员与工业界、政府和研究机构合作，共同攻克当今最大的技术挑战与难题。在可再生能源领域，学校专注于开发和优化可再生能源技术，以减少对化石能源的依赖，保护地球环境。在对抗癌症方面，南安普顿大学的研究人员积极研究新的治疗方法和药物，以期提高癌症患者的生存率和生活质量。此外，在南安普顿大学医学部的努力下，学校在抗击新型冠状病毒感染疫情方面也取得了显著成果。

南安普顿大学作为一所以理工科为优势的研究型高校,拥有世界一流的工程学科和众多高水平研究中心。在光学工程学科建设方面,该大学享有世界声誉,其光电子研究中心被公认为光学领域的顶级研究中心之一,长期引领世界光纤光学的发展,具有鲜明的优势和特色。南安普顿大学光学工程学科从激光器研究起步,因在光纤研究方面的突破性贡献而迅速进入世界领先水平。通过组建跨学科研究中心,立足学科前沿、不断创新,构建了以世界顶级科学家为带头人、以一流的青年科技人才和优秀的博士研究生为基柱的研究队伍。尽管英国的研究经费日益紧缺,但学校仍然每年为许多国际学生提供全额奖学金。此外,该中心致力于通过基础研究和技术创新改变未来,重视科技成果转化,实现产学研良性发展。现阶段其与激光(SPI)公司、纤维芯(Fibrecore)公司、感觉材料(Sensa)公司等保持着紧密的合作,为这些企业提供人才和科技支撑,是理工科院校产教融合的典型范本。

南安普顿大学对博士研究生的教育非常重视,并为攻读学术型学位的博士研究生提供了多种学习机会。这些机会包括讲习班、网上研讨会和独立学习模块等,旨在发展个人和专业技能,制订并完善自己的职业规划并提高就业前景。博士研究生还有机会作为学校研究人员之一,加入学校社区,参加社交活动并获得相应的学术支持。另外,还有每年定期举办的博士研究生研究节。该活动将博士研究生群体聚集在一起,给予博士研究生一个通过颁奖仪式、研究成果展示、3分钟论文竞赛和其他活动来展现其过去一年辛勤工作的平台。在校园里,博士研究生还可以使用共享办公室或工作空间,与其他博士研究生建立联系。共享空间将为博士研究生提供一个在大学工作和社交的基地。

南安普顿大学在留学生教育方面表现出色,不仅吸引了来自世界各地的优秀学子,还为他们提供了丰富多彩的学习与生活体验。学校会聚了来自130个国家的10000多名留学生,展现出国际化的教育格局。学校多元化的俱乐部和社团活动涵盖了各种兴趣、宗教、体育和学术领域,为他们搭建了一个结识来自本国和世界各地学生的良好平台,提供了多样化的交流与合作机会。近年来,每年有超过3000名中国学生在南安普顿大学求学,这一数字进一步彰显了学校在吸引中国学生方面的实力。同时,学校还设立了中国学生、学者联谊会,为来自中国的留学生提供了一个增进彼此了解、促进文化交流的平台。

南安普顿大学作为一所拥有约6000名教职员工的学府,犹如一台庞大的机器，运转高效；每一个员工都扮演着重要的角色，共同为学校的繁荣和发展贡献力量。专业服务人员负责所有非学术活动，包括市场营销、校友关系、物业和设施、财务、人力资源、管理和信息技术。讲师和研究人员则是学术领域的先锋，他们负责制订教学和研究计划，推动学校在学术领域的发展。他们的研究成果不仅提升了学校的学术地位，也为社会的发展做出了贡献。在专业服务部门和学院工作的400多名技术人员，他们的工作为学校开展世界一流的研究、教学和知识转让提供了有力的支持。南安普顿大学的教授们更是这所学校的瑰宝。萨缪尔·科尔特斯（Samuele Cortese）教授率领欧洲多动症指南小组（EAGG）的一个团队，调查了药物对儿童和成人的有效性。他们的研究成果为多动症的治疗提供了新的思路和方法。另一项由玛格丽特·汤普森（Margaret Thompson）教授及其同事开展的研究，则是帮助多动症儿童的父母和家人在孩子成长过程中引导孩子了解周围的世界。此研究为国际临床指南，以及欧洲在多动症大流行期间的管理指南提供了参考。研究增加了临床医生的循证实践，为多动症的治疗和管理提供了科学依据。在南安普顿大学这样一所充满活力和创造力的学府，教职员工们用他们的智慧和汗水，共同为学校的发展和社会的进步贡献力量。

南安普顿大学设施齐全，旨在为学生提供优质的教育环境。学校拥有5个紧密联系的本土校区，并在温彻斯特市和马来西亚的依斯干达普特里市各设有一个校区。海菲尔德校区作为历史悠久且规模最大的校区，毗邻南安普顿公地，是学术中心、社交活动场所、体育设施和学生会的所在地。博德伍德校区位于南安普敦公共绿地附近，专注于工程和海洋工程研究，并拥有多个世界一流的测试和研究实验室。学校的图书馆系统共有7座图书馆，藏书超过100万册，每年购买近25000种图书、期刊等读物。此外，学校还拥有人性化管理的图书馆制度，以最大限度地节省学生时间和提供最全面的知识为宗旨。

南安普顿大学的校训"勤奋征服巅峰"（Strenuis Ardua Cedunt）体现了师生的共同信念和追求，即通过勤奋和努力不断攀登学术高峰，实现个人和社会的共同进步和发展。南安普顿大学以其卓越的研究实力、优质教学和一流设施，为学生提供了优越的学习和研究环境。展望未来，学校将坚定致力于提升教育质量，培养更多杰出人才，为全球科技进步做出积极贡献。

伯明翰大学

伯明翰大学（University of Birmingham）是英国历史上第一所获得皇家特许状的"红砖大学"，也是英国现存规模位居前列的公立大学之一。作为一所世界一流的研究型大学，学校拥有悠久的历史和丰富的教育资源。知名校友包括英国首相斯坦利·鲍德温（Sir Stanley Baldwin）、质谱仪的发明者弗朗西斯·阿斯顿（Francis William Aston）、我国近代地质学奠基人之一李四光等。伯明翰大学在教育、科研和社会服务等方面

都做出了卓越的贡献，包括心脏起搏器和塑料心脏瓣膜的研制、维生素C的合成、过敏性疫苗的应用、人工血主要组成部分的合成、遗传学发展下动植物养殖技术的改进，以及近期的希格斯玻色子和引力波等重大发现。这些研究成果为英国、欧洲乃至全球面临的挑战提供了创新的解决方案。学校以培养具有国际视野和创新能力的高素质人才为目标，教育理念和教学方法不断创新，推动其成为一所世界级顶尖学府。

伯明翰大学拥有悠久的历史，开创了英国高校多个领域的先河，如"以校园模式建设，拥有自己的铁路系统连接城市""设立商学院与医学院"等。学校由梅森学院发展而来，起源可追溯到1767—1768年约翰·汤姆林森（John Tomlinson）举办的医学教育研讨会。1898年，梅森学院成为梅森大学学院，约瑟夫·张伯伦（Joseph Chamberlain）议员担任学院理事会主席。张伯伦对伯明翰城市的影响不仅限于大学的建立，更在于改善生活条件和教育水平。在张伯伦的不懈努力下，1900年3月24日，维多利亚女王（Queen Victoria）向学校颁发了皇家宪章，并捐赠了土地和资金，伯明翰大学由此诞生。学校代表着高等教育的新模式，平等接纳来自各种背景的学生。自那时起，伯明翰大学在研究发现和诺贝尔奖获得方面一直处于领先地位。如今，学校仍走在研究前沿，在21世纪新兴学科，如纳米技术、基因疗法、机器人技术以及虚拟现实在考古研究中的应用等方面处于领先地位，不断推出新的举措以丰富教学和推动研究。

伯明翰大学的商学院享有很高的国际声誉，其商业管理、会计与金融等专业都排名世界前列。学院提供丰富的课程和实践机会，帮助学生掌握商业领域的核心知识和技能，为未来的职业生涯奠定坚实基础。教育学专业也备受赞誉，其课程涵盖了教育心理学、教育政策、教育技术等。学校注重培养学生的教育实践能力，为他们成为优秀教育工作者奠定了坚实的基础。工程与技术专业同样实力强劲，包括机械工程、电子工程、土木工程等方向。学校拥有先进的研究设施和实验室，为学生提供了良好的学习和研究环境。计算机科学专业注重培养学生的编程能力和解决实际问题的能力，为他们未来的职业发展提供了有力保障。

伯明翰大学由文科与法律学院、工程与物理学院、生命与环境科学

学院、医学与牙医科学学院、社会科学学院5个学院组成。伯明翰大学鼓励大胆、独立的思考，并提供高质量的学术体验，为学生提供发展和挑战的空间。在伯明翰大学，学生有机会成为多元化大学社区的积极一员，追求自己的兴趣爱好，发展适合自己的职业道路。其中，工程与物理学院的人才培养模式便具有极强的学校特色，是彰显伯明翰大学人才培养模式的典型代表。制备工程是一门新兴交叉学科，伯明翰大学制备工程研究团队汇集了一批来自化学、物理学、生物学等领域的知名学者和工程师。该工程博士中心与一批技术世界领先的公司建立了稳定的合作关系。在跨学科思想指导下，伯明翰大学制备工程博士课程体系呈现模块化特点，基于企业学习和项目研究的特征明显。这一体系体现了该校工程博士培养过程中先进的培养理念、灵活的招生标准、完善的培养机制、严格的考核要求，同时，为学生成长成才奠定了良好的基础。

伯明翰大学是一所具有全球视野、研究成果领先、国际化程度高的学府。学校的教学和研究横跨所有学科，创造了一个充满活力的社区，提供多学科的研究和教育机会。同时，设有多个文化交流中心，致力于促进国际的文化交流与合作。来自世界各地的留学生在这里不仅能感受到英国文化的魅力，还能深入了解不同国家和地区的文化传统。全校共有来自150个国家的38000余名学生，这种国际化氛围有助于拓宽学生的视野，增强他们的跨文化交流能力，为他们未来的职业生涯做好准备。伯明翰大学具有欢迎国际学生的悠久传统，拥有英国最大的国际学生团体。此外，该校还与全球众多企业和机构建立了紧密的合作关系，不仅为学生提供了丰富的实习和就业机会，以及优质的教育资源，还为他们未来的职业发展打下了坚实的基础。这些合作一方面有助于提高学生的职业竞争力，另一方面为学校的研究成果转化为实际应用提供了良好的平台。

伯明翰大学拥有一支卓越的师资队伍，全校教职工共计8000余名，其中包括多位诺贝尔奖得主和国际知名学者。为了确保学校教师队伍的高质量，伯明翰大学设立了高等教育未来研究所。该机构的使命是支持教职员工开展创新性和包容性的研究密集型教学，旨在优化学生的学习体验，为他们的未来做好准备。学校在各个领域都展现出强大的研究实力，尤其在工程、科学、人文、社会科学和法学等领域享有盛誉。克莱夫·罗伯茨（Clive Roberts）是伯明翰大学工程与物理科学学院的教授，并担任伯明翰铁路研究与教育中心（BCRRE）的主任。2017年，伯明翰大学荣获"女王周年纪念奖"，以表彰伯明翰铁路研究与教育中心对世界铁路更安全、更高效发展做出的杰出贡献,由此反映出罗伯茨教授及其团队在此领域的突出贡献。

伯明翰大学位于英国第二大城市伯明翰市,涵盖了两个主要校区——埃德巴斯顿(Edgbaston)校区和塞利橡树(Selly Oak)校区。埃德巴斯顿校区被公认为英国最美的校园,是英国所有大学中唯一拥有校内火车站的大学。校园里湖水清澈、绿树成荫,建筑错落有致,带着浓郁的古世纪风格。校园里种植有大量花草,每年元旦前后竞相开放,届时是一年中校园最美丽的时节。随着时间的推移,学校对校园进行了多次扩建和改造,从而形成了一系列独特的标志性建筑。以穆尔海德塔为例,它采用了独特的"野蛮"建筑风格,与校园内的传统红砖建筑形成了鲜明的对比,但又和谐共存。现代建筑,如2019年启用的教学楼,与学校过去丰富多样的建筑相得益彰。另外,美轮美奂的校舍是世界一流教学和研究的一大推动力,为学生提供了绝佳的学习体验。伯明翰大学校舍规模宏大、种类繁多,拥有200多座年代、复杂程度、物理条件和用途不同的建筑。这些建筑中,既有受到一级和二级保护的历史建筑,也有先进的现代化学习和研究空间。伯明翰大学的图书馆资源十分丰富,拥有海量的图书、期刊、电子资源和学术文献,为师生提供了良好的学习和研究环境。此外,还有一些专业图书馆,如医学图书馆、法学图书馆等,满足不同学科专业的学术需求。伯明翰大学还拥有一些艺术馆,如芭柏艺术馆(Barber Institute of Fine Arts),展示了丰富的文化艺术藏品和历史文物,为学生提供了丰富的文化和艺术体验。馆藏有文森特·梵高(Vincent Van Gogh)、巴勃罗·毕加索(Pablo Picasso)、克洛德·莫奈(Claude Monet)的作品。学校还定期举办各种文化艺术活动、展览和讲座,促进学生对文化艺术的理解和欣赏。

伯明翰的师生们始终秉承"勤奋以达卓越"的校训,不断追求卓越。展望未来,伯明翰大学已制定了一项面向2030年的战略规划,旨在跻身全球顶尖大学前50强。学校将凭借其深厚的学术底蕴,以世界一流的研究成果和卓越的全球教育为核心理念,致力于提升研究的质量与数量,为全球社会带来深远的影响。学校将持续践行成为英国典范公民大学的愿景,坚定地为伯明翰市及西米德兰兹郡多元文化的社区、民众和经济的发展做出积极贡献。

# 柏林洪堡大学

柏林洪堡大学（Humboldt University of Berlin）享有"现代大学之母"的美誉，是全球第一所将科学研究与教学融合的高等学府。作为一所公立综合类研究型大学，柏林洪堡大学的前身柏林大学曾是第二次世界大战前德国的最高学府和全球的学术中心，汇聚了一批杰出的学者，如物理学家阿尔伯特·爱因斯坦（Albert Einstein）、马克斯·冯·劳厄（Max von Laue）、赫尔曼·冯·亥姆霍兹（Hermann von Helmholtz）等。柏林洪堡大学一直以来致力于推动青年才俊的发展，将卓越的研究与教学工作作为重中之重。它积极推动教育创新、打破传统界限，为社会和经济发展培养了具有全球视野和独立思考能力的未来领导者。

1810年，这所普鲁士新成立的高校率先将研究与教学统一起来，秉持着研究不受限制的理想，为学生提供全面的教育。柏林洪堡大学的诞生，标志着威廉·冯·洪堡（Wilhelm von Humboldt）对新型大学的憧憬成为现实，一个大学和学术研究的新时代由此开启。柏林洪堡提出的原则迅速获得了广泛认可，并在全世界范围内得到推广。2010年，柏林洪堡大学在建校200周年之际举办了丰富多彩的活动，旨在向创始人致以崇高的敬意。2012年6月，柏林洪堡大学成功入选德国"卓越计划"行列。学校始终把科学研究与社会发展紧密连接，聚焦面向未来的挑战，定期与公众开展交流。这所大学不仅代表着德国高等教育的卓越水平，更是全球高等教育发展的典范。

自创立以来，柏林洪堡大学便以文科领域的卓越成就而声名远扬。目前，学校共设有法学院、人文与社会科学学院等9个学院。柏林洪堡大学在人文学科领域享有卓越声誉和强劲的科研实力，文学、神经科学、哲学、社会学、心理学、数学、生命科学等学科在全球范围内均具有很高声誉。柏林洪堡大学的心理学专业历史悠久，多位国际知名心理学家，如赫尔曼·艾宾浩斯（Herman Ebbinghaus）、沃尔夫冈·柯勒（Wolfgang Kohler）、库尔特·勒温（Kurt Lewin）曾在此任教，现有14名教授。柏林洪堡大学坚持教学与研究相结合的原则，从第一学年起，便引导学生积极参与各类课题研究，教授关键的经验和行为心理学模型，旨在培养学生具备基于科学的心理学基本知识、技能和能力。数学专业则主要研究宇宙、自然科学、技术、经济等领域中客观事物的规律和问题，并通过经时间验证的概念形成独立的理论和结构，从而形成了特色的洪堡数学教育教学模式。

柏林洪堡大学强调知识的多样性和教学方式的多元化。学校共开设171门学位课程，涵盖了本科生、研究生、教师培训等各个层次和类型。其中，面向本科生（不含双学位课程）的课程有63门，连续硕士课程71门，教师培训类课程25门，研究生学位课程9门，本硕连读制课程1门，以及获得国家或教会认可的课程2门。在学位课程设置方面，柏林洪堡大学注重培养学生的综合能力和素质。在单科学士学位课程中，学生需要学习一个学科，并完成至少120学分的课程；在综合学士学位课程中，学生需要学习两个学科，核心科目90—120学分，辅助科目60学分。这种设置方式旨在培养学生的跨学科的视野和思维，提高其综合素质和能力。此外，柏林洪堡大学还注重教师培训类课程的开设。这些课程均

为综合学士学位课程，旨在培养教师的跨学科的知识和教学能力。

柏林洪堡大学是极具吸引力的学府。截至2023年夏季学期，柏林洪堡大学的学生总数已达到34752名。柏林洪堡大学非常重视博士研究生的培养。在德国，授予博士研究生博士学位的权利完全属于大学的院系。具体表现为：院系颁布章程（博士研究生培养条例），规定博士学位的授予条件。院系的研究生中心为候选人提供支持，"学院办公室"负责博士学位的正式授予。学生既可以选择结构型博士项目，也可以在教授的指导下攻读博士学位。为了使学生能够尽快完成研究项目，柏林洪堡大学研究生院开设了与博士工作相关的关键能力课程。这些课程是针对博士研究过程中出现的典型情况和问题量身定制的。此外，学校还与相关行业的领军从业者签订合约，为博士研究生授课。

洪堡大学能够取得今日的辉煌成就，与教师队伍的辛勤付出息息相关。这支卓越的教师团队，以专业素养和敬业精神，为洪堡大学的教育质量提供了坚实的保障。截至2021年年底，柏林洪堡大学共有518名教授，2326名助理教授、研究员，2052名教职员，以及1597名学生助理。在广泛的科学研究活动中，人文社科领域以古代世界和科学史研究、哲学和定量经济学为重点，自然科学领域以生命科学为核心。这些核心领域拥有15个合作研究中心、12个研究培训小组和5个跨学科中心。安科·特·黑森（Anke te Heesen）自2011年起担任柏林洪堡大学科学史教授，专注于19世纪与20世纪知识的发展和组织的研究。黑森教授曾在德国和国外的多所大学讲课，并在许多博物馆组织展览。自2019年以来，她一直担任系主任，并兼任德国研究基金会（DFG）历史审查委员会的成员。尤根·库思（Jürgen Kurths）是柏林洪堡大学物理学院非线性动力学专业教授。作为非线性动力学的知名专家，他在复杂性、科学和复杂网络，以及气候学、生理学、系统生物学和工程学等领域都取得了卓越的科研成果。在他的带领下，研究团队在同步、涌现、复杂网络、非线性时间序列分析及在地球科学、认知心理学、生物学、医学和工程等领域的应用方面取得了重大的理论突破。

柏林洪堡大学位于柏林市中心菩提树下大街。所在地为海因里希王子宫（Palais des Prinzen Heinrich），是普鲁士国王腓特烈二世（Friedrich Ⅱ）为弟弟亨利（Henry）王子修建的宫殿。两德统一后，洪堡大学在柏林市东南部的阿德勒斯霍夫（Adlershof）科技园区兴建了新校区。1998年以后，该校的自然科学系陆续迁往该区。洪堡大学共有3个校区，每个校区都有自己独特的特色。中校区拥有丰富的传统，是艺术与人文、法律、经济与商业，以及神学研究的所在地。数学和自然科学领域的学生们则集中在现代化、高科技的阿德勒斯霍夫校区。风景如画的北校区集中了生命科学相关领域的学生，该校区仍在发展之中，这里将新建或搬迁一些机构和设施，以便与夏里特医学院毗邻。这样的配置无疑使洪堡大学在柏林市的学术地位更加稳固，也让学生能更好地接触最新的科研成果。学校的主图书馆于2009年10月正式启用，这座图书馆是欧洲最大的开架图书馆。它以德国学者和作家格林兄弟的名字命名，总面积达37500平方米，内藏约250万册图书，其中约200万册可供读者借阅。图书馆的中心区域由多层阶梯式阅读区、栅格状墙面和顶部天窗构成，极具特色。

柏林洪堡大学把马克思的名言"Philosophen sollten die Welt verändern, anstatt nur darüber nachzudenken"（德文），译为"哲学家只是用不同的方式解释世界，而问题在于改变世界"作为校训，用镂金字非常醒目地刻在柏林洪堡大学主楼门厅的大理石墙壁上，引导学生向着伟大的思想家所指引的方向前进。校徽上是两个男人的侧面头像，即颇具传奇色彩的威廉·冯·洪堡和亚历山大·冯·洪堡（Alexander von Hamboldt）兄弟。威廉·冯·洪堡是德国著名的语言学家，柏林洪堡大学创始人；亚历山大·冯·洪堡是威廉的亲兄弟，柏林洪堡大学自然科学创始人之一，德国著名的地理学家。

洪堡大学立足本土、放眼全球，努力跻身世界一流的研究型大学之列。学校为广大学子提供丰硕的学术资源和职业规划教育，全面助推他们的成长与发展。面向未来，洪堡大学加强研究特色项目，扩大国际合作，提升教学科研水平，培养创新实践、跨文化交流人才，为全球科技进步和人类文明发展做贡献，从而塑造国际地位。

海德堡大学

海德堡大学（Heidelberg University）是德国最古老的大学，也是全欧洲实力名列前茅的研究型大学之一，是知识的殿堂，也是思想的摇篮。海德堡大学在教学科研领域成就卓越，11位教授在执教期间荣获诺贝尔奖，20位教授获德国最负盛名的研究奖——莱布尼茨奖。海德堡大学还培养出一代代优秀的学者和思想家，其中包括知名哲学家黑格尔（Georg Wilhelm Friedrich Hegel）、费尔巴哈（Ludwig Andreas Feuerbach），以及社会学家马克思·韦伯（Maximilian Karl Emil Weber）。我国知名教育家和外交家厉麟似、抒情诗人冯志也与这所大学关

系密切。海德堡大学以悠久的历史、跨学科的研究能力、高标准的培养质量、雄厚的教研实力，以及丰富的校园生活吸引了来自世界各地的优秀学生。

海德堡大学历史悠久。1386年，经由帕拉蒂尼的选帝侯鲁普雷希特一世（Ruprecht I）获得教皇的许可而兴建。在16世纪，海德堡大学作为加尔文主义的据点获得了特殊的声誉。随着1802年海德堡划入巴登州，巴登州的第一任大公卡尔·弗里德里希（Karl Friedrich）重组了该大学。从此海德堡大学的全称便变更为"鲁普莱希特·卡尔斯·海德堡大学"，学校发展也由此进入了新阶段。20世纪90年代以来，海德堡大学通过一系列科研方面的校际交流合作，在医学、法学等学科获得了良好的声誉。21世纪以来，海德堡大学还在埃及、智利等多地建立了分校，不断拓展国际影响力。在6个世纪里，饱受战争、瘟疫及各种政治和社会制度的冲击，以及内部发展路线的影响，海德堡大学在科学声誉、知识魅力，以及教学吸引力等方面尽管经历了起起落落，但仍然实现了学生人数稳步增长，以及学科的增长、扩张和多样化，像凤凰一样从一系列灾难的灰烬中反复崛起，如今演变为享誉欧洲及世界的综合类研究型大学。

海德堡大学的学科组合丰富、研究实力雄厚。学校拥有160多个专业与神学院、法学院、医学院及其附属医院，以及医学院的曼海姆分部及附属医院等13个学院，为学生提供了广泛的学习和研究机会。神学、法学、医学和哲学4个经典的科系是同海德堡大学同步创立的。海德堡大学的法学院是德国最古老的法学院，具有深厚的学术底蕴和卓越的研究实力。该学院在法学领域享有崇高的声誉，为学生提供了优质的法学教育和研究机会。医学专业在德国乃至全球都享有很高的声誉。学校拥有先进的医学研究中心和临床教学设施，为学生提供了丰富的实践机会和深入的医学研究机会。在肿瘤学、神经生物学、免疫学和器官移植等领域，海德堡大学的医学研究取得了卓越的成就。海德堡大学在哲学和历史学领域也有着悠久的历史和卓越的学术传统。学校的哲学系和历史系汇聚了众多知名学者和专家，为学生提供了深入学习和研究的机会。这些学科在海德堡大学具有深厚的学科积淀和广泛的研究领域。语言学与文学专业同样实力强大，涵盖了多种语言和文学领域。学校注重培养学生的语言能力和跨文化交流能力，为他们未来的职业生涯提供了良好的训练。此外，海德堡大学致力于推动跨学科合作并将研究成果应用于社会和工业领域，所提供的学科组合在德国几乎是无出其右的。这种学科组合形式为学生提供了个性化和跨学科学习的绝佳环境。

在研究生教育方面，海德堡大学投入了大量的精力和资源来提高博士研究生的培养质量。海德堡大学下设的13个学院各自独立管理博士研究生培养，并负责本学院博士研究生的录取和注册。作为博士研究生咨询、专业和学术发展，以及经济援助等所有支持服务的中央协调机构，研究生院致力于确保海德堡大学博士研究生培养的高标准和高质量。在自然科学领域，海德堡大学建立了3个由卓越计划资助的研究生院，为导师制和结构化博士培养提供了良好的方案框架。同时，海德堡大学还在人文和社会科学领域建立了一个研究生院，为跨学科合作和研究提供了平台。此外，海德堡大学还成立了多元化的德国科学基金会（DFG）研究培训小组和有组织的博士研究生项目。原则上，海德堡大学提供的任何学科都可以攻读博士学位。具体来说，博士研究生培养有两种模式：个人导师制博士研究生培养模式与结构化博士研究生培养模式。博士学位由海德堡大学各院系授予。博士研究生培养条例由各院系在博士研究生培养条例中单独制定。海德堡大学致力于在研究和教学中将传统的学术价值与面向未来的科学理念相结合，为未来的研究和发展搭建起一座桥梁。在培养学生和提拔有前途的早期职业学者方面，海德堡大学依靠的是以研究为基础的教学，以及对博士研究生进行的出色的、结构合理的培训。这样的培训方案旨在培养博士研究生的独立思考能力和创新精神，使他们在学术界和工业界都能够取得成功。

海德堡大学在国际留学生中享有较高的声誉。截至2022—2023年冬季学期，海德堡大学共有29897名在校学生。其中，5546名为国际留学生，占总学生人数的约18.6%。此外，截至2022年12月，海德堡大学共有8872名在校博士研究生。其中，2403名为国际留学生，占总数的约27.1%。在2022年，博士毕业生共计973名，其中国际留学生占29.9%。

海德堡大学的教师和研究人员在世界范围内享有盛誉，为推动人类文明的发展做出了重要贡献。截至2022年12月，海德堡大学共有8795名全职工作人员，其中从事教学研究的职工数为6481人。海德堡大学研究小组负责人、Q3D首席研究员多米尼卡·怀勒扎莱克（Dominika Wylezalek）博士领衔的天文计算研究所艾米·诺特（Emmy Noether）项目初级研究小组凭借在星系及其超大质量黑洞演化的研究成果获得了路德维希·比尔曼奖（德国天文学会每年颁发给杰出青年科学家的奖励）。临床神经生物学部门玛德琳娜·施勒辛格尔（Magdalene Schlesiger）博士的一项关于环境因素导致成瘾性疾病复发倾向的研究项目获得了欧洲研究理事会（ERC）的启动资助。该研究聚焦于与药物相关的环境对行为的具体影响路径，以及神经回路在成瘾中所起到的作用，在相关领域取得了极大突破。这些研究项目的成功充分体现了海德堡大学在跨学科研究和卓越教师团队方面的优势，进一步证实了其在国际上的领先地位。

海德堡大学位于德国城市海德堡，这座城市是莱茵河—内卡河都市区的核心，拥有着高密度的高科技产业和科研机构。这些机构与海德堡大学紧密合作，形成了一个具有国际竞争力的研究网络，为大学的研究人员和学生提供了广泛接触与合作的机会。此外，海德堡的国际化特色和学生友好氛围也是这座城市的显著特点。无论是工作还是学习之余，海德堡大学都会提供丰富多彩的活动。在当地，著名的旅游景点包括举世闻名的海德堡城堡、历史悠久的街道和小巷、欧洲最美的登山路径——哲学家之路，以及众多高档餐厅。这些景点和活动为来自世界各地的游客和学生提供了丰富的选择，让他们在海德堡这座美丽的城市中度过了难忘的时光。

学校以"永远开放（Semper Apertus）"为校训，并坚定遵循研究和教育自由的原则，时刻牢记其对人类、社会和自然的责任。2010年11月，海德堡大学首次被认证为"家庭友好型"大学。2023年，学校经过职业和家庭非营利公司（berufundfamilie gGmbH）重新审核后，第五次获得了该认证。这次重新认证不仅彰显了海德堡大学对教育自由的执着追求，也凸显了其对社会责任的坚定承担。

海德堡大学牢牢扎根于其历史，致力于通过研究和教育扩大和传播有关人类和自然方面的知识。作为一所国际知名的研究型大学，海德堡大学高度重视学科建设和学术研究，不断推动各学科的深入发展和创新。学校也深刻认识到，未来的挑战往往超越单一学科的范畴，需要跨学科的合作和共同应对。面向未来，海德堡大学致力于通过深度合作和跨界创新，激发解决复杂问题的潜力，为塑造未来承担更多的社会责任。

 慕尼黑大学

慕尼黑大学（University of Munich），传承着5个多世纪的丰厚文化遗产，是德国最富有文化气息的大学，孕育了众多著名学者和科学巨匠。电学先驱乔治·西盟·欧姆（Georg Simon Ohm）在这里任教，唯心主义哲学家弗里德里希·威廉·约瑟

夫·谢林（Fredrich Wilhelm Joseph von Schelling）在这里思考；近代有机化学和生物化学的创始人尤斯图斯·冯·李比希（Justus von Liebig）在这里工作；现代染料分子结构的发现者拜尔（Adolf von Baeyer）在这里研究。世界上第一张X线照片在这里问世，德国的第一头克隆牛在这里诞生。慕尼黑大学创建的医学解剖实验室是古代医学向现代医学转变的标志。慕尼黑大学秉持"崇尚真理和自由"的理念，致力于人文、理工学科的共同发展，在不断推进科技创新的同时，注重传承和发扬人文精神，努力为社会培养出更多优秀的人才，助力该校成为世界顶尖大学。

慕尼黑大学拥有500多年历史。1472年，巴伐利亚—兰茨胡特公爵路德维希九世（Duke Ludwig Ⅸ）在英格施塔特创建了慕尼黑大学。该校的建立为巴伐利亚州发展注入了强大的动力，培养了一批训练有素的行政官员，为现代早期的巴伐利亚州发展做出了重要贡献。建校之初，大学按惯例分为4个学院。所有学生首先进入文学院（后更名为哲学、科学哲学及宗教学院）进行学习，然后再进入医学、法学和神学等高等学院深造。1800年，慕尼黑大学从英格施塔特迁至兰加德，并在前多米尼加修道院设立了新的校址。经过长时间的重建和发展，慕尼黑大学在1946年7月23日正式重新开放。21世纪以来，凭借其在"卓越计划"中的优异表现，慕尼黑大学于2019年7月正式入选德国"精英大学"名单，这是对其不懈努力和卓越成就的极高认可。

目前，慕尼黑大学共设有18个学院，包括心理与教育科学学院、生物学院、文化研究学院、语言学院、社会科学学院等。这些学院各具独特的教学和研究特色，并行使院系自治权。慕尼黑大学的知名度在很大程度上源于在艺术和人文学科研究的卓越表现。具体来看，学校在古典文学与古代史、哲学等学科中均有着不俗的表现。古代历史系于1492年建立，是德国乃至全球最大的古代历史教学和研究中心之一，慕尼黑大学的古典考古学、古典语言学、拜占庭研究等相关学科在国际上享有较高的声誉。同时，学校的机械和科学研究领域同样取得了举世瞩目的成就，为这所大学增添了更为全面的学术声誉。慕尼黑大学的机械工程专业是该校现阶段非常知名的专业之一。作为该校的新兴优势学科，该专业致力于培养具有创新精神和实践能力的机械工程师，为工业制造、能源、汽车等领域的快速发展提供人才支持。该专业涵盖了自动化控制、机器人技术、汽车工程等众多领域，注重培养学生的机械系统设计、材料科学和工程制造等方面知识和

技能。学生有机会深入了解各个领域，掌握全面的机械工程知识，为未来的职业生涯奠定坚实的基础。慕尼黑大学的机械工程专业不仅在德国享有盛誉，在全球范围内也备受赞誉。慕尼黑大学提供多种博士生课程，旨在培养未来的研究人员和学术领袖。例如医学院开设的医学研究博士课程是一个为期至少3年的结构化博士项目。这个项目专注于医学研究，包括生物医学的实验、临床、转化和健康科学研究。该课程适合已完成医学、兽医学、自然科学、药学、健康科学或相关领域的本科学位（包括硕士学位、国家考试或类似学位）的毕业生。学校还开设了关于"动脉粥样硬化——新型治疗靶点的机制和网络"的博士生课程。这一课程提供了一个综合研究培训小组，专注于进一步了解动脉粥样硬化的病理机制，并识别和验证用于治疗动脉粥样硬化的新靶点。

21世纪以来，慕尼黑大学对博士研究生教育进行了大刀阔斧的改革。在继续传统"师徒制"培养模式的同时，建立了研究生院、研究训练小组等专门的博士研究生培养组织形式，逐步完善博士研究生教育的管理制度，不断强化博士研究生教育的组织支持、制度性规约和外部评价。慕尼黑大学设有研究生教育中心（Graduate Center LMU）。这一研究机构主要负责博士研究生培养的组织实施工作，组织博士研究生导师和博士研究生签订指导协议，并对博士研究生导师的指导内容、指导形式、指导频率等做出具体规定，由此来强化博士研究生导师的责任，并对导学关系进行引导、规范和监督。研究生教育中心还定期举行博士研究生培养工作坊，主要面向博士后研究人员、青年教授，以及刚通过教授资格考试的青年教师，培训的内容包括明确导师职责任务，导学关系中的相互期望、培养模式、博士生学业各阶段任务、导学关系中的冲突解决。这些举措提升了科研后备力量的学术责任，促进了学术人才的成长和学术共同体的发展完善。

慕尼黑大学的学生构成较为丰富，包括不同背景、不同专业的学生，为学校的学术氛围注入了更多的活力。截至2022年冬季学期，慕尼黑大学的学生总数达到了52418人，其中国际留学生数量为10255人，占总学生数量的19.56%。慕尼黑大学一直致力于提高国际化程度，通过广泛的国际交流项目和合作伙伴，吸引了来自世界各地的学生和研究人员前来学习和研究。

截至2022年，慕尼黑大学共有专职教授（包括医学院）827人，其中145名为外籍教授；全职学术研究与教学人员人数为5972名，外籍教学与科研人员1462名，占总人数的24.48%；全职非教职职工9631人，其中2539名为外籍职工。这充分展现了慕尼黑大学多元化和国际化的特点。在众多优秀的教授中，斯特凡·恩德雷斯（Stefan Endres）教授领衔的医学院研究团队在分子生物医学、抗癌、炎症与感染、血管与移植医学、神经科学和社会医学这6个关键领域进行深入研究并取得了一定成果。他们的研究成果不仅为医学领域的发展做出了重要贡献，也为人类健康事业的发展提供了强有力的支持。另外，采购法与行政合作研究中心主任马丁·布吉（Martin Burgi）教授致力于分析、科学调查和开发基于分工的不同类型的公共任务执行方式，在法律领域的贡献较为突出。他的研究成果不仅推动了法律领域的发展，也为公共政策的制定提供了重要的理论支持和实践指导。

慕尼黑大学坐落于德国巴伐利亚州首府慕尼黑市中心，校园环境优美。学校拥有现代化的教学和研究设施，包括图书馆、实验室、研究中心和体育设施等。慕尼黑大学图书馆始建于1573年，如今，除了位于校本部的中心图书馆，还有分属各研究所和各学院的分馆共215个。中心图书馆的藏书多为基础书籍、日常书籍和一定程度的专用图书，达140万册，加上各研究所的藏书，共为440万册。慕尼黑大学的学生拥有优越学习环境的同时，还开展了多姿多彩的课余生活。身处古都名城慕尼黑，学生们可以欣赏到许多新奇的艺术活动表演、世界级音乐会、各种展览和盛大的体育比赛。作为具有160多年历史的"啤酒之乡"，每逢秋季慕尼黑都会洋溢着热闹非凡的节日气息。

慕尼黑大学，一所历史悠久、声誉卓著的学术殿堂。以"真理和自由"为校训，鼓励创新研究，发展治理理念，以及关注平等与包容、国际化和数字化等议题，在全球教育舞台上保持着持续繁荣的发展态势。学校凭借其全面的战略措施，以及在教学和研究领域的卓越表现，成功地在德国的"卓越计划"中树立了研究密集型大学的典范形象。展望未来，慕尼黑大学将继续依托"卓越计划"，进一步巩固和提升其在德国乃至全球学术界的领导地位。通过不断的创新和突破，这所百年名校将继续为全球知识经济的发展做出重要贡献，培养出更多具有国际竞争力的优秀人才。

慕尼黑工业大学

慕尼黑工业大学（Technical University of Munich）是德国高水平理工大学的杰出代表，在欧洲技术进步中发挥了核心作用，并因培养的诺贝尔奖得主而享有盛誉。迄今为止，已有18位慕尼黑工业大学的科学家和校友获得诺贝尔奖，另外还有24名师生获得了莱布尼茨奖。这所大学孕育出了一批杰出的科学家和工程师，包括力学家路德维希·普朗特（Ludwig Prandtl）、制冷科学的奠基人林德（Carl von Linde），以及中国工程院院士徐慧彬等。自1868年建校以来，慕尼黑工业大学一直站在创新的前沿，学校师生始终秉持着建校之初的理念：在前进的过程中，为社会面临的重大挑战找到解决方案。学校不仅致力于科学研究，还积极推动技术成果转化和创业实践，成为德国创新型大学的代表。

慕尼黑工业大学是历史悠久和极负名望的科技大学之一。

1868年，慕尼黑工业大学以"技术学校"的身份崭露头角。建校初期，学校共有24位教授和21位讲师，他们共同为5个系以及1872年增设的农业系提供教学。1901年，慕尼黑工业大学在教育历程中取得了重要的里程碑——学校成为博士学位授权点，使其在教育层次上得到了提升。一年后，国家赋予了该校教职员工选举校长的权利，这无疑是对该校在教育界地位的肯定。经过数十年的发展，1970年8月，学校正式更名为"慕尼黑工业大学"。近年来，慕尼黑工业大学又迈出了新的步伐，成立了跨学科的中央研究所。这些研究所的成立标志着慕尼黑工业大学在科学研究方面的深化和拓展。

电气与电子工程是慕尼黑工业大学的热门专业之一，与西门子、微软、通用电气等多家企业和机构建立了紧密的合作关系。机械工程专业是慕尼黑工业大学的传统强项，在全球范围内享有盛誉。化学学科在德国乃至全球都享有很高的声誉。该专业共有9位诺贝尔化学奖得主在此学习或任职，其研究成果在工业、能源、化妆、食品等行业，以及高校、研究机构得到了广泛应用和认可。慕尼黑工业大学的计算机科学专业不仅注重理论知识的学习，还强调实践能力的培养，使学生能够适应不断变化的技术环境。材料科学与工程专业致力于研究新型材料的制备、性能和应用，为工业界提供了许多创新性的解决方案。

慕尼黑工业大学由计算机与信息技术学院、工程设计学院、生命科学学院等8大学院组成。这些学院涵盖了几乎所有的学科领域。这种新的组织结构打破了传统的单一学科院系的限制，侧重推动可持续创新，为人类、自然和社会带来福祉。慕尼黑工业大学还下设5个整合型学术研究机构，包括慕尼黑工业大学数据科学研究所（MDSI）等。这些机构致力于在各自的领域内进行深入的研究和创新，进一步推动了该大学的学术发展和影响力。另外，慕尼黑工业大学的全球校区布局、跨学科的学术研究重点，以及强大的研究机构阵容，都使该大学在学术领域具有很高的质量声誉和影响力。学校在全球范围内拥有众多的校区。从创新大都市慕尼黑，到巴伐利亚乃至德国其他地区的分支机构，再到几大洲的海外校区，包括在新加坡建立的校区。这些校区的存在使慕尼黑工业大学在地域上得以更加广泛地传播其知识和影响力。

慕尼黑工业大学研究生院致力于营造一个将学术知识与专业资格完美结合的环境，为研究生提供卓越的学术体验和丰富的实践机会。慕尼黑工业大学研究生院（TUM-GS）成立于2009年，是学校标志性学术机构。作为德国第一所涵盖所有

学科领域的研究生院，它提供全面而多样化的资格认证课程。该研究生院的最高管理机构是管理委员会，由研究生院院长担任主席。管理委员会下设一个外部科学委员会，提供咨询并由学术界和社会各界的知名人士组成。此外，慕尼黑工业大学非常注重博士研究生的培养。研究生院为博士研究生提供了结构化的课程，并与学校学位授予机构合作提供最佳指导。博士研究生致力于研究具有挑战性的学术问题，并得到著名研究人员的支持。

慕尼黑工业大学高度重视创新创业教育与产教融合工作，将创业型大学作为学校发展的核心战略，建立了现代化、企业化的组织机构，积极推动创新创业教育的发展。该校与众多欧洲著名的核心企业保持着紧密的科研、生产、教育、经济联系，为科研知识尽快流入实践领域提供了有力保障，同时也为企业输送了大量的优秀人才。学校主要特点在于：有效整合校内外、国内外两种资源，把对学生的培养延伸到广阔的学校外部世界，将人才培养推进到面向学生的未来职业，形成了多管齐下的"多元制"人才培养格局。自2006年起，慕尼黑工业大学得到了来自企业合作项目的资助，并一直名列德国第一。这些资金的大部分来自社会各界的慕尼黑工业大学校友的回馈。该校的合作伙伴包括欧洲宇航防务集团（EADS）、保时捷、宝马、奔驰、奥迪、西门子、安联等公司。这些合作伙伴与慕尼黑工业大学共同推动了创新创业教育与产教融合工作的发展。

慕尼黑工业大学是一所国际化程度极高的学府。截至2022—2023年冬季学期，学校学生总数已达到50467名。其中，新入学的学生有13401名，研究生占比高达37.18%。此外，该校的国际留学生数量达到20892名，占总人数的约41.40%。慕尼黑工业大学的计算机与信息技术学院作为该校规模最大的学院，拥有的学生占在校生的29.01%。该学院的留学生规模庞大，达到53%。

慕尼黑工业大学的师资团队由一群专业性极强的教师组成。截至2022年12月1日，学校拥有11804名职工，其中包括643名教授，他们代表着15个系和各学院的核心学科的力量，并有257名教授来自海外。此外，还有7708名学术相关岗位教职工和3453名非学术相关岗位教职工。他们不仅在自己的领域取得了卓越的科研成果，还为该领域的发展做出了巨大的贡献。例如，莱布尼茨奖获得者法比亚·泰斯（Fabian Theis）教授是慕尼黑工业大学慕尼黑数据科学研究所的成员，也是慕尼黑亥姆霍兹中心计算生物学研究所的负责人。其研究团队成功开发出一款用于药物测试精确预测的软件，能极大地加速新型特效药物的开发进程。此外，尤根·罗兰德（Jürgen Ruland）教授因在免疫学领域的杰出科研成果而荣获2021年莱布尼茨奖。他与研究小组致力于研究免疫细胞如何识别病原体、启动免疫防御，以及血细胞中的病理信号改变如何导致癌症的发生等问题，为免疫系统的治疗操作提供依据。这些优秀教师的努力和成就，彰显了慕尼黑工业大学在生命科学和医学等领域的领先地位，也预示着他们将继续为人类健康事业做出更大的贡献。

慕尼黑工业大学的主校区位于慕尼黑市的马克斯沃施塔特区（Maxvorstadt）的历史悠久的旧址，坐落在柯尼斯广场（Königsplatz）和皮纳库特美术馆（Pinakotheken art museums）之间。学校地理位置十分优越，周围遍布着科研机构，形成了绝佳的学术环境。由于学校校区分布三地，为了方便师生查阅书刊，学校图书馆设立了10个分馆，总藏书量超过50万册，通过电子检索可以在任意分馆预定所有图书馆的图书。位于加兴的自然科学与工程中心是慕尼黑工业大学最大的校区，同时也是德国乃至欧洲最现代化、网络化程度最高的研究和培训设施。在这个现代化的校园里，学生们可以接触到各种前沿的科学技术和研究方法，为未来的事业发展打下坚实的基础。

学校以"立足于拜仁，成功于世界"为校训，不仅提供了一流的教育资源，还为学生们提供了多元化的发展机会和良好的校园氛围。除了专注于学业，慕尼黑工业大学还注重学生的多元化发展。学校提供了各种丰富多彩的活动和项目，比如各种体育活动、文化交流活动，以及创业比赛等。这些项目旨在培养学生的综合素质和拓展学生的视野，让他们在学术之外也能够得到全面的发展。此外，学校还为学生提供了与校长托马斯·霍夫曼（Thomas F. Hofmann）共进午餐的机会。在午餐会上，学生们可以与校长面对面交流，讨论与学校、学业等多方面话题。这种活动不仅让学生们有机会接触学校的领导层，还能让他们更深入地了解学校运作和管理。

作为一所居于领先地位的创业型大学，慕尼黑工业大学积极推动全球知识交流，致力于人才、卓越和责任为核心的未来塑造。学校以激励、促进和发展多领域人才为己任，倾力打造具备高度责任感、开阔胸襟的个人，并助力他们在科学、技术、商业，以及社会政治等众多领域达到最高水准。学校以人才、卓越和责任为核心价值，致力于塑造美好的未来。通过不断努力和发展，慕尼黑工业大学将继续为人类、自然和社会在创新方面的进步做出重要贡献。

 柏林自由大学

柏林自由大学（Free University of Berlin）是德国柏林市4所大学之中规模最为宏大、首获德国精英大学美誉的研究型学府。该校由教授与学生共同缔造，自1948年成立以来，始终坚守"真理、正义和自由"之价值观，致力于学术研究，培育社会英才。作为德国首都最大规模的研究型综合性大学、欧洲大陆卓越高校，柏林自由大学与众多知名人士保持紧密联系。柏林自由大学以高度自由与责任感为驱动，在培育优秀人才、推动社会进步方面贡献杰出，进而荣登世界顶尖大学之列。

自1810年柏林大学创校,到第二次世界大战结束为止,柏林市只有一个柏林大学(拉丁文校名:Alma mater berolinensis)。冷战期间,柏林大学被划入民主德国境内,部分师生从原校出走,并在以美国、英国及法国为首的西方阵营的支持下,于1948年在西柏林成立了"自由的柏林大学"(即今天的柏林自由大学),成为联邦德国的学术重镇。柏林大学分裂之后,位于东柏林的原址校区则于1949年改名为现今的柏林洪堡大学,以纪念大学创办人、德国著名教育改革家威廉·冯·洪堡(Wilhelm von Humboldt)。这两所"柏林大学"如今是各自独立的大学。2007年,柏林自由大学入选由德国联邦政府和州政府联合发起的"卓越计划"。这一荣誉彰显了其在德国高等教育领域的地位,并为未来的发展提供了更加广阔的空间。自2019年起,柏林自由大学作为柏林大学联盟的中坚成员,从德国联邦政府和州政府获得资助,以推动可持续发展并加强其在国际舞台上的影响力,这标志着柏林自由大学与国内其他顶尖大学之间的合作进入了一个新阶段,为其在德国及全球范围内的发展开辟了新道路。

柏林自由大学的教学和研究领域十分广泛,其中医学、自然科学、社会科学和人文学系是柏林自由大学最大的院系。柏林自由大学还拥有人文和社会科学领域众多的"小专业",比如犹太研究学、戏剧学,以及媒体研究和奥托·苏尔政治学研究所等都备受欢迎。学校还成立了多个有关世界冲突的区域性研究所,如北美肯尼迪研究所、拉美研究所、东欧研究所,以及东亚和欧洲国别中心研究所。区域研究和国际关系的雄厚实力使其政治和国际研究学科蜚声国际。自然科学研究重点在于跨数学、物理和信息科学的生物和地理学研究。研究领域从日常生活到酵素的微生物分析和量子理论。女性研究一直是该校的传统强项。人文、社科和自然科学领域的研究面向国际,进行跨学科合作。物理学家迈特纳(Lise Meitner)、奥托·哈恩(Otto Hahn)与弗里茨·斯特拉斯曼(Friedrich Straßmann)曾在位于柏林自由大学校园的奥托·哈恩楼里进行试验研究工作。他们一起发现了镁元素,提出用反冲法分离放射性物质的构想;1935—1938年在研究铀经中子轰击后产生的放射性物质方面做了大量工作,最终导致核裂变现象的发现。

柏林自由大学以严谨的学术态度和全面的学术支持体系,为博士研究生提供了高质量的学术环境,使每一个有志于进行博士研究的学生都能在这里得到最优质的培养和支持。在柏林自由大学攻读博士学位有两种选择:传统的个人博士学

位（klassische）和学位课程中的结构化博士学位（strukturierte）。个人博士学位是德国最常见的获得博士学位的途径，而柏林自由大学则以深厚的研究背景和广泛的学科领域为特点，为攻读个人博士学位提供了最好的机会。在过去几年中，"结构化博士"成为一种新兴的攻读博士学位的途径。这种博士类型以研究小组为单位，10—15名博士研究生组成一组，在一组教授的密切指导下，就一个确定的研究课题开展工作。德国研究基金为这些研究小组提供相关资助，确保博士研究生的生活，并补偿所有研究费用、客座研究金和出版费用。与没有任何课程的个人博士学位不同，结构化博士学位提供了特定的培训形式，包括暑期学校等；在研究小组中的所有博士研究人员彼此密切交流，通常会参加共同的学术讨论会；他们由一个教授团队而不是单个导师提供指导。研究培训小组是由第三方资助的项目，因此不是永久性的，而是有固定期限的（最长9年）。

达勒姆研究学院（DRS）在学校博士研究生培养过程中扮演着不可或缺的角色。作为在读博士研究生和未来博士研究人员的核心联络机构，达勒姆研究学院提供了包括个人咨询、全面的资格认证计划，以及博士研究相关的各种信息在内的全方位服务。特别值得一提的是，对于国际研究人员的需求，学院更是给予了特别的关注和照顾。此外，柏林自由大学还为那些希望以非全日制方式进行博士学习的学生提供了相应的课程安排。对于这类学生的申请和注册，学校有明确的时间要求，最迟不得晚于学期开始时（4月1日或10月1日）。非全日制的学习周期包括半个学科学期和一个完整的大学学期。这样的安排不仅适应了不同学生的学术需求，也让更多的学生有机会在灵活的时间安排下完成博士学业。

柏林自由大学在博士研究生培养方面，已经与中国建立了长期稳定的合作关系。自2008年起，柏林自由大学与中国国家留学基金委员会开展了柏林自由大学—中国国家留学基金委公派博士奖学金项目（FUB-CSC Program）。这种合作使柏林自由大学的各院系能够更轻松地招收来自中国的杰出的青年学者和科学家。柏林自由大学北京办事处负责发布职位信息、收集申请材料、协助教授遴选候选人，并为候选人提供与申请相关的所有建议。获得奖学金的学生将有机会在博士课程的第一年和最后一年在自己的母校工作，中间的一到两年在柏林度过。他们也可以决定是否希望在柏林完成整个4年的博士课程。得益于CSC项目，柏林自由大学的中国博士研究生人数从24人（2006—2007年冬季学期）增加到目前的500多人。

截至2022—2023年冬季学期，柏林自由大学共有33500名在读本科生与硕士研究生；博士研究生共计4000名。其中，国际留学生在本科生中的占比为13%，在硕士研究生中为29%，博士研究生中国际留学生的比例为38%。学校共设有173种学位课程，其中本科学位课程78种，占总数的45.09%。此外，该校还设有95种学术型学位项目（连续性研究生教育），以及9种研究生学位课程和37种博士学位课程，博士课程共计51种。丰富多样的学校的课程设置旨在培养学生具备独立思考、创新实践和跨文化交流的能力。同时，学校也注重与国际接轨，开展国际合作与交流项目，为留学生提供更好的学术环境和文化体验。

截至2022年，柏林自由大学拥有4660名教职工，其中包括458名教授、51名与其他机构联合聘任的教授，以及79名固定任期教授。校长冈特·齐格勒（Günter M. Ziegler）是该校学术领域的领军人物，他在2001年获得了德国研究基金会颁发的莱布尼茨奖（德国最高级别的科研奖项）。齐格勒是"数学年"的发起人。齐格勒的数学研究领域包括离散几何（尤其是多面体理论）、组合数学中的代数和拓扑方法以及优化问题。他已经撰写了大量有关数学和科普的论文和书籍。在他的带领之下，柏林自由大学教师致力于为学生提供优质的教育和研究支持，为学生和社会的发展做出了重要的贡献。

柏林自由大学的图书馆储藏的图书资料涵盖所有学科领域，特别是人文科学和社会科学。该图书馆成立于1948年第二次世界大战结束后。它成功收集了19世纪和20世纪最重要的印刷品，还专门成立了一个小的场馆用于收集孤本和善本书籍4000件。柏林自由大学的图书馆总馆藏量超过800万册，其中600多万册分布在42个院系图书馆，200多万册藏于大学图书馆。柏林自由大学的研究人员定期向公众开放研究机构、实验室以及图书馆，比如在"科学长夜"或"开放日"活动中。学校还经常面向公众举行主题丰富多样的讲座。政治家、外国嘉宾、各国大使和经济领域的代表经常出现自由大学的各项活动当中。

柏林自由大学在2023年校庆之际，发布了新的学校规划，以期用更现代化的方式迈出下一步，向更为卓越的目标迈进：柏林自由大学将秉承校训"Veritas-Iustitia-Libertas. Wahrheit-Gerechtigkeit-Freiheit"（德文，译为"真理、公平、自由"）的精神，继续以"自由"与"国际化"作为核心精神，秉持其独特的价值观，不断追求卓越，为全球学生提供高质量的教育，实现高质量的发展。

莫斯科国立大学

　　莫斯科国立大学（Lomonosov Moscow State University），全称莫斯科国立米哈伊尔·瓦西里耶维奇·罗蒙诺索夫大学，是俄罗斯历史悠久、办学规模最大的大学。这所大学是数学大师们职业生涯的"宝地"，许多获得菲尔兹奖的数学家，如安德烈·柯尔莫戈洛夫（Andre Kolmogorov）、伊戈尔·叶菲莫夫（Igor Yevgenyevich Efimov）都在这里开始他们的职业生涯而闻名于世。门捷列夫（Dmitri Ivanovich Mendeleev）和巴甫洛夫（Ivan Petrovich Pavlov）等都曾在这所大学学习或任教。

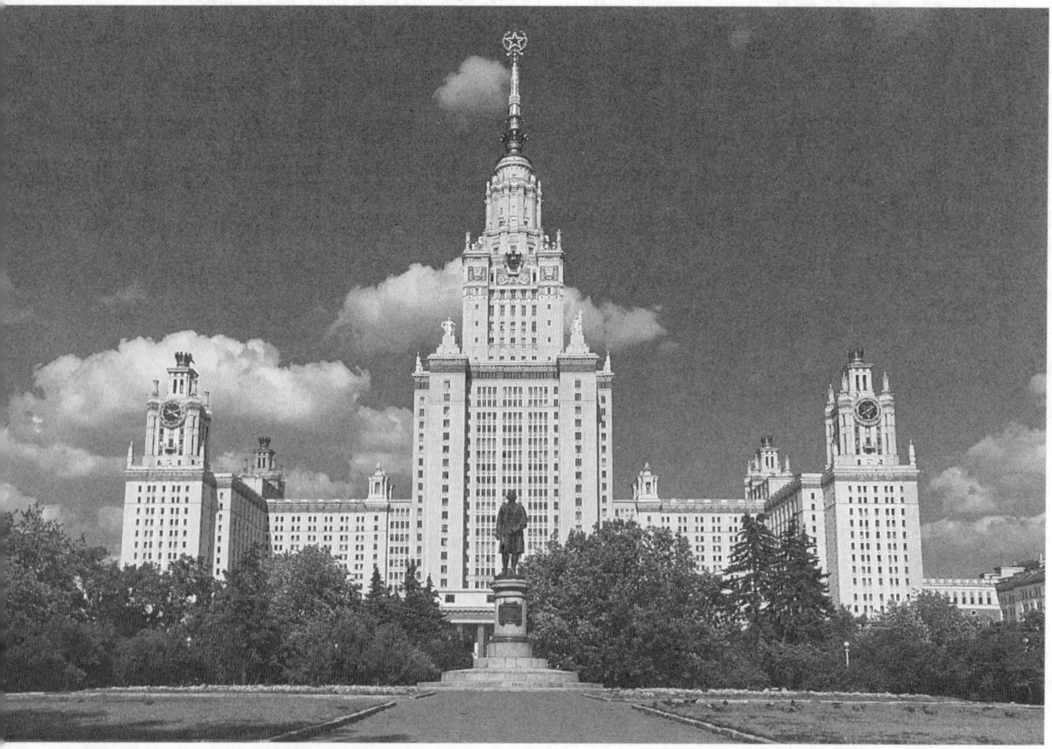

莫斯科国立大学也是许多领域的重要研究中心，如物理学、数学、社会科学等。莫斯科国立大学以坚持自由、公正、民主、科学和创新的价值观，全面的学科体系，规范化、制度化和效率化管理队伍及优质的师资队伍，注重传承和发展俄罗斯文化并积极推动跨文化交流和合作等使其成为一所具有全球影响力的顶尖学府。

莫斯科国立大学创建于1755年。1月25日，由俄罗斯女皇伊丽莎白（Elizabeth Ⅰ Petrovna）签署了关于在莫斯科建立大学的法令。法令在序言中规定，该大学的目标是培养普通人；只有农奴不能入学。1940年，该校以杰出科学家米哈伊尔·洛蒙诺索夫（Mikhail Lomonosov）命名。米哈伊尔·洛蒙诺索夫是18世纪的知识巨人之一。他的贡献涵盖了历史、修辞学、艺术、诗歌、机械、化学和矿物学等多个领域。莫斯科国立大学在建立的第一个世纪里经历了许多挑战，包括政治和社会动荡。19世纪初，大学通过开设新的系和学科，如物理学、数学、自然科学、历史学和文学，迅速扩大了学术影响。19世纪后半叶，莫斯科国立大学成为一流的科学中心，吸引了来自世界各地的杰出学者。在苏联时代，莫斯科国立大学保持了杰出的学术地位。继续吸引顶尖的教授和学生，并在科学研究、文化和教育领域发挥了重要作用。莫斯科国立大学在苏联解体后也经历了一些调整，但继续为世界各地的学生提供高质量的教育，并在国际学术界中占有重要地位。莫斯科国立大学的历史和发展是俄罗斯高等教育的重要组成部分，也是全球学术界的重要角色之一。它的传统、独特性和卓越学术成就使其成为一个备受尊敬的学府。

莫斯科国立大学是以科学研究为主要中心的学校。它提供了几乎所有现代科学和人文学科专业的课程。国立莫斯科大学的本科生可以选择在43个学院中的130余种学习资格，然而研究生会专攻170多个不同地区的科学和人文的18个专业。最近开设了30个新的跨学科领域的专业。大学的科学潜能为各种各样的科学分支中跨学科研究和首创工作创造一个独一无二的机会。近些年来，在高等物理、超导、激光技术、数学和力学、可再生能源、生物化学和生物这些领域取得了标志性成就。学校的物理学研究涵盖了从经典力学到量子力学的各个领域，拥有一批国际知名的科学家和研究团队，在全球享有极高的声誉。数学专业涵盖了代数、几何、数值计算和微积分等多个方向，拥有世界级的专家和教授，在国际上具有很高的影响力，为数学领域的发展做出了重要贡献。计算机科学学科涵盖了计算机网络、人工智能、软件工程等多个领域，培养了大量优秀的计算机专业

人才，研究成果在学术界和工业界都得到了广泛认可。化学学科在国际上也享有很高的声誉，研究方向涵盖了有机化学、无机化学、分析化学等多个领域，拥有先进的实验设备和一流的研究团队，研究成果在材料科学、生命科学等领域具有广泛的应用前景。

莫斯科国立大学以学习和研究为主要中心，并扮演着重要文化中心的角色。大学的学者和学生遵循了最高学术标准和民主理念的悠久传统：建立新的高等教育学位体系。在苏联时期，高等教育的"专家—副博士—博士"培养体系与国际通行的"本科—硕士—博士"体系无法相容，导致人才培养与国际无法对接，教学内容以及教学水平与国际不相符。因此，莫斯科国立大学实行了学士—硕士—副博士—博士这样的教育结构，由此，加速了俄罗斯高等教育国际化发展的进程。

俄罗斯大学研究生招生与中国不同。首先，招生指标不由上级主管部门下达，而是由院系提出上报学校，由学校审核决定院系的招生数。没有全国统一入学考试，而是由各高校单独进行入学考试和录取工作，充分体现了学校的办学自主权。莫斯科国立大学的各学院可独立面向全国招生。莫斯科国立大学研究生专业设置相对稳定，但随着社会需求的变化也适当调整了专业结构及研究方向。莫斯科国立大学研究生招生规模相对稳定，与庞大的导师队伍来讲，则显得少而精。在莫斯科国立大学没有研究生院，设有研究生管理处。研究生管理在行政上实行校、系、室三级管理体制，但主要是系一级管理。业务上实行的是导师负责制。对硕士的培养，强调知识面的广博和基础的厚实，主要以课程学习为主，学位论文只要求一篇简要的报告形式。副博士的培养以科研为主，课程很少。在攻读副博士期间主要进行科学研究，撰写副博士论文，在论文答辩前需通过专业课考试。博士无课程，副博士毕业后，结合科研撰写高水平论文并申请答辩，通过后才能获得博士学位，这一阶段无年限限制。

截至2021年，莫斯科国立大学的学生总数量超过45000人，其中本科生数量约为14000人，研究生数量约为15000人，博士生数量约为16000人。其中，约有7000名外国留学生，中国留学生数超过3000人。中国留学生主要集中在经济学院、法律学院和工程与物理学院。

莫斯科国立大学现有教授、讲师及各类研究人员8600余人，大约4500名教授拥有博士和荣誉博士的学位，其中125位是俄罗斯科学院院士。历史上有很多著名的教授学者担任教职。其中，马卡连柯（Marka Pacholik）、洛茨曼（Lev Davidovich Lozman）、亚先·扎苏尔斯基（Yasnay Iassursky）等人是享誉世界的教育家，他们对莫斯科大学的发展和优质人才的培养起到了重要作用。安德烈·巴特洛维奇·波洛茨基（Andrey Bartolovich Polotsky）是莫斯科国立大学荣誉教授，是一位著名的历史学家，对俄罗斯史研究做出了突出的贡献。他的研究深入挖掘了俄罗斯历史的种种事件，并提出了许多新的理论和观点。弗拉基米尔·伊里奇·帕什特尼科夫（Vladimir Ilyich Pashentsev）是莫斯科国立大学的杰出文学评论家和作家，其学术研究和创作质量得到了广泛认可。他的文学评论作品被誉为俄罗斯文学史上的经典之作。

莫斯科国立大学位于俄罗斯莫斯科市中心的红场近旁，占地面积3.2平方千米。该校的校园规模庞大，拥有建筑面积达100万平方米的1000余栋各种建筑。校园内的道路总长达300千米，为学生提供了广阔的学习和生活空间。学校的图书馆是俄罗斯最大的图书馆，馆藏达900万册书籍，其中有200万册外文书籍。每年平均有55000人次读者使用图书馆，借阅量高达550万册。此外，学校的主楼内设施齐备，包括音乐厅、剧院、博物馆、行政管理办公室、图书馆、游泳池、警察局、邮局、洗衣房、理发店，以及多个餐厅、银行和自动取款机、各类商店和咖啡馆等。主楼还容纳了4个主要院系，除了学校的管理机构和地球科学博物馆。这一庞大而设施完备的校园为学生提供了良好的学习和生活条件。

莫斯科国立大学的校训是"安、善、真、俭"。"安"是指物质安稳、社会安宁、思想平静，"善"是指待人诚善、非物质财富丰富，"真"是指学术真理、声誉真实、为人真诚，"俭"是指对资源的节俭、对待生命的珍惜、对待事业的自律。未来，莫斯科国立大学将继续发挥其在教育、科研、创新和服务社会等方面的优势，培养更多优秀人才，为俄罗斯的国家战略发展提供有力支持。莫斯科国立大学也将加强与国际一流大学的合作与交流，不断提升自身的国际化水平和综合实力，为全球高等教育事业发展做出重要贡献。

圣彼得堡国立大学

圣彼得堡国立大学（St Petersburg State University）是俄罗斯古老的大学之一，是世界众多学派的源头，是一所集传统、开放、创新于一体的世界顶级大学。涌现出了许多杰出人

欧洲大学

士和科学家，如发现化学元素周期律的德米特里·门捷列夫（Dmitri Mendeleev），发明世界第一台无线电接收机的亚历山大·波波夫（Alexander Popov），俄罗斯"生理学之父"伊万·米哈伊洛维奇·谢切诺夫（Ivan Mikhailovich Sechenov），"俄国化学鼻祖"亚罗斯拉夫尔·亚历山德罗维奇·沃斯克列先斯基（Yaroslavl Alexandrovitch Voskresensky），俄国最早的彼得堡物理学派创始人海因里希·愣次（Heinrich Lenz）等。今天，圣彼得堡国立大学最为著名的校友便是俄罗斯联邦现任总统普京（Vladimir Putin）。

圣彼得堡国立大学坐落在俄罗斯文化之都——圣彼得堡市。学校曾经随着城市的更名而几易其名。1917年十月社会主义革命之前称为彼得格勒大学，苏联时期称为列宁格勒大学。苏联解体以后，学校又随着城市的更名而改称为今天的圣彼得堡国立大学。圣彼得堡国立大学始建于1724年。当时的圣彼得堡城市建设刚刚起步，一切还都处于茫茫的沼泽地当中。彼得大帝极为关心国家科学文化的发展，为使科学、教育成为一个完整的体系，引进了西方的大学模式，于1724年颁布命令，建立彼得格勒科学院、大学和附属中学，并将三者合为一体，统称为科学院。1819年，按照沙皇亚历山大（Alexander I）的命令，大学从科学院划分出来，成为独立的教学科研单位，并以当时科学院的一个组成部分——师范学院为基地，创立了独立至今的圣彼得堡国立大学。圣彼得堡国立大学走过了一条漫长而艰难的成长道路。建校伊始只有历史语文系、哲学法律系和物理数学系3个系，1726—1733年在籍的学生总共也只有38名，但正是这传播科学的星星之火，点燃了俄国高等教育的原野，培养出无数优秀的栋梁之材。这些人才在当时和后来对俄国、欧洲乃至全世界科学文化的发展有过重要的贡献和巨大的影响。

245

圣彼得堡国立大学的语言学专业是其最具代表性的优势学科之一，语言系是俄罗斯乃至世界规模最大的语言教育中心，拥有全球最出色的语言学家。数学是学校的另一强项，在这里可以接触到最新的数学研究成果和方法。学校的数学、力学、天文学等领域都有出色的研究成果和师资力量，为学生提供了优质的学术环境和学习资源。社会科学学科也颇具优势，国际关系、历史新闻学、当代政治策略等专业都是学校的强势学科。这些学科不仅注重理论研究，还强调实践应用，为学生提供了深入了解社会现象和解决问题的能力。学校的历史学科涵盖了古代史、近代史、现代史等多个领域，并拥有一支专业的师资团队和丰富的教学资源。学生在这里可以深入研究俄罗斯及世界历史。

圣彼得堡国立大学拥有多个学院，涵盖了广泛的学科领域。其中较为出名的是物理与技术物理学院。该学院拥有世界领先的物理研究实验室和研究所，涉及的领域包括强场物理、半导体物理、量子物理等。社会科学与国际关系学院在培养各个国家的政治领袖方面具有显著的贡献。文学与艺术学院是世界上非常古老与著名的人文学院之一。学校的物理系拥有世界领先的研究实验室和教授团队，在量子物理、原子分子物理、高能物理等领域取得了许多突破性成果。许多毕业生在物理学领域成为著名学者和科学家，为俄罗斯和全球的物理学发展做出了重要贡献。

圣彼得堡国立大学在俄罗斯独具特色，是该国第一所授权自主授予副博士和博士学位的高校。这两个学位的授予是通过圣彼得堡大学学位答辩委员会的评审，根据学位答辩结果，以及签署答辩委员会决议书最终确认的。报考副博士学位研究生需要具备硕士学位或者同等专业资格，而报考博士学位研究生则需要具备副博士学位。副博士和博士学位答辩可以使用俄语或英语进行，并在圣彼得堡大学的网站上公布答辩的时间和方式。学位的授予与否将由圣彼得堡大学校长根据答辩委员会的决议和答辩结束后一个月内获得的反馈信息来决定。圣彼得堡国立大学的副博士和博士学位的设立涵盖了多个学科领域，包括艺术学、亚非学（东方学和非洲学）、生物学、地质学、国际关系学、数学、语言学和物理学等。至今，已有13位研究生成功通过答辩并获得了副博士学位。

截至2022年，圣彼得堡国立大学共有学生24336人，其中本科生13837人，研究生10499人。来自世界各地的国际学生超过3900人，占学生总人数的约16%。其中，国际本科生2293人、国际研究生1607人。圣彼得堡国立大学为学生创造了一个国际化、跨文化的学术环境，为学生提供了丰富的交流和学术合作机会。这也彰显了圣彼得堡国立大学在国际教育领域的卓越地位。

圣彼得堡国立大学拥有超过10000名的教职员工。曾经发现化学元素周期律并在此创立了化学系的门捷列夫和俄国第一个获得诺贝尔奖的科学家伊万·彼得罗维奇·巴甫洛夫（Ivan Petrovich Pavlov）都在此担任过教职。圣彼得堡国立大学一直以来致力于促进俄罗斯教育领域的改革，如今已成为世界级的教育与科学研究中心。学校汇聚了强大的教育团队，提供385个多领域的基础教育项目，并积极与雇主合作以确保教育与就业需求相匹配。此外，学校强调跨学科的研究，采用现代信息技术进行学习，并提供各种资助项目以支持卓越学生的发展。

圣彼得堡大学坐落于俄罗斯的圣彼得堡市，拥有斯莫尔尼宫和瓦希里岛两大教学区。圣彼得堡大学的高尔基科学图书馆馆藏丰富，藏有国内外各门学科多种语言的图书、期刊、手稿等700多万件，供莘莘学子在知识的海洋里畅游。图书馆的藏书最早来自建校初期的沙皇中学、科学院和师范学院，1920年又将神学院、女子学校、亚历山大贵族学校的图书资料，以及一些个人藏书汇集于此。浸润在圣彼得堡浓厚的艺术气息里，圣彼得堡大学的学生有着丰富多彩的文化生活。学校的文艺活动俱乐部下设6个文艺团体，每年举办超过300项学生活动，并组织外国留学生专场演出。学生自行组织的剧团、合唱团、芭蕾舞团和民族舞团等文艺团体活跃在学校的每一个角落。体育在圣彼得堡国立大学同样受到重视，学校提供多样化的体育项目，包括足球、篮球、排球、乒乓球、国际象棋、橄榄球、高山滑雪、拳击、摔跤和赛艇等。丰富多彩的校园生活，为学生提供了全面的教育和社交体验。

圣彼得堡国立大学的校训是"Scientiae et arti, propter humanitatem"，译为"为了人文精神的科学和艺术"。校训寓意着学校始终以推动社会发展、促进人类进步为己任，并强调人文主义的核心地位。圣彼得堡国立大学在俄罗斯文化和文明的传承与发展中具有独特地位。学校十分注重与全球大学和研究机构的交流合作，努力成为世界学术交流的中心；同时，将积极开展社会服务和文化传承活动，为地方和国家的发展做出更大贡献。

ETHzürich 苏黎世联邦理工学院

  苏黎世联邦理工学院（Swiss Federal Institute of Technology in Zurich）应时代和国家的需要而建立，是民族振兴的发动机和加油站，不仅为了自身的发展，而且为整个国家、欧洲乃至世界从事科学研究。苏黎世联邦理工学院是建筑精英的成长摇篮，从旧金山的金门大桥到2008年北京奥运会的主场馆，从柏林的波茨坦到世界上最长的隧道，处处都闪现着苏黎世联邦理工学院的智慧。170年来，学校人才辈出，群星荟萃，爱因斯坦（Albert Einstein）从这里走向世界，沃尔冈夫·泡利（Wolfgang Pauli）

在这里创立了核物理学理论，33位科学家从这里走上诺贝尔奖的领奖台。"要做工程先做人"是苏黎世瑞士联邦工学院矢志不渝的追求。

苏黎世联邦理工学院历史悠久，是瑞士联邦政府以巴黎综合理工学院（隶属于巴黎理工学院）为蓝本而创立的，旨在培养工程和研究人员，服务于国家的现代化发展和产业技术创新。1854年2月7日，瑞士联邦政府通过了建立联邦理工学校的法令。1855年，学校正式成立并被命名为理工学院，与姊妹校洛桑联邦理工学院一起组成瑞士联邦理工学院。最初，学校由建筑、土木工程、机械工程、化学和林业等6个学院，以及一个整合数学、自然科学、社会科学和文学的机构构成，专注于工程技术、自然科学与建筑学的教育与研究。在时任瑞士总统杰罗姆·弗兰内尔（Jérme Franel）的推动下，学校在1909年获得博士学位授予权。1911年，学校更名为"苏黎世联邦理工学院"（ETH Zürich）。1999年10月6日，苏黎世联邦理工学院与帝国理工学院、亚琛工业大学和代尔夫特理工大学3所欧洲著名的理工科大学共同成立了IDEA联盟（欧洲顶尖理工类大学的战略联盟）。

苏黎世联邦理工学院设有5个学部，共16个院系，各院系在财务、人事等方面有相对独立的权利，系下设研究所、实验室、教研室等共80多个，学科领域涵盖了自然科学、工程技术、建筑学、经济学等多个学科。学校重点学科包括计算机科学、建筑学、统计和运筹学、电子电气工程、地球与海洋学等。学校在1981年成立了计算机科学专业，从那时起，该专业迅速发展壮大，成为如今全球知名的专业。在设计计算机系统和开发软件工具方面，苏黎世联邦理工学院有着长期的成功历史经验。在研究和教育上，该专业重点研究数据管理与机器学习、信息与系统安全、网络系统和并行计算、通用计算和网络物理系统、编程语言和软件工程、理论与算法、视觉计算等。建筑学专业是苏黎世联邦理工大学顶尖的专业之一，有着高质量的教学和出色的研究成果。该专业的研究重点在于建筑环境相关的各种问题，建筑和城市设计为优势学科，特别是在未来城市、能源、气候变化和可持续性的研究等方面，为世界所认可。该专业目前共有五大研究所：设计与建筑研究所、建筑历史与理论研究所、建筑历史与保护研究所、建筑技术研究所和景观与城市研究所。其中，土木、环境与地质工程专业的研究重点是21世纪国家和全球挑战的核心问题，如居住空间展开可持续设计的机会和潜力等。

学校现采用学士、硕士和博士三级学位教育体系。其中，本科阶段学制为3年，课程授课语言大多为德语；硕士1.5—2年，博士3—4年，以英文授课为主，学习任务包括课程学习、实验和毕业设计。研究生项目以工程、科学等领域为主，包括材料科学、机械工程、生物医学工程、计算机科学、数学、电子工程、化学、物理学等专业。外部论文项目（External Thesis Project）是苏黎世联邦理工学院研究生教育的主要特色之一，包括以项目为依托、校企联合培养、创办大学科技园、共建合作研究中心培养研究生等多种形式。通过让研究生与苏黎世联邦理工学院及研究所联合体之外（涉及不同国家）的企业、高校、科研院所合作完成短期项目论文和学位论文，提升培养质量和科研成果的社会转化。这种方式突破了传统的论文写作指导方式，实行双导师制，即高校导师与合作企业的指导教师共同指导项目实施和项目论文写作，其论文的选题大多来自生产实际，是企业、工厂等生产中遇到困难或者等待解决的技术难题，具有较强的实践性。这种独特的培养方式，将专业知识和学术能力运用于实践中，并产生一定的现实效益，有效地激发研究者的研究热情，增强学生的科研水平和实践能力。

根据苏黎世联邦理工学院2022年年度报告统计，学校共有在校生25022人，包含本科生10665人，硕士研究生8737人，博士研究生4561人，MAS/MBA学生673人，访问交流学者386人。其中，国际学生占比43.2%，约为10809人；共来自120个国家，主要来自其他欧洲国家，其次为亚洲（约为1949人，以研究生为主，仅有58名亚洲学生在校攻读本科学位）。

苏黎世联邦理工学院积极推动研究生教育国际化。学校不设立国际合作副校长，也不强调正式合作协议的签署，研究与教学的国际合作主要由教授根据个人需要推动实施，也鼓励学生自由寻求海外学习交流的机会，共提供3种学习交流渠道：一是交换项目，学生可通过导师的国际合作关系、校级学生交换项目或自行联系渠道，赴海外进行交换学习或完成毕业设计；二是短期国际项目，包括会议、竞赛等诸多形式，校方鼓励学生自行申请并提供部分旅费资助；三是国际实习及工作机会，学生可申请国内外公司、研究机构提供的海外实习及工作岗位。

国际化师资建设也是学校研究生教育国际化的重要途径之一。2022年，苏黎世联邦理工学院共有教职员工10584人。其中，教授524人，占比20%；科研人员6742人；技术和行政人员3147人。国际教职员工占比58.4%，来自

120个国家。学校拥有丰富的教学资源和优秀的师资力量，其中包括图灵奖得主尼古拉斯·沃斯（Niklaus Wirth）、瑞士工程院院士迪迪埃·索内特（Didier Sornette）等，原建筑学院院长沙赫·曼兹（Sacha Menz）教授曾于2012年被授予"中国政府友谊奖"。

苏黎世联邦理工学院和苏黎世大学比邻而建，位于苏黎世市中心，数学、机械、电子、计算机等系所散落于此，与城市融为一体。苏黎世联邦理工学院主图书馆收藏书刊、报纸、地图等资料超过690万件，既是瑞士的图书馆，也是瑞士科技信息中心。读者可以在此借阅全瑞士80多个高校或研究机构图书馆的资料。此外，各系所也拥有自己的图书馆。学校有着丰富多彩的文化传统，比如在每年11月20校庆日当天举办苏黎世理工学院的学术节日。这一天在主楼会有一系列活动，包括奖励优秀学生论文、颁发荣誉博士学位等。自1951年起，苏黎世理工学院与相邻的苏黎世大学每年都在市中心的利马特河上举行师生划艇比赛，吸引全市公众观看。

苏黎世联邦理工学院的校训是"Welcome Tomorrow"译为"欢迎明天"，秉持4个维度的核心价值理念，分别为：文化权利，即为充满创造力的创新思想提供发展空间；主体多元化，即支持原创性、前瞻性的知识进步，强调人文学科和管理科学的价值，并视二者为苏黎世联邦理工学院教育的有机组成部分；教研结合，即所有科研人员参与教学，并提倡学生尽早参与科学研究；可持续发展，即科研、教学与实践的有机整合。外部论文项目的设置正是基于良好的合作环境和科研传统并融合了以上4种价值理念，强调文化的传承与创新、支持前沿研究与技术进步、鼓励学生参与科研并为社会谋福利。

苏黎世联邦理工学院已发展成为有国际声誉和影响力的知名大学，在教育和科研方面发挥着重要作用。未来，根据学校《2021—2024年战略规划》，苏黎世联邦理工学院将更积极地鼓励和支持跨学科的研究项目，以解决那些需要多学科知识才能解决的复杂问题。同时，学校将继续致力于提供卓越的教学质量，加强关于数据与信息、健康与药品、材料与制造、责任与可持续性相关学科的发展，为人类社会做出更加杰出的贡献。

 洛桑联邦理工学院

　　洛桑联邦理工学院（Swiss federal Institute of Technology in Lausanne）是瑞士洛桑的一所公立研究型大学，与姊妹校苏黎世联邦理工学院一起组成瑞士联邦理工学院，是欧洲卓越理工大学联盟战略成员，专注于工程技术与自然科学两大领域。相较历史悠久的"老大哥"苏黎世联邦理工学院，虽然洛桑联邦理工学院的办学规模和所获得的联邦经费小于前者，但年轻的洛桑联邦理工学院更灵活，更容易变革，也更愿意冒险，因此拥有更多的科技成果转化成果。经过十几年发展，学校国际声誉显著提升，成了在短期内实现跨越式发展的典范，成功吸引大量有潜

力、有活力的青年科学家，并培养了大批优秀的政治家、实业家、商业领袖，包括罗技公司联合创始人丹尼尔·宝莱（Daniel Borel），达能集团名誉主席弗兰克·里布（Franck Riboud）等。

洛桑联邦理工学院最早创立于1853年，5位创立者受巴黎中央理工大学启发，希望可以建立起培养瑞士工程师的学校。起初，洛桑联邦理工学院是一个私立学校，当时只有11名学生，开设的课程包括化学、物理、数学、建筑、绘画和土木工程等，学校办公室位于洛桑瓦伦丁街。1869年，学校并入洛桑大学成为工程系。1890年，洛桑大学取得大学地位时，工程系更名为"洛桑大学工程学院"，增加了电气专业。1946年，学校更名为"洛桑大学理工学院"，并设立物理学院。1969年，洛桑大学理工学院从洛桑大学独立出来，正式命名为洛桑联邦理工学院，成为一所由瑞士联邦政府直接管理的大学，也是继苏黎世联邦理工大学后瑞士的第二所由政府管理的大学。1978年，瑞士联邦政府投资建立了学校位于莱芒湖畔埃居布朗（Ecublens）的新校区，2001年，建筑学系迁入这个校区，自此学校完成了单一校区的整合。2002年，学校开始推进跨学科建设，将原来的系转化为大学院。2008年，洛桑联邦理工学院合并了瑞士癌症临床研究中心。2009年，学校在纳沙泰尔（Neuchatel）开设了微城市校区（Microcity campus），又于2014年和2015年成立了两个新校区。

洛桑联邦理工学院由7个学院组成，建成超过500个实验室和研究中心。7个学院分别为基础科学学院，工程学院，环境、建筑与土木工程学院，计算机通信学院，生命科学学院，技术管理学院和人文学院。学士课程多为英语与法语授课，而硕士课程多为英语授课。计算机科学是洛桑联邦理工学院的一大亮点，在人工智能、大数据、云计算、机器学习、数据挖掘等领域具有卓越的研究水平。洛桑联邦理工学院在工程领域享有极高的声望，特别是土木工程、电气与电子工程、材料科学与工程等专业，不仅在学术研究上取得了卓越成果，还与工业界有着紧密的合作关系，为学生提供了丰富的实践机会。建筑学也是洛桑联邦理工学院的一大优势学科。学校延续了瑞士地区培养职业建筑师的传统，注重培养学生的实践能力和创新思维。其建筑学专业拥有扎实的理论背景和丰富的实践经验，为学生提供了广阔的发展前景。此外，洛桑联邦理工学院在物理学、数学、化学工程、机械工程等领域也具有很高的学术水平和影响力。这些学科不仅拥有世界级的专家和教授团队，还配备了先进的实验设备和研究设施，为学生提供了

优质的学术环境和学习资源。

瑞士高校传统的学位是两级制,即硕士学位为第一级学位,博士学位为第二级学位,没有设立学士学位。直至博洛尼亚进程开始,本硕学位才得到分离。洛桑联邦理工学院也不例外,其本科阶段一共3年,共有13个专业向学生开放申请,包括建筑学、化学与化工、土木工程、通信系统、计算机科学、生命科学工程、材料学、数学、物理学等专业。本科阶段采用多语种教学,包括德语、法语、意大利语和英语,学生可根据自己的语言优势自主选择;研究生课程全部用英文教学,以吸引来自世界各地的申请者。为了提升本科生的质量,洛桑联邦理工学院在大学的第一年设置了学业考试,若学生无法通过第一年的学业考试,则必须转入其他高校就读。

在研究生教育方面,学校专门设立博士研究生院。以往瑞士联邦高校的权力掌握在董事会手中,校长很难发挥作用,洛桑联邦理工学院也是这样,并且学校的博士研究生培养一直由各个实验室或研究团队独立负责。学校通过改革赋予校长任命教授等一系列权力,正式成立了博士研究生院,由博士研究生院院长和17个项目主管负责管理。博士生院院长负责统筹和监管全校21个博士研究生项目,每一个博士研究生项目独立负责招生、组织考核、安排课程和活动,每一个项目都设有一位主管和一个委员会。为了鼓励跨学科研究和培养,学校的博士研究生项目与学院和研究所分开,博士研究生的课程大多是跨学科的,每位博士候选人除了有一位导师指导论文,还受所在博士项目委员会的集体指导。博士课程虽然是由各个博士项目根据自身学科协调组织的,但对所有的博士研究生开放。除了精心安排指导和课程,博士研究生院还为博士研究生提供有吸引力的薪酬。博士研究生院的设立使近年来该学校的博士学位申请者无论是在数量还是质量上都稳步上升。

截至2022年,学校共有12576名在校生。其中,本科生6288人,硕士研究生2685人,博士研究生2414人。由于瑞士的国土面积较小、人口稀少,因此大力招收优秀的国际学生,特别是博士研究生是洛桑联邦理工学院保障生源质量的重要途径。学校确立了"立足本土、扎根欧洲、着眼世界"的愿景,制定了以国际化为主的战略以建设世界一流研究型大学,国际学生占比约为一半,来自全球120多个国家,博士研究生占比则高达近80%。为了使校园环境对国际学生更具吸引力,学校启动了"校园2010"计划,新建了一座集学习、信息、住宿于一体的实体与虚拟结合的劳力士学习中心。

洛桑联邦理工学院的学术人员主要由正式教师（教授、副教授、助理教授）和合同制的科研人员等组成（博士后、科研助理等）。截至2023年7月，现任教授、副教授和助理教授共约350位，博士后约1000位。该校全职教授包括数学家、菲尔兹奖得主马丁·海尔（Martin Hairer）教授，数学家、菲尔兹奖得主玛丽娜·谢尔盖耶夫娜·维亚佐夫斯卡（Maryna Sergiivna Viazovska）教授，计算机科学家、图灵奖得主约瑟夫·西伐克（Joseph Sifakis）教授等。2016年，瑞士洛桑联邦理工学院塞尔曼·萨卡（Selman Sakar）与苏黎世联邦理工学院合作开发了一种可重构细菌的微型机器人。在电磁场远程控制下，该机器人像小型螺丝锥一样在液体中旋进，可以携带药物抵达人体内的预定位置，移除人体内动脉斑块或帮助生物学家修改细胞结构。2018年，瑞士洛桑联邦理工学院的乔治·克丁（Grégoire Courtine）教授和加州大学洛杉矶分校共同研究并找到了参与脊髓自然修复的关键神经元，促进这些神经元的轴突生长并穿越脊髓断裂区，再与其天然投射目标区域的神经元重新建立连接，就能恢复因脊髓受损而导致的运动功能障碍。这一研究证明了神经纤维可以在解剖完整的脊髓损伤中再生，使瘫痪患者完全康复成为可能。

洛桑联邦理工学院原址位于洛桑市中心，1978年起逐步搬到莱芒湖畔的新校区，与洛桑大学毗邻，共有5个校区。洛桑联邦理工学院主校区内有65座建筑，是瑞士第一个获得国际可持续校园卓越奖的校园。国际化的学生活动场所——劳力士学习中心位于校园的中央，可供学生工作、休闲，以及提供各种服务。学校鼓励学生组建社团和参加体育活动，校园里一共有百余个科研和社会性质的社团。

洛桑联邦理工学院的校训是"为科学服务，为国家服务"，充分体现了学校对科学研究和社会责任的重视。同时，洛桑联邦理工学院也强调学术自由和开放合作的精神，鼓励师生勇于探索未知领域，推动科学技术的创新和发展。

进入21世纪，洛桑联邦理工学院的核心战略是借鉴美国大学的管理制度和实践来克服自身管理和学术研究的低效性，优化学术队伍和激发学校的创新活力，从而使该校成为一所世界一流大学。这一改革成就有目共睹，仅仅用了四五十年的时间让学校取得了跨越式的发展，成了享誉全球的理工科大学。

 # 苏黎世大学

　　苏黎世大学（University of Zurich），是瑞士历史悠久的大学之一，也是瑞士规模最大、声誉最高的研究型大学，同时也是国际化的教育基地和研究中心。一个世纪以来，这所坐落于美丽的阿尔卑斯山脚下的著名学府共摘取12个诺贝尔奖，在世界著名大学诺贝尔奖排名中位列第20名。第一届诺贝尔物理学奖得主从这里走出，X射线的发现者伦琴（Wilhelm

Rontgen）是苏黎世大学的高才生，中国学者陈寅恪曾在这里就读。苏黎世大学为人类做出的巨大贡献是举世公认的，在科研创新能力、人才培养、师资水平和国际化程度等诸多领域都享有良好声誉。

苏黎世大学的历史沿革可追溯到16世纪早期，那是"新教"改革家乌尔里希·茨温利（Ullrich Zwingli）时代。这是欧洲第一个由民主国家而不是由封建君王或教会创办的大学，当然，也是瑞士历史悠久的大学之一。1833年苏黎世大学开学时的学生只有100多人，教师也只有26位教授和29位讲师。1883年建校50周年时，学生也只有463人，教师91人，其中教授37人。1908年，苏黎世州与瑞士联邦政府签订协议，将苏黎世大学和瑞士联邦理工学院合并。1914年苏黎世大学迁至今天的所在地。长期以来，苏黎世大学一致依据1859年的教育法实行管理。随着大学的发展，该法的规定对苏黎世大学这样的大型教育机构的管理已不尽适用。因此，1994年，苏黎世大学决定进行改革，目标是使大学成为一个自我管理的公共团体。1998年3月15日，苏黎世州的公民经过投票产生了新的大学法，给予苏黎世大学自制权，即赋予自治法定实体的地位。从那时起，苏黎世大学踏上了新的发展征程。

目前，苏黎世大学已经成为瑞士规模最大、声誉最高的综合性研究型大学。学校的学科相当完备，设有7个学院，分别是神学院、法学院、经济学院、医学院、兽医学院、文哲学院和数理学院。苏黎世大学的医学院是瑞士最著名的学院，拥有世界级的专家和教授团队，以及先进的实验设备和研究设施，在免疫学、人脑研究和分子生物科学等领域成就斐然。学校的地球与海洋科学、地质学、地球物理学等专业处于全球领先地位，统计与运筹学、电子电气工程等专业也享有很高的国际声誉。社会科学与管理、艺术与人文专业也是苏黎世大学的优势学科领域。在传媒学、经济与计量学、政治学等专业方面，苏黎世大学都拥有世界级的专家和学者，研究水平卓越。同时，学校的神学与宗教研究、古典文学与古代史、语言学等专业也备受推崇。其大学医院和兽医医院，也具有一流的设施和技术。商业管理类研究生课程闻名于世，与维也纳经济管理大学共称欧洲之首。进入21世纪以来，为了保持其教学和科研在欧洲乃至世界范围内的领先地位，苏黎世大学以横向延伸的、多学科融合的战略作为其最新的办学理念。也正是这种独树一帜的办学理念最终使苏黎世大学跻身世界一流大学之列。

　　苏黎世大学以高水平的科研和研究生培养闻名于世。在研究生教育中，苏黎世大学着重培养学生创新意识，实行动态的团队合作与跨学科课程的供给相结合的方式指导学生，培养研究生的超越意识。苏黎世大学拥有为数众多的研究能力中心，并广泛参与了其他院校的研究能力中心的科研工作。这种方式不仅促使苏黎世大学保持和开创在世界范围内的科研领先地位，也为研究生教育创造了一种极为灵活有效的指导方式。研究中心承担了大量科研项目，并把研究生大胆推到科研的一线，利用研究团队的力量共同指导研究生。例如，民主国家研究能力中心（NCCR Democracy）就让所有的博士研究生直接参与科研活动。不仅如此，研究中心通过这种模式为学生提供跨学科课程，帮助消融各门学科之间的界限，为跨学科合作消除障碍。学校为了实现为国际学生和员工提供从学士学位课程到教授职位方面全面支持的目标，成立了"国际之家"。该机构负责提供大学主要的非学术咨询服务，包括进入瑞士、居留许可、保险、住宿、家庭事务等。除此以外，国际学者中心也为来自国外的硕士研究生、博士研究生、博士后、学术访问人员，以及行政人员提供涵盖生活、学习、就业等方面的帮助与服务。

　　截至2022年，苏黎世大学共有在校生27895人，包含本科生14353人，硕士研究生7430人，博士研究生6112人。其中，国际学生占比约19%，约为5227人，共来自120个国家，主要来自其他欧洲国家，其次为亚洲国家（约为1225人，以本科生为主）。针对来自国外的研究生、博士后研究员、访问学者等不同群体的特点，苏黎世大学还会提供相应的信息服务。比如，为国际硕士研究生提供了涉及从抵达瑞士到在瑞士的生活、校园学习等方面的综合信息服务，其中包括学校提供的13种不同语言的课程和心理咨询、就业帮助等咨询信息，有利于国际硕士生更好地融入校园学习和当地的生活。

　　2022年，苏黎世大学拥有7262名教职员工，其中学术型员工710人，行政或研究助手3830人。从事教学和研究的教职工2722多人，其中很多是世界公认的各领域的精英。如开启物理学革命的埃尔温·薛定谔（Erwin Schrödinger）、发现维生素化学结构的保罗·卡勒（Paul Karrer），以及发现人体如何识别病毒感染细胞的罗尔夫·辛克纳格尔（Rolf Zinkernagel）等。苏黎世大学将教学作为学校发展的重要使命，认为科研及学术的发展是为了促进教学质量与水平的提高。

　　苏黎世大学地理位置优越，位于苏黎世城市中心的半山上，毗邻瑞士联邦理工学院，两校之间没有围墙。苏黎世大学是瑞士教研领域最广的大学，共有150多个研究所，另有4家附属医院和苏黎世大学主图书馆、苏黎世中央图书馆等公共图书馆和12个博物馆。苏黎世大学的图书馆将开放的科学实践作为常态，带来文化变革，而博物馆确保了珍贵文化遗产的保存，以及博物馆基础研究与公众之间的联系。苏黎世大学活跃着100多个学生组织和协会。其中的苏黎世大学学生联合会（VSUZH）代表苏黎世大学的所有学生，是瑞士最大的学生协会。作为公共机构坚定地遵守大学法，代表了所有学生对大学管理和公众对大学政策问题的关注。每两年，至少有70名学生在自由选举中被选入学生议会——苏黎世大学学生联合理事会。通过这种方式，确保学生在大学拥有发言权和参与权。

苏黎世大学的校训是"Excellence and Responsibility"，即"卓越与责任"。这既是学校的发展理念，也是对学生、教职工的期望。它强调了追求卓越的重要性，无论是在学术研究、教学质量，还是在学生培养、社会服务等方面，苏黎世大学都致力于达到最高水平，引领世界。同时，这个校训也体现了学校的责任担当，即对社会、对国家、对人类的未来承担起应有的责任，为构建更加美好、和谐的世界做出贡献。

苏黎世大学在学校发展中始终瞄准未来，不断创新。从一个州立大学到一所瑞士的综合性大学乃至欧洲和世界的一流大学，苏黎世大学一直保持着很强的自我更新能力，正是这种自我更新能力，不断地推动着苏黎世大学的快速发展。

UNIVERSITÉ DE GENÈVE 日内瓦大学

　　日内瓦大学（University of Geneva）是瑞士日内瓦州的一所公立大学，拥有460多年的历史，其卓越的研究水平和教学水平极负盛名。坐落在世界的"和平之都"，和众多的国际性组织共处一城，并且建立了密切的合作关系，这也是它取得成功的重要因素之一。在这里能够感受到科学的最前沿，38个国家参与的粒子物理实验在这里进行，世界上最大的生物数据库在这里建成。这里矗立着瑞士最大的天文研究所。日内瓦大学首次发现了系外行星和最遥远的星系，获得瑞士国内数额最高的科学基

金,培养了无数世界级的科学巨匠。日内瓦大学由宗教改革者约翰·加尔文(John Calvin)创立,在这里能领悟到各种学术思想。日内瓦大学是留学人数比例名列前茅的大学之一,世界各地的求学者慕名而来。

日内瓦大学的前身是欧洲宗教改革运动的先驱约翰·加尔文在1559年创建的日内瓦学院。学院最初是一所神学和人文主义神学院,是改革教义的守护者,主要培养传教士,教授修辞学、辩证法、希伯来语和古典希腊语,在欧洲宗教改革中占据重要地位。启蒙运动时期,杰出的学者们为学院引入了新的学科,如物理和自然科学、法律和哲学,使它逐渐演变成一所具有广泛影响的学术机构。1873年,医学系的建立标志着学院向综合性大学的转变,随后正式更名为日内瓦大学。这意味着日内瓦大学成为瑞士日内瓦州的一所重要公立大学,享有更高的学术地位和更广泛的影响力。伊夫·弗吕克格尔(Yves Flückiger)校长任职期间,通过推动学科交叉合作、强化研究导向、加强国际交流与合作、提升教学质量和加强学校文化建设等举措,使日内瓦大学在教学、科研和国际影响力等方面取得了显著的进步。

日内瓦大学一共有9个学院,其中包括理学院、医学院、文学院、法学院、神学院、心理学和教育科学学院、社会科学学院、经济和管理学院、翻译学院。此外,日内瓦大学还设有一些研究所和跨系的研究中心,如老年问题研究中心、宗教改革史研究所等,这些机构专注特定领域的研究和学术交流。日内瓦大学开设500多种课程,其中包括136种学士和硕士学位课程、87种博士课程和343种继续教育课程,涵盖极其广泛的领域:精密科学、医学、人文科学、社会科学、法律。其卓越的研究领域包括生命科学(分子生物学、生物信息学)、基本粒子物理学和天体物理学。近年来,日内瓦大学的生物医学团队在癌症治疗领域取得了重大突破,开发了一种新型的免疫疗法,能够激活患者自身的免疫系统来攻击癌细胞。这一治疗方法已经在临床试验中取得了显著效果,为癌症治疗带来了新的希望。它的物理学团队在量子计算领域的研究取得了重大突破,成功研发出了一种新型的量子计算机。这种量子计算机采用了全新的设计理念和技术手段,具有极高的计算能力和效率,可以为各种复杂的问题提供快速的解决方案。例如,它可以用于模拟复杂的物理系统、优化复杂的算

法、破解加密系统等。

日内瓦大学研究生教育可以追溯到日内瓦大学的创立初期。随着时间的推移，学校逐渐扩大了研究生教育的规模和专业领域，并成立了多个专门的研究生院以满足不同领域的研究需求。这些研究生院在历史长河中逐渐发展壮大，为日内瓦大学成为国际知名学府做出了重要贡献。日内瓦大学研究生院涵盖了多个学科领域，包括科学、医学、人文、社会科学、法学、经济与管理等，提供了广泛的研究方向。在学生招生录取方面，日内瓦大学的研究生院通常会制定录取标准和程序，并负责审查申请者的资格和申请材料。学院会根据申请者的学术成绩、个人陈述、推荐信、语言成绩，以及其他相关材料进行评估，并决定是否录取。

根据日内瓦大学官网数据，学生来自全球137个国家，是瑞士大学中女生比例最高的学校。2022年一共有18261名在校生。其中，国际学生占了38%，包括8542名本科生，5459名硕士生，分布在理学院、医学院、法学院和心理学和教育科学学院的人数较多。日内瓦大学对国际留学生的语言要求较高，通常需要达到一定的法语或英语水平。在申请时，就读本科课程的学生必须持有瑞士毕业证书或日内瓦大学认为具有同等效力的中学毕业证书。如果不是以法语攻读学位，申请者必须在9月初通过法语淘汰测试，包括口试、书面理解测试和一篇议论文。日内瓦大学为留学生提供一系列国际化支持服务，包括签证申请指导、住宿安排、就业咨询等。这些服务旨在帮助留学生更好地适应瑞士的生活和学习环境，解决他们在留学过程中可能遇到的各种问题。

日内瓦大学的官网数据显示，截至2022年年底一共有6474位教职员工，其中4747位是全职教职员工。日内瓦大学历史上有许多著名的教授、学者担任过教职，包括法国宗教改革家、神学家、加尔文教派的创始人约翰·加尔文（Jean Calvin）；哲学家、政治家、教育家和文学家让·雅克·卢梭（Jean-Jacques Rousseau），曾在日内瓦大学担任过修辞学教授；文学家、哲学家和政治评论家阿尔贝·加缪（Albert Camus）。

在国家层面，日内瓦大学是瑞士国家研究能力中心（NCCR）的牵头机构之一。日内瓦大学的从属机构还包括2个系属学校和6个跨系别研究中心：法语文化及语言学校、体育教育学校、大学信息中心、大学人口生态学及环境科学中心、大学能源问题研究中心、老年问题中心、宗教改革史研究所、日内瓦大学欧洲中心。借助日内瓦国际组织众多的便利条件，日内瓦大学与日内瓦的众多国际组织和非政府组织发展合作关系。通过与诸如国际劳工组织（ILO）、世界卫生组织（WHO）和联合国以及国际高等教育学院、波塞（Bossey）神学院等建立的共同项目，各项研究得到卓有成效的开展。此外，日内瓦国际大学网络（Réseau universitaire international de Genève）专门负责研究人员与各国际组织在人权、可持续发展等议题上的合作。

日内瓦大学位于瑞士联邦日内瓦市。学校分布在城市东部的几个区和附近的卡鲁日市。最古老的建筑是1559年的加尔文学院，现已不再隶属日内瓦大学。日内瓦的图书馆设施根据主要研究方向分布在4个校区。阿尔夫校区有7座图书馆，其中包括恩斯特与露西·施米德海尼图书馆、人类学图书馆、大学信息中心图书馆、乔治-德拉姆图书馆（数学）、环境科学研究所图书馆（ISE）、天文台图书馆（天文学）和地球与环境科学图书馆。巴斯蒂永校区是语言图书馆以及大学历史和音乐图书馆的所在地。Uni CMU校区收藏了大量医学文献。此外，它还拥有健康文献中心（CDS）和医学与健康研究所及生物医学伦理研究所图书馆（IHMS-IEB）。梅尔的藏书侧重于以下主题：经济和社会科学、法律、心理学和学习科学、翻译和口译、欧洲研究、外语法语和音乐学。此外，它还拥有联合国大学的多媒体图书馆。

日内瓦大学以"为了人类的光荣与福祉"为校训，强调对人类发展和福祉的关注，以及对知识和智慧的追求。其发展理念可以概括为"追求卓越、服务社会、创新发展"。学校致力于在各个领域追求卓越，培养具有国际视野和创新能力的高素质人才，为国际交流与合作做出贡献。此外，日内瓦大学还将继续关注全球化和数字化的发展趋势，适应新的教育需求和市场变化，不断创新和发展。

 乌得勒支大学

欧洲大学

乌得勒支大学（Utrecht University），是世界顶级公立研究型大学。欧洲古老的大学之一，现为欧洲研究型大学联盟和世界大学联盟等组织成员。迄今为止，乌得勒支大学共培养出12位诺贝尔奖得主，以及15位斯宾诺莎奖得主，其中包括第一位诺贝尔物理学奖得主伦琴（William Conrad Rontgen）、第一位诺贝尔化学奖得主范托夫（Jacobus Henricus Van't Hoff）等。长期以来，乌得勒支大学开放文化资源，推动国家历史文化输出，一直以强大的研究实力、高质量的教育水准和良好的学术声誉而闻名欧洲。

1634年，荷兰的乌得勒支城建立了一所名为卓越的学院，1636年，学校被正式命名为乌得勒支大学。当时学校有7名教授，分布于4个学院，即神学院、法学院、医学院和哲学院。哲学院包括物理科学、人文学科和纯哲学3个知识领域。1639年，乌得勒支大学建立了植物园，1724年，医学和物理学大楼落成。1815年，哲学院被分成数学物理学和哲学人文两个学院，学院的总数达到5个。1894年，乌得勒支省、市政府及个人捐赠建造了学术大楼。从此，学校在荷兰的知名度日益上升。自21世纪90年代以来，乌得勒支大学成为荷兰规模最大的高等学府，教师人数与学术水平也已达到荷兰所有高校之最，并已跻身世界顶级

大学之列。

乌得勒支大学拥有7个学院，涵盖了整个研究和教育的领域，是荷兰课程设置最全面的大学。乌得勒支大学在自然科学、生命科学、地球科学和社会科学4大领域的教学和研究在荷兰高教系统中不仅是最全面完善的，也是最著名的。学校在这4个学科领域联合开设的环境研究教学计划也是荷兰同类教学计划中涉及该学科领域最广且最有深度的。学生们可以选修从环境法、经济学和城市与区域规划到生态学、地球科学和毒理学，以及大气和海洋地质研究等各种课程。同时，乌得勒支大学综合自然科学、生命科学和学校两座教学医院的力量形成了荷兰最完善的生物医学中心。乌得勒支大学在数学和计算机科学领域的研究工作也相当突出，重点是如何为中学生提供最佳的数学和计算机教育，开发他们的智力，使他们将来成为富有智慧的公民。研究成果得到了国内外学者的首肯。

乌得勒支大学的学士学位课程为期3年，硕士学位课程为期2年。其中，工程硕士学位课程的时间较长。学校为每个学士学位项目都提供了荣誉教育。如果想要获得荣誉教育证明，则要求学生至少1/4的学位课程必须达到荣誉级别，其中的一部分是学位课程的核心课程，另一部分则不是。荣誉学生参与的荣誉教育多是小规模和互动性极强的教学活动，可以与教师进行一对一交流探讨，并广泛参与游学、科研、出版、研讨、学习日和国际交流等活动。他们面临着超越常规学习要求的挑战，结束学习时还需完成荣誉论文。目前，乌得勒支大学面向本科生开展的学科荣誉教育的项目包括管理和组织科学、理学、生物医学科学、兽医学等12个项目。硕士生荣誉项目包括气候知识与创新社区、德拜（Debye）荣誉项目（自然科学研究院）、双硕士学位荣誉项目（自然科学研究院）等13个项目。

截至2022年，乌得勒支大学在校学生为31951人，其中本科生为19490人，研究生为12461人。在这些学生中，国际学生占比为7.2%。在校教职员工8654人，教授超过700位。杰出的师资队伍在各个领域产出了杰出成果。其中，在乌得勒支大学医学中心任职的神经科学家金伯莉·西莱蒂（Kimberly Siletti）及其团队对覆盖人类大脑106个位置的300多万个细胞进行了核糖核酸测序，分析记录了包含3000多个亚型的461个脑细胞大类，为绘制整个图谱奠定了基础。2023年7月，乌得勒支大学的科研团队在国际著名学术期刊《自然·水》杂志上发表了对地表水污染威胁的研究论文。

乌得勒支大学与乌得勒支城市的发展始终紧密相关。可以说，乌得勒支城的发展促成了大学的创建和扩展，而大学的发展又反过来促进了乌得勒支城的繁荣。乌得勒支大学的建筑是典型的中世纪风格，整体比较低矮，颜色主要采用红色和棕色，具有历史底蕴。为使外国游客能更深入地了解荷兰的历史、对外政策、艺术和文化，乌得勒支大学与乌得勒支市其他教育机构一起为外国游客开设了"荷兰文化与社会"夏季课程，集学习与娱乐为一体，颇受欢迎，参加的人数也日益增多。乌得勒支大学还向公众开放大学博物馆和植物园等资源，使更多的人能学到文化、艺术、历史和植物学等方面的丰富知识。乌得勒支大学学生课余生活丰富多彩，这里除了有许多学生俱乐部，如乌得勒支大学学生联合会、女生协会和学生会等，还有不少学院级学生俱乐部。众多的咖啡室和一系列生动活泼的文化活动，丰富了学生生活。

乌得勒支大学校训为"Sol Iustitiae Illustra Nos"（荷兰语），译为"阳之正义，泽于万众"。乌得勒支大学的宗旨是：提供科学与其他领域的知识教育，开展科学及各种领域的研究，为社会提供服务。由于学校每一个领域的研究工作都在多个相关学院内进行，因此可以说，突出重点和强调相互合作便是乌得勒支大学研究工作的最大特点。

乌得勒支大学的愿景与使命是努力让世界变得更美好。在解决世界问题方面，乌得勒支大学志存高远。学校注重理论与实际的结合，给学生足够的发展空间，并尝试通过跨学科研究来解决人类共同面临的全球性难题，努力为世界发展做贡献。

格罗宁根大学

欧洲大学

格罗宁根大学（University of Groningen）是世界顶级公立研究型大学，欧洲历史悠久的著名学府之一，科英布拉集团成员，世界百强名校。格罗宁根大学曾培养出3名诺贝尔奖得主和众多优秀人才。其中，2016年诺贝尔化学奖得主之一伯纳德·费林加（Bernard Lucas Feringa）还当选为中国科学院院士，拿到了上海市政府颁发给外国人的永久居留身份证和居留许可。学校还培养出了政府高官、企业精英、学术巨擘等，知名校友包括欧洲央行首任行长维姆·德伊森贝赫（Win Duisenberg）、低温物理学的奠基人海克·卡末林·昂内斯（Heike Kamerlingh Onnes）、天文学家巴特·扬·博克（Bart Jan Bock）、荷兰第一位宇航员乌波·欧克斯（Wubbo Ockels）等。格罗宁根大学浓厚的学术氛围和一贯的创新发展的风格为大批学子的成功奠定了良好的基础。

格罗宁根大学是荷兰王国的第二所大学，创建于1614年。建校之初学校坐落在旧的、未被使用的梅诺达和西温修道院，1876年的《高等教育法》对格罗宁根大学的发展产生了巨大的影响，学校更名为国立大学，拉丁语不再是官方语言，被荷兰语取代。格罗宁根大学于1881年任命了第一位现代语言教授。直到1912年，格罗宁根大学一直是荷兰唯一一所提供现代语言教育的大学。1914年，学校建校300年，学生数量、研究项目数量、新建的实验室和研究所均达到前所未有的水平。1953年，弗里茨·泽尼克（Frits Zernike）教授因发明相衬显微镜而获得诺贝尔物理学奖，学校逐渐在国际上走入人们的视野。

格罗宁根大学的生态学、材料科学，化学和天文学专业排名进入欧洲研究型大学前三名，并在纳米科学、物理学、人工智能、分子生物学、微生物学、医学、神经科学、社会学、哲学、神学、考古学和

传播学等领域颇有建树,每年产出超过8500部研究出版物(不包括论文)、640篇博士论文。格罗宁根大学共有10个学院,包括法律学院、医学院、数学和自然科学学院(包括化学、物理、生物、信息技术等专业)、艺术学院、经济学院、行为学和社会科学学院、哲学学院、空间科学学院、神学和宗教研究学院、组织和管理学院。学校设有27个研究中心和机构、超过200个学位项目(48个学士、167个硕士学位项目),其中126个硕士项目、29个学士项目是英文授课。每个学院均有硕士和博士学位授予权,为了进一步促进学校的科研发展,格罗宁根大学还在分子学、进化生物学、纳米科学和医学与制药革新专业为国际学生设立了全额奖学金。

格罗宁根大学的博士生教育目标是使他们发展成为优秀、独立和可靠的研究人员,为学术界内外的职业生涯做好充分准备。为了实现这一目标,格罗宁根大学提供了两种类型的培训,一是对博士研究生进行个人研究项目的科学培训;二是通过课程、学术会议等,对博士研究生进行学术技能的专业培训,为未来的职业生涯做好准备。格罗宁根大学的10个学院都有自己的研究生院,提供大量的硕士和博士研究生课程。同时,还设置了格罗宁根研究生院作为所有博士研究生教育的总体组织,负责协调10个学院的研究生管理机构,培训和监督各自院系的博士研究生。格罗宁根大学医学院是荷兰第二古老的医学院,成立于1614年。2015年1月,格罗宁根大学医学院和格罗宁根大学医院合并为格罗宁根大学医学中心。医学科学研究生院作为格罗宁根大学最大的研究生院,主要负责格罗宁根大学医学中心的硕士(包括研究型硕士)和博士研究生课程。

2023年,学校共有37000名在校学生。其中,本科生23310人,研究生13690人。全校共有超过9900名国际学生,来自120多个国家,占学生总数的约27%。全球化是格罗宁根大学的显著特点之一,这里的国际学生群体活跃且多元,便于学生交流和融入。此外,学校还为国际学生提供了广泛的语言课程和文化交流项目,帮助他们更好地适应和理解荷兰及其文化。除了荷兰语授课的专业,格罗宁根大学还为国际学生开设了全英文授课的学位项目。在生活服务上,学校设有国际服务办公室以及住宿办公室,以解决学生遇到的问题。学校科研实力雄厚,拥有研究人员3750人,国际研究人员占比40%,其中包括400名正教授、4400名博士研究生。学者中有诺贝尔物理学奖得主弗里茨·泽尔尼克、诺贝尔化学奖得主伯纳德·费林加(Bernard L. Feringa)、微积分的先驱约翰·伯努利（Johann Bernoulli）、银河系旋转证据的发现者雅各布斯·卡普坦（Jacobus Kapteyn）。

学校所在的格罗宁根市是荷兰第五大城市，是荷兰的知识、科学、文化、贸易和工业中心，历史悠久，经济发达。城市周围风景美丽，有森林、草场、弗利兰湖、海洋、岛屿，以及湿地。格罗宁根是仅晚于莱顿成为大学城，17万居民中有4万多名学生。这里虽然是荷兰的最北部，但交通便利，从该市乘火车去阿姆斯特丹市约需2小时。格罗宁根还是不折不扣的自行车之城，城中超60%的旅程可以用自行车达成。格罗宁根大学同荷兰许多其他大学的情况一样，学生不是住在校园内，而是生活在市区，住房办公室会帮助学生找到合适的住房。学校共有150座校园建筑，分布在格罗宁根及周边地区，拥有一流的教学科研仪器设备和近百万册馆藏图书，它的计算机设备和交互多媒体教学体系在荷兰大学中居领先水平。另外，学校还为学生提供良好的运动和娱乐设施，包括多个体育运动中心，以及银行、酒吧、商店、餐厅等。该校的另一个特色是拥有先进的电子化学习环境。学校为学生提供便捷的计算机学习设施。学生可以在互联网中查询参考资料、教师布置的作业任务、教师反馈，以及登记注册课程和考试，参与小组讨论。

格罗宁根大学的校训是"真理之光"（荷兰语为"Luceat Lux Veritatis"）。学校自建校以来就吸引了大量的外国留学生和专家学者，通过新思想和新经验的交流，产生了许多在专业学术领域有影响的理论。因此，格罗宁根大学的校训"真理之光"不仅是对其学术追求的概括，也是对其教育理念和办学精神的最好诠释。

经过400年的风霜洗礼，为适应不断发展的社会需要，格罗宁根大学以开拓和变革为主旋律，不断扩展新的教育科研领域，改革教学科研机制，使学校的教育更加联系实际，服务社会。格罗宁根大学这所"国立院校"已经逐渐发展壮大为荷兰非常知名的国际化研究型大学之一。未来，学校将继续追求教学质量、科研水平的高速发展，以"高质量的教学、高质量的科研、高质量的学生服务和高质量的院校合作"为指引，继续向世界一流大学的前列迈进。

莱顿大学

　　莱顿大学（Leiden University）是荷兰历史最悠久的高等学府，由荷兰皇室直接管理，其法律地位、行政独立，以及自治权都得到了荷兰王室的支持和认可。经过几个世纪的发展，莱顿大学已经成为全球公认的顶尖学府，以卓越的学术成就、科研实力，以及教育传统而闻名于世。在过去的5个世纪，莱顿大学培养出16位诺贝尔奖的得主，如洛伦兹（Hendrik Antoon Lorentz）、爱因斯坦（Albert Einstein）、费米（Enrico Fermi）等。除了大量的一流科学家在莱顿大学涌现，还有在世界享有盛誉的政治家、国家元首在莱顿大学就读或执教，如美国

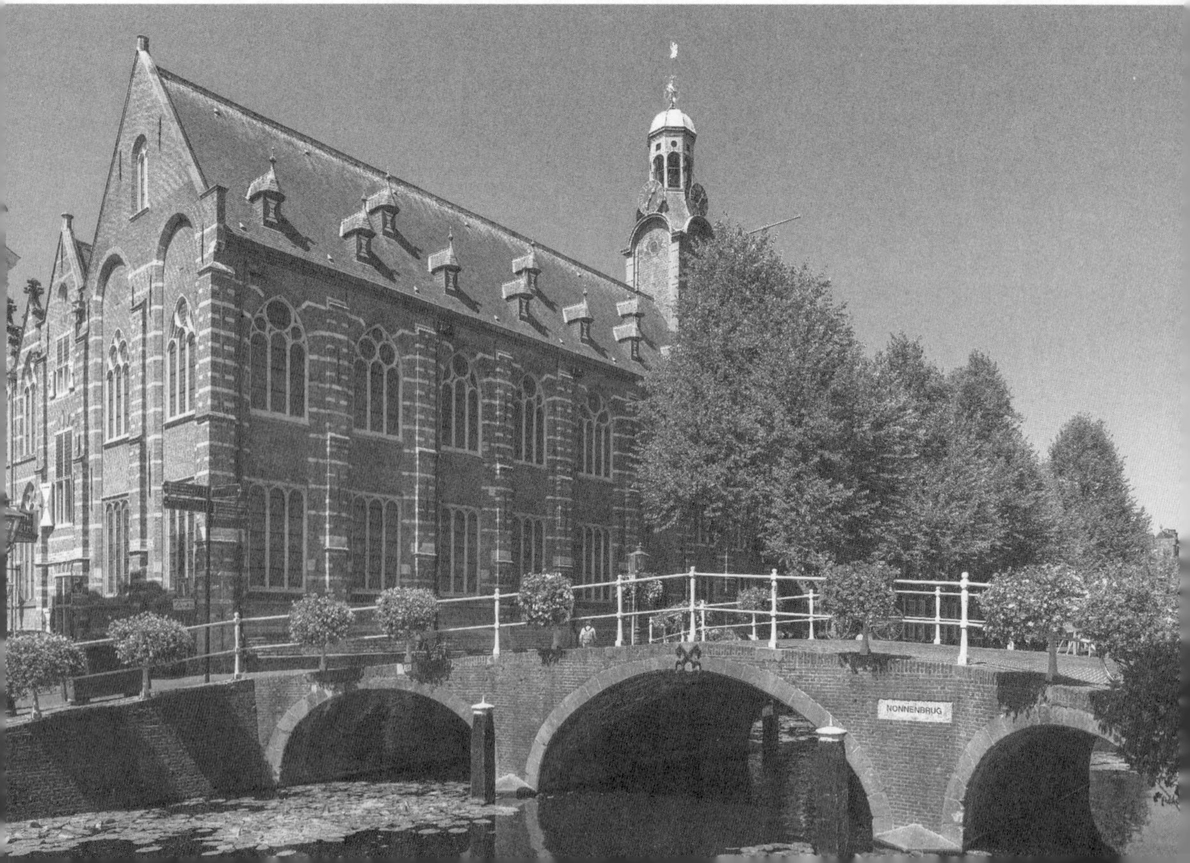

总统亚当斯（John Adams）、英国首相丘吉尔（Winston Churchill）、南非总统曼德拉（Nelson Mandela）等。这些杰出的政治家在此求学或任教也使莱顿大学蓬荜生辉。开放自由的教育理念、全面丰富的学科设置、扁平高效的管理方式、雄厚强大的师资力量，以及国际化的生源，使莱顿大学在荷兰乃至全球都具有重要影响力。

1575年，荷兰独立战争的领导者欧朗叶亲王（Prince William of Orange）提议，为奖励莱顿人为独立自由而战的不屈精神，在此应建立荷兰的第一所大学：莱顿大学。从此，莱顿大学就拥有了"自由之堡垒"的称号。自成立之日，莱顿大学就一直秉承"自由之堡垒"的校训，最大限度地坚守开放与包容的治校精神。莱顿大学是欧洲最早践行宗教和信仰自由的大学，再加上校方不惜一切地坚持引进投资和引进人才的大政方针，很快就有大量顶尖的国际学者慕名而至，不久就成为欧洲著名的科学人文中心，步入了发展的第一个黄金时代。19世纪末，近代科学开始转向，风行一时的机械论受到质疑，借此机遇，莱顿大学迎来了第二个黄金时代。如今，处于前沿科学一线的莱顿大学已成为世界最权威的现代超导研究中心，以该校著名的物理学家、现代超导奠基人昂纳斯命名的世界首个低温物理研究中心就设在莱顿大学。他的"从实验中获取知识"的名言至今仍挂在实验室的大门上。而研究光学物理与激光的惠更斯实验室，一直处于激光领域的世界前沿，不断有新的建树问鼎世界。

莱顿大学的7个学院分别是考古学院、治理与全球事务学院、人文学院、法学学院、医学院/莱顿大学医学中心、理学院和社会与行为科学学院。莱顿大学一共有50多个系所，150多个专业，开设48门本科生课程和81门研究生课程，11个核心研究领域，100个以上的研究所。莱顿大学的大部分科系都提供学位课程。莱顿大学的法学专业是学校的"王牌"专业，曾经培养出1位荷兰首相和4位荷兰大法官。莱顿大学医学研究中心有着悠久的历史与传承，早在成立之初的1589年，保夫教授就在此进行了人类首次公开的尸体解剖课，并配有讲解。此事竟发生在16世纪，不仅是医学领域破天荒的尝试，更是对神学桎梏的直接挑战。莱顿大学的生理学研究一直名列世界前茅。早在18世纪，莱顿大学的马申布罗克（Pieter van Musschenbroek）教授就进行了电的人体实验，并发明了莱顿瓶。实验中他将自己的双手分别与莱顿瓶的正负极相连，记录了人体被该瓶发放的高压电击中的感觉，这是人类最早的高压电击实验。

莱顿大学的研究生教育可以追溯到19世纪末期，当时研究生教育在欧洲还处于相对初级的阶段。目前，学校设有4个研究生院，即国际研究生院、医学院研究生院、工程与自然科学研究生院和社会科学与行为科学研究生院。这些研究生院的主要职能是提供和管理研究生教育，包括硕士和博士研究生项目的教学、科研、培训和论文指导等。此外，他们还负责国际合作与交流，促进学术研究的合作与发展。医学院拥有丰富的教学和科研经验，并且在医学领域的研究成果颇丰。医学院长期与荷兰皇家科学院合作，为学生提供了丰富的科研和实践机会。

莱顿大学正在探索用技术来加强教育的创新方式，通过信息与教学（ICTO）计划，开设既面向全日制学生，也面向专业人士的课程。莱顿大学还提供开放和在线课程，例如大规模开放在线课程（MOOCs）和小规模限制性在线课程（SPOCs）。目前，本科课程以英语教授为主，85%的硕士课程以英语教授，在线课程如MOOCs也以英语教授为主。莱顿大学还与研究机构和外国政府合作，以确保教学和研究始终处于新发展的前沿。莱顿大学与印度尼西亚、中国，以及拉丁美洲和非洲国家有着特别紧密的合作关系。莱顿大学本身还在雅加达、开罗和拉巴特设有研究机构。

截至2022年，莱顿大学在校学生共有33701人。入学本科生有6290位，其中23%为国际学生；入学研究生有5462位，其中35%为国际学生。这些国际学生来自112个国家。当年度获得本科学位的学生共4530人，获得硕士学位的有5111人。截至2022年，莱顿大学一共产生并培养了141000名校友。

莱顿大学是科英布拉集团和欧洲国际大学组织的成员之一，并与世界各大名校合作建立了欧洲研究型大学联盟。该校的斯宾诺莎奖获得者数量一直位居荷兰高校首位，校内设有超过40个国家级和国际研究机构。目前，莱顿大学与20多所中国大学合作，招收了近500名中国本科生、硕士研究生和博士研究生。合作的中国大学来自北京市、成都市、杭州市、广州市、上海市、厦门市和西安市。莱顿大学已将中国确定为重点合作国家，建立了长期教学和研究合作的合作计划。越来越多的中国学生来到莱顿大学学习和研究。2015年，莱顿大学注册了183名中国本科生和硕士研究生，191名中国博士研究生。此外，还有十几位中国教授参与了莱顿大学的教学和研究工作。同时，许多莱顿大学的学生也前往中国学习，还有许多莱顿大学的教职员工在中国的大学从事教学或研究工作。

莱顿大学共有教职员工7650人，其中全职学术人员1903人。莱顿大学深刻地认识到优质教育的重要性，非常关注讲师的专业化。大学讲师都需要通过大学教学资格认证（BKO）。此外，莱顿大学会在结课后通过评估向学生征求对教学意见，并授予最优秀讲师教学奖。学生可以在莱顿大学的学生平台，以及部门教学委员会中发表对教学政策的看法。莱顿大学历史上有许多著名的教授学者担任过教职，其中爱因斯坦在20世纪20年代和30年代曾在莱顿大学担任物理学教授，并在此期间发表了大量关于相对论的研究论文。此外，莱顿大学还是笛卡尔（René Descartes）、惠更斯（Christiaan Huygens）、伦勃朗（Rembrandt Harmenszoon van Rijn）、斯宾诺莎（Baruch de Spinoza）等科学、文艺巨匠的母校，他们深刻影响了世界科学和文化的发展。

莱顿大学坐落于荷兰西部一座美丽小城——莱顿市。莱顿市位于荷兰首都阿姆斯特丹西南方约28千米处，虽然全市人口仅12万人，却排位在阿姆斯特丹市之后，是荷兰的第二大城市。由于莱顿大学的130座各种建筑密布全市，使莱顿市与莱顿大学几乎成了同义语。莱顿大学图书馆拥有中世纪荷兰语文献等珍贵古籍。为促进馆藏古籍在教学研究中的更好利用，发挥馆藏价值，莱顿大学图书馆与人文学院共同建设斯卡里格学院，旨在为学生和研究人员提供良好的工作条件和专业知识，学院提供讲座、大师班等服务方式，让藏品可以与师生更好地接触。为了做好有关数字人文的服务工作，莱顿大学图书馆与荷兰国家图书馆、阿姆斯特丹自由大学图书馆，联合成立的数字人文培训，为推动荷兰数字人文知识普及做出了重要贡献。此外，科学家爱因斯坦在莱顿大学执教期间完成的"玻色-爱因斯坦凝聚态"研究论文手稿就存放在莱顿大学的图书馆。"签名答辩墙"是莱顿大学的独特风景。几乎是从莱顿大学创办的时候开始，学位答辩都是在学术大楼的一间固定讲堂里进行的。在答辩室的隔壁有一间不大的空房间，它本来是供参加答辩的学生休息的地方，不知从什么时候开始，每一个刚刚结束答辩的学生都会在墙壁上随意留下自己的签名，时间一长，这间房子的墙壁就成了莱顿大学一道独特的景观。

莱顿大学的校训是"Praesidium Libertatis"，译为"自由的学府"。这个校训表达了莱顿大学对学术自由的追求和坚持，也体现了学校对知识和学术的尊重。在严谨治学、治校理念的引导下，身为世界顶级名校的莱顿大学，在近代科学的道路上，不仅延续着往日的昌盛与繁华，还能与日俱进地不断涌现出科学与人文大家，延续着群贤毕至、辉煌长在的鼎盛。

阿姆斯特丹大学

阿姆斯特丹大学（University of Amsterdam）位于荷兰首都阿姆斯特丹市内，因地域名称而得名。该大学距今已有390多年的历史，它是荷兰顶级的综合性大学之一。阿姆斯特丹大学以卓越的研究水平和广博的学术领域而闻名，并成为众多具有影响力的学术团体的成员，如欧洲研究型大学联盟（LERU）、欧洲大学联盟（EPICUR）和跨文化能力与创业联盟（NICE）等的成员。阿姆斯特丹大学的校友中产生了6位诺贝尔奖获得者、5位荷兰首相、7位斯宾诺莎奖得主和1位图灵奖得主。计

算机编程语言Python之父吉多·范罗苏姆（Guido van Rossum）、图灵奖得主艾兹格·迪科斯彻（Edsger Wybe Dijkstra）、诺贝尔物理学奖得主范德华（Johannes Diderik van der Waals），以及世界国际象棋联合会主席马克斯·尤伟（Max·Euwe）均是阿姆斯特丹大学的杰出校友。卓越的教学质量、突出的研究实力和广泛的国际影响力，使阿姆斯特丹大学成为一所享有国际盛誉的研究型大学。

阿姆斯特丹大学创立于1632年年初，当时名叫阿泽尼厄姆·依洛斯查（Athenaeum Lllustre）学校，主要任务是为一所大学输送预备生。1634年，数学首先被定为阿泽尼厄姆·依洛斯查学校的课程，接着法学、医学、神学分别于1640年、1660年、1684年被定为课程。19世纪初，该校进入了迅速发展时期，医学院已经成为荷兰同类学院中发展得最完备的一所。到1876年荷兰的《高等教育条例》正式实施时，阿姆斯特丹市才有权使这所学校正式成为高等学府，并于1877年改名为阿姆斯特丹大学。1960年《大学教育条例》通过后，阿姆斯特丹大学有了自治权，教育资金的筹措问题由国家负责解决。此后，阿姆斯特丹大学在阿姆斯特丹市建立了多处校区。

与荷兰的其他大学一样，阿姆斯特丹大学分别有本科生、研究生两套教学计划。在本科生教学计划中，学生可以对所涉及的领域、确定的专业准备一年时间，接着则是系统的专业学习。研究生教学计划中主要有3项内容：培养学术研究助手、职业训练和为中等学校培养师资。阿姆斯特丹大学设有29个院系。国际法与欧盟法系是荷兰最大的同类教学科研机构。阿姆斯特丹大学的传播学专业堪称传媒领域的佼佼者，是该校最具影响力的王牌专业。该专业注重培养学生的批判性思维、创新能力和实践能力，使他们在媒体和传播领域具有竞争力。商学院是荷兰乃至欧洲顶级的商学院之一。在商业研究、会计与金融、劳动与组织研究等领域，阿姆斯特丹大学都拥有世界级的专家和教授团队，以及丰富的研究资源和成果。阿姆斯特丹大学在人文与艺术、社会学、心理学、地理学等领域也具有很高的学术声誉。这些学科的研究和教学紧密结合实际，注重培养学生的综合素质和实践能力，为学生提供了广阔的发展空间。

阿姆斯特丹大学设有统一的研究生院，负责全面管理和发展研究生的教育和培养工作，在阿姆斯特丹大学的组织结构中占据重要地位，拥有招生与录取、课程设计和教学、导师指导和监督、学术研究和创新及职业发展和就业支持等多重

职能，为阿姆斯特丹大学的研究生培养和发展提供全面的支持和保障。研究生院负责研究生的招生和录取工作，包括宣传阿姆斯特丹大学的研究生课程、筛选申请材料、组织面试和评估候选人的适合度。研究生院与其他学院和系所合作，确保录取的研究生具备高质量的学术背景和潜力。与学院共同设计和提供研究生的课程，确保课程设置符合国际标准和学术要求，并提供多样化的课程选择，以满足不同领域和研究兴趣的需求。研究生院还负责协调和组织研究生的教学工作，包括课程安排、考试和评估等。研究生院负责为研究生分配导师，并确保导师在研究生的学术和个人发展方面提供充分的指导和支持。研究生院与导师合作制订研究生的研究计划、监督研究进展，并提供必要的学术和职业建议。研究生院关注研究生的职业发展和就业机会，积极与行业合作伙伴、校友和就业机构建立联系，为研究生提供实习和就业机会；举办职业咨询和招聘会等活动，帮助研究生了解职业市场和就业机会。

截至2023年，阿姆斯特丹大学共有学生43039人，其中本科生28905人，研究生14134人。国际学生占比为35%。阿姆斯特丹大学在留学生教育方面享有盛誉。这所大学以其高质量的教育和多元化的学生群体而闻名，吸引了来自世界各地的留学生。在教学方面，阿姆斯特丹大学注重培养学生的批判性思维、创新能力和实践能力。他们采用先进的教学方法和手段，如小组讨论、项目合作、实地考察等，以激发学生的学习兴趣和动力。在留学生支持方面，阿姆斯特丹大学也做得非常出色。他们设立了专门的国际学生服务部门，为留学生提供全方位的帮助和支持，包括入学指导、住宿安排、签证办理、就业咨询等。阿姆斯特丹大学还有活跃的留学生社团和校友网络，为留学生提供了广泛的社交和职业发展机会。

阿姆斯特丹大学的教职工共计5777人。有很多教授、学者在阿姆斯特丹大学的教职期间，不仅在各自领域做出了杰出的贡献，同时也为该校的发展和声誉的提升产生重要影响。如荷兰数学家布劳威尔（Luitzen Egbertus Jan Brouwer），作为直觉主义的创始人之一，于1904年毕业于阿姆斯特丹大学，并在该校担任教授和研究员，对拓扑学和数学基础做出了重要贡献。荷兰物理学家德布尔（Frits A. M. van den Berg），在电磁波和光学研究方面有较高造诣，1957—1980年担任阿姆斯特丹大学物理学教授，并在此期间及之后对阿姆斯特丹大学物理系的发展产生了深远影响。阿姆斯特丹大学在不断推进创新教育和跨学科研究，并持续不断地更新和改进其课程设置。此外，该校还注重培养学生的实际应用能力，在教授理论知识的同时也注重实践操作。

阿姆斯特丹大学位于荷兰首都阿姆斯特丹市中心。这个城市是国家信息、财政决策和商业服务的中心。阿姆斯特丹大学的4个校区分布于整个城市，包括中心校区、罗特西兰校区、阿姆斯特丹科技园和学术医疗中心。在这些校区中，学生可以在古老的建筑中上课，也可以在现代化的实验室中进行研究，还可以欣赏到美丽的运河景色。大多数艺术和社会科学课程都在市中心或附近的地方教授，而理科课程则在拥有先进教学设施的阿姆斯特丹科学园进行。阿姆斯特丹大学图书馆拥有近400万册的藏书，收藏了许多珍贵的手稿、书信和地图等特殊文献。图书馆的资源对全校师生免费开放，并提供全馆无线网络覆盖。阿姆斯特丹大学还拥有多个博物馆，如阿拉德·皮尔逊（Allard Pierson）博物馆，收藏了大量来自古埃及、中东、希腊和罗马帝国的文物。阿姆斯特丹大学的特别收藏包括大量早期印刷书籍、现代书籍的特殊版本、手稿、地图，以及海报、照片等视觉资料。阿姆斯特丹大学的历史收藏包含了与艺术和科学相关的文物，以及自1632年建校以来的历史档案和学生生活的历史材料。学校的计算机博物馆还展示了独特的早期计算机设备。另外，学校还拥有上万例的解剖学和胚胎标本，人类和动物的骨骼、头骨和解剖模型等。

阿姆斯特丹大学的校训是"Fear cannot catch the opportunity"，译为"胆怯者当不了命运的捕手"。它强调了抓住机遇、迎接挑战的重要性，也激励着学生勇敢地追求自己的梦想，敢于面对生活的挑战和困难。作为荷兰的顶尖大学，阿姆斯特丹大学秉持着"开放、卓越、自由、创新"的价值理念，致力于培养具有全球视野和领导力的人才，推动学术界和社会的发展。随着全球化的发展和新一轮科技革命的到来，阿姆斯特丹大学将继续关注国际趋势和新兴领域，加强与全球伙伴的合作关系，提高自身的国际化水平和创新能力；不断改进课程设置和教学方法，以适应时代的需求和学生发展的需要，为培养更多优秀人才做出贡献。

巴黎-萨克雷大学

巴黎-萨克雷大学（Paris-Saclay University）是一所由多所大学、大学校，以及科研机构联合组建的欧洲顶尖大学，横跨科学与工程、生命科学与健康，以及人文社会科学等多个学科领域，科研实力卓越，被誉为"法国科学跳动的心脏"。

巴黎-萨克雷大学起源于公元12世纪下半叶建立的巴黎大学，并在2020年完成重组整合。多年来，法国高校一直未能在世界一流大学排行中占据强势地位，这主要归结于法国高等教育的体制。自1968年的"五月风暴"之后，法国高等教育体制日益多元化，高等教育机构类型众多，包括公立大学、大学科技学

院（IUT）、工程师学院、商学院，另外还有新闻类、艺术类、医药类、法律类等专业高等教育学院。尽管有不少机构教育质量很高，但通常规模较小，以法语为主要授课语言，国际知名度有限。此外，法国高等教育长期以来形成了综合大学、精英类的大学校和科研院所三者并存的局面，各自为政，缺乏紧密合作。这些因素共同导致了法国大学在国际大学排名中表现不尽如人意。为了应对排名危机，在欧洲高等教育共同体、世界范围内强大的北美高等教育体系，以及崛起的亚洲高等教育体系中谋得一席之地，法国于2006年颁布了《研究导向法》，鼓励同一区域内的大学、大学校和科研机构合并，建立"高等教育与研究集群"（PRES）。2007年，南部巴黎联合大学（PRES）在萨克雷高地成立，最初由3所高校组成。2008年成员高校数量扩至21所，其中包括了巴黎第十一大学和凡尔赛大学。2014年各成员高校通过了巴黎-萨克雷大学的大学共同体（ComUE）章程，允许颁发学位。2017年法国总统马克龙到访巴黎南郊萨克雷，巴黎-萨克雷高地的大学共同体正式划分成两个大学：巴黎-萨克雷大学和巴黎综合理工学院。自2020年1月1日起，巴黎-萨克雷大学（Paris-Saclay University）正式取代巴黎第十一大学和巴黎-萨克雷大学共同体，新合并的院校作为巴黎-萨克雷大学的组成机构，在特定情况下根据规章制度保留法人身份。此外，非营利研究组织法国高等科学研究所也合并其中。

巴黎-萨克雷大学由不同类型的高校合并而成，管理上类似于不同类型高校的"联邦"。其成员高校各有所长，且提供不同类型、不同学科领域的学位课程。如作为巴黎-萨克雷大学前身的巴黎第十一大学，其物理学、数学、化学、天文学、医学和生物科学等专业在法国享有盛誉，在世界上具有领先地位和卓越声望。巴黎-萨克雷高等师范学院是法国著名的多学科研究和高等教育专业大学校，它强调把基础研究与具有实验性的应用联系起来，拥有14个涉及所有学科领域的实验室。巴黎高科农业学院是法国生命、食品及环境科学领域内顶尖的工程师学院。高等光学学院是法国乃至世界最早的光学学校，致力于培养光学工程师，在通信、生物、航天、材料、纳米科学等领域都着重要影响。凡尔赛大学的社会科学、政治科学，以及计算机信息管理和工商管理尤为著名。总之，这些院校提供多样化和高水平的学士、硕士和博士阶段培养课程，并以前沿研究为后盾，向世界开放。

巴黎-萨克雷大学拥有17所研究生院和1个光学研究所，21所博士研究生

院，横跨三大领域：科学与工程、生命科学与健康，以及人文社会科学。这些研究机构集中了硕士课程、科研项目管理，以及博士研究生院的各项任务，均围绕着明确的主题、学科或任务展开。在数学领域，巴黎-萨克雷大学的卓越表现得益于其卓越的数学研究生院。哈达玛德数学博士学院每年吸引了大约百名年轻数学家，而该校的数学与应用硕士项目每年授予了500多个学位，成为全球最大的数学硕士项目。目前，该研究生院已培养出11位菲尔兹奖和3位阿贝尔奖得主，广受国际认可。物理研究生院是另一个亮点，汇聚了巴黎-萨克雷大学所有物理学相关研究。其研究主要聚焦在物质波、无限物理学和天体物理学3个领域。该院的强大科技创新潜力有助于将科研成果高效转化，为社会在能源、环境、健康等方面做出重大贡献。该院拥有法国15%的物理学研究潜力，提供了高水平的师资、科研平台和实验设施，这在法国是独一无二的。生物研究生院的研究着重于生物与环境的相互作用，与经济与管理、地球科学、生命科学与健康、社会与政治学，以及化学等学科研究生院合作开展跨学科研究。仅在2023年，法国农业协会就授予了生物学院6人农业重大贡献奖项，突显了巴黎-萨克雷大学生物学院在该领域的卓越表现。

巴黎-萨克雷大学可视为不同类型高校和科研机构的"联邦"，其独特的管理特色体现在学校的联合结构和相对分散的行政管理体系中。各成员机构虽然在统一的巴黎-萨克雷大学旗下，但仍保留相对独立性，每个学校都有自己的校长和行政管理体系。在成员高校中，工程师学院的学生毕业获得工程师文凭，而成员高校中的一般大学则颁发国家文凭，呈现出了多样化的学位体系。巴黎-萨克雷大学在研究生院和博士研究生院层面实现了跨校的日常管理。硕士课程由各个实验室主导，注重有针对性的教学，教学内容紧密关联实验室最前沿的研究成果，这使巴黎-萨克雷大学的研究生教育更具灵活性和实用性。

截至2022年，巴黎-萨克雷大学的在校学生为48500人。其中，本科生23200人，硕士研究生21000人，博士研究生4300人；本科生占在校生总数的约47.84%，硕士研究生占约43.30%，博士研究生占约8.86%；研究生与本科生的比值约为1∶1.10。巴黎萨克雷大学致力于吸引国内外优秀生源，致力于为学生提供学习过程中的流动体验，并为硕士留学生设置了专门的奖学金。

巴黎-萨克雷大学拥有卓越的师资团队和先进的研究设施。学校目前有7400名教研人员和研究员，每年发表13000篇论文，共设有230个科研实验室和500个实验平台。这里汇聚了来自法国和世界各地的杰出教授和研究人员，涵盖了法学、经济学、管理学、文学、语言学、医学、理工科等多个领域。其中，不乏国际知名的学者，如原巴黎第十一大学教授亨利·嘉当（Henri Cartan），他在复分析、代数拓扑和同调代数等多个数学领域做出了开创性的贡献，1980年因在解析函数理论方面的贡献获得沃尔夫奖。他培养的两名学生之后也分别获得了菲尔兹奖，其中一名后来获得了诺贝尔物理学奖，另一名获得了诺贝尔经济学奖。再如2022年诺贝尔物理学奖获得者阿兰·阿斯佩（Alain Aspect），目前就职于高等光学学院，他的团队在量子纠缠方面进行了开创性的实验，为量子技术的发展铺平道路。这些杰出的教师培养了更多的杰出学生和未来领袖，为法国的"卓越大学计划"做出了杰出贡献。

巴黎-萨克雷大学坐落于法国首都南部的萨克雷高地。这里集聚了众多的高等教育机构、科研机构以及高新技术企业，被誉为法国的"硅谷"。作为全球八大创新产业集群之一，巴黎-萨克雷产业群覆盖了巴黎地区40%的公共研究机构和40%的高科技研发机构，其中包括达能、法国电力集团、标致雪铁龙、雷诺、法国空客、通用电气、诺基亚等国际大型企业。萨克雷地区兴起的重要因素就是巴黎-萨克雷大学所带来的智力支持。围绕着萨克雷地区的创新型企业，巴黎-萨克雷大学建立了科技成果转化加速公司、科技孵化中心，以及创新企业活动中心等功能性组织，同时建立了信息通信技术工程、能源、材料、植物生物学等领域的主题网络。此外，它还与卓越实验室、"卡诺"研究机构、"滨河"创意科技公司（IRT），以及众多颇具市场竞争力的企业开展合作，共同促进信息通信技术和健康卫生等新兴科技领域的发展，形成了新型科技网络。

巴黎-萨克雷大学的校训是拉丁文"Inventons le futur ensemble"，译为"共同创造未来"，体现了开放包容的理念。作为一所国际化的大学，巴黎-萨克雷大学欢迎来自世界各地的优秀师生，汇聚多元智慧，共同推动学术发展。

巴黎-萨克雷大学诞生于萨科齐（N. Sarkozy）执政期间推动的"卓越大学计划"。该计划旨在通过合并与重组法国分散的高等院校、高等教育与研究集群以及科研机构，打造具有国际竞争力的世界一流大学，媲美哈佛大学、牛津大学等知名学府。根据目前的国际排名，巴黎-萨克雷大学已经成功实现了这一宏伟目标。未来，巴黎-萨克雷大学将持续深化教育改革，整合成员高校的优势力量，以确保其在国际舞台上的卓越地位，成为引领国际高等教育的杰出学府。

索邦大学

索邦大学（Sorbonne University），法国高等教育体系中的一颗明珠，拥有丰富的人文底蕴和卓越的学术传统。其历史可以追溯到13世纪，最初起源于巴黎大学的一部分，被誉为"欧洲大学之母"。它承袭了巴黎大学的卓越传统，特别是在文学、语言、艺术、人文社会科学、科学与工程，以及医学等领域表现突出。索邦大学是法国巴黎拉丁区的世界顶尖研究型大学、法国卓越大学计划高校之一，以及4EU+联盟、欧洲研究型大学联盟、欧洲首都大学联盟、欧洲大学协会成员，它以其超高的科研水平和卓越优秀的教学质量逐渐成为具有国际影响力的学术中

心，跻身世界顶级综合性大学的行列。

索邦大学可以说是一所既充满活力又有深厚底蕴的学校，虽然2018年才正式合并成校，但究其渊源，却有800年的历史。巴黎大学作为欧洲古老的大学之一，前身是索邦神学院，创建于1257年，以创建者的名字索邦（Robert de Sorbon）命名，早期以神学研究为主。1261年，学校正式更名为巴黎大学。巴黎大学曾于1793年被撤销，直至1896年才获得重建。1968年"五月风暴"后，法国颁布高等教育定向法，即福尔法，赋予了高校更多的自主权，巴黎大学由此分裂为13所大学，其中包括巴黎索邦大学（巴黎第四大学）与皮埃尔和玛丽·居里大学（UPMC，巴黎第六大学）——现索邦大学的重要组成部分。2010年以来，法国实施卓越大学计划，对巴黎大学等大学进行了重组。2018年，巴黎索邦大学与皮埃尔和玛丽·居里大学合并成了新的独立、多学科且开放创新的世界顶尖大学——索邦大学。

索邦大学文学院拥有悠久的历史，最早可追溯到1257年成立的索邦学院。文学院主要教授文学、艺术和人文科学，拥有多个教研单位和内部科研机构，包括信息与传播科学高等研究学院（CELSA）与巴黎高等教学与教育学院（INPSÉ de Paris）。"以研究支持教学"是该学院的基本原则，从本科开始，教师就将研究逐渐融入教学过程中。另外，文学院与其他学院紧密联系，鼓励跨学科研究。科学与工程学院继承自皮埃尔和玛丽·居里大学，是法国科学研究的主要力量。学院现有超过180个实验室，绝大多数为法国国家科学研究中心（CNRS）的合作实验室；同时，在法国各地设立了超过125个研究所，其中包括最著名的亨利·庞加莱研究所和巴黎天体物理研究所。科学与工程学院与大型集团、初创企业建立紧密联系，实验室、研究所均处于国际研究和创新的前沿，大多数课程都由掌握实践经验和新教学方法的专家级教师和研究人员讲授。医学院为未来的医生和医疗卫生人员提供专业课程，课程主要分设于皮蒂埃-萨尔佩特里埃教学医院和圣安东尼教学医院，其中包括一所助产士学校。该学院还提供语言矫正、运动矫正和视觉训练方面的辅助医疗培训。

索邦大学的独特管理特色源于两所学校的合并与融合，使学校内部形成了3个各具特色的学院。这种结构赋予了每个学院独立的文化传统和管理特征。首先，各学院享有自主权，能够独立进行本科生和硕士生的招生和培养，从而形成了不同学科领域的深厚积淀和专业特长。同时，学校层面设立了博士研究生院，为整个大学提供了博士研究生的招生、培养和学位授予服务。这种层级结构既保障了博士研究生培养的整体质量，又为不同学院的博士研究生建立了共同的监督和培养机制。博士研究生在各学院和博士研究生院的共同努力下，在专业领域获得全面提升，形成跨学科的研究能力。总体而言，索邦大学的管理特色体现在学院间的独立运作和学校层面的整体协调的结合，使学校在本硕博层面形成了有机统一的管理架构，既保持了学院自主性，又实现了协同发展。这种特色为学校的教育质量和学科研究提供了有力支持，推动了索邦大学在学术界的卓越发展。

作为法国高等教育与科学研究的核心，索邦大学现有在校生52000人，其中国际留学生10200人，博士研究生3907人。索邦大学每年授予学士学位4900个，授予硕士学位4400个，授予博士学位近900个。索邦大学的本科生、硕士生由3个学院的教研单位自主招生并培养，本科阶段仅以法语授课，本科生可选择双学位课程，硕士阶段则提供了少数英语授课的项目，博士阶段设置了专门的博士研究生院。法国的教育机构将博士生教育视为一种"研究型的职业经历"而非单纯学习知识和培养学术研究能力的过程。因此，博士研究生教育与本科、硕士阶段的教育有着本质区别，这也是设置博士研究生院的逻辑起点。目前，索邦大学有23个博士研究生院、6个交叉学科博士点，涵盖了文学、语言、人文社科、科学与工程，以及医学等学科领域。另外还有2所索邦大学联盟的博士研究生院：贡比涅技术大学（UTC）和欧洲工商管理学院（INSEAD）。博士研究生院负责处理所有与博士学位相关的问题，包括招收、考核、培养以及学位论文答辩。在索邦大学，每位博士研究生都有其独特的个人发展路径，每位博士研究生都能在整个培养过程中得到个性化的指导，以满足跨学科、开放性以及社会责任等要求。

自13世纪以来，索邦大学是法国智慧、文化、科学和艺术的精英荟萃之地，汇聚了一支高素质专业化的师资队伍。截至2021年12月，索邦大学任职教职员工8762人，其中教研人员3299人，行政教辅人员3021人，其余为合同制博士研究生和其他学生。学校曾培养出34人次诺贝尔奖得主，12位菲尔兹奖获得者，1位图灵奖得主，其中就包括著名的皮埃尔·居里（Pierre Curie）与玛丽·居里（Marie Curie）夫妇。索邦大学古老的智慧历久弥新，教研团队在坚持卓越、勇于创新与传播知识的信念中蓬勃发展。卓越体现在各专业教师对各自领域的多年深耕细作上，如文学院的菲利普·康塔铭（Philippe Contamine）

教授，其父亲亨利·康塔明（Henry Contamine）是法国著名的军事史学家，而菲利普·康塔铭专攻15世纪法国历史，于1993年当选为欧洲科学院院士。勇于创新体现在交叉学科科研团队中，如亨利·庞加莱研究所每季度举办一次高水平的博士课程和研讨会，主题涉及数学及相关学科，如物理学、生物学或计算机科学。该研究所于2013年启动了"庞加莱教席"计划，旨在促进和巩固年轻研究者的国际职业生涯。加入该计划的教职人员均来自世界知名院校，如麻省理工学院、加州大学伯克利分校等。坚持传播知识的信念体现在索邦大学的教师们为知识的普及所做出的巨大努力中，如民族学家米歇尔·佩林（Michel Perrin）教授，在欧洲、北美洲和拉丁美洲举办了200多场科学会议和系列讲座，为人类学知识的传播做出了无法计量的贡献。索邦大学的师资团队在培养具有人文情怀的卓越人才上贡献了巨大的智慧力量。

索邦大学由多所大学合并而成，始终以"未来创造者"为校训，其校区较为分散，在巴黎有6个主校区，在全法范围内有27个其他分校区。在巴黎的6个主校区分别是索邦校区、皮埃尔和玛丽·居里校区、皮蒂埃-萨尔佩特里埃校区、圣安东尼校区、科里尼安古尔校区与马莱塞尔贝校区。索邦校区即文学院所在地，也是索邦学院旧址，由建筑师亨利-保罗·内诺（Henri-Paul Nénot）于1901年设计建成，其建筑外墙、主庭院等借鉴了新文艺复兴时期的风格，其前庭、主楼梯等部分已被列为历史古迹。皮埃尔和玛丽·居里校区经过多次翻新，于2016年落成，现在是科学与工程学院的所在地，该校区的大部分建筑由多名艺术家于1961—1975年设计，其风格与20世纪下半叶的艺术和建筑史密不可分。科里尼安古尔校区则是索邦大学最新的建筑设施之一，于2013年建设落成，是图书馆、体育馆、大礼堂的所在地。

索邦大学的校训是"Créateurs de futurs depuis 1257"，可译为"自1257年以来创造未来"。这一校训将学校的历史与未来紧密相连，既强调学校在过去几个世纪中积累的学术成果和经验，又表明对未来继续创造和贡献的决心。

在800年的发展历程中，索邦大学一直秉承着人文主义的核心价值观，以其优秀的科研水平和教学质量，成为欧洲的学术中心，并跻身世界顶尖大学。未来，索邦大学将进一步扩展其知识传播的领域，推出跨学科研究、人工智能、"明日健康""未来遗产"，以及"环境转型"等重点项目，这些项目将以创新的方式向社会开放，进一步促进学术交流与合作。

哥本哈根大学

　　哥本哈根大学（University of Copenhagen）是丹麦最大、声望最高的综合性大学，也是北欧历史悠久的大学之一。该校长期位居北欧大学排名榜的首位。作为享有盛誉的著名学府，它培养了众多影响深远的杰出学者和科学家。其中包括世界童话大师安徒生（Hans Andersen）和存在主义哲学先驱克尔凯郭尔

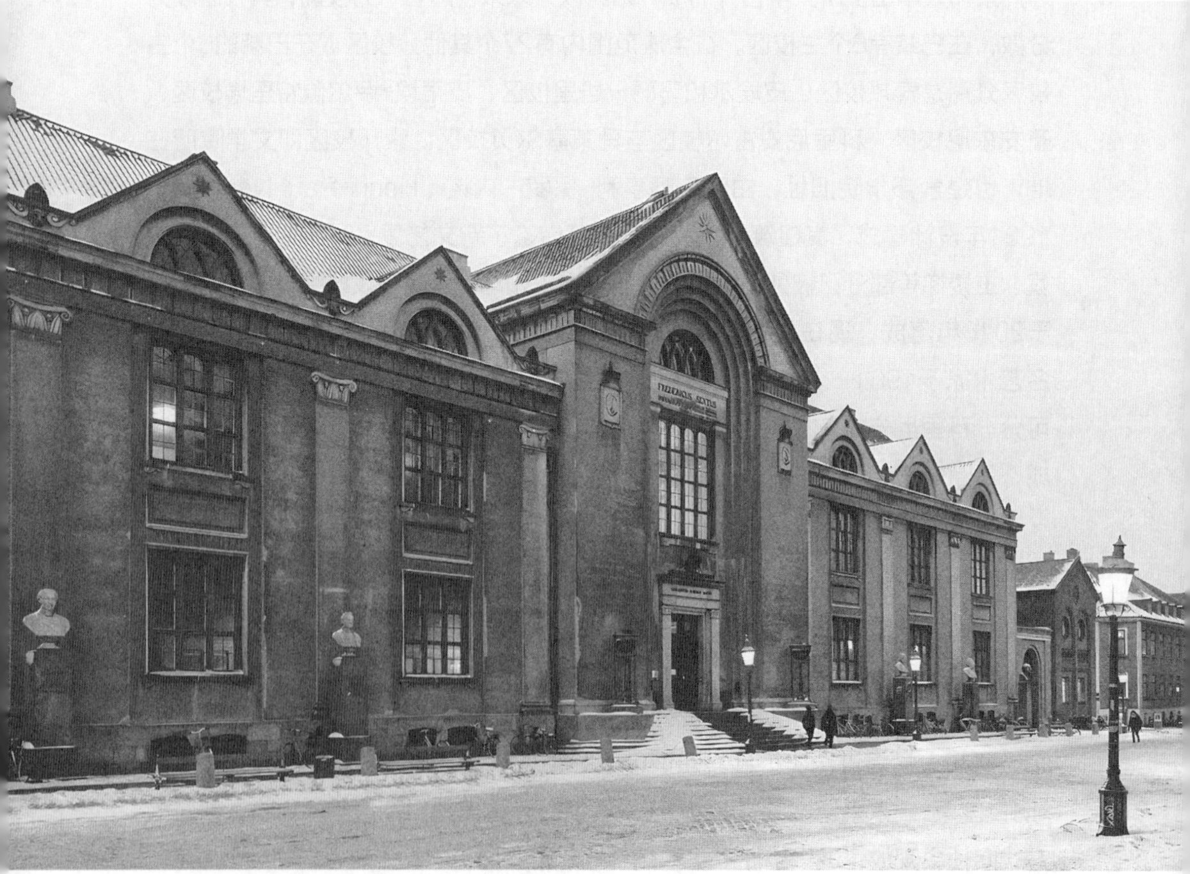

（Soren Kierkegaard）。该大学还以卓越的天文学家而闻名，第一位测定光速的天文学家和超新星的发现者均毕业于此。不仅如此，哥本哈根大学的科学家们还对电磁理论和量子理论做出了杰出贡献，为现代物理学的发展立下了不朽的功绩。而对于人脑结构、肌肉机理，以及地球和生命起源的研究，该大学也提供了重要的证据和解释。哥本哈根大学可以毫不夸张地被称为继承了5个多世纪丰富文化遗产的摇篮，因为它不仅培养了众多杰出学者，更因为这些学者改变了人们的观念和行动准则，对世界产生了深远而持久的影响。

哥本哈根大学于1479年6月1日在国王克里斯蒂安一世（Christian I）的批准下正式成立。最初，它是由天主教会创建并受其管辖。早期的哥本哈根大学主要以培养教士和传播基督教思想为宗旨，同时设置了法学、医学和哲学等专业。随着时间的推移，哥本哈根大学逐渐发展壮大，逐渐从一所小型教育机构发展成为一个综合性大学。19世纪后，哥本哈根大学开始按照欧洲其他大学的模式进行现代化转型。特别是在一系列改革中，通过实行选修课制度、改造专业学院、设立研究生院等，建立了完备的大学教育体系，为丹麦的教育事业和学术研究做出了重要贡献。如今的哥本哈根大学已发展成为一所拥有多个专业学院和研究机构的综合性大学，成为培养一流人才、推动学术研究和推进社会进步的重要力量。

哥本哈根大学共设有6个学院，下设36个系和200余个研究中心。这6个学院是：法学院、社科学院、人文学院、神学院、理学院和医药与健康科学院。哥本哈根大学的优势学科主要包括化学、物理学、天文学、数理经济学、食品科学、地球和地理信息科学等。另外，跨学科研究也是哥本哈根大学的特长领域，如尼尔斯·波尔研究所的生物物理学，是跨越物理学和生命科学的综合性领域；合成生物学是化学、纳米科学、生物物理学等的交叉学科；动力系统跨学科网络则是通过多学科紧密合作，借助数学及计算机建模和统计学、生理和神经科学、心理学、计量经济学、生物信息学、生物统计学等，合力攻克复杂系统问题。

哥本哈根大学的教学体制与德国高校的体制比较接近。哥本哈根大学没有研究生院，对研究生也不开设专门的课程。但是，哥本哈根大学为研究生指定导师，并辅导学生进行学术研究和撰写学术论文。哥本哈根大学不向学生授予学士学位，而代之以"候补人学位"，其要求高于一般大学的学士学位。更有趣的是，学校虽然也颁发硕士学位，但授予对象不是研究生而是大学生，哥本哈根大

学对研究生授予的是博士学位。由于哥本哈根大学不向学生授予学士学位，也不设学士课程，大学生毕业就拿候补人学位，因此学习期限比较长。自然科学等学科至少要5—6年时间，人文学科虽然短些，至少也得4年。学生在取得候补人学位或硕士学位后如果愿意，即可作为研究生在导师的指导下进修，并准备论文，以取得博士学位。哥本哈根大学的博士学位要求严格，强调论文不仅能反映出作者已熟练掌握的本人所学专业，还能对有关学术的发展有贡献，以"训练学生能在公共和私人部门独立开展需要宽广知识基础的研究、发展和教学方面的能力"为培养目标。

截至2023年，学校共有学生36715名学生，其中本科生21378人，全日制硕士研究生15337人。另外有非全日制硕士研究生36人，博士研究生3513人（算大学员工）。2018—2022年，哥本哈根大学每年约录取1000名国际学生攻读硕士学位，例如在2022年，在校国际学生总数为3782人，当年共录取954名国际学生。其中有311名来自非欧盟国家，占国际学生总数的33%，这一比例相较2018年的28%有所上涨。这表明哥本哈根大学对国际学生的吸引力不断提升，反映了该校国际化教育的积极发展态势。

哥本哈根大学教师分为：教授、副教授和助理教授，截至2023年，学校共有10063名教职员工，其中5381名为研究人员。在丹麦，博士研究生属于大学的员工，每名博士研究生都有一位主要的指导老师，通常有一位导师主要承担监督学生学习进程的任务，每半年都会有一份与既定学习计划有关的、详细记录学生进展的报告，提交给博士研究委员会。学校师资队伍中有很多具有丰富教学经验的教师，其中包括图灵奖得主、丹麦天文学家和计算机科学家彼得·诺尔（Peter Naur）、"快速康复外科"之父亨利克·柯莱特（Henrik Kehlet）教授等。这些教师为学校的教学和科研工作做出了重要贡献，为学生提供了丰富多样的学习资源和机会。

丹麦王国是唯一一个与中国有着百年不间断外交关系的国家，也是率先同中国建立全面战略伙伴关系的北欧国家。基于斯堪的纳维亚地区深厚的汉学研究底蕴，哥本哈根大学组织了多项有关中国的研究，也开展了许多与中国方面的合作。哥本哈根大学与中国的现当代交流始于1937年尼尔斯·玻尔（Niels Bohr）对中国的访问，以及随后的周培源、张宗燧、胡宁等科学家前往彼时的哥本哈根理论物理研究所的造访。20世纪60年代，阿格·玻尔（Aage Bohr）

承父遗志，冲破国际意识形态的樊篱，邀请中国学者赴尼尔斯·玻尔研究所进行学术交流，充分践行了哥本哈根精神，并开启了中丹友好学术访问之先河。

学校坐落于丹麦王国首都哥本哈根，位于北欧和欧洲大陆的十字路口。由于历史的原因，哥本哈根大学的校区比较分散，主要分布在哥本哈根市中心、奥斯特学院附近和阿玛格岛的北部，但同一专业的课程一般不会在不同的校园教授。哥本哈根市内主要有4处校区：北校区、腓特烈堡校区、城市校区和南校区。学校还拥有8个博物馆和研究公园。由于4个校区比较近，无论是骑自行车还是乘坐公共交通工具，往返校区间都很方便。校园与哥本哈根城市相融合，学生们使用城市的公共设施，也为哥本哈根的街道和咖啡馆增添了热闹的气氛。大学的建筑范围从中世纪城市中心的历史建筑到今天正在建设的现代建筑，都在不断地扩大校园区域和更换最先进的研究和教学设施。

哥本哈根大学的校训原文为拉丁文"Coelestem adspicit lucem"，英文为"It beholds the celestial light"。译成中文为"目之所及，天光妙契"，玻尔的挚友、著名物理学家罗森菲耳德（Léon Rosenfeld）认为，哥本哈根大学的精神就是：完全自由的判断与讨论的美德。传记作家穆尔（Ruth Moore）则指出，哥本哈根大学的精神是"高度的智力活动、大胆的涉险精神、深奥的研究内容与快活的乐天主义的混合物"。

哥本哈根大学自建校以来就一直是学术探索与真理追求的殿堂，历史上发生过诸如中世纪学术先师同教廷、国王的抗辩，以及20世纪上半叶两位科学巨匠玻尔与爱因斯坦（Albert Einstein）之间的学术争论等重要事件，展现了学校不断追求真理、追求卓越的学术精神。根据学校的《2023人才与协作战略》，学校将制定6年战略目标，旨在吸引、培养和留住专业人才，密切联系教育和研究实践，构建国内外合作与社会体系，将学校发展为一个团结而专注的现代化大学。这一战略将进一步推动学术、科研和合作的发展，使哥本哈根大学继续成为开拓文明与繁荣文化的重要力量。

奥斯陆大学

奥斯陆大学（University of Oslo）是挪威王国规模最大、历史最悠久的综合性研究型大学，也是欧洲研究型大学协会、欧洲首都大学联盟、欧洲大学协会成员，在全国拥有超强的学

术优势和丰富的内外部资源支持。学校曾培养出多名政府首脑、文学家、科学家等，杰出校友包括戏剧作家易卜生（Henrik Ibsen），挪威前首相、现任北约秘书长延斯·斯托尔滕贝格（Jens Stoltenberg），世界卫生组织原总干事格罗·哈莱姆·布伦特兰（Gro Harlem Brundtland），图灵奖得主奥利·约翰·达尔（Ole-Johan Dahl）和克利斯登·奈加特（Kristen Nygaard），数学家尼尔斯·亨里克·阿贝尔（Niels Henrik Abe）、马吕斯·索菲斯·李（Marius Sophus Lie），菲尔兹奖得主阿特尔·塞尔伯格（Atle Selberg）等。

1811年，经丹麦国王弗雷德里克六世（Frederick Ⅵ）批准，在当时被称作克里斯蒂安尼亚的奥斯陆建立挪威境内的第一所大学——皇家弗雷德里克大学（奥斯陆大学的前身）。奥斯陆大学最初设立的目标是为挪威社会培养一批高级公职人员、议会议员，以及政府官员。1814年，丹麦在第六次反法同盟战争中失利，在维也纳会议上被迫向瑞典割让挪威的治权。1905年，挪威—瑞典联盟瓦解，挪威独立，在这个时期奥斯陆大学的任务转变为为国家输送受过高等教育的各行各业的专业人才。社会的变化也导致了对新的专业知识和实践方法的强烈需求，经过多层次改革，学校正式由一所承袭德国中世纪教会大学体系的机构向英美现代化大学转变。奥斯陆大学的校长制度在1905年的联盟解散后建立，学生数量在1911年和1940年实现翻番。第二次世界大战后，政府于1947年成立了国家教育贷款基金，为没有能力缴纳生活费的贫穷学生提供助学贷款。因此，战后的一段时期内，奥斯陆大学的学生人数爆发式增长，这其中包括许多被战争打断求学生涯的往届学生。到1947年，奥斯陆大学的学生人数达到了历史性新高的6000余名。1947—1987年，每年的诺贝尔和平奖均在奥斯陆大学的学术中庭举行，数学界的顶尖奖项阿贝尔奖也由奥斯陆大学颁发。

奥斯陆大学由8个学院组成，分别是牙医学院、教育科学学院、人文学院、法学院、数学与自然科学学院、医学院、社科学院和神学院。奥斯陆大学经济系是社会学院最大的院系，其计量经济学拥有很高的学术影响力。奥斯陆大学创造了世界上第一款面向对象程序设计语言Simula，使编程语言进入了面向对象的时代，因此，奥斯陆大学的计算机研究实验室

被命名为Simula，它是北欧地区负有盛名的计算机研究中心之一。法学院在国际法和公共法等领域有着深厚的研究实力，为学生提供了丰富的法律知识和实践机会。奥斯陆大学在自然科学领域也有着卓越的表现。其生物学、化学、地质科学、材料科学与纳米技术等专业都拥有世界级的专家和教授团队，以及先进的研究设施。社会科学领域也是奥斯陆大学的强项，包括政治学、社会学、心理学等。这些学科的研究注重社会实践和应用，为学生提供了深入了解社会现象和解决问题的能力。

奥斯陆大学的"2030战略"提出，基于目标导向，强化大学同社会的联系，培养高质量的学生，开展长周期的研究与工作，确保所学知识的实用性。作为北欧地区经济学研究的学术重镇，奥斯陆大学数学系旗下的卓越研究中心，即数学应用中心，在斯堪的纳维亚地区是顶级的应用数学研究机构，为挪威的海底钻探、能源开发、船舶制造贡献了众多的数学应用人才。

依据挪威2005年出台的《大学与大学学院相关法案》（Act Relating to Universities and University Colleges），奥斯陆大学主要负责研究与研究生培养，在教学与研究中享有学术自治权，属于传统欧洲大陆大学治理的"洪堡模式"。根据规定，大学董事会由11人组成，包括1位董事会主席、3位经选举产生的教职员工代表、1位选举产生的技术与行政职员代表、2位选举产生的学生代表，以及4位外部利益相关主体；董事会主席每届任期为4年，且不得连任2届。奥斯陆大学设立正、副校长各1人。其中，校长由董事会任命，是大学最高级别的行政管理者，同董事会主席协商董事会准备与建议处理的事务，负责董事会方案实施，董事会对学术活动负有最终责任。奥斯陆大学内部管理有2个特点，第一是学术管理的科层管理趋向强化，呈现"类行政化"结构。在学术活动最为频繁、学术创新最为重要的基层学术组织层面，学院院长由董事会任命，院长集聚学术领导与行政管理者双重权威，间接强化大学内部"自上而下"的行政科层管理权力。第二是学校内部权力结构均由学术体系与行政体系两部分构成。从校级到学院层级均未独立设置学术治理组织。

2023年奥斯陆大学的学生总人数为17623人，其中本科生5815人，研究生11808人。国际学生多达2560人，本科生占20%，研究生占80%。教职员共有2600人。学校曾诞生过5位诺贝尔奖得主，包括计量经济学之父朗纳·弗里施（Ragnar Frisch）、有机化学家奥德·哈塞尔（Odd Hassel）、物理学家伊瓦尔·贾埃弗（Ivar Giæver）、瑞典皇家科学院获奖者特里夫·哈维默（Trygve Haavelmo）、科学家和外交家弗里乔夫·南森（Fridtjof Wedel-Jarlsberg Nansen）。

奥斯陆大学坐落在挪威首都奥斯陆市中心，旁边是国家剧院、议会大楼和王宫。20世纪30年代，奥斯陆大学在挪威的西部的布林顿（Blindern）地区建设了新的校区以容纳暴增的学生。如今的法学院仍留在市中心的旧校区，而医学院则分布在全市的各大附属医院中，剩下的院系大部分位于布林顿校区。奥斯陆大学最著名的景点就是学术中庭（即法学院）。在其宏伟的希腊式巨型门廊后面隐藏着的是挪威王室的各种珍宝，以及大学的历史珍藏。在学术中庭的左右两侧则分布着大学陈列室和国家展览厅。前者展示着自维京海盗时期直到中世纪的各时代的金器、银器和艺术品；后者则主要展示挪威各个时期的名画、雕刻和石印等。学术中庭对开的卡尔约翰大街上还坐落着挪威王宫、议会大厦及大剧院等国家机构。此处是奥斯陆中轴线上最主要的商业大街，浓缩了奥斯陆的建城历史和挪威的国家印记。每年5月17日人们将身穿中世纪服装在卡尔约翰大街上游行至挪威王宫接受国王的觐见，迎接并庆祝一年一度的挪威国庆节。

奥斯陆大学的校训是"为繁星而奋斗"（挪威语为"et nos petimus astra"）。这个校训传达了奥斯陆大学追求卓越、不断进取的精神，激励着师生为实现自己的理想和目标而努力奋斗。校训也体现了学校对学术研究和教育事业的执着追求，以及对人类未来的美好期许。自建校以来，奥斯陆大学始终致力于培养具有国际视野和创新精神的人才，为挪威乃至全球的社会发展做出了重要贡献。

作为人文学科重地，奥斯陆大学于2021年提出了"2030人文计划"，指出人文学科的贡献主要体现在六大主要领域：历史、文化遗产与美学，知识与教育，语言与文化能力，可持续发展与气候变化，作为文化形式和生活方式的技术，民主发展。该计划的目标是加强人文学科在学校中的地位，继续保持学校在国内的领先地位，并使之成为北欧地区大学中的佼佼者，同时也向民众强调人文学科在解决时代重大挑战中的重大作用。未来，奥斯陆大学将继续展示人文学科的特殊贡献与重要价值，改变人们对人文学科持有的传统观点，促进民众对人文学科的信心。

# 鲁汶大学

  鲁汶大学（Leuven University），拥有比利时国家大学的美誉，是世界上现存最古老的天主教大学。学校凭借其独具特色的创新优势跻身世界一流大学行列，在科学研究和技术创新领域居于世界先进水平。鲁汶大学致力于打造"卓越研究"的国际声誉，自创校以来，办学精神和理念早已与城市的经济、政治、文

化深度交织在一起，曾培养出4名诺贝尔奖得主，以及多位政治家、企业家等，包括前比利时首相赫尔曼·范龙佩（Herman Van Rompuy）、现代解剖学之父安德烈亚斯·维萨留斯（Andreas Vesalius）等。

鲁汶大学创立于1425年，是在教皇马丁五世（Mavtin Ⅴ）的授权下建立的。鲁汶大学初创时期教授主要来自巴黎大学、科隆大学、维也纳大学等著名学府。1432年，教皇允许创立神学院，后来规模逐渐扩大，学术声望也明显提高，许多著名学者也来此执教，如人文主义哲学家德西德里乌斯·伊拉斯谟（Desiderius Erasmus）等。1517年，伊拉斯谟创建了3个语言学院，研究希伯来文、拉丁文与希腊文，使鲁汶大学成为当时欧洲人文主义研究的中心。1815年，国王威廉一世（Wilhelm Ⅰ）利用旧鲁汶大学的旧校舍成立了新的国立鲁汶大学。1830年，经历比利时独立战争，比利时从荷兰王国独立，成立比利时王国。1970年，天主教鲁汶大学正式分裂成两所大学，荷兰语鲁汶大学和法语鲁汶大学。前者留在原址，后者绝大部分系迁往新建的鲁汶，其医学院迁往布鲁塞尔附近。

鲁汶大学处于领先地位的研究领域有半导体、微电子及纳米技术、法学、建筑学及古建筑保护、电气与电子工程、统计学、临床医学、教育学、遗传学、文化及艺术史、汉学、机械工程等，同时在人类健康、医疗技术、生物科学与环境、物质、材料和能量、制造业和信息通信技术、人类行为等跨学科领域潜力巨大。学校在教学方面提供学士、硕士和博士教育并且拥有相应学位授予权，部分学位以英语授课，其研究和教学职能主要有15个学院和1个独立的高等哲学研究所，包括50多个学科部门、240个分部，以及1个协会和1个学术培训中心担负。学校的学院和部门被划分为人文与社会科学、科学、工程与技术（SET）和生物医学科学三大类。

鲁汶大学设有3个博士生学院：人文社会科学博士研究生学院、生物医学博士研究生学院和阿伦伯格科学、工程与技术博士研究生学院。这3个学院在制度化的架构下进行博士研究生跨学科培养，使院内各办学要素协同增效，并组建调解导师和博士研究生关系的监察员联络制度，以校方名义为师生提供沟通的媒介。2012年，鲁汶大学明确将高层次、跨领域和多学科作为办校宗旨，打破各学院、课程的"孤岛现象"，推动跨学科培养博士研究生，倡导学科间的交叉融合。鲁汶大学牵头发起的鲁汶大学协会就是一个以鲁汶大学与布鲁塞尔大区、弗

拉芒大区其他5所大学院的密切协作为基础的组织，形成了连接两个大区的23个城镇的动态化开放网络。在欧洲一体化战略引导下，欧洲各地区高校以合作办学的形式整合高教资源，打破校际壁垒，为保障博士研究生生源质量与科研素质引入竞争流动机制。校际"博士工作坊"（Doctoral Workshops）作为大学联盟的特色项目之一，汇集了不同高校的高年级博士研究生，在特定的研究主题下，为博士研究生提供主题汇报、方法课程、名家讲座和实地考察等学习形式，增强不同高校博士研究生之间的学术交流与互动，使博士研究生在所研究领域内获得跨学科和多学科的能力，提升科研潜力，为撰写博士学位论文提供实质性帮助和支持。

截至2023年，鲁汶大学的学生数量约为57000名。其中，硕士项目和博士项目的学生总和大约占50%。国际学生的数量超过11000人，他们来自140多个国家。中国学生已经成为欧盟以外的国际学生中人数最多的一个群体，2019年时已经超过1000人。

鲁汶大学师资力量雄厚，共有专任教师2855人，其中国际教师为1056人。1997年学校出台了"教学发展与实践计划"，其宗旨是给创新型的教师创造新的工作模式。教学发展基金支持了联盟层面的教学改革。鲁汶大学联盟内部科系转换规划的完成，使由联盟内各高校及鲁汶大学的研究计划得以顺畅地转换。历史上，富有改革精神的教宗哈德良六世（Hadrian Ⅳ）、哲学家尤斯图斯·利普修斯（Justus Lipsius）、数学家伽玛·弗里西斯（Gemma Frisius）、植物学家罗伯特·多多恩斯（Robert Dodoens）都曾在鲁汶大学执教。其中一任校长约瑟夫·雷加（Jozef Rega）教授曾资助了植物园和鲁汶医学园区的中心解剖学院。1931年，学校教授乔治·勒梅特（Georges Lemaître）发表了关于膨胀宇宙的理论，该理论后来被称为"大爆炸理论"。

鲁汶大学位于比利时佛兰德地区布拉邦省的荷兰语区鲁汶大市。鲁汶大学拥有布鲁塞尔、安特卫普、吉尔等13个校区，分布在佛兰德地区的10个城市。鲁汶市街道随处可见鲁汶大学的图书馆、教学楼和行政大厅。"城中大学，大学围城"的协同发展共赢路径为学生的特色培养奠定了基础。鲁汶大学建校550年时，鲁汶市送给鲁汶大学象征"智慧之泉"（Fountain of Wisdom）的读书少年雕像，这个形象是一个学生在读一本书，智慧像水一样源源不断地流入他的脑袋。鲁汶大学575年校庆时，鲁汶大学将图腾"针刺甲虫"（Beetle on a

Needle）雕塑送给鲁汶市中央图书馆，以感谢鲁汶市政府数百年来对大学的支持和帮助。如今的鲁汶大学将各个学院广泛布局于整个鲁汶市区，没有统一的教学区或学生宿舍区。校产中有联合国世界历史文化遗产一处，名为格罗特修道院（Groot Begijnhof），范围包括哥特式教堂一座和周围保存完好的欧洲中世纪住宅区，大学与城市浑然一体，成为协同互助的共同体。

鲁汶大学的校训"Sedes Sapientiae"，译为"智慧之所在"。学校十分注重研究和知识的转移，在2002年发布的《使命声明》中指出：高校是一家研究和知识转移同样重要且功能互补的学术研究机构，应积极地参与和推进知识经济进程作为主要发展任务。对知识转移以及技术转移使命地位的确立，是鲁汶大学联盟对教育、科研和服务社会高校这三重使命合一的解读。

一直以来，鲁汶大学都被视为一所研究密集型、国际化的大学，学校使命包括开展基础研究和应用研究，在学术自由的文化中鼓励学生的主动性和批判性反思，对学生和教职工实行积极的多元化政策，积极参与公共和文化辩论，推动知识型社会的发展。2025年是学校将迎来建校600年，鲁汶大学将不断融入欧盟与当地政府协同创新的政策环境中，发挥政校协作的制度优势，为构建全球创新型大学而不断努力。

赫尔辛基大学

赫尔辛基大学（University of Helsinki），是芬兰最古老的学术机构，是芬兰最具影响力的高等教育机构之一。从人文社会科学到自然科学，从医学到工程学，赫尔辛基大学都有世界一

欧洲大学

流的学科。其中,生物医学研究在芬兰乃至世界享有盛誉。从这里毕业的校友几乎遍布全球,在这些校友中有5位诺贝尔奖获得者、世界级音乐大师让·西贝柳斯(Jean Sibelius)等。全球广泛使用的Linux操作系统于1991年10月5日诞生于此。赫尔辛基大学凭借悠久的历史、先进的办学理念、卓越的学科实力、高效的治理模式、优秀的师资力量、优质的生源,以及多元的文化氛围,成为全球高等教育界的一颗璀璨明星。

1640年3月26日,正值克里斯蒂娜(Drottning Kristina)女王统治时期,赫尔辛基大学的前身"图尔库皇家学院"在图尔库成立,是瑞典王国的4所大学之一。当时的图尔库皇家学院被纳入了传统的大学体系,该体系具有欧洲所有大学的共同特征,如拉丁语教学和四级院系划分。学生首先在哲学系学习,然后可以选择神学、法学或医学专业。在创校历史中,学院的使命是负责授权学科、《圣经》、法律和司法、医学及其他科学的教学和实践。学校还为贵族和资产阶级提供普通教育和弘扬文艺复兴时期的人文主义精神。在整个图尔库时期,大学的规模仍然相对较小。1640年,学校共有250名学生和11名教授。在整个图尔库时期的187年中,学生和教授的人数几乎保持不变。大学的创始人克里斯蒂娜女王对科学很感兴趣。她非常支持大学的发展,并为宫廷聘请学者。其中包括哲学家和数学家勒内·笛卡尔(René Descartes)。19世纪,大学研究的方向开始转变为以实验、经验和分析为导向。大学的科学化带来了专业化,并随之产生了新的学科。随着学科的发展,越来越多的研究学问和受过高等教育的人才被引入该国。1917年芬兰共和国正式独立。赫尔辛基大学被芬兰政府赋予了最高的使命,为芬兰培养各种专业人才。20世纪,赫尔辛基大学的科学研究达到了欧洲一流水平,这体现在赫尔辛基大学教授们获得的国际认可上。在21世纪,赫尔辛基大学继续投资科学研究,实现以研究为基础的高质量教育和社会互动。可以说,芬兰在国际上的影响和地位在很大程度上与赫尔辛基大学的知名度有关,芬兰人也将它称之为"芬

兰大学"。

赫尔辛基大学设有11个学院,开设从本科到研究生的学术课程。赫尔辛基大学一共有97门本科生和硕士研究生课程,33门博士研究生课程。赫尔辛基大学涵盖了人文、社会科学、自然科学、医学等领域,涉及数百个学科和专业,设置了广泛的研究方向和课程。赫尔辛基大学的生物学领域实力尤为突出,拥有高精尖的设备仪器和众多研究生物学、生态学、演化学等领域的专家教授,独立发明了"DNA折纸术"技术,引领了生物学领域的新兴研究方向。学校在计算机科学领域也有着卓越的表现,设立了计算机科学、机器学习、自然语言处理等多种课程,致力于引领计算机科学新的发展方向。法学院在国际上享有很高的声誉,其法律学科居世界领先地位。学院不仅提供全面的法律教育,还注重培养学生的批判性思维和实践能力,使其能够在法律领域取得卓越成就。社会科学学院涵盖了多个学科领域,包括政治学、经济学、社会学等。这些学科在学术研究和社会实践方面都有着深厚的积累,为学生提供了丰富的学术资源和实践机会。赫尔辛基大学的欧洲研究硕士课程是其特色课程之一,由社会科学学院和艺术学院提供。该课程从多个角度介绍欧洲社会、文化和政治的各个方面,是北欧国家中唯一用英语授课的欧洲社会研究课程。

赫尔辛基大学注重跨学科的研究和合作,鼓励不同学科之间的交流和合作,以推动创新和解决现实问题。例如,赫尔辛基大学生物医学研究所就涉及医学、生物学、化学、物理学等多个学科的交叉,以研究生物医学领域的前沿问题和创新疗法。赫尔辛基大学的目标是成为世界上顶尖的跨学科研究大学之一。赫尔辛基大学研究生教育的历史可以追溯到20世纪初,当时芬兰大学开始逐渐发展研究生教育。研究生院在管理上注重学生的独立性和灵活性。学生可以根据自己的兴趣和研究方向选择课程和研究的指导教师,并有机会参与各种研究项目和学术活动。同时,赫尔辛基大学注重国际化发展,积极开展国际合作和交流,与世界上许多著名大学和学院建立了学术合作关系,包括莫斯科国立大学、英国国际心理学管理学院,以及斯堪的纳维亚半岛各国的大学等。这些合作旨在共同从事基础科学和应用科学的合作研究。赫尔辛基大学的许多学者与其他国家大学的学者之间有着密切的合作关系,这也促进了国际大学之间的联系和交流。赫尔辛基大学还与中国人民大学等中国顶尖高校建立了广泛的学术合作关系。随着中芬两国政治、文化和经济关系的发展,赫尔辛基大学开设了汉语专业,设立了汉语教授职位，并颁发汉语硕士学位。

截至2022年，赫尔辛基大学共有学生30997人，其中国际学生2228人，占总学生数的约7.2%。本科生15308人，硕士生10821人，博士生4656人。根据优势专业，文学院、理学院和教育科学学院和社会科学学院的学生人数较多，医科类学院以培养研究生为主，本科生人数较少。

赫尔辛基大学目前教职人员4863人，其中教授626人。奈望林纳（R. H. Nevanlinna）教授，建立了亚纯函数的一个一般性理论，是现代亚纯函数理论的创始者，曾担任国际数学家协会主席。还有皮卡（C. Picard）、波莱尔（E. Borel）、J. 阿达马（J. Hadamard）及G. 瓦利隆（G. Valiron）。这些教授、学者是函数论学派的代表人物，学术成就对赫尔辛基大学的数学学科的发展产生了深远的影响。

赫尔辛基大学位于芬兰首都赫尔辛基市中心。赫尔辛基大学的市中心校区、昆普拉校区、梅拉赫蒂校区和维基校区，分别位于赫尔辛基和芬兰其他10个地方。其中，文学院、教育科学学院、法学院、神学院、社会科学学院在市中心校区，理学院在昆普拉校区，医学院在梅拉赫蒂校区，农业及森林科学学院、生物及环境科学学院、医药学院、兽医学院在维基校区。赫尔辛基大学主楼建于1832年，是芬兰高等教育中心的象征。学校校图书馆下设160座不同专业的图书馆，总藏书逾400万册，其中有俄文宝库中珍贵的整套藏书和沙俄帝国出版的所有少数民族语言的书籍，使其在世界各国研究俄国的大学中享有盛誉。4个校区均有现代化的图书馆，拥有约73.5千米长的书架的印刷书籍和期刊，以及可远程访问的电子资源。

赫尔辛基大学的校训是"Solite Erudimini"，译为"让我们一起点亮智慧之光"。校训表达了学校致力于为学生提供良好的学术环境和激发他们的潜力，同时也强调了学校与社会的联系及跨学科的合作。赫尔辛基大学的使命是通过高质量的研究和教学，以及积极的社会互动去创造更美好的世界。未来，赫尔辛基大学将进一步巩固和提升学校在世界领先的多学科研究性大学群体中的地位，并以重点研究领域的科研为契机，积极推动民生幸福与社会公平。

隆德大学

　　隆德大学（Lund University）是一所现代化、国际化，具有高度活力和历史悠久的大学，是北欧最大的高等教育和科研机构。隆德大学在超过350年的建校史中，诞生了曼内·西格巴恩（Manne Siegbahn）、贝蒂尔·戈特哈德·奥林（Bertil Gotthard Ohlin）、苏恩·伯格斯特龙（Sune bergström）、阿

尔维德·卡尔森（Arvid Carlsson）、科菲·安南（Kofi Annan）等多位诺贝尔奖得主，菲尔兹奖得主拉尔斯·霍尔曼德尔（Lars Holmberg），以及瑞典执政时间最长的首相塔格·埃兰德（Tage Erlander）等知名校友。隆德大学现已发展成为一个高等教育与科学研究的现代化中心。隆德大学无论在瑞典国内还是在国际上都处于领先地位。隆德大学在许多方面具有特色，如民主的视点、批判的思维、对全球环境的研究，以及对种族多样性和社会多样性的关注。

隆德大学兴建于1666年。1676年发生的斯科讷战争导致大学一度关闭，直到1682年才得以复校。大学得以复校有赖于本地的爱国人士的努力，但是大学的运作一直没有完全恢复正常，教学用的教室很少，很多课程被迫在隆德大教堂和附近的小礼拜堂教授，教授的报酬过低，直到进入19世纪末，一切才重上轨道。20世纪初，大学的学生人数约为1000人，其中大部分学生是来自公务员、律师和医生家庭的上流社会。20世纪上半叶，学校的学生人数开始显著增长，随之成为瑞典规模最大的大学。1964年，社会科学学院从人文学院析出。1969年，隆德大学合并隆德理工学院。21世纪初，隆德大学已成为瑞典最具影响力的大学。

隆德大学集高等教育与科学研究为一体，提供几乎所有领域的教育研究机会，也从事应用技术的研究和开发。隆德大学的地理学、发展研究、环境科学、市场营销学在世界享有较高的学术声誉，位居瑞典榜首。隆德大学设有9个院系，分别为自然科学学院、法学院、社会科学学院、经济管理学院、医学院、工程技术学院、人文学院、艺术学院及航空航天学院。隆德大学在多个学科上具有优势，在社会科学领域，隆德大学的社会科学学院拥有超过1000名学生和150名教师，每年发表数百篇学术论文。此外，隆德大学的社会科学学院还与许多国际组织和企业有紧密的合作关系，为政策制定和实施提供了重要的学术支持。在医学领域，隆德大学的医学院是瑞典最大的医学院，在癌症研究、神经科学、公共卫生等领域都有突出的贡献，其神经科学系是欧洲顶尖的神经科学系之一。隆德大学的会计金融学专业在世界上享有很高的声誉，该专业注重培养学生的实际操作能力，课程设置包括会计、财务、经济学、法律等方面的知识，旨在培养学生在会计金融领域的实际工作能力。经济学专业校友贝蒂尔·戈特哈德·奥林（Bertil Gotthard Ohlin）与英国经济学家詹姆斯·米德（James E. Meade）因对国际贸易理论和国际资本流动作了开创性研究一起获得了1977年诺贝尔经

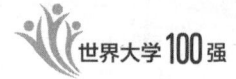

济学奖。

隆德大学研究生教育可以追溯到19世纪末，从那时起开始提供研究生课程。经过多年的发展，隆德大学研究生院已经成为瑞典乃至全球领先的研究生教育机构之一。隆德大学研究生院的创业孵化器已经成功帮助许多学生创办了自己的公司。其中一个成功的案例是名为"Doctoralia"的在线医疗服务平台，该平台由一群隆德大学研究生创立，现已成为全球在线医生咨询平台中的翘楚。此外，隆德大学的航空航天学院与瑞典航空航天公司合作，为学生提供实习和就业机会。隆德大学研究生院以其国际化、高质量研究、创新和创业精神、与工业界合作，以及全面的职业发展支持等特点和优势成为具有全球影响力的研究生教育机构。

目前，隆德大学的学生总规模接近50000人，大致包括44000名本科生和3000名研究生，国际学生的比例约为28%，来自130多个国家或地区。隆德大学各学院的学生分布存在差异，而研究生数则以经济管理学院为最多，研究生总人数超过600人，是唯一一个研究生规模在400人以上的二级学院。

隆德大学目前有将近7000名教职员工，是北欧最大的高等教育和科研机构。尽管历史上隆德大学财务状况一直不稳定，但18世纪的教职工数量增加了2倍，在教授之外还任命了讲师和副教授。大学的教职工工资直到19世纪40年代才获得政府资金支持。尽管如此，19世纪初是隆德大学的黄金时代，新教授职位的建立和学生人数大幅度增加。此外，教职工中有一些著名的多面手"天才"，如诗人和希腊语教授埃萨亚斯·特格纳（Esaas Degener），以及植物学和经济学教授卡尔·阿道夫·阿加德（Carl Adolf Aagaard）。后者还在1830年帮助创立了学术协会，成为学生生活的中心，尤其是在1851年隆博根大楼启用后。同时，隆德大学拥有着多元化的国际化团队，其中国际员工占总员工人数的37%。多元的教职员工构成为学校提供了广泛的国际视野和跨文化交流的机会，进一步促进了学术和研究的发展。

隆德大学为国际学生提供了一个全球化的学习环境，让他们获得多元文化的视角，有机会与来自世界各地的人建立联系。该大学致力于提供开放和非正式的学习体验。关于财政援助，隆德大学全球奖学金是该大学的主要奖学金，面向非欧盟/欧洲经济区国家的国际学生开放。这是一种以学术成绩为基础的奖学金，学生可以在申请隆德大学的学位课程后申请。另一种财政援助类型是国家奖学金，如瑞典学院学习奖学金。此外，该大学还接受美国和加拿大的学生贷款。

　　隆德大学的校园位于迷人的中世纪大学城隆德市。由于其独特的传统学生组织、学术社团和学生联合会的组合，许多人认为隆德市是瑞典最佳的学生城市。众多学生团体确保学校全年有大量活动。此外，隆德大学还在附近的赫尔辛堡和马尔默等城市设有校区。在隆德市，学生可以体验瑞典中世纪大学城丰富的历史和文化遗产，同时也成为由隆德大学的学生和教职工创造的充满活力和国际氛围的一部分。此外，隆德距离瑞典第三大城市马尔默仅有10分钟车程，距离哥本哈根国际机场仅有35分钟车程，使其成为瑞典和欧洲旅行的重要枢纽。

　　隆德大学以"为学习和捍卫做准备"为校训，表达了学校对学生学术追求和知识传播的期望。这个校训可以延伸理解为隆德大学坚持的双重价值观，如传统和革新、广度和深度等。改革思想与人文主义关照结合，以及幽默感是隆德大学特有的价值观。随着科技的不断进步和创新，隆德大学将更加注重跨学科研究和创新，培养更多具有国际视野和创新能力的人才。同时将加强科研投入，鼓励教师开展高水平的研究，提升学校的科研水平和国际影响力。

 # 维也纳大学

　　维也纳大学（University of Vienna）有着悠久的历史，是奥地利一所师资力量雄厚、学科门类齐全的综合性大学，在欧洲和国际上享有很高的声誉。维也纳大学培养了大量人才，有21人获得了诺贝尔奖，还培养出像西格蒙德·弗洛伊德（Sigmund Freud）这样闻名遐迩的哲学家。维也纳大学凭借其深厚的历史

底蕴、独特的办学理念、全面的学科发展和卓越的学校治理，成了世界顶尖大学。

维也纳大学由哈布内斯王朝亲王鲁道尔夫四世（Rudolf IV）捐助于1365年建立。后来，亲王阿尔布莱希特三世（Albrecht III）通过改革和扩大，建立和完善了神学院、法学院、医学院和人文学院，使学校发展成为当时欧洲的政治、宗教、文化和经济中心。650多年间，随着形势的不断变化和发展，维也纳大学在政府、教会、王室和社会各界人士的支持和帮助下，已从4个学院扩展为15个学院，并建立了图书馆、研究院、天文台、博物馆和各类研究中心。同时，学校的福利事业得到了改善，开设医院、食堂、运动中心等设施，学校招生范围从男生扩大到女生，从教徒到非教徒。为了加强了建设，学校还通过颁布各类法案，使管理制度日渐完善。

在维也纳大学众多的学院中，最享有声誉的是医学院和法学院。20世纪初，医学院曾位于世界医学之巅，成为当时的世界医学中心。1914年诺贝尔奖得主罗伯特·巴拉尼（Róbert Bárány）、1927年得主尤利乌斯·瓦格内-姚雷格（Julius Wagner-Jauregg）、1930年得主卡尔·兰特斯坦纳（Karl Landsteiner），1936年得主奥托·勒韦（Karl Loewe）和1973年的康拉德·劳伦兹（Konrad Lorenz）均来自该学院。器官移植是医学院最大的研究项目。早在140多年前，维也纳大学学者卡尔·兰特斯坦纳（Karl Landsteiner）就着手研究这一课题。1972年在维也纳成功地移植了人体肝脏，1984年移植心脏和胰腺，1989年移植肺。现在医学院移植中心已经发展成为欧洲最大的肾移植中心。医学院提供全面的医学教育，注重临床实践与创新研究，培养出了众多优秀的医学人才。法学是维也纳大学的另一个优势学科。其法学院拥有优秀的教授团队和丰富的研究资源，致力于培养具有全球视野和扎实法律素养的法律人才。经济学专业也备受推崇。该专业注重理论与实践相结合，提供丰富的经济学理论学习和实证分析机会，帮助学生深入了解经济现象和解决实际问题。维也纳大学在人文与社会科学领域也有着深厚的底蕴和卓越的学术实力。其历史、哲学、心理学、社会学等专业都拥有优秀的教师和丰富的研究资源,为学生提供了广阔的学术发展空间。

维也纳大学的研究生院自1882年建立以来,就已经开始为研究生提供高质量的教育机会。研究生院的核心职能是培养学生的研究能力和创新思维,通过独立研究和导师指导,使学生能够深入探索所学领域。通过与各学院紧密合作,研究生院确保了学术资源的共享和跨学科的研究合作,为学生提供广阔的学术视野和实践机会。维也纳大学研究生院是学术研究和专业发展的枢纽,为维也纳大学各学院的研究生提供了一流的教育和研究环境。

维也纳大学采纳了奥地利大学学生会自1976年以来实施的导生制度。由经过相应培训的高年级或师范专业学生担任导生,每个导生负责一组由12名新生组成的小组。导生为新生提供广泛的信息和帮助,通过小组活动帮助新生稳定情绪、培养自助和自决能力,同时协助他们选择课程、讨论职业设计和就业问题。导生活动主要集中在第一个学期。这一制度是由高年级学生根据学生会的原则性指导独立组织的,同时得到了学生会的资助。这一制度既有助于解决教师数量不足、学生众多的问题,又有助于高年级学生在工作中得到经验锻炼,增加经济收入,还有助于提高教学质量,因此受到了学生的高度评价。

2022—2023学年,维也纳大学迎来了大约84600名学生。每个冬季学期,约有12600名新生踏上维也纳大学的学习之旅。值得一提的是,在学校的学生构成中,63%是女性。每年约有9300名学生顺利完成学业。维也纳大学目前有国际学生28000余人。维也纳大学也为该校毕业生在就业以及继续深造方面提供帮助。

截至2022年,维也纳大学拥有总计10809名教职工。在非学术教职工中,有1990名女性和1284名男性,他们在大学各个非学术部门工作,为学校的日常运营提供了关键支持。学术教职工总计有7535名,其中包括557名教授。埃尔温·薛定谔（Erwin Schrödinger）获得1933年诺贝尔物理学奖,他在维也纳大学学习物理学,师从著名物理学家弗郎兹·萨韦尔·艾克斯纳（Franz Xaver Exner）,后留校任职。还有20世纪最有影响力的生物学家之一的康拉德·劳伦兹也在此担任教职。这些学术教职工在维也纳大学的教育和研究使命中发挥着至关重要的作用,为知识传播和创新做出了杰出贡献。维也纳大学拥有一批世界知名的学者，他们在各自的领域具有深厚的学术背景和卓越的成就。如经济学领域的研究成果被广泛应用于实际经济政策制定中，为经济发展提供了重要的理论支持。维也纳大学注重国际交流与合作，与世界各地的大学和研究机构建立了广泛的合作关系。这使维也纳大学的师资队伍具有较高的国际化程度，为学生提供了更广阔的学术视野和国际化的学习环境。该校部分教授与来自不同国家的学者合作开展跨学科的研究项目，并在国际学术界产生了重要影响。

维也纳大学位于奥地利首都维也纳市。在维也纳大学中心的阿尔登广场有一座纪念馆，它是建筑师海因里希·V. 弗尔斯特勒（Heinrich V. Forster）献给维也纳大学做出杰出贡献的教师们的。学校广场中心有一座卡斯塔利亚井。在希腊神话中卡斯塔利亚是卡斯塔泉水源头的仙子，她曾进入阿波罗神庙，因此卡斯塔的泉水被看作是知识的源泉，卡斯塔利亚则是诗与智慧的化身。由于维也纳大学历史悠久，可从学校的建筑上看到历史的脚步：罗马式、哥特式到巴洛克风格和罗可可风格。维也纳大学图书馆是奥匈帝国时期的公共图书馆。图书馆总藏书量为423万册，居奥地利各大图书馆之首，名列中欧各大图书馆之先。学校致力于现代化管理，借助计算机实现了图书线上借阅、订购和统计等各项工作，使学术资源的提供更丰富、更便捷。

维也纳大学的校训是"真理、自由、服务"，这表达了维也纳大学作为一所高等教育机构所秉持的核心价值观。维也纳大学秉持着"尊重真理、推崇学术自由、致力于为社会做出贡献"大发展理念，将继续致力于推进学术研究、创新教育和社会服务，以适应时代的需求和变化。未来，维也纳大学将继续保持卓越的学术声誉和国际影响力，为人类文明的发展和进步做出重要贡献。

亚洲大学

东京大学

亚洲大学

东京大学（The University of Tokyo）是一所本部位于日本东京市的综合性国立大学，在全球享有极高声誉。东京大学聚集了各个历史时期的众多著名学者、专家，培养了一代又一代优秀人才，创造了一批又一批重大科学成果，深刻影响了日本近现代思想理论、科学技术、文化教育和社会发展的进程。迄今为止，东京大学孕育了活跃于各领域的、具有国际视野的领导性和创造性人才，培养了12名诺贝尔奖得主、16位日本首相、21位（帝国）国会议长。包括政治家加藤高明（Takaaki Kato）、福田赳夫（Fukuda Takeo）、中曾根康弘（Yasuhiro Nakasone）；科学家长冈半太郎（Nagaoka Hantaro）、大隅良典（Yoshinori Ohsumi）、真锅淑郎（Syukuro Manabe）；文学文艺领域的川端康成（Kawabata Yasunari）、夏目漱石（Natsume Soseki）、太宰治（Osamu Dazai）等。此外，还通过留学生教育和其他形式的国际合作研究等，培养了大批世界杰出人物，如中国学者郁达夫、林学家梁希等。东京大学，作为日本历史最悠久的顶级学术殿堂，为莘莘学子提供了独特而丰富的学习体验和机会、自由且多样的学术氛围。

东京大学成立于1877年，是日本近代第一所国立大学，也是日本最古老的国立大学。由开成学校和东京医学校合并创立为"官立东京大学"。巍

巍上庠，国运所系。140余年来，东京大学的发展与国家和民族的命运息息相关。它是明治维新的产物，在"文明开化"方针的指引下，在创立初期被寄予了明治政府"学习西方科技与文明"的厚望，肩负着服务国家的使命。随后几经更名，更是折射出了日本政府对东京大学定位的调整。1886年，根据《帝国大学令》更名为"帝国大学"，1897年，再更名为"东京帝国大学"。第二次世界大战后，随着在教育领域推行非军事化改革，删除带有帝国主义与殖民色彩的"帝国"二字，于1947年复用现名。随着2004年起国立大学法人化进程，现全名为"国立大学法人东京大学"。它是"兼收并蓄，融汇西日"的典范，在吸收融合西方大学先进经验的基础上连续合并不同领域的若干学校，如合并重组东京法学校与东京农林学校，一跃成了一所综合性研究型大学。

作为日本顶尖综合性国立大学，东京大学学科门类发展均衡，其中医学、法学、工学，以及理学等领域更是居于尖端队列，是日本精英教育的缩影。艺术人文领域的现代语言文学、英语语言文学、人类学等专业，工科与技术领域的建筑环境、土木工程、化学工程等专业，生命科学与医学领域的生物科学、解剖和生理学、药剂与药理学等专业，自然科学领域物理学、天文学、化学等专业不仅在日本名列前茅，更是在世界上声名远扬。此外，东京大学注重跨学科教育与文科教育。如在驹马校区设立教养学部和研究生院综合文化研究科提供超越传统学科壁垒的尖端教育和研究，成立了融合艺术和科学的跨学科科学系。教养学部和研究生院综合文化研究科由前期课程、后期课程、研究生院连贯组成，致力于培养跨学科交叉人才。

东京大学研究生层次下设15个研究生院，89个专业。除了上述与本科学部相对应的10个研究生院，还单独设有5个专门的研究生院（科），分别是数理科学研究科、新领域创成科学研究科、情报理工学系研究科、情报学环·学际情报学府、公共政策大学院（公共政策学联合研究部·教育部）。其中，数理科学研究科肩负着从教养学部（大学一、二年级）至研究生院所有学生的数学及数理科学的教育，拥有世界首屈一指的数字图书馆和计算信息网络；新领域创成科学研究科设立于1998年，是只招收硕士研究生和博士研究生的独立研究科，并且与柏校区内的物性研究所、大气海洋研究所、宇宙射线研究所等研究机构合作，提供高级专业教育；情报学环·学际情报学府汇集了东京大学人文科学、社会科学、自然科学、工学多部门的研究人员对信息进行跨学科研究，其中学环属于研究机构，学府属于教育机构。公共政策大学院作为新兴研究生院创立于2004年，目的是培养顺应时代潮流，解决现代社会各种问题的政策实务家，其特色为由实务家教师以实例进行事例研究，注重培养学生的政策制定、实施及评价能力。

东京大学研究生教育呈现出弹性化、多样性的特点。1991年，随着研究生院重点化改革的开展，东京大学法学系的研究生部率先从本科组织法学部脱离，成立东京大学研究生院法学政治学研究科，标志着研究生教育机构——研究生院的独立。2004年，东京大学法科研究生院成立，标志着日本有法律依据的职业性研究生教育制度的开端，研究生院的性质由单一的学术型研究生院转移为学术性与专业性并存。目前，东京大学研究生教育日益成熟，持续出台系列研究生教育政策。如2017年起面向未来社会，致力于研发克服大脑神经线路障碍的人工智能，创造未来美好生活的"世界顶级研究中心计划"；2018年起先后在医学研究院、理科研究院、法学政治科研究院成立"卓越大学院计划"；2021年实施"下一代研究人员挑战研究计划"，设置引领绿色转型的高级人力资源开发项目（SPRING GX），有效推动了研究生教育的流动化、国际化、学术化。

另外，东京大学倡导"教授治校"的治学理念。首先体现在由各学院的教授及教师担任院系管理者，院系享有高度的自治权。比如，除了管理奖学金、支援留学生等服务性部门，东京大学的各个院系几乎都没有专门的行政人员，这在一定程度上保证了学院的高度专业性和学术性，彰显了学术自由。其次，与各学部承担本科教育相对，各研究生院除了负责研究生培养，还是教职工所属的组织。最后，研究生教育采用导师制，研究生导师拥有较大的自主权，有权选择各自研究室的组织结构。比如，有的导师看重于"师傅带徒弟"的模式，而有的导师却采用开放式论坛的形式。因此，每一个研究室的气氛都是独一无二的。

截至2023年，东京大学学生总数为28811人，包含全日制学生、预科生，以及旁听生等多种类别。全日制本科生与研究生人数旗鼓相当，人数比接近1∶1。具体而言，全日制本科生总人数共计13921人，全日制研究生总人数共计13281人，其中硕士研究生以及专门职学位学生6987人，博士研究生6294人。另外，外国留学生5106人，占学校学生总人数的17.72%。可见，东京大学向学生提供多国环境及全球意识的能力还是较为可观的。其中，本科生留学

生395人，研究生留学生4711人。值得一提的是，在各个层次的外国留学生总量中，中国留学生占比始终处于领先地位。来自中国的留学生总人数共计3386人，占所有留学生总人数的66.31%。其中，来自中国的各类型本科生共计179人，研究生共计3207人。来自中国的博士研究生数量最多，为1463人；硕士研究生1323人，专门职学位学生61人，预科生360人。

东京大学师资力量雄厚。教职员工8192名，其中教授1350名、副教授986名、讲师297名。另外，短期聘用人员共计2975人，含有卓越教授4人、特任教授116人、特任副教授187人等。其中，中国教师人数居外国教师人数之首，为290人，占比34.00%。东京大学人才济济，近年来诞生数位诺贝尔奖荣膺者。如2016年，名誉教授大隅义典（Yoshinori Ohsumi）获得诺贝尔生理学或医学奖；获得2015年诺贝尔物理学奖的梶田隆章（Kajita Takaaki）教授在2002年诺贝尔物理学奖获得者之一的特别大学名誉教授小柴昌俊（Masatoshi Koshiba）的指导下进行研究。此外，东京大学在医学和工学领域的研究团队属于世界领先水平，如医学部河西春郎（Haruo Kasai）教授凭借脑突触形态可塑性定律的发现被授予日本学士院奖、医科学研究所名誉教授当选2023年度日本文化功劳者、物理工学专业齐藤英治（Eiji Saito）教授因自旋流物理学的先驱研究被授予日本学士院奖。人文社科领域同时拥有众多知名专家学者，如当代日本社会学家上野千鹤子（Chizuko Ueno）、经济学家吉川洋（Hiroshi Yoshikawa）、美术学者三浦笃（Atushi Miura）等。

东京大学位于日本首都东京，地理位置优越、配套设施完善、教育功能分工明确。主要分为本乡校区、驹场校区、柏校区3个校区，既有严肃典雅的本乡校区，整体氛围年轻活泼、充满生机的驹场校区，又有简约大气、释放科学和创新力的柏校区。其中，历史最悠久的本乡校区保存着比东京大学建校早至少半个世纪的御守殿门——赤门（1827年），现今已成为东京大学的象征，"跨入赤门"则象征着被东京大学录取。东京大学附属图书馆，创办于1877年10月，原为东京大学医、法、理、文4个学部的图书馆。整个东京大学图书馆包括总图书馆及60余个系所分馆，图书馆藏书780万册，在总馆的藏书就有110万册，典藏以共通及一般图书为主，各分馆的收藏以其学科主题范围为主，提供有关的研究资料及各项相关服务。此外，每个校区都有不同的教育和研究功能。在教育上，驹场校区主要开展通识教育，本乡校区主要开展专业教育，柏校区主要开展研究生课程。就研究内容而言，分为在传统学术领域进行研究的本乡校区、进行跨学科研究的驹场校区和在新领域进行研究的柏校区。

东京大学的校训是"以质取胜、以质取量、培养国家领导人和各阶层中坚力量"。校训强调了学校教育和研究的核心目标，即通过高质量的教育和研究活动，培养能够引领国家和社会向前发展的优秀人才。

东京大学秉承"以质取胜、以质取量、培养国家领导人和各阶层中坚力量"的校训，彰显着东京大学追求卓越的多样性、怀着志向走向未来的信念。面向未来，东京大学以更加积极的姿态应对全球化的浪潮、迎接人工智能等新领域的挑战，着力打造"知识创造的世界高地""世界性的教育研究基地"，将"位于亚洲的日本的大学"，推动成为"世界的东京大学"。今后将继续引领日本基础性学术研究，创造出前沿成果并努力推向国际。

京都大学

　　京都大学（Kyoto University）是世界研究型大学的典范之一，被誉为"日本科学家的摇篮"，其学术力量雄居日本高校之冠，迄今为止诞生了11位诺贝尔奖荣膺者，冠绝亚洲，还培育了3位菲尔兹奖得主、1位图灵奖得主和5名日本首相。京都大学是日本继东京大学之后建立的第二所综合性国立大学。"东有东大，西有京大"，可以看出两所大学是日本教育领域不可或缺的璀璨明珠。作为日本学术界的排头兵，京都大学凭借悠久的历

史、自由的学风、卓越的学术实力和丰富的教学资源，成为莘莘学子梦寐以求的学术圣地。

京都大学历史悠久又不失自由之本色。京都大学是第二所帝国大学，最初的构想是建立一所"作为真正探求真理并研究学术的自由而又新颖的学府"，标志着日本第一所研究型大学启程。京都大学自建校伊始便效仿德国式研究型大学模式，始终在"自由之学风"之下将"通过研究进行教育"作为理念，迎合了独立于国家的"学术自由"之时代潮流。其前身为1897年创立的京都帝国大学，起源可追溯到1861年于长崎设立的长崎养生所（后改称为长崎精得馆）。1946年，去除"帝国"二字更名为"京都大学"，2004年成立国立大学法人京都大学，开始独立运营，不再完全依赖国家。漫漫征程，京都大学追求自由、求索真理的脚步从未停歇，无论是发生于1933年由停职处罚泷川幸辰（Takigawa Yukitoti）教授为导火索而引发的"泷川事件"，抑或是在20世纪初以西田几多郎（Nishida Kitaro）、田边元（Gen Tanabe）为代表的学者开创的具有学术传承性质的京都学派，都印证着京都大学师生追求自由的优良传统。

京都大学学科门类齐全，领域广泛。回望近130年的光辉征程，由建校初期的理工科大学、法科大学和医科大学、文科大学共4个分科大学构成，到1919年，分科大学改称为学部（本科院系）后，又陆续增设了经济学部、农学部、教育学部等院系，最终逐步成为日本仅次于东京大学的学科齐全、规模宏大的国立综合大学，下设理学、医学、药学、工学、农学、文学、法学、教育学、经济学，以及综合人类学共10个本科院系。京都大学的工学部在全球享有极高的声誉。其中的化学工程、机械工程、土木工程等专业以卓越的研究水平和先进的技术应用而闻名，材料科学和信息学领域也拥有许多突破性的成果。理学部的物理学、化学、数学等基础学科的研究实力强大，拥有一批世界级的教授和研究团队。生命科学研究科是京都大学的新兴优势学科，研究领域涵盖生物学、医学、药学等多个方向，在细胞生物学、遗传学、免疫学等领域进展显著。学校的人文与社会科学领域也底蕴深厚，哲学、考古学、日本文学、外国语言文学、社会学、政治经济学等专业，汇聚了一批优秀的学者和研究人员，他们的研究成果在国内外学术界产生了广泛的影响。

京都大学研究生教育经历了由小到大、逐步走向成熟的过程。1899年制定了京都帝国大学研究生院章程，由于尚未具备完善正规的研究生院教育课程，学

位授予以校长推荐和论文博士为主，每年授予数10个。1994年6月，成立高等教育研究中心。2021年10月，设立研究生院教育支援机构。截至2023年9月，京都大学研究生教育规模较为可观，累计授予硕士学位90539个，（专业）硕士学位2529个，（专业）法务博士学位2766个，博士学位48182个，大部分毕业生都在社会的各个领域中发挥着出色的作用。

京都大学研究生院共设有18个研究生院，可划分为3种类型，呈现出数量多、研究领域广的特点。第一类是学部的研究生院，设有理工农医药、文法教经以及人类·环境学共10个本科学院。第二类是独立的研究生院，即未设本科的研究生院，设有能源科学研究科、亚非地区研究科、信息学研究科、生命科学研究科、综合生存学馆、地球环境学舍共6个独立研究生院。第三类是专门职大学院，旨在培养具备高度专业职业能力的从业者，如经营管理研究生院、公共政策研究生院。此外，还有12个附属研究所、11个教育院、7个全国用设施及校内共用教育研究设施，为研究生的学习研究提供了坚实的保障。

聚焦京都大学研究生院的管理机构与职能，不同种类研究生院下设机构略有差别。整体机构框架依次为"专攻→讲座→专修、课程→研究室"，设有研究生院长负责研究生院的所有业务，并配置副院长协同，此外还设有专攻长，系代表、专修主任，分别代表各自的专业方向。就拥有学部的经济学研究生院而言，本科学部与研究生院运营独立、分工明确，尽管也存在研究生院长兼任本科学部院长的情况。研究生院由研究生议会和研究生院教授会构成，本科学部由教师协议会和学部教授会构成。就研究生院而言，研究生议会成员包括研究生院基础讲座、合作讲座的教授、副教授以及讲师，由研究生院提名，经由研究生议会表决通过的专任教师，其中研究生院教授会同本科学部教授会统一管理。

截至2022年，在校生共计22331人，其中本科生12808人，研究生9523人，本研比约1.3∶1。结合2020—2023年京都大学本科生和研究生在校生人数情况可知，京都大学本科生规模略高于研究生规模，本研比较为固定。京都大学自由且充满国际色彩。拥有来自110个国家和地区的2426名留学生，占比11%，其中本科留学生234人，研究生留学生2192人。另外，为进一步促进大学的国际化，京都大学制定了《京都大学未来世界领袖计划》，为留学生提供12个授课招生甚至生活支援各方面全英语的学位课程。同时，京都大学还积极开展与国内外的合作研究项目，致力于解决全球性问题。截至2022年，与5所大学建立战略伙伴关系，与55个国家和地区签订了201个大学间学术交流协议、39个国家和地区签订了大学间学生交流协议，在世界范围内与20所大学提供共同学位。

京都大学拥有一支优秀的师资队伍。截至2022年，京都大学拥有教职工共计7450人，包括教师3500名（含外国教师450名）、研究员450名、职工3500名。其中，教授969人，副教授749人。京都大学在物理、化学以及生物等领域拥有得天独厚的师资力量，诞生了多名诺贝尔奖得主和日本学士院院士，如1949年日本第一位获得诺贝尔奖的物理学汤川秀树（Yukawa Hideki）教授、2018年获得诺贝尔生理学·医学奖的本庶佑（Tasuku Honjo）教授。此外，京都大学还在工程学和自然科学领域拥有世界领先的研究实力。

京都大学坐落于千朝古都京都市，拥有吉田主校区、宇治校区与桂校区3个校区，占地面积名列日本大学前茅。一方面，校区的建筑古典气息与现代色彩并存，建筑文化遗产1处，记载有形文化遗产11处，建筑中红色砖瓦元素为京都大学披上了神秘的外衣，也为学术研究营造了宁静的氛围。另一方面，基础设施完善，校园文化生活丰富多彩。如拥有馆藏260万个重要学术标本的京都大学综合博物馆、1所附属图书馆、桂校区图书馆；多个学科领域拥有先进的研究设施和仪器，如IPS细胞研究所、高等研究院（KUIAS）等最尖端的实验室，充满现代科技感的同时能够为学生提供良好的学习和研究环境。此外，多样化的文化社团、体育社团与交响乐团，丰富了校园生活。

京都大学以"自由的学风"为校训，推崇自重、自敬、自主、独立。一方面，自由的学风。尊重自由的研究，充分尊重学生个性化发展、学习科研氛围自由且严谨。本校学生评价："有志者致学，无志者尽兴，各听其便，互不干扰。"可见，培养具有独立思考和判断能力的人是京都大学的一大特色。正因为如此，京都大学人才辈出、群英荟萃。另一方面，自由的校园文化。既有奔放自由的毕业典礼、又有屡遭恶搞的京都大学前身的首任校长折田彦市（Hikoichi Orita）的折田先生像。

回首过往，京都大学在尊重独创性和多样性的开拓精神的校风之下硕果累累。展望未来，京都大学将站在辉煌的新起点上重新出发，继续以自由的学风、锐意的创新性，重视学术起源的研究、促进前沿和原创性研究，在千年古都——京都为世界的未来创造新的可能，保持世界一流的研究型大学的影响力。

新加坡国立大学

新加坡国立大学（National University of Singapore）是新加坡首屈一指的世界级顶级大学，是环太平洋大学联盟、亚洲大学联盟、国际研究型大学联盟等组织的成员。学校在国际框架下推进高深优质的教育与科研的同时，突出展现了亚洲视角和优势。新加坡国立大学作为一所百年名校，为新加坡培养了一批栋

梁之材和社会精英，包括新加坡和马来西亚的多位总统、总理。其转型教育和高效的研究实力等多元魅力使新加坡国立大学社群拥有足以改造未来的力量。

新加坡国立大学历史可以追溯到1905年，前身是拉法莱医学院，当时是英殖民地新加坡的医学院。1949年，新加坡大学成立，吸收了拉法莱医学院，将医学院部分合并。1955年，新加坡大学开始提供本科文科课程。1962年，新加坡大学的医学院从吉隆坡分校分离出来，成立了新加坡国立大学医学院。1980年，新加坡大学和南洋大学合并，形成了新的新加坡国立大学，同时拥有文科和理工科学院。1986年，新加坡国立大学的工程学院成立，标志着理工科领域的扩展。2006年，新加坡国立大学开始将医学院和武吉士医院整合成新加坡医疗集团，从而加强医学和医疗研究。

新加坡国立大学的工程学院在全球享有很高的声誉，土木工程、机械工程、电子电气工程和化学工程等专业都是其强项。这些专业不仅拥有先进的教学设施和实验室，还汇聚了众多顶尖的学者和研究人员。在自然科学领域，学校的化学、物理和数学等专业都具备世界级的水平。这些学科的研究团队在各自的领域内取得了许多重要的科研成果，为科学的发展做出了重要贡献。商学院提供全面的商科教育，注重培养学生的创新能力和实践技能。此外，商学院的教授与业界有着紧密联系，能为学生提供丰富的实践机会和职业发展资源。在生命科学与医学领域也具备强大的实力，尤其是生物医学、药学和公共卫生等专业都拥有优秀师资和研究设施，致力于培养具备创新精神和实践能力的医学人才。

新加坡国立大学培养模式包括本、硕、博3个层次，教学语言是英文，并采用英美式的通才教育，学生第一年被分到各个所属学院接收公共课基础教育，第二年以后才根据自身爱好和特长划分专业；采用学分制和投标选课制，根据学生的兴趣进行选课搭配的指导；采用英式的5分制和荣誉学位制，根据学生的综合累积分（CAP）授予不同等级的本科学位。除了工科，医科等少数专业，本科阶段学制一般为3年，成绩优秀的可以加读一年以获得荣誉学位。以工程实践教育为例，设计与工程学院开设了12个本科工程学位课程，建立了涵盖课内外、校内外的实践体系，学生拥有多个实践机会，贯穿本科学习阶段。在学生须完成的160学分中，实践占比22.5%。

新加坡国立大学共有16所学院，分布在新加坡肯特岗、武吉知马和欧南3大校区，并在全球超过15个城市设有海外学院。人文与社会科学院是全校最大的

学院，共有19个系，包括汉语、经济历史、社会学等。设计与工程学院成立于2022年，融合了两所具有悠久历史的世界一流学院，即工程学院和设计与环境学院。该学院的目标是培养学生成为敏捷的、面向未来的人才，并在多个学科的研究、创新和与企业融合方面取得全球领导地位。

新加坡国立大学设有4个研究生院。李光耀公共政策学院是世界上顶尖级的公共政策研究院之一，以"教育与培训下一代决策人才与领袖"为目标，聚焦政策研究、公共管理与治理，社会政策、国际关系与全球治理和经济发展与竞争力四大领域。新加坡国立大学综合科学及工程研究生院，致力于在科学、工程及医学相关领域，引领世界级跨学科研究生教育科研走势，以培养和加强研究生应对重大现实挑战的能力为目标。杜克—新加坡国立大学医学研究生院由美国杜克大学与新加坡国立大学合作开办，旨在提供创新教育和有影响力的研究，以加强新加坡及其他地区的医学实践。学院的医学博士课程旨在为研究生提供机会，让他们成为杰出的临床医生和批判性思想家，使研究生作为研究人员、教育家、领导者、企业家或政策制定者为医学做出贡献。苏瑞福公共卫生学院于2011年成立，学院旨在通过跨学科的方法，加上严格的培训、适用的研究和区域伙伴关系，使学院处于亚洲公共卫生知识发现和实践的最前沿。

根据新加坡国立大学2022年年度报告统计，学校共有在校生43145人，包含本科生30312人，硕士研究生12599人，博士研究生234人。另外有访问交流学者2127人。13300余名国际学生共来自32个国家，其中中国留学生人数为2000余人，约占全校国际学生总数的15%。

在教育教学与研究人员的引进与聘用上，学校实施面向全球的招募模式，一方面鼓励国内最优秀的人才从事教育教学工作，另一方面设置"师资招聘办公室"吸引优秀的外籍教师。在晋升过程中，学者通常以助理教授的身份加入终身教职候选队列，并在大约6年后可以申请晋升为副教授并获得终身教职资格。

新加坡国立大学有60多个学生组织，以及隶属于学校艺术中心、由本科生与校友组成的23个文化艺术团体，横跨音乐、舞蹈、戏剧、视觉艺术及电影制作多个领域，全年不歇地为校内社群与社会大众呈现多元化的文化艺术演出。在体育方面，学校全年为学生举办70多项体育竞赛及休闲活动，同时也担负起推广体育精神的社会使命，通过各种方式在学校、大专院校、海内外舞台等不同层面的体育赛场上发扬学校精神。

大学城是新加坡国立大学新落成的教育中枢，体现了学校创建一个生气勃勃校园生态系统的愿景。大学城内有多个学习社区，通过小班化、个人化的设计特色，以及新加坡首创的寄宿型学院，希望创造轻松愉悦的学习环境，促进学生与教授在课堂内外的互动交流。

新加坡国立大学拥有丰富的学术资源，包括图书馆、实验室、计算机设施和其他学习资源。学生可以在这些资源的支持下获得高质量的教育。新加坡国立大学的校园被认为是非常美丽和宜人的，拥有现代化的教学设施和众多的社交和文化活动。校园内还有各种餐厅、体育设施和学生社团，为学生提供了全面的生活服务。为环境保护尽力也是学校回馈社会的一个主要内容。新加坡国立大学与其他24所全球顶尖大学共同在"可持续性环保校园宪章"做出承诺，领头制定校园节能总计划，实施节约水电、加强废弃物管理等多项"绿色大学"计划，教研团队及学生也都坚守对环境可持续发展的承诺。其中，学生会带头举办了多项绿色活动，如"新加坡国立大学绿色嘉年华""地球一小时"等，宣扬环境保护可持续信息。

新加坡国立大学的校训是"成为亚洲领先的全球大学中心"（英文为"A leading global university shaping the future"），体现了新加坡国立大学的愿景和定位，即致力于成为一所在亚洲乃至全球具有领导地位的高等教育机构。该校训强调了学校的全球化视野和对亚洲价值的重视，旨在培养能够在全球舞台上发挥领导作用，并在亚洲地区的发展中扮演关键角色的毕业生。

2022年，新加坡国立大学重申了新愿景、新使命与价值观，即成为全球大学的引领者，致力于改变未来。要实现对全体学生的教育、激励与改变，同时提倡创新、坚韧、卓越、尊重，以及诚信的价值观，在世界知名大学行列不断前行。

南洋理工大学

南洋理工大学（Nanyang Technological University）曾经是海外唯一的一所最高中文学府，树立了海外中文教育发展的里程碑。南洋理工大学的校园跻身世界上最美丽的大学校园之列，为教师提供自由教学和研究的最好环境。南洋理工大学是全世界特别出色的工程学府之一，在纳米材料、生物材

料、功能性陶瓷和高分子材料等许多领域的研究享有世界声誉。南洋理工大学与工业界和商业界保持着密切的联系，确保学校的课程与实际的需要吻合。注重学生的因材施教和个性发展，创立灵活的学制，致力培养学生的创新精神。南洋理工大学努力使自己的教学和管理水平与国际上的第一流大学并驾齐驱。

南洋理工大学于1991年1月成立，起初是一所教学型的高等学府，现已发展为一所世界顶级的研究型大学。大学的前身南洋理工学院是1981年在原南洋大学的校址上成立的，旨在培养实践型的工程师，促进新加坡经济的蓬勃发展。1985年，南洋理工学院被英联邦工程院理事会评为世界最佳工程学院。南洋理工学院于1982年开始正式的教学工作时，仅有582名学生，分别就读于仅有的3个专业：土木与结构工程、电机与电子工程和机械与生产工程。到了1990年，学院的本科生人数增加到6832名，并于1986年开始招收第一批2名研究生。1991年，南洋理工学院与国立教育学院合并重组，成立南洋理工大学。1996年，原南洋大学的校友名录转入南洋理工大学。2006年，南洋理工大学成为一所自治大学，如今已成为新加坡规模排第2名的公立大学。

南洋理工大学设立了学术委员会，是最高的学术决策机构，负责制定和监督学校的教育政策、教学计划和科研活动。同时设有5个学部，工程学部，人文、艺术与社会学科学部，理学部，商学部和研究生学部。另外设有自主学院，国立教育学院、拉惹勒南国际研究院、李光前医学院、新加坡地球观测研究所、新加坡环境生命科学工程中心、数码分子分析与科学研究中心、华裔馆。2013年起，李光前医学院与伦敦帝国学院（Imperial College London）合作培养本科生，学生毕业后获得五年制本科医学学位，既具备医学科学基础素质，还有学习工程和技术等跨学科课程的经历。

南洋理工大学的培养模式包括本科生课程、研究生课程和高级管理与继续教育课程。南洋理工大学目前提供58种单学位课程，学生还可以从16种双学位课程、1种综合课程和1种特殊课程中进行选择。此外，还有双主修课程以及选择第二主修或辅修的选项，南洋理工大学提供了40多种辅修课程。作为一项全面的课程，所有新生都必须要接受跨学科合作核心课程学习和实习。南洋理工大学开设的"技能创前程"工读文凭课程（Skills Future Work-Study Degree Programme）还提供详细的行业信息以增强就业能力。此外，南洋理

工大学允许在课程（Coursera）、开放在线课堂（edX）和未来学习网（Future Learn）等平台上学习纳入课程目录的大规模在线开放课程（MOOCs）所获得的学分用于满足学位要求。南洋理工大学的高级管理与继续教育课程由该校的专业与延续教育中心（PaCE）提供，中心的职责在于为在职专业人士提供广泛的继续教育课程。

南洋理工大学有2个研究生院，分别是南洋公共管理研究生院和南洋科技与商业管理研究生院。南洋公共管理研究生院是亚洲领先的公共管理研究生院，是新加坡首个获得中国国家外国专家局境外培训资质的高等学府，并被誉为中国政府海外最重要的中高级干部培训基地。该研究生院致力于培养具有国际视野、领导才能和创新精神的公共领导者，为公共部门和相关领域提供研究和咨询服务。南洋科技与商业管理研究生院是南洋理工大学的一个创新和创业研究生院，致力于培养具有科技思维和商业头脑的未来领导者。该研究生院提供与商业、科技和创新相关的研究生课程，培养学生在科技、商业和创业领域的领导能力和创新思维。

截至2023年，南洋理工大学一共有34407名本科生和研究生，包括本科生24630人、研究生9182人、博士后595人。其中，国际学生占学生总规模的30%。南洋理工大学累计培养了286200位来自160个国家的毕业生。南洋理工大学的学生在学院的分布相对均衡，涵盖了工程、商业、科学、人文、社会科学等多个领域。其中，工学院和商学院的学生人数较多，而理学院和文学院的学生人数略少一些。不过，总体来说，南洋理工大学各学院的学生人数都比较充足，反映了学校在各个学科领域的优秀表现和吸引力。研究生一共有9182人，其中工程学部的研究生人数最多，共3233人。

目前，南洋理工大学的教职工共有7612人，其中研究人员3108人，占比41%。南洋理工大学师资队伍有着世界一流的学术水平，注重实践教学和跨学科研究。这些教授在各自的研究领域具有深厚的学术背景和丰富的行业经验，能够为学生提供最前沿的学术指导和支持。他们积极与行业合作，为学生提供实践机会和实际项目，帮助学生将理论知识应用于实践，提高他们的实践能力和创新思维。南洋理工大学的师资队伍除了专业性强还在跨学科合作上表现积极。2022年，南洋理工大学的一个由化学、生物医学工程和材料科学专家组成的跨学科团队，开发了一种新型的生物相容性材料，可以用于制造人工关节、牙齿和骨骼等医疗植入物。这种材料的出现有望改变医疗植入物的制造方式，提高患者的康复效果和生活质量。另外一个多学科专家组成的团队，成功研发了一种高效且环保的可持续水凝胶包装系统。这种包装系统可以有效地延长食品的保质期，同时减少塑料垃圾的产生，对环保和食品安全领域产生了深远的影响。

头顶世界最美校园桂冠的南洋理工大学，其智慧校园里还展现了各种改变人类生活的未来科技。南洋理工大学的主要校园被称为"云南园"，位于新加坡的西南部。南洋理工大学拥有先进的教学大楼，地标"创意之室"和"创意之坊"学习中心的智能教室融合了翻转教学法，让教师和学生在课堂上有更多互动，同时先进的电子设备也优化了教材的使用。根据南洋理工大学绿色校园的规划，2021年校内的能源消耗量、用水量、废弃物减少35%，使南洋理工大学跻身世界上最环保的大学校园之列。

南洋理工大学的校训是"笃信力行"，强调对知识和信仰的追求，以及在实践中的执行能力。这个校训反映了南洋理工大学的教育理念，既培养学生的学术能力和实践能力，同时也注重学生的个人品质和道德素养。虽然南洋理工大学只有短短30多年的历史，但它所播下的种子，早已开花结果，撒播四方。南洋理工大学的愿景是成为以科学和技术为基础的顶尖国际大学，通过跨学科教育和研究，培养出杰出的领导者，创造社会影响力。南洋理工大学还积极推进"智慧校园"建设，利用数字科技和科技解决方案提供更高质量的学习和生活体验，促进知识创新，确保资源可持续发展。

首尔大学

　　首尔大学（Seoul National University）是韩国最著名和最有声望的大学，因在教育和研究方面的卓越表现而受到广泛认可。首尔大学拥有庞大的校友网络，许多校友在政府、商业、文化和学术领域取得了卓越成就，对学校的声誉和影响力贡献

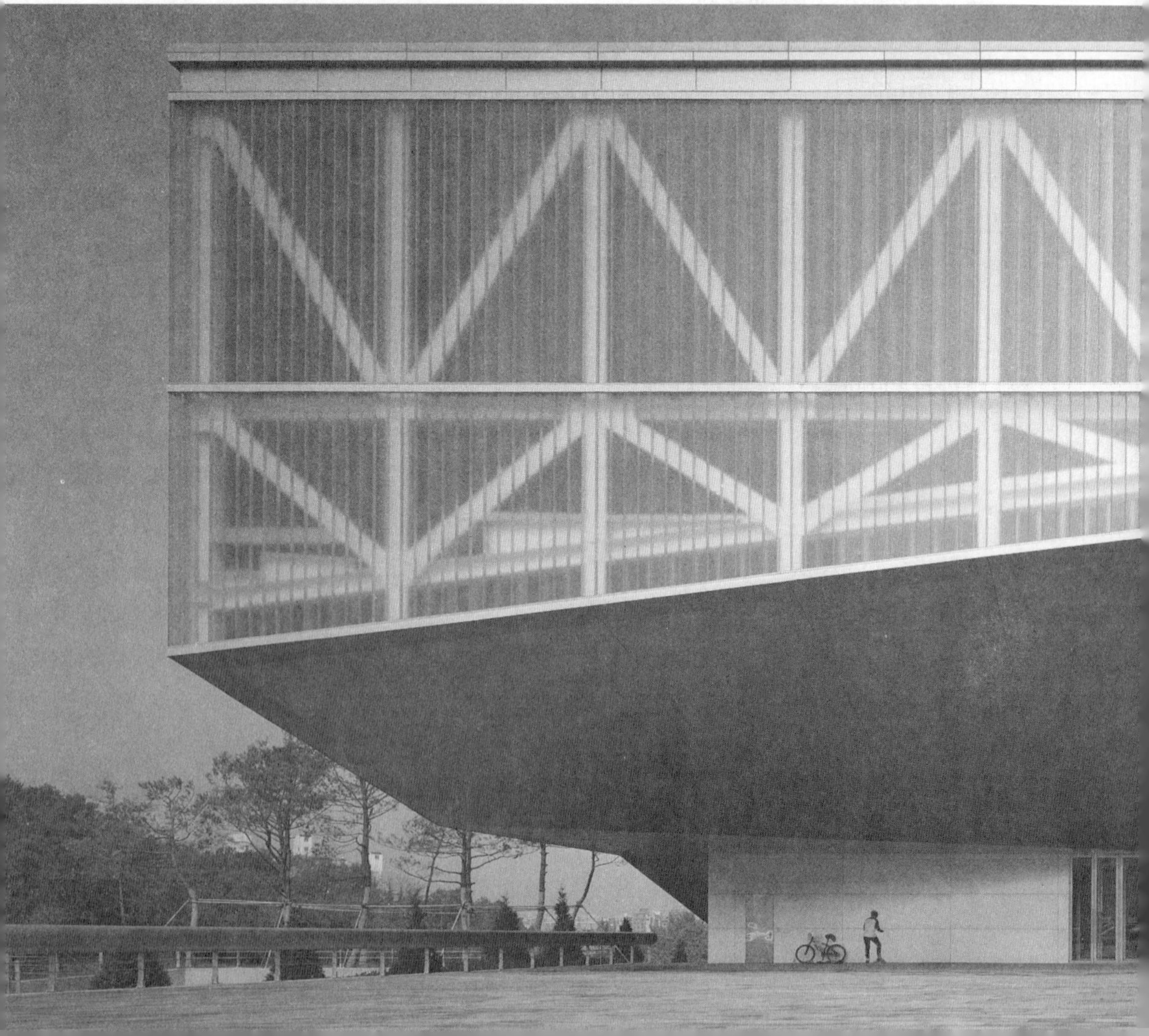

巨大。首尔大学培养了第8任联合国秘书长潘基文等多位国际组织领导人和韩国总统。首尔大学属于国立大学，办学得到政府的经费支持，学费和住宿费等费用相对较低，因此成了韩国学子们的首选高等学府。

1946年10月15日，国立首尔大学成立，旨在培养能够引领新解放国家的知识精英。初创时，设立了包括农林、商业、牙科、教育、工程、美术、法律、文理科、医学9个本科生院和1个研究生院。由于战争，1950年6月学生注册中止。战争结束后，首尔国立大学经历了快速的复苏阶段。1954—1962年的"明尼苏达计划"不仅为学校提供了大量财政援助，还派遣学校教师前往美国接受培训。1961—1974年，首尔大学致力于大学建设规划，成为"韩国的旗舰大学"。1987—1999年，首尔大学经历了一段追求民主、恢复正常的时期，学生和教职员工数量大幅增加。在21世纪初，首尔国立大学实施了一项长期计划，以加强本科教育并成为研究型大学。自2011年开始，首尔大学的法律地位从政府机构过渡为独立法人，从而开始进行包括新校训的创建、各种中心的建立，以及校区的扩建等一系列的改革。

首尔大学以卓越的学术传统和多元化的专业而著称。学校设有15个学院，提供广泛的专业选择。在人文学院，学生可以选择韩语、汉语、法语、德语、西班牙语、英语等多种语言与文学。社会科学学院包括社会学、人类学、心理学、地理学、社会福祉、舆论信息等专业。自然科学学院包括数学科学、统计学、化学、生命科学、地球环境学、物理学和天文学专业。这些学科专业共同构成了首尔大学丰富多彩的学术体系，为学生提供了丰富的选择和深造机会。首尔大学在人文社会科学领域有着丰富的研究成果。在哲学领域，首尔大学的研究团队在形而上学、认识论、伦理学等方面有着深入

的研究，并取得了一系列重要的学术成果。人文社会科学同时也注重跨学科的研究方法。首尔大学的研究团队善于将不同领域的知识和方法相结合，以解决复杂的社会问题。如在政治学领域，首尔大学的研究团队将政治学与经济学、社会学等学科相结合，探讨政治决策背后的经济、社会因素。

首尔大学的研究生教育分为5个领域，即人文科学、社会科学、自然科学、工程学和医学。每个学科领域都涵盖多个专业，如人文科学领域包括文学、历史学、哲学等专业。跨学科专业主要集中在自然科学和工程学领域，包括生物医学工程和人工智能等专业。首尔大学的研究生院享有国际声誉，为亚洲一流的研究生院。学校提供卓越的教育资源和广泛的学习机会，为学生的个人成长和职业发展提供了一流的平台和资源。这里的学科多样性和高质量的教学使学生能够充分发挥潜力，并在各自领域取得卓越的成就。

首尔大学拥有广泛多元的学生群体。2023年共录取29065名学生，其中硕士研究生6699名，博士研究生占了5704名。录取国际学生446名，其中国际硕士研究生126名，而国际博士研究生则相对较少，只有3名。首尔大学的国际招生分为两种类型：类型一适用于申请人及其父母均为外国国籍，申请人必须具备高中毕业或同等学力；类型二适用于申请人持有韩国国籍（包括国际婚姻移民）或外国国籍，并在韩国境外接受了与韩国的小学、初中、高中等教育等同的教育过程。为了实现成为真正全球化大学的愿景，首尔大学不断推进国际合作，与860余所世界各地的著名大学和研究机构签署了学术交流协议，并提供一系列双学位课程。国际夏季学院项目规模庞大，吸引了来自50多个国家和地区的2000多名学生和访问学者前来学习和研究。为协助国际学生留学，首尔大学设有国际事务处，为他们提供各种奖学金，未来计划进一步增加财政支持。

首尔大学以其强大而多元化的教职员队伍而闻名。目前学校拥有教职员2308人，其中包括1580名教授、485名副教授以及243名助理教授。这一师资队伍为学校的学术发展提供了坚实支撑，为学生提供了深度的学术指导。首尔大学鼓励跨学科合作研究，促进不同学科之间的交流与融合。如开展基于大数据的社会学研究，利用先进的数据分析方法，揭示了社会现象背后的复杂规律，为政策制定和实施提供重要参考。首尔大学的师资队伍在科研方面取得了显著成就。如在纳米材料研究领域取得了重要突破，研究成果被国际知名学术期刊发表，并被广泛应用于实际应用中。此外，还有多位教授获得了国内外重要的科研奖项和荣誉，展示了他们在各自领域的卓越贡献。

首尔大学坐落于首尔市冠岳区，拥有冠岳校区、莲建校区和水原校区。其中，冠岳校区作为主校区，坐落在冠岳山公园森林之中，远离城市的嘈杂和喧闹，为学生创造了一个理想的学习氛围。这个校区包括11所学院、2所研究所，以及27所研究机构，拥有最先进的教育和研究设施。莲建校区位于首尔中部的钟路区，设有医学院、牙医学院、护理学院、公共卫生研究所和大学医院，提供卓越的医学教育和研究资源。水原校区位于首尔南部的京畿道水原市，占地广阔，包括多个教学区和生活区。该校区配有完善的教育设施，包括图书馆、实验室、讲座亭等。首尔大学图书馆成立于1946年，致力于为教学提供有效的支撑，并与其他图书馆合作，资源共享，在服务韩国的大学图书馆网络中起着中心作用。首尔大学图书馆有7所分馆，馆藏丰富，有350万册藏书，1000多种学术期刊。

首尔大学的校训是"探索真理，追求光明"。这个校训表达了学校对知识和真理的崇尚，以及对学生探索和追求真理的鼓励。未来，首尔大学将致力于培养具备国际视野和综合素养的全球人才，为学生提供全球化的教育，培养他们具备跨学科和跨文化的能力；建立一个创新的知识生态系统，鼓励研究和创新，促进学术和技术进步；创造基于知识的社会价值，将学术成果和研究应用于社会问题的解决，推动社会的进步和改善；建立一个可持续发展的大学基础，以确保学校的长期稳定和发展。

# 以色列理工学院

　　以色列理工学院（Technion-Israel Institute of Technology）是以色列历史最悠久的高等学校，由爱因斯坦等著名科学家参与创建。该学校是以色列7所著名大学中唯一的理工科高校，也是以色列最大的实用技术研究中心，在国家的经济建设中起着独特和重要的作用，素有"以色列国奠基石"之称。以色列理工学院以卓越的教育和研究成就，以及在科学与工程领域的杰出贡献而闻名于世。这所学校的排名和声誉反映了其在国际高等教育领域的杰出地位。

　　以色列理工学院的发展历史可以追溯到1904年，前身是由

德国犹太人创立的"技术师范学校"。1912年，学校更名为以色列理工学院，并成为巴勒斯坦地区第一所高等技术教育学校，不仅为以色列的基础设施建设和国防事业培养了大批杰出人才，还在高科技产业的崛起中发挥了至关重要的作用。在20世纪70年代末，学院不断拓展研究领域，成立了多个研究中心，为以色列的高科技产业做出了杰出贡献。20世纪90年代，大规模的苏联移民群体加入了学院，扩大了学生和教职员工的规模。随着新千年的到来，以色列理工学院在全球科技领域不仅提供科学和工程领域的教育，还包括建筑、医学、工业管理和教育等相关领域的学位，为学生提供激发智力的学习环境。以色列理工学院也高度重视人文和社会科学项目，认识到这些领域在当今多元化职场中的重要性。以色列理工学院的目标不仅仅是提供全面的技术教育，而是将科学教育与职业道德相结合，培养出对社会和环境问题敏感的领袖。在21世纪初，以色列理工学院取得了国际声誉，多名教授获得了诺贝尔奖，特别是在纳米技术领域的贡献备受肯定。

在以色列理工学院，知识传播不仅局限于课堂，学校还积极地将研究成果发表在期刊和普及手稿中，并通过大众讲座和项目来激发年轻人对科学与技术的兴趣。以色列理工学院的实验室专注于提升国家经济，提供新颖的解决方案、研究设施和世界一流的专业知识。总的来说，以色列理工学院致力于成为以色列科学和技术领域的顶尖机构，为以色列和全人类的未来发展做出重要贡献。以色列理工学院在高科技领域的卓越表现备受瞩目，估计有超过70%的以色列高科技公司的创始人和高管是该校的校友。此外，在以色列纳斯达克上市公司中，约68%的创始人和高管毕业于以色列理工学院；在以色列电子产业中，有74%的经理人持有该校的学位。这些数据突显了以色列理工学院在培养科技领域的杰出人才方面的巨大影响。不仅如此，以色列理工学院的校友还在国际舞台上取得了卓越的成就。其中，知名校友包括人工智能领域的先驱索尔·阿马雷尔（Saul Amarel）、苹果公司资深副总裁约翰尼·斯鲁吉（Johny Srouji）、英特尔首席产品官达迪·珀尔马特（Dadi Perlmutter）等，他们为现代以色列国和全球科技领域的发展做出了杰出贡献。这些校友的成功故事彰显了以色列理工学院在培养杰出人才方面的卓越声誉。

以色列理工学院设有17个学院和60个研究中心，涵盖医学工程、生物科技与食品工程、化学工程、土木与环境工程、计算机科学、材料科学与工程学、机

械工程、医药学、物理学等学科领域，为学生提供多样化的学位课程，尤其在宇航学、电信工程、自动化与控制、化学，以及运输科学与科技等领域优势明显。这些卓越的学科表现反映了以色列理工学院作为一所领先的科学与工程大学的声誉和贡献。

以色列理工学院的研究生教育可以追溯到1964年开设的第一个研究生课程。自那时以来，研究生院经过发展壮大，成了以色列理工学院的重要组成部分。研究生院的职能是为研究生提供全面的教育和研究支持，致力于培养具有全球视野和创新精神的领导者，通过创新、创业和领导力等方面的教育，为学生在科技、商业和工程技术等领域的发展提供支持。该研究生院还设有多个实验室和研究机构，涵盖了计算机科学、人工智能、生命科学、物理和数学等学科领域。这些实验室和研究机构为研究生提供了丰富的科研机会，并帮助他们发展自己的研究兴趣和创新思维。

以色列理工学院拥有约15934名全日制学生，男女生比例为6∶4。国际学生占总学生人数的13%。以色列理工学院吸引了来自中国的留学生，包括本科生、硕士研究生、博士研究生和博士后，总人数约为300人。近年来，随着中国国家留学基金委（CSC）的资助，以及中以教育合作的升温，前往以色列理工学院留学的中国学生人数不断增加，使其成为以色列各大高校中中国留学生最多的学府。以色列理工学院的中国学生分布在不同的专业领域，包括化工、化学、计算机科学、电子工程、土木工程、机械工程、数学，等等。以色列理工学院目前招收的中国本科生大多来自中国著名的高中，展示了他们在学术和综合素质方面的出色表现。学院还积极地在国际范围内建立分校和合作项目，促进多学科合作。学院鼓励多元化，其多样化的学生群体代表各种宗教和多元的背景。以色列理工学院不仅是以色列高等教育领域的杰出机构，也为国家的社会经济和科技进步做出了卓越贡献。

以色列理工学院师资力量强大，有很多著名的教授学者担任教职。如什洛莫·迈特尔（Shlomo Maital），被誉为"以色列创新教父"，是以色列理工学院荣休教授、麻省理工学院客座教授。还有著名计算机科学家雅科夫·贝尔曼（Yakov Berman）、著名数学家西奥多·沙尔佐夫（Theodore Sholze）等，都在以色列理工学院的人才培养中起到了重要作用。以色列理工学院在师资引用方面坚持高门槛、严要求的标准遴选人才。超过60%的教师均由以色列理工学院直接聘任，现有的外籍教师来自全球20余个国家和地区。

以色列理工学院位于以色列海法市。这个城市是以色列北部最大的城市，也是以色列的第三大城市。海法市坐拥卡梅尔山，面向地中海，享有美丽的风景和宜人的气候。这里提供各种娱乐、文化和体育活动，包括风景如画的海滩、坐落在卡梅尔山脚下的酒吧、热闹的俱乐部、客栈、电影院，以及校园附近的卡梅尔森林等。以色列理工学院每年都会举行有趣的活动，其中"学生节"（Student Festival）通常在每年的5月份举行，为期两天，所有学生放假，邀请以色列知名乐队前来表演。这个音乐节对外售票，而学生可以获得相对较低的票价。这个活动在晚上异常热闹，吸引了众多观众。第二天还有一个"泳池派对"（pool party），学生们尤其喜欢这个活动，不仅音乐欢快，还有各种奇装异服，给人带来无限的欢乐。校内各院系通常都设有自己的餐厅，学生可以使用信用卡支付，价格相对较低。虽然以色列理工学院没有集中的学生食堂，但学生可以在校园附近的餐厅用餐，享受各种美食。

以色列理工学院的校训是"Dream it, Do it"，强调鼓励学生追求梦想并付诸行动。以色列理工学院的未来发展目标是成为全球顶尖的科技创新型大学，通过教育、科研和服务引领世界科技发展。该校致力于在各个学科领域追求卓越，特别是在人工智能、生命科学、物理学和数学等领域具有突出优势。随着科技的不断进步和创新需求的不断增加，学校将在科学研究、人才培养和创新实践方面继续发挥推动作用。同时，学校也将继续扩大国际合作和交流，吸引来自世界各地的优秀学生和教师，为全球科技进步做出更大贡献。

 # 清华大学

　　清华大学（Tsinghua University）被誉为"中国高等教育的一面旗帜""红色工程师的摇篮"，是中国高层次人才培养和科学技术研究的重要基地。建校以来，清华大学秉承"自强不息、厚德载物"的校训和"行胜于言"的校风，开创了中西融汇、古今贯通、文理渗透的办学风格，形成了爱国奉献、追求卓越的精神和又红又专、全面发展的培养特色，培养了大批学术大师、兴业英才、治国英才，为国家、为中华民族复兴做出了重要贡献。

　　清华大学有悠久的历史。清华大学的前身清华学堂始建于1911年，1912年更名为清华学校，1925年设立大学部，1928年更名为国立清华大学。1937年抗日战争全面爆发后南迁长沙

市，与北京大学、南开大学组建国立长沙临时大学。1938年迁至昆明市改名为国立西南联合大学。1946年迁回清华园，设有文学院、法学院、理学院、工学院、农学院5个学院、26个系。1952年全国高等学校院系调整后，清华大学成为一所多科性工业大学，重点为国家培养工程技术人才。改革开放以来，清华大学逐步确立了建设世界一流大学的长远目标，进入了蓬勃发展的新时期。学校先后恢复或新建了理科、文科、医学学科和经济管理学科，并成立了研究生院和继续教育学院。1999年，中央工艺美术学院并入，成立清华大学美术学院。2012年，中国人民银行研究生部并入，成为清华大学五道口金融学院。历经百年，如今的清华大学在人才培养、科学研究、社会服务、文化传承创新、国际合作交流等方面都取得了辉煌的成就，成长为面向世界、自信开放的知名高校。

清华大学的计算机科学与技术专业具有深厚的学术底蕴和强大的师资力量，致力于培养具备计算机系统设计、软件开发、网络应用等方面能力的高级人才。土木工程专业涵盖了结构工程、交通工程、水利工程等多个方向，注重理论与实践相结合，培养了大批在土木工程领域具有创新能力和实践能力的专业人才。材料科学与工程专业涵盖了材料制备、性能表征、应用开发等方面，在新型材料研发、材料改性等方面成绩显著，为我国材料科学的发展做出了重要贡献。电气工程及其自动化专业在电力系统、电机与电器、电力电子与电力传动等领域具有明显优势，注重培养学生的创新能力和实践能力，为我国电力工业的发展提供了有力支持。金融专业师资力量雄厚，课程设置丰富多样，注重学生金融理论知识和实践能力的培养。

清华大学的学科生态呈现出综合性、研究型、开放式的特征。清华大学目前共设21个学院、59个系，涉及理学、工学、文学、管理学、医学和交叉学科等12个学科门类。近年来，清华大学依托学科综合优势，在继续保持工学学科优势的基础上，大力发展应用学科和交叉学科，推动学科深度融合。先后成立了交叉信息研究院、航空发动机研究院、生物医学交叉研究院、智能产业研究院、碳中和研究院、低碳能源实验室、未来实验室、脑与智能实验室、国际与地区研究院等研究机构，为拔尖创新人才培养和关键技术攻关起到了极大的推动作用。

清华大学从20世纪20年代起开始培养研究生，研究生教育至今已有百余年历史。目前拥有60个学术学位授权点，其中56个可授予学术博士学位；共有24个专业学位类别授权点，其中8个可授予专业博士学位。清华大学研究生院成立

于1984年,是我国1978年恢复研究生教育制度后,经国务院批准在全国高等院校中组建的第一批研究生院之一,是国家培养博士和硕士的重要基地。清华大学研究生院主要设置招生办公室、培养办公室、学籍与奖助办公室、学位办公室、专业学位教育办公室、综合办公室、工程专业学位研究生教育中心、党委研究生工作部,八大机构瞄准一流大学建设目标,重点围绕提高博士生培养质量不断探索,锐意改革。在招生上,更注重考核科研基本素质和能力,积极开拓优秀生源。在培养上,优化培养环境,引导研究生尤其是博士生做前沿性高水平研究工作;采取各种措施,保证研究生培养质量;开展国际评估,提高学科建设水平。

清华大学凭借一流的教育质量,每年吸引众多国内外学子来此深造。截至2022年年底,清华大学共有在校学生59270人。本科生16320人,其中国际学生946名;硕士研究生22423人,其中国际学生1659人;博士研究生20527人,其中国际学生467人。本科生占在校生总数的27.54%,硕士研究生占37.83%,博士研究生占34.63%;研究生与本科生的比值达到2.63∶1。清华大学本科招生包括强基计划、自强计划、数学人才培养计划、物理人才培养计划、科学体验营、保送生、高水平艺术团、高水平运动队等多种录取通道,但最主要的招生录取通道是高考统招入学。清华大学硕士研究生的选拔方式主要有推荐免试和普通招考两种。博士研究生的招生方式包括三种,即优秀本科毕业生推荐免试直接攻读博士学位(直博)、硕博连读和"申请—考核"制。

"所谓大学者,非谓有大楼之谓也,有大师之谓也"。清华大学培育和凝聚了一批又一批高水平的专家学者。近年来,学校遵循"引进与培养并举"的方针,加强青年教师队伍建设,在全球选聘优秀人才,师资队伍水平稳步提高。现有专职教师3837人,其中教研系列教师2157人。教师中45岁以下青年教师1838人。教师中具有正高级职称的1522人,具有副高级职称的1688人。教研系列中曾获国家级高层次人才计划支持人数占比22.9%。清华大学注重优化教师队伍结构、提高教师队伍质量,加大青年杰出人才引进力度,注重青年教师培养,促使优秀青年教师脱颖而出。教研系列教师中曾获国家级青年人才计划支持人数占比28.9%。教师中有诺贝尔奖获得者1名,图灵奖获得者1名,菲尔兹奖获得者2名,国家最高科学技术奖获得者2名。16名教授荣获国家级"高等学校教学名师奖"。

清华大学位于中国首都北京市,校园周边高等学府和名胜古迹林立,校园内绿草茵茵、树木成荫，不同时期的建筑各具特色。主校区建筑总面积285.29万平方米。全校绿化面积约107万多平方米，绿化覆盖率54.8%。优美典雅的环境内充满着丰富多彩、魅力无穷的校园生活，让人可以同时感受到自然的风景和浓厚的人文气息。校内建有校史馆、艺术博物馆、新清华学堂、大礼堂、音乐厅、学生文化活动中心，以及游泳馆、射击馆、气膜馆、综合体育馆、东西两个体育馆和东区体育活动中心，能够满足师生的精神文化需求与运动健身需求。学校素有体育运动传统，以"马约翰杯"为主线的系列体育赛事贯穿全年，"为祖国健康工作五十年"的口号影响了一代代清华人。清华论坛、"人文清华"讲坛、文科沙龙等品牌活动增进了思想碰撞和学科交融。

清华大学有着深厚的文化底蕴。清华大学的校训是"自强不息、厚德载物"，出自1914年冬梁启超在清华学校同方部作的题为《君子》的演讲。当时，梁启超以《周易》的两个象辞"天行健，君子以自强不息"（乾卦）、"地势坤，君子以厚德载物"（坤卦）激励学子。梁启超慷慨激昂的演讲深深激励了清华学子，后来，反映中华民族文化精髓的"自强不息、厚德载物"被概括成清华大学的校训。

清华大学作为中国高层次人才培养和科学技术研究的重要基地，践行着"独立之精神，自由之思想"的学术理念，形成了"严谨、勤奋、求实、创新"的学术风气。学校坚守育人初心，在实践中确立了高素质、高层次、多样化、创造性的人才培养目标，探索形成了价值塑造、能力培养、知识传授"三位一体"的教育理念，努力培养学生具有健全人格、宽厚基础、创新思维、全球视野和社会责任感，实现全面发展和个性发展相结合，成为肩负使命、追求卓越的拔尖创新人才。面对新时代新挑战，清华大学也制定了自身的发展目标：到2035年，清华大学要进入世界一流前列；到21世纪中叶，清华大学要成为能够引领世界高等教育的中国大学。

北京大学

北京大学（Peking University）被誉为"中国最具精神魅力的大学"。北京大学是中国"新文化运动"的中心，"五四爱国运动"的策源地，在中国传播马克思主义和民主科学思想的最初基地。长期以来，北京大学始终与中国和中国人民共命运，与时代和社会同前进，恰如蔡元培所言："大学者，囊括大典，网罗众家之学府也……此思想自由之通则，而大学之所以为大也"。北京大学凭借悠久的历史、深厚的底蕴、完善的学科和优良的学术条件成为千万青年学子的圆梦之地。

北京大学创立于1898年维新变法之际，初名京师大学堂，

是中国近现代第一所国立综合性大学，创立之处也是国家最高教育行政机关所在地。1912年改为国立北京大学，著名的教育家、启蒙思想家严复出任校长。1916年，著名民主革命家、教育家蔡元培出任北京大学校长，对学校进行了卓有成效的改革，促进了思想解放和学术繁荣。1937年卢沟桥事变后，北京大学南迁至长沙市，与清华大学和南开大学组成国立长沙临时大学。1938年迁至昆明市，更名为国立西南联合大学。抗日战争胜利，北京大学北返故园，于1946年10月在北平市正式复学。1952年经全国高校院系调整，成为以文理科基础教学和科学研究为主的综合性大学。2000年与原北京医科大学合并，组建为新的北京大学。今天，北京大学扎根中国大地办大学，在创建中国特色世界一流大学的进程中取得了不俗的成就。

北京大学的学科生态呈现出综合性特征。目前，设有人文、社会科学、经济与管理、理学、信息与工程科学、医学6个学部；共有文学、历史学、哲学、经济学、法学、教育学、管理学、艺术学、理学、工学、医学11个学科门类。北京大学的优势学科包括数学和统计学、物理学、化学、信息科学与技术、中国语言文学、考古学、社会学、临床医学等。近年来，北京大学依托学科综合优势，在继续保持基础学科优势的基础上，大力发展应用学科，推动学科深度融合。在理、工、医科方面，成立了应用物理与技术研究中心、前沿计算研究中心、生态研究中心、北京天然气水合物国际研究中心、人工智能研究院、碳基电子学研究中心、能源研究院等跨学科研究机构，聚集了若干世界水平的优秀团队；在人文社会科学方面，成立了区域与国别研究院、博古睿研究中心、全球健康发展研究院等跨学科研究机构，对创新人才的培养起到了极大的推动作用。

北京大学的研究生教育可以追溯到20世纪初，至今已有近百年历史，见证和经历了中国研究生教育从诞生到发展、调整、规范、壮大的整个过程。目前，北京大学共有53个一级学科博士学位授权点，50个一级学科硕士学位授权点，7个专业学位博士授权点，29个专业学位硕士授权点。北京大学研究生院共设招生办公室、培养办公室、学位办公室、专业学位研究生教育管理办公室、综合办公室和中国研究生院院长联席会秘书处6个办公室，在学校领导下，统一管理研究生教学和行政工作，为北京大学研究生招生、培养、管理和研究生教育发展规划提供保障。

截至2022年年底，北京大学在校学生46970人。其中，本科生16544人，硕士研究生16651人，博士研究生13775人；本科生占在校生总数的约35.22%，硕士研究生约占35.45%，博士研究生约占29.32%；研究生与本科生的比值达到1.84∶1。北京大学本科招生包括强基计划、保送生、高水平艺术团、高水平运动队等多种录取通道，但最主要的招生录取通道是普通高考招生入学。北京大学硕士研究生的选拔方式有两种，即推荐免试和全国统一考试。博士研究生的招生方式包括3种，即优秀本科毕业生推荐免试直接攻读博士学位（直博）、硕博连读和"申请—考核"。为服务国家重大战略需求，促进产学研深度融合，支持新工科建设和发展，北京大学于2022年启动了工程硕、博士培养改革专项招生培养。

北京大学拥有雄厚的师资力量。现有专任教师3784人，其中，中国科学院院士98人、中国工程院院士30人、发展中国家科学院院士37人；具有博士学历的专任教师3457人，占专任教师的比例为91.36%。北京大学打造出一批高水平创新团队和领军人才，如邓宏魁教授团队创新了干细胞与再生医学新一代底层技术；彭练矛教授团队将碳管芯片技术推至5纳米水平，创造了未来芯片的北京大学方案；程和平教授团队在高时空分辨在体成像系统研制方面取得了突破性技术革新等。这些研究团队长期致力于战略性、系统性、前瞻性的学科领域核心问题研究，在前沿引领技术、关键共性技术、现代工程技术和颠覆性技术创新上贡献了智慧和力量。北京大学的院士、教授、教学名师积极投身本科教学一线，教授为本科生上课比例超过90%，近3年来，共有62名国家级、省市级教学名师累计为学生授课超过6400学时。北京大学现有博士研究生导师2800余人，是一个老中青相结合的高水平导师群体，每位博士研究生导师平均带5名博士研究生。

北京大学来华留学教育历史悠久。迄今为止，通过做强做实"留学中国计划""留学北京大学计划""北京大学国际发展战略"，学校国际化办学水平和教育质量不断提升，在校国际生规模不断扩大，先后有来自195个国家逾11万人次国际生走进北京大学求学问教。如今的北京大学有来自116个国家的长期外国留学生6857人，其中攻读学位的国际生2783人。2022年，北京大学共录取1359名国际生，其中本科生367人，硕士研究生474人，博士研究生84人。百余年来，北京大学培养了一大批富有北京大学底蕴、涵养中国情怀的优秀外国留学生，他们是元首政要、驻华使节、知名学者及各界英才。

北京大学有着深厚的文化底蕴。京师大学堂建立伊始，就确定了"中西并重，观其会通，无得偏废"的办学指导思想。随后，严复校长提出"兼收并蓄，广纳众流"，蔡元培校长提出"仿世界各大学通例，循思想自由原则，取兼容并包主义"，以及西南联合大学遵循"同无妨异，异不害同"的原则，都体现了北京大学自由兼容的学术风气。

北京大学位于中国首都北京市。北京大学的校园在明清两代是著名的皇家园林，不仅有亭台楼阁等古典建筑，而且山水环抱，湖泊相连，风景如画。优美典雅的环境与丰富多彩、魅力无穷的校园生活相得益彰，让人可以同时感受到自然的风景和浓厚的人文气息。北京大学的美育传统源远流长，在中国近现代教育史上有着重要地位。中国最早的"美学"和"美术史"课程，最早的管弦乐队，最早的专业音乐教育机构均诞生于北京大学。20世纪20年代，在蔡元培扶持下，画法、书法、音乐、戏剧等研究会先后组建。北京大学现有学生社团161个，涵盖政治理论类、学术科创类、文化艺术类、体育健身类、公益志愿类、实践促进类等。2010年，北京大学成立了歌剧研究院。它是中国第一所专门从事歌剧研究、创作和表演的高等教学科研机构。中国音乐创作界的乔羽、西班牙男高音歌唱家普拉契多·多明戈（José Plácido Domingo Embil）担任名誉院长。歌剧研究院的成立继承和发展了北京大学的美育传统，是北京大学在学科建设和人才培养模式上的一次重要探索，对北京大学人文艺术精神的彰显和对外交流起到积极促进作用。

北京大学的校训是"爱国、进步、民主、科学"，这8个字凝聚了中华民族的文化瑰宝，是北京大学教育学生的基本准则。

百年祭奠，恰是风华正茂；展望未来，再创时代辉煌。北京大学对自身的未来建设发展提出了明确的路线图：到2035年，进入世界一流前列；到21世纪中叶，成为能够引领世界高等教育的中国大学。

哈尔滨工业大学

哈尔滨工业大学（Harbin Institute of Technology）曾以"工程师的摇篮"而著称，又以"理工科大学师资的摇篮"而享誉全国，是一所著名的工科大学，被称为国防七校之一，为中国军工的发展做出了巨大贡献。学校秉承传统，形成了"厚基础、强实践、严过程、求创新"的人才培养特色，凭借始终以服务国家建设为己任的情怀和极具国防特色的人才培养模式，为国家经济建设、航天国防的发展做出了卓越贡献。

哈尔滨工业大学始建于1920年，创办名称是哈尔滨中俄工业学校，后历经中俄工业大学校、东省特区工业大学校时期，1928年，学校正式定名为哈尔滨工业大学。1951年被确定为全国学习国外高等教育办学模式的两所样板大学之一，1954年进入国家首批重点建设的6所高校行列。1996年进入国家"211工程"首批重点建设高校。1999年被确定为国家首批"985工程"

重点建设的9所大学之一。2000年与哈尔滨建筑大学合并组建新的哈尔滨工业大学。如今，学校已发展成为一所以理工为主，理、工、管、文、经、法、艺等多学科协调发展的国家重点大学，在哈尔滨市、威海市、深圳市各有1个校区。

哈尔滨工业大学以国家需求为导向，秉持"强精优特"学科建设理念，坚持扬工强理重交叉，形成了优势特色学科、基础学科、新兴交叉学科、支撑学科组成的较为完善的学科体系。哈尔滨工业大学的机械工程学科是传统优势学科之一，具有悠久的历史和深厚的学术积淀，涵盖机械设计、制造、自动化等多个方向，拥有国内领先的科研团队和实验设施。控制科学与工程学科在国内处于领先地位，具有强大的科研实力和创新能力，致力于研究控制系统的理论、方法和技术，为工业自动化、智能交通等领域提供了重要的技术支持。计算机科学与技术专业注重培养学生的编程能力、算法设计和系统分析能力。材料科学与工程专业涵盖了新型材料的研发、性能表征以及应用等方面，在复合材料、纳米材料等领域取得了高水平的研究成果。焊接技术与工程学科的实力稳坐全国乃至全亚洲前列，在焊接技术、焊接材料和焊接工艺等方面有着深入的研究和应用。学校拥有航天学院、电子与信息工程学院、机电工程学院、材料科学与工程学院、能源科学与工程学院等28个学院，9个国家重点学科一级学科、6个国家重点学科二级学科，7个国家级重点实验室，9个国家工程研究中心、工程实验室，1个国家级协同创新中心，5个国际联合中心/科技合作基地，41个部级重点实验室/研究中心。学校始终坚持与国家重大战略同频共振，形成了"立足航天、服务国防、长于工程"的优势特色，努力成为中国的理工强校、航天名校，大力推动了国家军工行业的发展。

哈尔滨工业大学是中国率先开展研究生教育工作的高校之一。早在20世纪30年代就开始招收研究生。1949年，学校在苏联专家指导下开始设立研究生班，并接收全国各主要大学选派的年轻助教、讲师来校攻读师资研究生。1984年，哈尔滨工业大学成立研究生院后，参照国际模式，不断深化研究生教育改革，使研究生教育工作在规模、质量和效益上都取得了明显进步和提高，为国家的科技、教育、国防和经济战线输送了一大批高层次人才。截至2023年，学校共拥有28个博士学位授权一级学科点，42个硕士学位授权一级学科点，2个培养工程博士的工程领域，20个培养工程硕士的工程领域。为更好地协调开展研究生教育教学工作，哈尔滨工业大学建立了完善的行政机构，把招生办公室、培

养办公室、学籍与奖助办公室、院办公室、学位办公室、研究生教育国际交流与质量管理办公室、师生服务中心整合后组成哈尔滨工业大学研究生院。哈尔滨工业大学研究生教育在发展历程中勇于改革，不断创新研究生培养模式，以提高研究生培养质量为核心理念，致力于提高研究生的综合素质，使学生不仅要具有优良的道德素养和社会责任心，还要具有坚实的基础理论与深入的专业知识、较强的科学研究能力、工程实践能力、创新能力，以及开阔的国际视野与活跃的国际交流能力。

作为中国知名理工院校，每年吸引大批学生来此就读。截至2022年年底，在校本科生31811人、硕士生16296人、博士生9224人、留学生961人。本科生占在校生总数的54.6%，硕士研究生占30.0%，博士研究生占15.8%，留学生占比1.6%；研究生与本科生的比值达到0.80∶1。在本科生招生与培养上，采取特色培养形式，致力于培养拔尖创新人才，选拔优秀新生进入永坦班、善义班、小卫星班、智能机器人班、人工智能班、未来技术拔尖班，实行贯通培养。国家专项计划和高校专项计划录取的学生纳入卓越优才计划着力培养。在研究生招生与培养上，哈尔滨工业大学1994年在全国率先实行硕士生培养2年制，2003年在全国首先进行博士研究生招生方式改革，2006年在全国首批进行研究生培养机制改革，2007年在全国率先实施硕士研究生按学术型和应用型两个系列进行改革，2008年开展研究生教育校内评估工作，2012年开展研究生教育质量体系建设等。这些改革与举措，紧跟社会发展需求，符合研究生教育的发展方向和人才培养规律，显著提高了研究生的培养效率和培养质量。

在学校的发展过程中，逐渐形成了一批高素质、高水平的教师队伍。从1950年哈尔滨工业大学只有教师144人（其中中国籍教师仅24人），发展到1957年的800名教师，都体现了学校爱惜人才、尊重人才，不拘一格使用人才的传统。目前，学校专任教师总数为4165人。其中，具有正高级职称的1337人，占32.1%；具有副高级职称的1683人，占教师总数的40.4%。现有中国两院院士39人（含双聘），国家级高层次人才304人，国家级青年人才225人，国家自然科学基金委创新群体7个，教育部科技创新团队12个，科技部重点领域创新团队5个，国家级教学团队6个，工信部研究型教学创新团队4个。中国科学院院士、中国工程院院士刘永坦在祖国北疆凝聚了一支专注海防科技的"雷达铁军"，培养了两院院士、大学校长等一批科技英才。中国工程院院士刘宏长期从事空间机器人基础理论和关键技术研究，主持研制了我国首台卫星服务机械手系统和空间灵巧机械手系统，成功应用于试验七号卫星和天宫二号空间实验室。

哈尔滨工业大学在学生培养上具备宽广的国际视野。"十二五"以来，哈尔滨工业大学已经与44个国家和地区的326所高校签署了校际合作协议，并开展了联合培养、暑期学校、科研实习，以及交换生、CSC优秀本科生、研究生交流项目等多种形式的合作。同时，面向港、澳、台地区和其他国家招收本科生与研究生。学校发挥对俄罗斯合作传统和优势，持续巩固中国高校对俄罗斯合作"领头羊"地位，启动中俄联合校园建设，与40余所俄罗斯著名高校和科研院所建立了实质性合作，首创"俄语+工科"中俄人才联合培养模式，助力"一带一路"和中蒙俄经济走廊建设。同时，以对俄为引领，加强与日本、韩国，以及欧洲国家全方位、多层次、宽领域的国际交流与合作。

哈尔滨工业大学位于中国黑龙江省哈尔滨市南岗区，拥有绿树成荫、风景如画的校园。校园内拥有多样化的建筑风格，包括北洋建筑风格、中国传统建筑风格和现代化建筑风格等。这些建筑不仅代表着哈尔滨工业大学的历史和文化，也是校园文化的象征。哈尔滨工业大学人文气息浓厚，图书馆拥有丰富的馆藏量，馆藏文献信息已形成与学校院系设置相适应的多学科、多语种、多载体、综合性资源体系。在校园自然环境建设上，学校结合风景园林规划打造校园文化景观，先后建成"神舟揽月""卧震苍穹"等航天特色主题微景观，将生态与文化有机融合，发挥校园文化育人功能，厚培校园文化土壤。

哈尔滨工业大学有着深厚的文化底蕴，自1920年建校起就是一所探求真理，服务社会，追求卓越的开放式大学。该校校训是"规格严格，功夫到家"，于20世纪50年代由时任校长的李昌等概括而成，体现了过程管理与目标管理相结合的思想。哈尔滨工业大学以国际化、开放式的办学理念，严谨、求实的作风和追求卓越的信念，以及鲜明的理工特色，不断向社会输送知识和优秀人才。为谋求进一步发展，哈尔滨工业大学秉承铭记责任，竭诚奉献的爱国精神，面向国家需求，求真务实、协作攻关、开拓创新，矢志不渝地打造更多国之重器、培养更多杰出人才，加快推进中国特色社会主义一流大学建设，勇担中国航天第一校"尖兵"重任，奋力开创中国特色、世界一流的新百年卓越之路。

复旦大学

　　复旦大学（Fudan University），是中国人自主创办的第一所高等院校，也是一所综合性研究型大学。校名取自《尚书·大传》之"日月光华，旦复旦兮"，表示取之不尽，用之不竭的自力更生和勤奋，更含不忘"震旦"之旧和复兴中华的意义。复旦大学与国家命运休戚与共，淬炼成了"团结、服务、牺牲"的复旦精神。

　　复旦大学是一所历史悠久、声誉卓著的学府。复旦大学的前身是1902年马相伯创办的震旦学院。在1905年，为反抗教会势力干预校政，于右任、邵力子等130名学生愤然脱离震旦学院，支持马相伯在吴淞复校，自此，复旦公学在上海吴淞提督行辕正式开学。1917年，改名为私立复旦大学并开始设立大学部，标

志着从一所初等教育机构逐渐发展成为一所高等教育机构。抗日战争爆发后，1938年复旦大学部分师生被迫辗转迁移至重庆市北碚镇，在嘉陵江畔建成战时校园（渝校），形成文、理、法、商、农5院20余系的规模，滞留上海的师生另组"上海补习部"（沪校），在租界继续办学，坚持"三不原则"，维护了民族气节。1952年全国高校院系调整，奠定了复旦以文理为基础的综合性重点大学的基础。1959年，复旦大学被认定为全国16所重点高校之一，进入国家重点建设大学之列，实现了复旦大学历史上的第一次腾飞。上海医科大学前身是1927年创办的国立第四中山大学医学院，是中国人自主创办的第一所国立高等医科院校。2000年，复旦大学与上海医科大学合并，进一步加强了复旦大学在医学领域的研究和教育实力。在过去的一个多世纪里，复旦大学经历了无数的风风雨雨，但始终坚持其教育和学术的使命，为中国乃至全球的教育和科研领域做出了巨大的贡献。

复旦大学形成了文理医三足鼎立的学科体系，是"C9"联盟和"双一流"重点建设大学的成员。在学科设置方面，复旦大学涵盖了人文、社会科学、自然科学、工程技术和医学等多个领域，形成了完整且多元化的学科体系。具体而言，该校共有直属院（系）35个，附属医院18家（其中2家筹建），提供80个本科专业。这种多学科的布局使复旦大学能够在各学科领域中取得广泛而深入的学术研究，同时也为学生提供了一个宽广的学术平台和丰富多元的学习选择。在人文社会科学领域，复旦大学拥有一流的哲学、历史、文学、法学、经济学和管理学等学院，10个教育部人文社会科学重点研究基地在国内外都享有很高的声誉。在自然科学和工程技术领域，复旦大学的表现同样出色。物理学、化学、生物学、计算机科学和工程技术等学科都拥有一流的实验室，如上海数学中心和上海国家应用数学中心等，这些实验室在推动我国前沿科技创新中起到了重要作用。

复旦大学的研究生教育自建校以来就走在全国前列，始终以"提高研究生培养质量"为核心。目前，复旦大学一共拥有一级学科博士学位授权点40个，一级学科硕士学位授权点43个（含一级学科博士学位授权点），博士专业学位授权点5个，硕士专业学位授权点30个，博士后科研流动站37个。在发展历程中，复旦大学不断调整和完善高层次专门人才的成才机制，努力营造浓厚的学术氛围，激发研究生的科研创新能力，研究生成为学校科研生力军的势头日益显现。

1923年，从金陵大学毕业的文学学士蔡乐生，进入复旦大学心理学院攻读硕士学位研究生，标志着复旦大学研究生教育的开始。1949年复旦大学率先在全国公开招收研究生，1984年，复旦大学和上海医科大学成为全国首批建立研究生院的高校。复旦大学研究生教育始终坚持高标准、严要求的教育理念，致力于培养具有国际竞争力的高水平研究生。复旦大学研究生院机构设置完善，下设多个办公室和中心，共同支持研究生教育的高质量和高效率。

复旦大学具备体制完善的学生培养体系。截至2022年年底，复旦大学在校学生49782人，其中本科生15164人，研究生34618人。本科生占在校生总数的约30.5%，研究生约占69.5%，研究生与本科生的比值约为2.28∶1。复旦大学的招生包括强基计划、保送生、高水平艺术团、高水平运动队等多种录取通道。学校为本科生提供了广泛的学科选择和丰富的课程设置，使他们能够在4年的学习中打下坚实的学术基础。复旦大学为研究生提供了深入的学术研究和实践机会，使他们能够在学术领域取得更高的成就。学校还与多个国际知名高校建立了研究生联合培养项目，为研究生提供了广阔的国际交流和学术合作机会。

复旦大学重视国际化教育，吸引了大量的国际学生。目前，学校有来自130多个国家和地区的2535名国际留学生，学校为国际生提供了多种学习项目和奖学金，使他们能够更好地融入学校的学术和文化环境。复旦大学保持着高度的国际化水平，近年来同全球40多个国家与地区350多所大学和机构签订了合作协议，师生每年出国约8000人次，每年接受海外来访人员约5000人次，每年举办国际会议约100场。

复旦大学拥有教学科研人员3586人，教师队伍规模庞大，涵盖了多个学科领域。学校拥有一批高水平的专家学者队伍，包括两院院士59名（含双聘），文科杰出、资深教授14名，获得国家自然科学基金杰出青年基金者163名、优秀青年基金获得者147名、百千万人才工程国家级人选49名，上海市领军人才95名等，占师资队伍比重近20%。复旦大学拥有一批前沿创新团队，如毛颖教授带领的团队专注于中枢神经系统疾病的神经再生修复和靶向治疗，该团队于2015年获得科技部重点领域创新团队的奖励。这些科研团队在各自的研究领域都取得了很高的成就，并将研究成果融入教育教学工作，为学校的学术研究、人才培养，乃至国家发展提供强大的支持。

复旦大学位于中国上海市，共有邯郸、枫林、张江、江湾4个校区。复旦大学现有文科馆等图书馆5座，校史馆、相辉堂等各类场地展馆6座，正大体育馆等各种体育场馆10余座，拥有室内外篮球、排球、网球、羽毛球等项目场馆，配套设施齐全，能够为师生提供各种文体服务项目，为各类校园文体活动提供硬件支持，能够满足师生多样化的校园文体生活和活动需要。复旦大学以昂扬向上、丰富多彩的校园文化而著称，现有学生艺术团6个、文化艺术类社团79个，是校园艺术舞台上的主导力量，也让艺术推动并记录着校园文化的繁荣发展。复旦大学还拥有氛围浓厚的校园体育文化，力争做到"日日有活动、周周有比赛、月月有计划"，使校园充满朝气和活力。

　　复旦大学的校训"博学而笃志，切问而近思"，是在1915年为纪念复旦创校十周年由马相伯老校长选定并亲笔题写的，对学生提出了学术追求和人生态度的要求。此后，复旦大学弘扬"团结、服务、牺牲"的精神，倡导"文明、健康、团结、奋发"的校风和"刻苦、严谨、求实、创新"的学风，展示了复旦大学深刻的文化价值和教育理念。

　　复旦大学在办学、教育等方面做出了卓越的贡献，为中华民族伟大复兴培养了卓越的一流人才，并在未来将继续坚持开放、创新、卓越的办学理念，努力构建世界一流的学术研究和教育教学体系，继续为国家和社会培养高水平的人才，为国家的科技创新和经济社会发展做出更大的贡献。同时，学校将继续推进学科建设，力求打造多个世界领先学科；深化与国际知名高校的合作与交流，推动学校的国际化进程，提高学校的国际影响力。

上海交通大学

　　上海交通大学（Shanghai Jiao Tong University），作为历史悠久、享誉海内外的中国高等学府之一，长期以来秉承盛宣怀"自强首在储才，储才必先兴学"的办学理念，与时代和社会同步前进，坚持"求实学，务实业"的办学宗旨。在120多年的不懈努力中，学校为国家和社会培养了40多万名各类优秀人才。如今，上海交通大学已经成为一所"综合性、创新型、国际化"的国际知名大学，其影响力和声誉在全球范围内彰显。

　　上海交通大学创立于1896年中日甲午战争战败之际，初名南洋公学。1905年，南洋公学划归商部，易名为高等实业学堂。1906年，学校改隶邮传部，校名随之改为邮传部高等实

业学堂。20世纪50年代中期，学校响应国家建设大西北的号召，经历西迁与分设，分为交通大学上海部分和西安部分。1959年7月，交通大学上海部分改名为上海交通大学。今天，上海交通大学扎根中国大地办大学，在创建中国特色世界一流大学的进程中取得了不俗的成就。

上海交通大学的学科生态呈现出综合性特征。目前，学校在工科、理科、生命科学、人文社会科学，以及国际化办学五大方向设立院系（含直属系）共34个。涵盖经济学、法学、文学、理学、工学、农学、医学、管理学和艺术学9个学科门类。上海交通大学的优势学科包括数学、化学、物理学、生物学、机械工程、材料科学与工程、信息与通信工程、控制科学与工程、计算机科学与技术、土木工程、化学工程与技术、传播媒介与海洋工程、基础医学、临床医学、口腔医学、药学、电子电气工程和商业与管理等。近年来，上海交通大学依托学科综合优势，在继续保持基础学科优势的基础上，大力发展应用学科，推动学科深度融合。在生命科学方面，设立瑞金医院、仁济医院、上海市胸科医院等12所附属医院，并创建医学基因组学国家重点实验室、国家口腔医学中心、国家骨科医学中心等10所国家级科技创新基地；在科技创新方面，设立上海交通大学学生创新中心、高校科技成果转移转化平台和零号湾全球创新创业集聚区三大国家双创示范基地；在理工科方面，设立纳米技术及应用国家工程研究中心、机械系统与震动全国重点实验室等实验与研究中心。此外，上海交通大学还与最高人民法院、中国工程院、文旅部、民政部、市场监管总局等共建一批高水平智库研究平台。这些对创新人才的培养起到了极大的推动作用。

上海交通大学的研究生教育始于20世纪50年代，至今已有近百年历史，见证和经历了中国研究生教育从诞生到发展、调整、规范、壮大的整个过程。目前，上海交通大学共有一级学科博士学位授权点52个，一级学科硕士学位授权点58个，博士专业学位授权点9个；硕士专业学位授权点32个；38个博士后流动站。学校研究生院拥有国家卓越工程师学院等多个学院，提供各类工程硕士、博士培养改革专项，并且在研究生培养方面拥有一定的优势和特色。

截至2022年年底，上海交通大学在校学生52663人。其中，本科生17606人，硕士研究生22309人，博士研究生12748人；本科生占在校生总数的33.43%，硕士研究生占42.36%，博士研究生占24.21%；研究生与本科生的比值达到1.99∶1。上海交通大学本科招生包括强基计划、保送生、综合评价、

高水平运动队、高水平艺术团、艺术类、国家专项、高校专项、内地西藏班、内地新疆班、少数民族预科、港澳台侨、六部委免试运动员等多种录取通道，但最主要的招生录取通道是普通高考招生入学。上海交通大学硕士研究生的选拔方式有两种，即推荐免试和全国统一考试。博士研究生的招生方式有3种，即优秀本科毕业生推荐免试直接攻读博士学位（直博）、硕博连读和"申请—考核"。此外，为了培养一批具有宽阔视野、科学精神、创新能力的未来科学与工程技术领军人才，学校形成了一支具有国际水准的导师队伍，推动博士生创新培养体系建设，营造浓厚的学术氛围。上海交通大学在理学、工学、生命科学3个大学科门类开展"致远荣誉计划"。上海交通大学来华留学教育历史悠久。截至2020年10月，上海交通大学外国留学生在校人数为2780人，其中学历教育的外国留学生为2513人，非学历教育的外国留学生数为267人。外国留学生数呈逐年上升趋势，除了上海交通大学本身的吸引力，中国政府和上海交通大学为吸引更多优秀的外国留学生也做出了积极的努力。此外，上海交通大学针对留学生的服务也日益完善，包括提供专业的课程和项目选择，提供全方位的生活服务支持等。

上海交通大学拥有雄厚的师资力量，现有专任教师3700人。其中，中国科学院、中国工程院院士（含双聘）54人，文科资深教授5名，全球高被引科学家21人，国家高被引学者139人。上海交通大学打造出一批高水平创新团队和领军人才，如谭家华教授团队牵头六家单位"二十年磨一剑"共同研制的"海上大型绞吸疏浚装备"获评国家科技进步奖特等奖，实现了历史性突破；王如竹教授团队提出了一种新型的批处理吸附—解吸模式，实现了中国兰州半干旱气候下的大批量产水，在解决干旱问题上取得了重大突破等。这些研究团队长期致力于战略性、系统性、前瞻性的学科领域核心问题研究，在前沿引领技术、关键共性技术、现代工程技术和颠覆性技术创新上贡献了智慧力量。

上海交通大学位于中国上海市闵行区和徐汇区，校园建筑兼具古典和现代风格，校园中有许多经典建筑。学校的早期建筑，如中院（1899年）、新中院（1910年）、图书馆（1919年）等，不仅见证了学校的发展历程，更是在2019年被正式公布为第八批全国重点文物保护单位。这些建筑以其独特的风格和深厚的历史背景，成了上海交通大学不可或缺的文化标志。总的来说，上海交通大学的校园建筑给人留下了深刻的印象，是其最具魅力的一面。此外，上海交通大学富有艺术氛围，这正是因为在学生中有非常高的艺术创造力，他们在音乐、美术等方面有很多出色的表现。在这样的校园环境下，许多学生在艺术方面得到了广泛的发展和实践，同时也营造了一个富有审美情趣的校园氛围。

上海交通大学拥有悠久的历史和深厚的文化底蕴。从南洋公学的开创之初，学校便确立了"求实学，务实业"的宗旨，将培养"第一等人才"作为教育目标，并以"精勤进取、笃行不倦"为校训。学校的文化秉承"国强催生名校，名校服务强国"的理念，坚持"文化引领"的战略。这一理念在学校的长期发展中得到了充分体现，不仅贯穿教育教学活动，也深深烙印在校园生活的各个方面。学校的校训、校歌、校徽等代表着学校的文化精神，凝聚着师生对学校传统的热爱与敬仰。在这样的文化氛围下，上海交通大学的师生们在学术研究、文化交流等方面的影响力日渐显著提升，使学校的文化底蕴更加深厚，成为国内外学术交流的重要平台。作为中国高等教育的重要代表，上海交通大学将继续传承和弘扬自身的文化传统，促进跨学科的文化交流，为全球学术繁荣做出更大的贡献。

上海交通大学在过去的百年中，始终坚持传承文明、探求真理的理念，不断追求卓越，开展前瞻性的科学研究和创新的教育教学模式，为中国高等教育事业树立了典范。上海交通大学将继续秉承传承文明、探求真理的使命，坚定不移地向着中国特色世界一流大学的目标迈进。在追求卓越的道路上，上海交通大学将不断强化国际化发展战略，促进学术科研水平的提升，培养更多具有国际竞争力和社会责任感的优秀人才，推动科技创新和社会进步，为振兴中华、造福人类发挥更大的作用。

南京大学

南京大学（Nanjing University）是一所历史悠久、声誉卓著的高等学府。在一个多世纪的办学历程中，南京大学及其前身与时代同呼吸、与民族共命运，谋国家之强盛、求科教之进步，为国家的富强和民族的振兴做出了重要的贡献。尤其是改革开放以来，作为教育部直属的重点综合性大学，南京大学在崭新的历

史机遇中焕发出新的生机，首批入选国家"211工程"和"985工程"建设序列，首批入选国家"双一流"建设高校，首批入选国家级双创示范基地，始终处于中国大学的第一方阵，获得了公认的社会影响和学术声誉。

南京大学前身是创建于1902年的三江师范学堂，此后历经两江师范学堂、南京高等师范学校、国立东南大学、国立第四中山大学、国立中央大学、国立南京大学等历史时期，于1950年更名为南京大学。1952年，在全国高校院系调整中，南京大学调整出工学、农学、师范等部分院系后与创办于1888年的金陵大学文、理学院等合并，奠定了今天的南京大学的基础。从晚清、民国到中华人民共和国等不同历史时期的百余年间，它经历过神州大地遭受外国列强侵凌欺辱时的凄风苦雨，经历过中国人民求生存、求解放的战火硝烟，经历过历史变革中的颠簸和洗礼，也经历过社会主义前进道路上的曲折和欢乐。它的命运，和中华民族的兴衰紧紧相连；它的历史，在一定角度上，也几乎是中国高等学校发展历史的一个缩影。在南京大学伴随着社会进步和科技发展而不断成长、不断前进的百余年间，一代又一代的学者在这块科学的沃土上耕耘，一届又一届的学生在这一人才摇篮里成长，塑造了南京大学师生热爱祖国、振兴中华的爱国精神，追求真理、实事求是的科学精神和博采众长、融汇百家的开放精神，以及办学中尊重人才、广延名师的传统，培育了南京大学严谨，求实、勤奋、创新的学风。目前，南京大学共有"双一流"建设学科16个，江苏高校优势学科建设工程三期项目立项学科19个，博士学位授权一级学科点44个，博士学位授权二级学科点（不含一级学科覆盖点）1个，专业博士学位授权点5个，硕士学位授权一级学科点4个，专业硕士学位授权点28个。南京大学的天文学专业在全国享有极高的声誉，是该校的顶级王牌专业之一，以其高师生比和深入的学术研究而著称，致力于天体物理、宇宙学等前沿领域的研究。地质学专业注重基础理论与前沿探索相结合，涵盖了地质学、地球物理学、地球化学等多个方向，为我国地质资源的开发和利用提供了重要支持。哲学专业历史悠久，学术底蕴深厚，注重培养学生的逻辑思维能力和人文素养。中国语言文学专业在学术界具有重要地位，其学科实力强大，涵盖了语言学、文学等多个方向，为我国语言文学事业的发展做出了重要贡献。

南京大学目前拥有40个院系，开设本科专业91个。始终秉持格物致知、追求真理的科学精神和传统，成为南京大学办学最重要的特色。同时，着力推进实

施科研转型提升战略,持续探索以基础研究为根,向创造技术、成果转化延伸拓展的"三位一体原创驱动式"科学研究新模式,打造"理工医"新高峰;深入推进哲学社会科学在"学术原创、方法转型、服务国家"3个向度的创新发展,助力构建具有中国特色、中国风格、中国气派的学科体系、学术体系、话语体系。

作为中国最早招收并培养研究生的综合性大学之一,南京大学在120多年的办学历程中为国家发展和社会进步培养了一大批精英人才,无论是国立中央大学和金陵大学时期,还是更名后的南京大学时期,学校的研究生教育在提高学校办学水平和高层次人才培育方面都发挥了至关重要的作用。南京大学研究生院成立于1984年,是我国1978年恢复研究生招生后,经国务院批准组建的首批试办研究生院之一。自1981年实施学位制度以来,南京大学研究生教育在学科建设、导师队伍建设和人才培养方面都得到了迅速、全面的发展。南京大学研究生院下设思教办公室、招生办公室、培养办公室、学位办公室(校学位评定委员会办公室)、专业学位办公室、综合办公室、苏州校区办公室、苏州研究生院等机构。研究生工作部部长、副部长以及思教办公室主要负责研究生思想教育、资助管理和学生事务管理相关工作;其他办公室负责协调研究生教育相关工作。

截至2023年,南京大学有在校本科生14714人、硕士研究生18103人、博士研究生9430人。自20世纪初建校以来,南京大学就一直是开展国际交流与合作特别活跃的中国大学之一,与世界上众多一流大学和高水平科研机构建立了紧密的协作关系。其中,始建于20世纪80年代的南京大学—约翰斯·霍普金斯大学中美文化研究中心迄今已成功举办30多年,它是中国改革开放以后最早实施的高等教育国际合作长期项目,为中美文化交流事业培养了众多骨干人才,在海内外产生了巨大的影响。在日益交融、命运与共的当代世界格局中,南京大学正深入实施《全球开放发展战略(2020—2030年)》,不断加大对外开放力度,探索全球合作新机制,为促进多元文化的互通交融、人类的和平与发展而不懈努力。

南京大学现有一支高素质的研究生导师队伍,其中包括中国科学院院士30人,中国工程院院士4人,国家级领军人才327人次,国家级青年人才347人次,国家科技重大专项、"973计划"、"863计划"、科技创新2030—重大项目、国家重点研发计划等重大项目首席科学家135人次,国务院学位委员会学科评议组成员22人，国家级教学名师11人，"百千万人才工程"国家级人选38人。有不少教授因学术造诣颇高、贡献甚大而赢得了其他国家的尊重，先后在不同学科领域获得了崇高荣誉。如物理系闵乃本教授因修正了著名的"杰克逊理论"而荣获美国犹他大学和飞弹公司联合颁发的1983年度"大力神奖"。外文系张威廉教授由于在德国文学研究中取得的卓越成就而荣获民主德国的"歌德奖章"。信息物理系冯若教授在美国华盛顿召开的"世界生物医学超声会议"上荣获由世界生物医学超声联合会及美国医学超声学会共同授予的"先驱者奖"。

南京大学位于中国江苏省南京市，拥有仙林、鼓楼、浦口、苏州4个校区。仙林校区位于南京市栖霞区，以理、工、医、农、交叉学科为主。鼓楼校区位于南京市鼓楼区，是南京大学的本部，以文、史、哲、政、经、法、教育学科为主。浦口校区位于南京市浦口区，是一所注重科研和研究生教育的校区。苏州校区位于江苏省苏州市高新区，是南京大学在苏州市的重要教学和科研基地。学校有鼓楼、仙林两座图书馆。鼓楼校区图书馆历史源远流长，其发展可上溯至20世纪初建立的中央大学图书馆和金陵大学图书馆。图书馆馆藏丰富，经长期积累，形成了比较系统、完整的综合性的藏书体系。总藏书量为6485411册，其中中文图书新增59388册，中文期刊新增4820册，外文图书新增6459册，外文期刊新增493册。南京大学鼓楼校区还设有南京大学考古与艺术博物馆、南京大学地球科学博物馆、南京大学校史博物馆等。

南京大学校园内绿树成荫，古色古香，宛如闹市中的人间仙境。古老的建筑和葱茏的树木交相辉映，展现着南京大学深厚的历史底蕴。校园的历史文化景观包括孙中山故居、拉贝故居、赛珍珠故居等，这些地方不仅是历史的见证，也是校园文化的重要组成部分。

长期以来，南京大学坚守"诚朴雄伟，励学敦行"的校训，稳步迈入新的历史征程。面向未来，南京大学心系"国家事"、肩扛"国家责"，提升服务发展能力、开放办学能力，力争在推动科技自立自强上再创佳绩，加快建设中国特色、南大特质、时代特点、世界一流的"第一个南大"，努力为全面实现中华民族伟大复兴和共同推进人类文明进步做出新的更大贡献。

 # 浙江大学

　　浙江大学（Zhejiang University）是一所历史悠久、声誉卓著的高等学府。在近130年的办学历程中，浙江大学始终以天下为己任、以真理为依归，逐步形成了"勤学、修德、明辨、笃实"的共同价值观和"海纳江河、启真厚德、开物前民、树我邦国"的浙江大学精神。凭借悠久的文化传承、创新的办学思路、多元的学科体系、紧密的产学研合作模式，以及放眼世界的战略眼光，浙江大学已成为中国顶尖大学之一。

　　浙江大学的前身求是书院创立于1897年，为中国人自己最早创办的新式高等学校之一。1928年，定名国立浙江大学。抗日战争期间，浙江大学举校西迁，在贵州省遵义、湄潭等地办学7年，1946年秋回迁杭州市。1952年全国高等学校院系调整时，浙江大学部分系科转入兄弟高校和中国科学院，留在杭州市的主体部分被分为多所单科性院校，后分别发展为原浙江大学、杭州

大学、浙江农业大学和浙江医科大学。1998年，同根同源的四校实现合并，组建了新浙江大学，迈上了创建世界一流大学的新征程。今日的浙江大学始终秉承"求是创新"的优良传统，逐步成长为一所特色鲜明、在海内外有较大影响的综合型、研究型、创新型大学。

浙江大学的学科生态展现出多元化特点，学科涵盖哲学、经济学、法学、教育学、文学、历史学、理学、工学、农学、医学、管理学、艺术学、交叉学科等13个门类。目前，学校设置了7个学部、39个专业学院（系）、1个工程师学院、2个中外合作办学学院、7家直属附属医院。近年来，浙江大学面向国家区域重大战略需求，围绕重大科学目标和关键技术挑战，推动实施"领航计划"，谋划创建以国家实验室基地为引领，国家重点实验室等科技创新基地为支撑，涵盖基础研究、应用研究、技术创新全链条的浙江大学科技创新基地体系，积极推动国家战略必争领域科技力量建设。目前，浙江大学拥有全国（国家）重点实验室13个、国家（地方联合）工程研究中心（实验室）11个、国家工程技术研究中心4个、国家临床医学研究中心2个、国家科技资源共享服务平台1个。这些平台兼具开放性和国际化的特征，汇聚了各学科的学者大师和高水平研究团队，产出了以国家科技进步奖特等奖为代表的一系列重大科技成果。浙江大学在哲学社会科学发展方面势头强劲，构建了新型学术平台，打造了有影响的精品力作，推进文理交融、特色鲜明的"新文科"建设，形成了风格独特、成果丰硕的浙大学派。文化创新成果《中国历代绘画大系》《中华礼藏》、敦煌研究等在海内外产生了广泛影响。

浙江大学充分依托地区的产业优势，积极推动产学研合作，以实际行动推动科技创新和应用。学校已建设了51个校地科技合作平台和169个校企创新联合体，建立了紧密的伙伴关系，与地方政府和企业等相关方紧密合作，共同推动科技成果的应用和推广。浙江大学以全面融入浙江省全域创新体系，高水平服务浙江省的"两个先行"和"重要窗口"建设，进一步提升其全国社会服务能力为使命。积极推动创新型校地校企合作，邀请150余名知名浙商和优秀企业家参与"求是强鹰实践成长计划"，指导和支持学生开展创新创业实践；借助国家双创示范基地的带动作用，推动实施双创"校企行"专项行动。对标产业发展前沿，成立工程师学院，通过工程项目创新实践，挖掘学生研发能力和应用能力。引进科技型企业和平台超200家，在全国设立研究院10个、技术转移分中心近百个，共建各类联合研发中心60个。

浙江大学研究生院创建于1984年12月，是国务院首批批准试办的研究生院之一。目前，浙江大学共有62个一级学科博士学位授权点，62个一级学科硕士学位授权点，274个二级学科博士学位授权点，309个二级学科硕士学位授权点，12个专业学位博士授权点，33个专业学位硕士授权点。作为全国重要的研究生培养基地，浙江大学研究生院凭借学校雄厚的办学实力，创造了良好的学科环境和师资条件。学校积极推动研究生教育国际化进程，与42所全球顶级高校、44所"一带一路"沿线国家高校新签或续签合作协议。如浙江大学与英国帝国理工学院签署了《浙江大学—帝国理工联合学院合作谅解备忘录》，成为中国首个在世界名校建立海外校区的高校；与哈佛大学信息技术中心共同提出了基于虚拟现实的远程教学，为学生提供了广阔的国际视野和国际学术交流机会。此外，浙江大学注重"全人教育"理念，旨在培养既具备扎实学术基础又具备优秀人格和实践能力的研究生。

浙江大学的学生总体规模庞大，截至2023年，在校学生67656人，其中本科生29014人，硕士研究生21204人，博士研究生17438人。浙江大学本科招生包括普通高考、三位一体、强基计划、外语保送生、高水平运动队等多种录取通道。浙江大学硕士研究生的选拔方式有两种，即推荐免试和全国统一考试。博士研究生的招生方式包括3种，即优秀本科毕业生推荐免试直接攻读博士学位（直博）、硕博连读和"申请—考核"。为贯彻落实国家"双一流"建设部署、推进学校内涵提升，浙江大学成立了多学科交叉人才培养卓越中心，充分利用学科门类齐全、学科结构层次丰富、交叉学科平台集聚等学科生态多样化的优势，促进文理渗透、理工交叉、农工结合、医工融合等多形式交叉，助力复合型高层次拔尖创新人才培养。

浙江大学一直秉持着教授为重的办学理念，打造出一支力量强大、规模庞大的教师队伍。浙江大学现有专任教师4557人，其中包括24位中国科学院全职院士、21位中国工程院全职院士、4位文科资深教授、66位浙江省特级专家、120位教育部"长江学者奖励计划"特聘教授，以及79位教育部"长江学者奖励计划"青年学者。浙江大学积极推进创新团队建设，吸引了一批国内外顶级的科研团队。这些团队在高水平科研项目和重大科学问题上发挥着关键作用，为学校的科研工作注入了强大动力。如浙江大学百人计划研究员焦鹏程，提出了力学超材料在"超"力学领域的实现策略，探讨了实现"超"力学性能的技术挑战。化学系唐睿康教授与刘昭明研究员团队对构成材料的"基元"分子进行设计，制备的新材料兼具陶瓷般的硬度、橡胶般的弹性和塑料般的可塑性。物理学教授朱诗尧为首带领的团队，设计研发出来了"莫干一号"和"天目一号"两种超导量子芯片，计算速度是传统芯片的1000倍，拥有巨大的计算优势。

浙江大学积极打造"留学浙大"品牌，大力推进来华留学的优秀国际人才培养。2022年，共有超过150个国家的5514名国际学生在此求学，其中攻读学位的有4710名。目前，已有3万名国际学生在浙江大学求学深造，一批优秀毕业生在各自国家的政府机构、高等教育机构和知名企业担任重要职务。浙江大学的国际教育学院承担着国际学生的全面管理和服务任务，下设综合事务办公室、招生事务办公室、教学事务办公室、学生事务办公室、国际中文教育办公室、教学中心和外国专家留学生服务中心，为国际学生提供包括汉语和中国文化教学、留学生生活指导和服务等方面的工作。

浙江大学坐落于中国历史文化名城、风景旅游胜地——杭州市。学校现有紫金港、玉泉、西溪、华家池、之江、舟山、海宁7个校区，这些校区均以水为主题，体现了浙江大学的文化底蕴。水象征着包容与奉献，也象征着刚柔并济、创新不息。7个校区的风景各具特色，与杭州的自然、文化和经济相互交融，为学生提供了丰富多彩的学习和生活体验。浙江大学图书馆是中国历史悠久的大学图书馆之一，前身是始建于1897年的求是书院藏书楼。截至2022年，全馆实体馆藏总量已达684.3万册。种类丰富、品质优良的各类型文献资源为全面提高学校教学科研和学科建设水平提供了有力保证。历年来，学校高度重视体育、美育工作，既有男子篮球、女子排球、田径、网球、女子足球等高水平体育代表队，又建有文琴交响乐团、民乐团、合唱团、舞蹈团和黑白剧社等艺术社团。

浙江大学的校训是"求是创新"。求是精神是指科学精神、牺牲精神、革命精神、奋斗精神和开拓创新精神；创新，是时代的要求，也是科技和教育发展的规律。浙江大学紧紧围绕"德才兼备、全面发展"的核心要求，加快构建以学生成长为中心的卓越教育体系，着力培养具有全球竞争力的高素质创新人才和领导者。未来，浙江大学坚持"更高质量、更加卓越、更受尊敬、更有梦想"的战略导向，心怀"国之大者"、奋力"走在前列"，高质量建设中国特色世界一流大学和优秀学科，成为卓越人才培养和汇聚的战略基地、文化传承和交流的重要平台、国家战略科技力量和全球创新高地。

中国科学技术大学

中国科学技术大学（University of Science and Technology of China）是中国大学中第一批设立研究生院的大学，隶属中国科学院，实行"全院办校，所系结合"的办校方针。1958—1978年学校经历了创办、遇到困难到重新崛起的发展历史，并于1978年创办了"少年班"。作为一所国际知名的高水平研究型大学，中国科学技术大学在不断深化改革的道路上致力于创新

人才培养模式，培养具有国际视野、卓越创新能力、科学精神和领导力的卓越人才。同时，依托中国科学院的各个研究所，促进了教学与科研的一体化。

中国科学技术大学在中华人民共和国成立之初应国家对尖端科技人才的急需而创办，自成立以来经历了从创办、北京市时期、迁至合肥市与重新崛起到第三次创业的4个阶段。中国科学技术大学创建于1958年，创建之初的校址在北京市玉泉路。1970年初，学校迁至安徽省合肥市。1978年，逐渐回到正常的办学轨道，开始了"第二次创业"的高潮。在国家的支持下，学校于1978年3月开设了少年班。1984年，被国务院批准为"七五"期间国家重点建设的十所高校之一。1993年，国家制定了《中国教育改革与发展纲要》，提出要办好100所左右的重点大学，开始实施"211工程"；随后1998年，教育部决定重点支持部分高校创建世界一流大学和高水平大学，即"985工程"。作为国家首批"211工程"和"985工程"支持高校，中国科学技术大学大力推行教学科研改革和结构性调整，开始了第三次创业。

中国科学技术大学是国内在自然科学和工程技术领域享有盛誉的研究型大学。学校拥有47个本科专业，尤其物理学、化学、材料科学、工程学和计算机科学等核心理工科学科声誉卓著。中国科学技术大学在超导、量子研究和物理化学等前沿技术领域的研究处于领先地位。截至2023年4月，中国科学技术大学已成立4个全国重点实验室，分别是认知智能全国重点实验室、处理器芯片全国重点实验室、可控聚变物理前沿全国重点实验室、深空探测全国重点实验室。借助国家级重点实验室和研究中心，学校已经成为吸引全球顶尖学者和研究人员的研究高地。这些优势不仅为学生打下了坚实的学术基础，而且培养了他们的科研潜力和创新思维。为适应科技快速发展的需求，学校特别注重跨学科研究，鼓励学者和学生打破传统界限，进行跨领域的创新合作。中国科学技术大学以其研究型大学的特色，坚持在学科交叉和创新合作中持续探索，为中国乃至全球的科技进步提供了重要动力。

中国科学技术大学研究生教育的主要特色是"科教融合"，其卓越的学术研究与培养模式为学校赢得了在国内外的广泛声誉。研究生院作为学校的重要组成部分，承担着培养高层次、专业化、国际化的研究生的重要使命。自1978年开始招收研究生以来，中国科学技术大学的研究生教育得到了迅速的发展，在过去的几十年中学校已经培养了数以千计的硕士和博士，他们在各自的领域取得了杰

出的成就。中国科学技术大学的研究生院设有招生办公室、培养办公室、校学位委员会办公室、学科建设办公室、《研究生教育研究》编辑部、综合与所系结合办公室等部门。在培养方式方面，学校整合大学与科研院所的资源，包括整合学科、科研平台、导师、教学等多方资源，为研究生的创新能力培养提供新的方法与途径。在融合过程中，既有资源的相加，也有投入增量资源的改革，如学校对每个科教融合的研究所都给予了一定的研究生指标的配套，从而顺利实现双方在研究生教育方面的融合。中国科学技术大学的研究生教育为学生提供了一个全面而深入的学习和研究环境，培养了一大批高质量的科技人才，为国家的科技进步和社会发展做出了巨大的贡献。

中国科学技术大学自成立以来，不仅吸引了来自中国各地的优秀学生，还吸引了众多国际学生前来学习和研究。截至2021年6月，全校共有超过27500名学生，包括本科生7200余名、研究生20300余名。其中，在学博士研究生6522人，学术型硕士研究生5620人，专业学位硕士研究生5540人，非全日制专业学位硕士1797人，中国科学院代培研究生844人。2023年，少年班学院招收新生304人，自成立以来已培养青少年优秀人才4000余人。

随着国际化办学水平和教育质量的持续提升，越来越多的国际学生选择来此学习。学校有超过1000名国际学生，这些国际学生不仅为学校带来了多样性和全球视野，也为学校的学术研究和文化交流做出了重要贡献。学校的留学项目有本科生项目、研究生项目、苏州项目、非学位项目等。学校现有数学、物理学、化学、材料科学、生物科学、工科试验班、电子信息、计算机、地球物理、环境科学、经济管理试验班、核工程12个大类共35个专业方向面向国际学生招生；有115个硕士研究生项目和94个博士研究生项目招收国际学生；苏州项目现已面向国际学生开设全英文授课硕士项目，含工商管理硕士、公共管理硕士、计算机技术硕士、软件工程硕士等。中国科学技术大学对学生的申请条件有着严格的要求，除了学术成绩，还重视学生的创新能力、领导力、社会服务和国际视野。对于国际学生，学校还要求他们具备一定的中文水平，申请者应通过新汉语水平考试（HSK）5级或以上级别考试。对于研究生项目申请者，硕士项目申请者须具有与中国学士学位相当的学位，博士项目申请者须具有与中国硕士学位相当的学位；且硕士项目申请者应未满40岁，博士项目申请者应未满45岁。

中国科学技术大学拥有一支高素质的师资队伍，这为学校的教学和科研提供了坚实的支撑。截至2023年3月，学校共有教学与科研人员2850人。其中，两院院士等高层次人才不重复统计共有649人，占全职教师总数的42%。潘建伟团队利用量子光学手段，在量子调控领域取得了一系列有重要意义的研究成果，尤其是关于量子通信和多光子纠缠操纵的系统性创新工作使量子信息实验研究成为近年来物理学发展最迅速的方向。学校的师资力量不仅体现在现有的教师队伍上，还体现在对青年人才的培养和吸引上。45岁及以下青年教师约占教师总数的74%，45岁及以下青年人才占高层次人才的64%。学校设有多个人才培养和引进项目，为青年学者提供了良好的发展环境和机会。这些项目不仅帮助学校吸引了大量的高层次人才，还为学术研究和人才培养注入了新的活力。

中国科学技术大学坐落于安徽省合肥市。这里环境优美、气候宜人，为学术研究和生活提供了良好的条件，无论是古老的教学楼，还是现代的研究中心，都与周围的自然环境和谐地融为一体。2023年5月，学校在校园西区也西湖畔建造了一座闲适别致的建筑"西区学术交流空间"，建筑总面积约为449平方米，含地上地下共两层，集校园文创展示、读书吧、精品咖啡于一体，主要用于学校文化交流、展览阅读、师生休闲等功能。

中国科学技术大学的校训是"红专并进，理实交融"。这一校训凝聚了学校的办学理念和精神，是指导学校教育教学和科学研究的方针，也是中科大人的行为指南。其中，"红专并进"强调了学校在培养学生时，既要注重思想政治教育，培养学生的革命精神和道德情操，又要注重学术教育，培养学生的专业技能和综合素质。而"理实交融"则代表了学校鼓励理论与实践相结合，使学生在学术研究中能够脚踏实地，与实际相结合，做到知行合一。

建校60多年来，中国科学技术大学敢为人先，锐意进取，培养了大批德才兼备的优秀人才，取得了一系列举世瞩目的科研成果，为国家科学事业发展做出了重要贡献。未来，中国科学技术大学将围绕"潜心立德树人、执着攻关创新"两大核心任务，大力推进"双一流"建设，谋划"十四五"发展，努力办出中国特色、科大风格的世界一流大学。

西安交通大学

西安交通大学（Xi'an Jiaotong University）作为我国最早兴办、享誉海内外的著名高等学府，自办学之初就以"实业兴国，储才兴邦"为传统，始终有着博大胸怀、伟大抱负。建校百年来培养出了一大批以蔡锷为代表的军事家、以李叔同为代表的艺术家、以钱学森为代表的科学家等。而今，西安交通大学以悠久的历史、奉献的精神、雄厚的实力、综合的学科，以及优良的条件等吸引着广大学子。

西安交通大学创建于甲午战败、民族危难之际，于1896年由近代实业家、教育家盛宣怀在上海创建，初名为南洋公学，1921年更名为交通大学，其间始终坚持"求实学、务实业"的办学宗旨。抗战时期移至上海租界、内迁重庆市，坚持沪渝两地

办学。1955年，中央决定交通大学内迁西安市，以适应国内大规模工业建设需要。1956年起师生分批从上海市迁赴西安市，投身建设大西北。1957年分设为交通大学西安、上海两个部分，实行统一领导。1959年，交通大学西安部分定名为西安交通大学，同年被列为全国16所重点大学之一。2000年，国务院决定将西安交通大学、西安医科大学、陕西财经学院三校合并，组建新的西安交通大学。2019年，教育部和陕西省人民政府共同建设中国西部科技创新港——智慧学镇，由西安交通大学与西安市西咸新区联合实施。西安交通大学坚持以"西迁精神"为根本遵循和行动指南，在扎根中国大地建设世界一流大学进程上取得了不俗成就。

西安交通大学学科发展呈现综合性、交叉性特征，涵盖工学、理学、医学、管理学、交叉学科等11个学科门类，设有32个学院（部、中心）、9个本科书院和3所直属附属医院。近年来，西安交通大学坚持以"双一流"建设为契机，持续强化传统工科优势，以机械工程、电气工程、动力工程及工程热物理等学科为代表引领一流学科建设；补短强基，推动实施"基础学科跨越计划"，强化基础学科建设，提升原始创新能力；以西部创新港建设为契机，成立前沿科学技术研究院，试点学部制改革，设立科学家工作室，全方位促进学科交叉融合；聚焦"一带一路"国际合作需要、经济技术产业需求以及可持续发展，依托未来技术学院、现代产业学院和丝路国际学院等，推动储能、人工智能、智能制造、医工等新兴前沿领域学科建设。

西安交通大学研究生教育始于20世纪30年代，从1931年起正规招收研究生。1984年成为国务院批准的首批22所研究生院之一。目前，学校共有博士学位授权一级学科36个、硕士学位授权一级学科43个、博士专业学位授权点6个、硕士专业学位授权点29个。学校还是国务院学位委员会批准的首批学位授权自主审核单位之一。西安交通大学研究生院共设招生办公室、培养办公室、学位办公室、党委研究生工作部（暨研究生服务中心）、综合办公室、信息化办公室等6个办公室，以及西安交通大学产教融合协同育人基地（苏州）1个外派机构。同时，陕西省学位与研究生教育发展中心挂靠在西安交通大学研究生院并设办公室。研究生院负责学校各类研究生招生、培养、学位授予和质量保障、思想政治教育等学位与研究生教育管理等工作。西安交通大学研究生教育不断创新培养模式，建立以需求为导向的分类培养体系，实施"百千万卓越工程人才培养"

计划，打破学科壁垒，积极探索高端人才培养新路径。

截至2022年，西安交通大学在校学生54610人。其中，本科生22240人，硕士研究生21725人，博士研究生8403人，国际学生2242人；本科生约占在校人数总数的40.7%，硕士研究生约占39.8%，博士研究生约占15.4%。本科招生包括普通高考、强基计划、保送生、高水平艺术团、高水平运动队、美术类、书法类、少年班等多种录取通道，其中最主要的是普通高考招生入学；硕士研究生的招生方式包括全国统一招生考试、推荐免试、同等学力等；博士研究生的招生方式包括"申请—考核"、硕博连读、本直博、同等学力等。为服务国家重大战略需求，促进产学研深度融合，支持新工科建设和发展，西安交通大学于2022年启动了工程硕博士培养改革专项招生培养；为加强基础教育教师队伍建设，夯实拔尖创新人才培养基础，西安交通大学于2023年启动了首届（2024年）"国家优秀中小学教师培养计划"招生工作。

在来华留学生教育方面，西安交通大学来华留学生教育始于1959年，是教育部指定的第一批培养中国政府奖学金留学生的院校之一。1991年组建对外汉语教学的专门机构，开展对外汉语教学项目；1999年设立西安交通大学留学生奖学金。2007年设立留学生汉语言本科专业。2013年学校被教育部授予全国"首批来华留学示范基地"荣誉。2016年通过国家首批来华留学质量认证。截至2021年，西安交通大学来华留学生规模达3068名，分别来自130个生源国家。其中，学历生2906人（本科生1142人、硕士研究生863人、博士研究生901人）。此外，西安交通大学先后与美国内布拉斯加大学林肯分校、英国利物浦大学、日本山梨学院大学合作成立了3所海外孔子学院，积极推进汉语学习和文化交流。

西安交通大学师资力量雄厚，现有专任教师3789人。其中，博士研究生导师2405人，导师队伍结构合理，平均每位博士生导师指导3—4名博士研究生；两院院士49名、国家级教学名师11名、国家杰出青年科学基金获得者58名、国家有突出贡献专家20名、教育部创新团队带头人29名、教育部"新世纪优秀人才培养计划入选者"234名和享受政府特殊津贴专家450名。学校近年来在创新中稳步前进，在科技上不断向前，打造出一批高水平团队，获得了一系列突破性成果。例如，在储能领域破解氢气储运难题，推动建设世界首个实用化零碳智慧能源中心；在智能制造领域研发连续纤维增强复合材料太空3D打印装备，实现我国首次太空3D打印实验；在医学领域完成世界首例颅内静脉穿刺反向封堵术等。学校的院士、教授、教学名师积极投身教学一线，在本科生和研究生培养方面进行一系列改革且成效显著，获得2022年高等教育（本科）国家级教学成果奖一等奖3项，二等奖14项，位居全国高校之首。

西安交通大学位于十三朝古都西安市，现有兴庆、雁塔、曲江和西部创新港4个校区。校内布局体现着身处古都的方正和大气，多具有中式美学的对称性。各校区命名均有特色，兴庆校区对应着杨贵妃"沉香亭北倚阑干"的兴庆宫，雁塔校区对应着玄奘译经藏经、开坛讲法的大雁塔，曲江校区对应着士子登科后"一日看尽长安花"的曲江池。西部创新港则位于西咸新区沣西新城，将西咸新区的现代田园城市理念与国际著名高校的"学镇"实践相结合，打造形态优美、特色鲜明、产学协同、功能齐全的智慧学镇。学校图书馆名为"钱学森图书馆"，其前身为1896年创建于上海的南洋公学藏书楼，1956年图书馆大部分工作人员及92%的藏书随学校内迁西安。截至2022年年底，图书馆累计藏书超过589.7万册（件）。近年来，学校深入实施文化强校战略，坚持人文与科学并重，搭建"九州名家""纵论四海""新港报告""创源论坛"等学术交流平台为师生开阔视野，打造了"大先生"系列话剧、金色梧桐节等一批文化品牌，进一步夯实文化育人。

西安交通大学文化底蕴深厚。百年来，学校形成了"兴学强国、艰苦创业、崇德尚实、严谨治学"的优良传统，"起点高、基础厚、要求严、重实践"的办学特色。学校校训为"精勤求学、敦笃励志、果毅力行、忠恕任事"，校风为"爱国爱校、追求真理、勤奋踏实、艰苦朴素"。学校坚持"扎根西部、服务国家、世界一流"的办学定位，持续弘扬"胸怀大局、无私奉献、弘扬传统、艰苦创业"的西迁精神。

西安交通大学已经有百年悠久的历史，如《周易》所言"天地交而万物通也，上下交而其志同也"。学校传承着百年交通学子的精神和传统，迎来了新时代的发展机遇。为加快中国特色世界一流大学建设步伐，对自身建设发展提出了明确目标：到2035年，达到世界一流大学中上水平；到2050年，跻身世界一流大学前列。未来，西安交通大学将继续主动把握世界高等教育发展规律，主动探索21世纪现代大学与社会发展深度融合的新模式、新形态和新经验，打造服务新时代西部大开发形成新格局的创新引擎。

香港大学

香港大学（The University of Hong Kong），是位于中国香港特别行政区的一所综合性国际化公立研究型大学。香港大学自创校以来始终采用英语教学，其学术研究之所以能与欧美无缝对接、良性互动，也得益于此。在很长一段时间里，以医学、商

科、人文、政法等领域见长的香港大学都是中国高等教育界一面独特的旗帜，享誉亚洲乃至世界。

香港大学奠基于1910年3月，次年3月正式注册成立，前身为成立于1887年的香港西医书院，孙中山先生为香港西医书院首届毕业生。香港大学最初模仿利物浦大学的制度，重理工而轻人文，故只设3个学院：医学院、工程学院及文学院，而且没有开设社会学和哲学等人文课程。建校初期，香港大学规模极小，自1912年3月开学到1916年12月举行首次毕业典礼，仅有23名毕业生及5名荣誉毕业生。成立10年后，香港大学首次录取女学生。1937年，玛丽医院开业，其后一直为香港大学的教学医院。第二次世界大战爆发，令学术活动停顿。1945年后，随着战后重建工作开始，大学经历了结构性发展。1948年4月后，学校秩序重建与结构转型并举，步入高速发展的黄金时期。1951年，香港大学首办建筑学院。为回应急剧转变的社会需求，1956年成立了校外课程部，为成人提供继续教育。社会科学学院于1967年成立，法律系于1969年开办。1982年，坐落于菲腊牙科医院的牙医学院正式成立，至今仍是全港唯一的牙医学院。1984年，建筑学院和教育学院已发展完善，法学院于同年成立。经济及工商管理学院是香港大学第十个学院，成立于2001年。1992年，校外课程部改名为专业进修学院（HKU SPACE）。2005年，医学院更名为李嘉诚医学院。2011年，明德学院由香港大学成立，提供自资学位课程，是一所获香港学术及职业资历评审局认可的独立学院。2021年9月，香港大学与深圳市合作共建香港大学（深圳）。

香港大学现设有10个学院，包括文学院、经济与工商管理学院、教育学院、工程学院、法学院、李嘉诚医学院、牙医学院、理学院、社会科学学院，以及建筑学

院，另有研究学院、专业进修学院、数码港学院等几十个独立机构。文学院是旗舰学院之一，也是区内和国际上顶级的人文学院之一。牙医学院是香港唯一一所牙科学院，亦被认为是全球首屈一指的牙科研究生教育和培训中心。教育学院成立于1984年，前身为文学院系，后为教育学院。时至今日，该学院仍然是香港教师教育的主要提供者。工程学院是香港大学于1912年成立时的创始学院之一，是香港最大的综合性工程学院。它涵盖了大多数工程学科，并且在传统和新领域都有强大的研究传统。法学院是香港领先的法学院，被列为世界上顶尖的法学院之一，并因提供优质的法律教育和终身学习机会而备受推崇。医学院是香港高等教育界历史最悠久的学院，也是香港大学中规模最大的学院。它的起源可以追溯到1887年，除了培训医生和护士，一直处于医学研究和开发新临床服务的前沿，以造福人类。

香港大学的研究生申请主要分为两种：一种是授课型硕士（MSc/MA），以培养就业型人才为主，学制一般为一年，以上课为主，学分修满即可毕业；另一种为研究型硕士（MPhil），以培养学术型人才为主，学制为两年，每年每个学院招收的人数较少，成绩优秀者可以申请转为博士（PhD）。在博士研究生培养模式方面，香港大学最初移植了传统英式的博士研究生教育管理制度与培养模式，即实行大学、学院、学系三级管理，不设置研究生院；至今仍与英式制度一脉相承。

香港大学2022—2023年度就读学生共计36387人。其中，本科生为18028人，约占全校就读学生的49.5%；授课型研究生为14542人，约占全校就读学生的40.0%；研究型研究生较少，为3817人，约占全校就读人数的10.5%。中国内地学生有13405人，约占非本地学生的81.1%。其中，本科生较少，有2887人；授课型研究生最多，有7769人；研究型研究生有2749人。

香港大学聚集了一批全球一流的科研人员，他们具有融合东西方的文化背景、名校的科研训练背景、重要学术期刊的兼职工作背景、与重要国际（地区）机构的合作背景。截至2023年，香港大学有教学人员8871人，非教学人员4233人。中国内地教授人员比例最高，占非本地教授人员的48.7%。有150位香港大学教研人员获选为"全球前1%最具影响力科学家"。

香港大学校园环境优美，位于香港著名的旅游胜地薄扶林，周围环绕着青山绿水和壮观的海景，是香港面积第三大的大学，总面积53.1万平方米。校园内现有总馆和冯平山图书馆、牙科图书馆、医学图书馆、法律图书馆、教育图书馆和音乐图书馆7座图书馆，以及徐朗星文娱中心、庄月明文娱中心、薄扶林文娱中心及方树泉文娱中心4个文娱中心供同学使用。香港大学美术博物馆（UMAG）前身为1932年成立的冯平山图书馆，是香港现存历史最悠久的博物馆。其馆藏以从新石器时代彩绘陶罐到清代装饰瓷器和商代与西周的青铜礼器最受瞩目。

香港大学的校训"明德格物"源自《礼记·大学》，旨在敦促学生注重品德修养，尊重道德规范，并在学术和实践中寻求真理。对应的拉丁文为"Sapientia Et Virtus"即"智慧与美德"，凸显了学校对综合发展的重视。虽然香港作为国际金融中心，受到了欧美文化的影响，但香港大学的校训"明德格物"彰显着其浓厚的中国传统文化特色。这一特色赋予了学校独特的教育理念和发展方向。未来，香港大学将进一步扩大课程宣传力度，吸引全球优秀学生，发挥语言和地理位置优势，传播中国声音，促进中西文化、科学技术等各个领域的交流与发展。在保持课程特色的基础上，香港大学将不断增强核心竞争力，以确保继续在亚洲保持领先地位，并不断拓展和壮大。

香港科技大学

香港科技大学（The Hong Kong University of Science and Technology）是一所以科技为主导的研究型大学，年轻的香港科技大学在较短时间内取得了举世瞩目的成就。香港科技大学以卓越的教育质量和学术声誉，吸引了来自全球各地的杰出人才，培养出了许多在各个领域中取得重要成就的著名人士，如香

港著名企业家周焯华等。香港科技大学是一个融合了最前沿科研、卓越教学、跨文化交流和世界眼光的大学。无论是作为一名学生、教职员工，还是学术合作伙伴，在与香港科技大学的交集中都将收获无尽的机会和成长。

香港科技大学初创于1991年，其顺利创校的背景既有香港回归前港英政府筹办一所科技大学的历史机遇，亦有以创校校长吴家玮为首的一大批心怀"科技报国、教育救国"的理想主义创校者的积极呼应与作为。香港科技大学在不到30年间就跻身世界一流大学之列得益于兴办时的明确定位。香港科技大学一经成立就确立以国际化和美国研究型大学为模型的发展定位，在全球搜罗校长人选，要求校长"必须具有策略性愿景及领先思维，以及既能以国际视野推动高等教育、创新及知识转移，亦能了解相关领域于本地及区域性方面的发展"。香港科技大学创校时期就确立了"小而精"的办学理念，目的在于推动香港本地的科技发展。目前，香港科技大学仍是一所多科性的研究型大学而非综合性大学。

香港科技大学的优势专业包括计算机科学、土木工程、电子电气工程、材料科学、机械航空及制造工程等。计算机科学专业是该校的强势专业之一，主要涵盖计算机系统、软件工程、人工智能等多个领域。土木工程专业致力于培养学生在结构工程、地质工程、交通工程等领域的专业技能。电子电气工程专业旨在培养学生在电子和电气工程领域的专业知识和实践能力。材料科学专业专注于材料的设计、合成、特性分析以及应用。机械航空及制造工程专业提供广泛的机械工程知识和技能，包括机械设计、制造技术、自动化等。

香港科技大学在建校初期，仅设4个专业学院：理学院、工学院、工商管理学院和人文社会科学学院，下设19个系。2018年，增加了霍英东研究院，形成了5大专业学院。香港科技大学在发展过程中，根据自身的状况和外部环境的条件，充分利用有限资源，确立了侧重"重点研究领域"的发展策略，集中精力发展优势学科，立志在每一个精选的领域走在国际前沿，从而带动学校整体的发展。重点研究领域包括纳米科技、生物科学及生物技术、电子学、无线通信及资讯科技、能源及环境的可持续发展、工商管理教育及研究。经过多年的努力，香港科技大学取得了不少卓越成果，如研制出可广泛应用在电子、信息技术和生物学领域的、世界上最小的单壁纳米碳管；破译了全球第5个与精神分裂症有关的遗传基因等。这些学术成果为学校赢得广泛学术赞誉，也大幅提升了香港科技大学在国际上的学术地位。

研究生教育在香港科技大学占据了重要的地位。研究生院是香港科技大学负责研究生教育和学术管理的重要部门，其机构设置为：① 研究生事务部：负责研究生招生、入学登记、课程安排、学术活动等事务。② 研究生院辅导部：协助研究生处理学术、生活等方面的问题，并提供心理咨询服务。③ 研究生生活及服务部：负责研究生生活环境的管理和服务，为研究生提供住宿、餐饮、健康等方面的支持。④ 研究生院学术发展部：提供研究生学术能力培养的支持，包括学术写作、研究方法等方面的辅导。⑤ 研究生院国际化部：负责研究生国际交流与合作项目，包括与其他大学的合作交流、国际会议和学术活动等。总体来看，这些机构能够为研究生提供从学习、生活到国际交流各方面的支持，足以看出香港科技大学对研究生教育的重视，为研究生的学术发展和职业发展提供全面的支持和帮助。

截至2022年9月，学校有各类学生17581人，其中本科生10478人，研究生7103人（含博士研究生2245人）。研究生人数占在校学生总数的40.4%，博士研究生占研究生总数的31.6%。从在校生的学科构成比例来看，理工科学生数最多（9563人），占学生总数的54.4%；工商管理学科次之（5197人），占学生总数的29.6%。这与香港科技大学自创校以来一直坚持以理工科及工商管理学科为主的办学定位高度吻合。另外，香港科技大学的国际化程度非常高，来自不同的国家和地区的非本地学生有6844人，占学生总数的38.9%。内地学生占据了相当大的比例，总数高达5182人，其中本科生930人，研究生4252人。

香港科技大学拥有一支优秀的教授和研究员队伍。目前，共有745名教师，他们不仅均为博士学位获得者，而且绝大多数来自海外名校。香港科技大学的教授和研究人员在各个领域取得了显著的成就和影响力，如香港科技大学校长叶玉如教授是一位在阿尔兹海默症研究领域取得重大突破的科学家，其团队研发出可以在阿尔兹海默症病征出现前的5—10年通过血液检测预测到该病的新型血液检测方法，且准确率超过96%。吴景深教授的研究领域主要集中在半导体芯片及微电子系统的封装技术、高分子复合材料及纳米复合材料的设计与制备技术等，研究成果不仅推动了相关技术的发展，也为实际应用提供了重要的理论支持。

香港科技大学位于中国香港特别行政区新界，坐落在风景优美的清水湾，是香港特区最现代化和最美丽的校园。清水湾自然风光优美，青山绿水环绕，为学校提供了宜人的学习与生活环境。校园内拥有先进的教学及研究设施，还拥有各种体育和娱乐设施，如游泳池、健身中心、运动场等，以满足学生的课余生活需求。香港科技大学为学生提供了理想的学习和生活条件，营造了一个适合学术探索和个人发展的氛围。校园内现代化的设施、丰富多样的社交和文化活动，以及与香港国际都市的紧密联系，为学生提供了全面发展和实践的机会。

香港科技大学的校训是"求新、求进、创未来"。这一校训体现了香港科技大学不断奋进、追求卓越，领导科技创新，为亚洲和世界培育新一代的领袖的精神。

香港科技大学是一所以科技为主导的研究型大学，因其优良的学术声誉、先进的设施、丰富的学术专业和国际化的教育理念而著称。香港科技大学的目标是通过教育和专业研究，为社会培养高层次、全球化和具有香港科技大学创新思维的人才。香港科技大学仅用20年的时间，就实现了其创校之初"建设成为一所具有重大国际影响力且对地方社会发展进步具有强大推动力的顶尖大学"的办学目标，以及履行"通过教学和研究促进学习和知识，特别是在促进科学、科技、工程、管理及商科的知识创新，提升研究生培养质量和推动香港经济及社会发展等方面有所作为"的使命，从而在较短的时间内发展成为一所可以与办学历史悠久的世界一流大学媲美的大学典范。

 # 香港中文大学

　　香港中文大学（Chinese University of Hong Kong）是香港乃至亚洲首屈一指的高等学府，是全球公认的领先综合性研究型大学。自建校起，香港中文大学以"结合传统与现代，融会中国与西方"为使命，立足中国，面向世界谋发展。建校先贤中不乏目光远大的中国研究学者，他们继承中国的学术传统，又以现代观点重新诠释国学，主张重新认识中国历史文化的价值，并重建中国人文精神和伦理道德传统；同时，培育诸多国学人才，深刻影响着华人学术圈。作为一所具有世界影响力的学府，香港中文大学以卓越的学术水平、丰富多样的学科设置、独特的学院制度、国际化的师资力量、优美的校园环境与浓厚的校园文化等特点得到了广泛的认可和赞誉。

　　香港中文大学的历史可以追溯到1963年，由崇基学院、新亚书院和联合书院3所学院合并而成。其中，新亚书院由钱穆、唐君毅、张丕介等学者于1949年创办，以保存和发扬中国传统的人文精神及沟通东西文化为教育宗旨；崇基学院成立于1951年，是香港最早的基督教中文学校之一，代表基督教在华发展高等教育传统的延续；联合书院则成立于1956年，由平正、华侨、广侨、文化及光夏五所书院组成。1964年，香港中文大学首次颁授学士学位，标志着学校正式成为一所具有授予学位资格的大学。1965年，开办首项学生交流计划，成立教育学院、校

外进修部。1966年，成立香港首所研究院，并于次年成立中国文化研究所，颁授第一届硕士学位。20世纪80年代以来，大学逐步扩展提升学术水平和研究能力，包括首办哲学博士学位课程、医学院成立、公共卫生学院成立等。同时，大学也开始加强与国内外其他高校和研究机构的合作与交流。进入21世纪，香港中文大学继续保持其卓越的学术地位和影响力，不断推动研究生教育的创新和发展，如今成了香港乃至全球一所具有广泛学科门类和国际化视野的知名学府，为全球学生提供了丰富的学习和研究机会。

香港中文大学的学科类别丰富，涵盖了人文、社会科学、自然科学、工程技术等多个领域，为学生提供了广泛的选择和发展空间。其中，传播与媒体研究、护理学、地理学、医学、现代语言学等学科在世界范围内具有较大声誉。卓越学科领域主要包括植物与环境互作基因组研究中心的可持续农业与粮食安全研究、利用高能粒子撞击研究物质的基本构造项目、老龄性骨骼系统退化及再生策略研究等。另外，香港中文大学矢志强化跨学科研究，以挖掘与提升应用知识为谋，改善生活、造福社会为任。比如，在2021—2025年的战略计划中，确定了四大主要研究范畴作为战略性研究领域，分别是中国文化的传统与现代、创新生物医学、信息与自动化技术、环境与持续性发展。

香港中文大学是中国香港特别行政区唯一一所实行书院制的大学，共设有9所书院，本科生分别属于其中一所学院及书院。每所书院都独树一帜，文化别具一格，共同塑造了香港中文大学的精神面貌。具体而言，崇基学院着重博雅教育和全人发展；新亚书院注重承续中国传统文化并与现代学术结合；联合书院注重培养创新及企业精神，推动德育；逸夫书院注重辅导学子培养品德和追求学问；晨兴书院注重独立思考和创意，学以济民；善衡书院强调给学生"家"的感觉，培养学生文化素养，高尚情操；敬文书院主张以探究真理，慷慨利他的精神训练学生；伍宜孙书院着重培养学生创新志业精神和社会责任感；和声书院则注重和与德，锻炼待人接物技巧和领导才能。另外，书院又是一个和谐融洽的群体，各有宿舍、餐厅及其他设施。并且经常举办各种非形式教育机会的活动，如海外交流及外访计划、研讨会、师友计划、社区服务、语文、资讯科技和领袖才能训练等，与正规课程相辅相成，培养学生的人际关系技巧、文化品位、自信心和责任感。书院还有提供社团组织的课外活动，让学生为自己的大学生活添上色彩。

香港中文大学分设8所学院及1所研究生院，8所学院分别是文学院、工商管

理学院、教育学院、工程学院、法律学院、医学院、理学院、社会科学院。其中，文学院于香港中文大学同时设立，是香港最具规模的人文研究和高等教育中心，提供16个本科课程与19个硕士课程。理学院一直以来是中文大学最强的学院，有超过250位老师和3000名同学，提供共14种学位课程。工商管理学院是香港商科教育的翘楚，开办的工商管理硕士课程和行政人员工商管理硕士课程国际知名，一向在香港和世界位列前茅。教育学院的课程以崭新的教学法著称，并且课程涵盖之广阔及内容之深入亦享盛誉。工程学院是培养工程师的摇篮，更是尖端研究和科技转移的中心。社会科学院设有6个学系和2所学院，各学系和学院内涵多姿，文化丰盛，实行跨学科的教研方式。法律学院将普通法和中国法制与其他法律传统结合，与国际专业组织和学府联系紧密。医学院下设19个教学单位，开办7种学士学位课程和多项研究院课，在教学、临床诊治及研究，以及促进健康科学上均有杰出成就。回顾历史，香港中文大学研究生院成立于1966年，研究生培养质量逐步提升。在2023—2024学年，研究生院通过60个研究生部开设220多种研究生课程。研究生院负责人主要包括研究生院院长（研究生院务会的主席）、各学院院长、研究院各学部主任、研究生院宿舍主任、图书馆馆长等。

截至2023年，学生总人数为21110人。全日制本科生17170人，其中来自香港特区的学生14871人，来自香港特区以外地区的学生2299人。香港中文大学本科注重通识教育，提供200多个通识选修科目，内容与现代社会息息相关。在课堂以外，学校举办学术会议、读书会、通识沙龙等活动，为学生提供砥砺学问，交流思想的环境。另外，书院亦提供多元化的通识课程及学习机会。香港中文大学的研究生人数共计3940人，其中硕士研究生545人，博士研究生2685人，深造文凭710人。硕士研究生又分为授课型硕士研究生和研究型硕士研究生两类，分别为156人、389人，研究型研究生明显多于授课型研究生。此外，来自香港特区的研究生为1586人，来自香港特区以外地区的研究生2354人。

香港中文大学大师云集，名师荟萃，是香港唯一一所有诺贝尔奖得主、菲尔兹奖得主、图灵奖得主任教的大学。目前，教职工总人数8091人，其中教学人员1661人，研究人员1695人；教授369人，副教授286人，助理教授377人等。不少学者和研究人员屡获殊荣，而获著名奖项者更不计其数。如医学院卢煜明教授成为首届科学大奖"腾冲科学大奖"的荣膺者，同时亦是香港地区唯一获选中国科学院院士的学者。他被世界公认为液体活检领域的全球奠基者、开拓者及领导者，尤其是无创产前检测领域的先驱。2023年，以陈家亮、陈力元教授为代表的13位学者荣获"全球最广获征引研究人员"嘉誉等。另外，香港中文大学致力于培养一批具有国际视野、富有创新精神和教书育人热忱的优秀教师，积极从全球范围内选聘教授、行业知名专家学者、中青年学术人才。截至2022年10月，已面向全球招聘引进了520余名国际知名优秀学者和研究人员，其中包括诺贝尔奖得主4名，图灵奖得主2名，菲尔兹奖1名，各国院士近30名，以及美国电气电子工程师学会（IEEE）、美国工业与应用数学学会（SIAM）、国际计算机学会（ACM）等国际知名专业技术协会会士近40名。

香港中文大学自20世纪70年代开始与内地正式交流，积极参与国家改革开放初期的交流培训和学科重整工作，是香港地区高校之先驱。一方面，不断加强与多所内地及台湾地区的大学的合作交流，内容包括科研合作、学者互访、学生交流，以及合办学术活动与课程等。另一方面，积极与内地及台湾地区院校开展科研合作，至今已建立超过40个联合研究中心和实验室。其中最具代表性的成就是2012年筹办的香港中文大学（深圳）。此外，香港中文大学注重国际交流和学生国际视野的培养，已与遍布世界30个国家和地区的130多所境外名校开展实质性交流与合作。每年有超过900名学生前往外地交流，同时亦接待约1400名的海外学生，营造了文化多元的校园环境。

香港中文大学坐落于中国香港特别行政区新界沙田区，俯瞰吐露港，校园环境优美，绿树成荫，鸟语花香。校面积占地138.4公顷，是全港最宽广的校园，为学生提供了良好的学习和生活环境。各种教学及生活设施齐全，包括7座图书馆，另有文物馆、音乐厅、游泳池、运动场、网球场、壁球场、水上活动中心和健身室等。同时，得益于香港这个多元文化的城市，学校文化氛围浓厚，学生可以接触到不同的文化背景和思想观念，有利于拓宽视野和培养跨文化交流能力。

"博文约礼"为香港中文大学的校训，博文指知识深广，约礼指遵守礼仪。由于香港中文大学的教育方针是德智并重，故采用该校训。

蹈厉奋发，志在千里。过去的六十载，香港中文大学一直秉持进取奋发的精神，以传承中国文化为己任，推陈出新，兼重传统和现代文化价值，积数十年中国人文研究的传统，可谓卓然有成。今后愿景是努力建成香港、全国，以及国际公认的第一流研究型综合大学，并在双语及跨文化传统的学生教育、学术研究及社会贡献等方面均保持卓越水平。

香港理工大学

香港理工大学（The Hong Kong Polytechnic University）被誉为"香港的工科王者"，持续位列世界百强名校。香港理工大学崇尚创新，开拓新天，以世界一流的学术与研究优势，完成众多创新发明，满足瞬息万变的环境及社会需求；追求卓越，高瞻远瞩，致力推动全球科研进步，为建设可持续发展的人类明天做出贡献；启迪思维，成就未来，秉承"开物成务 励学利民"精神，打造全人教育，精心培育"慎思明辨、勇于探索、富于创见、独当一面"具有全球视野和创新能力的高层次人才。

香港理工大学历史悠久，可追溯至1937年成立的香港官立高级工业学院。1947年，改名为香港工业专门学院，开始提供全日制及兼读制工科课程。1957年，红磡校舍落成，并逐渐成为科研创新的重要基地，开启了香港工业教育史的新一页。1972年，香港理工学院正式成立，使命是开办专业课程，以满足社会对专业人才的需求。1994年，《香港理工大学条例》正式生效，香港理工学院正式取得大学地位，并更名为香港理工大学。2022年，香港理工大学建校85周年之际，体现现代化和可持续发展理念的主校门揭幕，不仅展示了香港理工大学的历史和传统，也昭示了学校未来的发展方向和愿景，标志着香港理工大学将秉承享誉国际的教育和科研成就，继往开来，翻开大学发展的新篇章。

香港理工大学现有9个学院，包括工商管理学院、建设及环境学院、人文学院、工程学院、医疗及社会科学院、理学院、设计学院、时装及纺织学院、酒店及旅游业管理学院，都呈现了各自的优势和特色。其中，酒店及旅游业管理学院被公认为是世界顶尖的酒店与旅游教育学院之一。工程学院在土木工程方面一直与波音公司合作，成立了航空服务研究中心，为欧洲航天局及俄罗斯联邦航天局制作过太空仪器。9个学院下辖的30个教学部门提供了多样化的学科专业选择。其中，实用技术类的专业优势突出，深受社会欢迎。除此之外，香港理工大学的其他优势学科包括化学、生物科学、语言学等，在各自的领域内都有着较高的声誉和影响力，为学生发展提供了广阔的空间。

香港理工大学是一所以"卓越科研"著称的公立研究型大学。在科研方面，学校一直保持着卓越的成就和国际声誉。围绕"为社会创造福祉"的宗旨，学校强调跨学科研究，不仅拓展前沿知识的范围，更为现实社会提供解难良方。学校建设了多个研究中心和实验室，包括2个国家重点实验室、2个国家工程技术研究中心香港分中心、3个中国科学院与香港理工大学联合实验室、香港理工大学高等研究院下辖的17个研究中心、InnoHK创新香港研发平台的3个研究中心，以及30个校级和24个院级的研究中心。学校科研范围涉及航天、航空、大数据与人工智能、食品安全、医疗科学、基建监测、智能建设、智慧城市及可持续发展等多个领域。作为香港特别行政区唯一一所拥有国际太空任务实战经验的高等院校，香港理工大学自2010年起不遗余力为国家的太空探究项目做出贡献。2020年7月，香港理工大学成功研制一台搭载于火星探测系统上的关键仪器"落火状态监视相机"（"火星相机"），并积极参与国家首个火星探测任务"天

问一号"。

香港理工大学是香港特别行政区八大院校中学生人数最多、最受欢迎的院校。目前，学生总人数28088人，其中全日制学生23049人、兼读制5039人。2022—2023年度就读学生共计36387人。其中，本科生18028人，占全校就读学生的49.5%；授课型研究生14542人，占全校就读学生的40.0%；研究型研究生较少，为3817人，仅占全校就读人数的10.5%。中国内地学生有13405人，占非本地学生的81.1%。其中，本科生较少，有2887人；授课型研究生最多，有7769人；研究型研究生有2749人。

香港理工大学的教职工拥有广泛的学科背景和精深的专业知识，是一支高素质、专业化、经验丰富的队伍，为学生提供了优质的教育和培训服务。学校现有全职职员5366名。其中，学术和教学职员1318名，研究职员1683名，行政职员2365名。另外有兼职职工1360名。2022年，有10位教授入选"全球最广获引研究人员"，13位教授入选"全球前2%顶尖科学家"。这些教授在各自的领域具有很高的声誉和影响力，代表着香港理工大学在相关领域的顶尖实力，也反映了香港理工大学在人才培养和科研创新方面的卓越表现，为学校的发展注入了强大的动力。

香港理工大学实行"校董会领导下的校长负责制"。学校管治组织为校董会。校董会由校监、校长、副校长、学院院长、部门主管等组成，负责制定学校的发展战略和重大决策、政策和规范。校董会及管理层实践大学使命的四大管治原则为"学术自由和自主""表现、道德和专业""透明度和公众问责"及"社会责任"。香港理工大学研究生院由研究生院院长领导，下设4个部门，即研究生院秘书处，负责处理研究生的招生、注册、奖学金、学位授予等事务，以及提供行政支持和服务；研究生院学术委员会，负责审批和监督研究生课程的设置和修改，以及处理与研究生学习相关的事宜；研究生院质量保证委员会，负责评估和改进研究生教育的质量，以及处理与研究生教育评估相关的事宜；研究生院发展委员会，负责规划和推动研究生教育的发展，以及处理与研究生教育创新相关的事宜。除了这些部门，每个学院也有自己的"学院研究委员会"，负责管理和协调各自学院的研究生教育活动。每个教学部门也有自己的"部门研究委员会"，负责监督和支持各自部门的研究生课程和项目。

香港理工大学位于中国香港特别行政区九龙红磡育才道，毗邻红磡海底隧道及港铁红磡站，交通便利，地理位置优越。香港理工大学因独特的橘色外墙而闻名，在红磡地区非常显眼。学校外墙有个很大的、很像中国结的字体和标识，是学校品牌的象征之一，体现了香港理工大学作为一所创新、开放和国际化的大学的精神和理念。香港理工大学大楼造型别致，将诸多建筑串在一起形成建筑群，非常富有艺术气息。最引人注目的是创新楼，这是一座由建筑师扎哈·哈迪德（Iaha Hadid）设计的15层建筑，形状呈现"船"形，设施包括展览廊、多用途课室与演讲室、设计工作室与工场，以及共用空间等，提供了多种教学及创新用途。

香港理工大学在顺应时代潮流与发展的过程中，提出"全人教育"理念，把"人的全面发展、潜能的充分发挥、人格的完善"作为教育目标，在课程设置、学生活动、校园文化、社区活动等方面实施体现身心并重的教育模式。学校鼓励学生在多元化的环境中发挥潜能，如提供适当和适量的课外活动、强调学生在学习中的协作，采用"工作坊"的灵活学习模式，鼓励学生参与课外实习、筹办学生团体、提供康体拓展训练、组织志愿社会服务等各具特色的活动，培养学生的创新思维和综合素质。此外，学校每年举办文体推广活动近百项，包括舞台剧、电影、音乐及讲座等，并且将这些丰富多彩的活动与学生的学习有机结合、彼此渗透、互相汲取营养，拓展学生的国际视野，提高学生的分析能力和创新能力，促使学生发挥自身潜能，得到全方位发展。

香港理工大学的校训是"开物成务，励学利民"，体现了香港理工大学的教育目标和办学理念，即通过开放和拓展知识领域，鼓励学生勤奋学习，以期培养出能够服务社会、贡献于民的人才。

香港理工大学矢志成为一所创新型世界级大学，以肩负社会重任为宗旨，秉持全人教育理念，发展以专业为基础的卓越学术水平为自己的使命，尝试把大学的理想追求与社会功效统一起来，在充分发展、提升大学本质的目标追求中，为学生提供优质的全面教育，致力于培育具有良好国民意识、全球视野与社会责任感的"明日领袖"；同时推动具有影响力的创新与跨学科研究，着重研以致用，将所研发的科技成果转化为实际应用，与各界战略伙伴合作，实现以高品质知识、科技和专业技能服务社会、满足社会需求，造福香港特区、国家和全世界。

其他洲大学

悉尼大学

悉尼大学（The University of Sydney）位于有"南半球的纽约"之称的美丽城市——悉尼市。悉尼大学先后培养出8位澳大利亚总理，以及5位诺贝尔奖得主，同时是高端网络技术合作研究中心的成员，在金融研究领域跻身世界最优秀大学之列，培养了经贸领域学术研究的领军人才。而女子学院走出的杰出女性层出不穷。这些成就使悉尼大学在国际上享有盛誉，为科学研究

其他洲大学

和学术卓越发展做出了巨大贡献。在体育领域，悉尼大学培养出了优秀的体育人才，在奥运会上创造了优异的成绩。悉尼大学的灿烂文化同时代前沿完美结合，成为澳大利亚的学术重阵。

悉尼大学的创校初期可以追溯至19世纪50年代，当时殖民地政府在考虑开设一所综合型大学，以为澳大利亚的知识界培养更多的人才。经过几轮讨论和磋商，1857年悉尼大学终于正式成立。当时的校园设在市中心附近，只有一栋教学楼，校园面积也比较小。创校初期的悉尼大学以文科教育为主，聘请了很多欧洲国家及美国等国家的学者担任教职，其中许多人被誉为文化名人。他们的才华和贡献使悉尼大学在整个澳大利亚的高等教育领域享有盛誉。1880年，悉尼大学获得了富商和慈善家约翰·亨利·查雷斯（John Henry Charez）的巨额捐赠，推动了学校的迅速发展。悉尼大学设立了新的教授席位，涵盖了解剖学、动物学、工程学、历史、法律、逻辑和精神哲学，以及现代文学等领域。这些举措使大学能够为不同学科领域提供卓越的教育条件和研究机会。悉尼大学也是澳大利亚高等教育领域的领军者之一，积极参与国际合作与研究。2008年，学校启动了大规模的筹款活动"INSPIRED Campaign"，旨在为未来发展筹集资金。这一活动取得了巨大成功，为学校的发展和研究提供了充足的资金支持。

长期以来，悉尼大学秉持"卓越"发展理念，已发展成为一所世界一流大学，在诸多学科领域拥有良好的国际声誉，形成了一批具有较强国际影响力的世界一流学科群。2015年的《澳大利亚科研卓越（ERA）报告》显示，悉尼大学所有学科科研成果均达到世界水准等级，占82%学科成果进入了世界水准以上等级。在数学、农学与兽医学、工程学、医药与卫生学、心理与认知学、法律学、语言学、交际与文化学、历史与考古学、哲学与宗教学等学科领域均达到了"世界卓越"水平。澳大利亚是世界上最早开办工商管理硕士（MBA）教育的国家之一。1977年，由悉尼大学商学院与新南威尔士大学商学院合并组建的澳洲工商管理学院是澳大利亚最著名的商学院。创造明日商业精英是悉尼大学商学院始终如一的目标。刚入学的MBA学生被分成不同的小组，每组中的学生具有截然不同的文化背景，这种差异化的教学使商学院的学生受到知名跨国公司的青睐。

为引进和培育一流科研人才，悉尼大学建立了面向未来博士学位学习的"科研轨迹"授课制硕士学位教育项目，为博士研究生提供结构严谨的科研培养和支持体系，使学生既能够产出高质量科研成果，又能具备良好的项目管理能力、科研诚信素养和科研商业化、创新创业意识。在博士研究生选拔上，悉尼大学设立薪俸奖学金项目，选拔招生国内外最优秀博士研究生，并逐步扩大国际杰出博士研究生奖助和招生范围。同时，充分发挥跨学科计划和科研卓越计划对吸纳和支持国际杰出博士研究生的能力。悉尼大学注重国内外产学研联合培养模式创新，增加产业资助博士研究生数量，为博士研究生和教师提供多元化支持，使之能够便捷地参与创新创业项目，发展创业、商业化、知识产权、协同研发等技能。

截至2022年，悉尼大学学生人数达到69200人，其中本科生39507人，研究生为29693人（博士研究生为3669人）。悉尼大学是澳大利亚特别受国际学生欢迎的大学之一，约30%的学生来自国外。这使悉尼大学成为一个国际化的学习社区，吸引了来自不同文化背景的学生。悉尼大学提供了丰富多样的国际交流项目，为学生提供了更多的机会与不同国家的学生互动交流。

悉尼大学目前拥有3574名教师和4909名职工。悉尼大学重视每一位教师的价值，倡导自由民主平等的大学文化，充分保障教师权益。为了保证教师的国际水准，悉尼大学面向全球招聘，为教师提供多样化的发展机会，鼓励并支持教师从事与学校声誉相符的专业性工作，并积极搭建教师职业发展和自我展示的平台，如"绩效规划和发展框架"（Performance Planning and Development Framework）和"职业生涯路径"（Career Path）等。目前，悉尼大学有200多名教职员工被选为澳大利亚6所学术学院的院士，其工作涉及从数学方法到公共卫生等多个领域，为澳大利亚的发展做出了重大贡献。

坐落在悉尼市中心的悉尼大学为具有不同民族及不同文化背景的人提供了一座精神家园。漫步在悉尼大学的校园，各个时期的建筑都被完整地保留下来，呈现出一幅历史与文明、古典与现代相互交融的景象。校园里到处可见的是尖顶、圆拱形状的哥特式建筑，虽然它们分属于不同历史年代的不同建筑流派，但却统一构成了方形校园的主体风格。最让悉尼大学师生自豪的建筑则是费歇尔图书馆（Fisher Library）。建造于1909年的费歇尔图书馆如今已是南半球最大的大学图书馆。费歇尔图书馆的核心任务是培养学生掌握通用技能，以及终身学习技能。风格别具的悉尼大学博物馆容纳了不同历史时期的藏品。1860年，悉尼大学的创始人查尔斯·尼科尔森（Charles Nicholson）爵士将自己收藏的希腊、罗马、埃及等文明古国的艺术珍品捐献出来，它们也是悉尼大学博物馆最初的藏品。160多年来，悉尼大学博物馆忠实地记录了人类文明进程中每一个精彩瞬间。

悉尼大学的校训为"Sidere mens eadem mutato"（拉丁文），译为"繁星纵变，知识永恒"。悉尼大学秉承其校训，在科学的疆土里不断地散发出夺目的光彩。作为澳洲大学的典型代表，悉尼大学的校园环境、教学方式、科研成就、人文精神都给人们留下了深刻的印象。朴素务实的作风、课程的多样化、教师的敬业精神、重视与外界交流等特点，是值得我们学习的。

墨尔本大学

墨尔本大学（The University of Melbourne）是全球顶级的公立研究型大学之一，维多利亚州最古老的大学，南半球首屈一指的学术重镇，是环太平洋大学联盟、亚太国际贸易教育暨研究联盟、国际大学气候联盟、英联邦大学协会与澳大利亚八校联盟成员，国际商学院协会及欧洲质量改进体系认证成员，国际高校联合体创始会员和秘书处所在地。截至2023年，墨尔本大学共培养了4位澳大利亚总理、5位澳大利亚总督、9位澳大利亚州

长，以及12位奥运金牌得主。此外，曾有8位诺贝尔奖得主在该校学习、研究或任教，120位校友以在各自领域的卓越成就获得了有"全球青年诺贝尔奖"美誉的罗德奖学金。墨尔本大学在科研、创新、教学等领域一直保持领先地位，几乎在所有学术领域都累积了可敬的学术声望。

墨尔本大学成立于1853年。当时，维多利亚还是英属殖民地，墨尔本大学是作为殖民地的文化象征而出现的。墨尔本大学是维多利亚州的第一所大学，在澳大利亚仅晚于悉尼大学。如果从历史的久远程度来看，它的成立甚至比英国本土的绝大多数大学都要早。1854年7月墨尔本大学正式安放第一块奠基石。1855年4月，学校的首批4名教授到任。学校开办之初仅有4个系，16名学生。将近一个半世纪过去，墨尔本大学已成为世界著名的大学。目前，学校不仅教学水平之高有目共睹，还集中了来自世界各地的一大批具有国际一流水平的专家学者，使学校成为优秀人才聚集的学术研究中心。

160多年来，墨尔本大学在科研、创新、教学等领域一直保持领先地位。学校历来十分重视研究，并设有专门的机构——墨尔本研究办公室，负责加强和促进该校的科研工作以巩固学校在科学研究与知识传播方面的声誉。该研究办公室与各院系及其他部门保持着紧密的合作与联系，为学校的师生员工提供科研方面的支持。墨尔本大学几乎在所有学术领域都累积了很高的学术声望，尤其在医学、社会科学、艺术与人文、工程与科技方面，无论在澳大利亚还是全世界都享有较高的地位。作为世界顶尖的研究机构，墨尔本大学旨在加强核心知识学科，开辟科学理解的新思路，支持重要及创新领域的非常规研究方式。哥本哈根大学拥有人文学院，商业与经济学院，工程与信息技术学院，医学、牙医与健康科学学院等9个学院，各学院为学生提供了富有生机的学习环境。

在"墨尔本模式"课程体系改革下，墨尔本大学根据学习过程划分为3个阶段，前3年的本科学习中以内容较为广泛的人文学科、社会科学和自然科学课程为主，之后进入为期2年的授课型或研究型硕士研究生课程，最后可以按照自己的需要进入学制为3年的博士研究生阶段和研修阶段。

墨尔本大学的研究生教育十分注重学习的深度与专业性。例如，人文社会科学研究生院中的硕士研究生分为授课型和研究型两种。其中，前者有应用语言学、国际新闻学、翻译等19种硕士学位，后者则是高级研修班和短论文（Advanced Seminar and Shorter Thesis）、只撰写论文（Thesis Only）两

类文学硕士，博士学位则偏向于哲学方向，力图进一步探求文学的本真。教育硕士学院是澳洲规模最大、最有声望的教育学院，国际上亦颇负盛名。该学院十分注重对学生理论及实践的有效结合和重点培养。在澳洲及全球的教育领域制定了多个全国或国际性质的教育发展方向和发展战略，为澳大利亚万人瞩目的全国教育大纲的编纂和制定提供了坚实保障。其中，教学硕士专业（Master of Teaching）更是被列入澳洲国家教育战略发展及人才培养计划。

截至2022年，墨尔本大学共有超过52000名在校生，其中本科生27040人，研究生24960人。在校国际学生的比例大、来源广，有21320人，来自150多个国家。截至2021年，墨尔本大学的中国留学生数量已超过5000人。墨尔本大学多年来长期与来自中国的高等学府保持紧密联系，与清华大学、北京大学、复旦大学、上海交通大学、浙江大学、南京大学、中国人民大学、南开大学等高校均开设合作项目，包括交换生、本科生与研究生联合培养双学位、科学研究等。

墨尔本大学具有杰出的师资力量，其中包括诺贝尔奖得主彼得·杜赫提（Peter C. Doherty）教授和伯特·萨克曼（Bert Sakmann）教授等一大批世界顶级的科研人员。墨尔本大学不断吸收、培养优秀师资，将学校人才战略分为三步：建立教师卓越领导力框架，将领导力纳入到员工引入计划中，制定后续领导力培训和管理计划，不断强化学校人才队伍建设，吸引优质生源。墨尔本大学在导师遴选机制上严守入口，通过多维度审查导师资格、明晰导师阶段性职责等步骤，对导师进行层层筛选，确保新任导师的水准；在培育机制上重视过程，通过为新任导师提供强制性的职前培训、开设兼具指导与教学能力提升的导师职后发展项目、提供校内外线上资源，助力导师队伍的持续发展；在退出机制上恪守程序正义，通过对导师失职行为进行综合研判、对导师资格存废问题进行公正裁决，维护导师队伍的健康与纯洁。

墨尔本大学共有8个校区，其中主校区位于维多利亚州首府墨尔本市中心商务区北面的帕克维尔区，占地22.5万平方米。校园里古典的钟楼、广场与多栋新式的教学大楼交相辉映。著名的南草坪于20世纪70年代重新修葺，是学生社交娱乐的重要场所。草坪上的树木护植于钢管中，草坪下辟为停车场，其建筑设计曾在澳洲获得殊荣。墨尔本大学的图书馆是澳洲最古老和最大的图书馆，拥有藏书超过300万册，语种超过20种。大学还建立了毕业生纪念册，拥有11万名毕业生的资料，成为世界范围的毕业生网络。职业和雇用咨询中心为学生提供各种就业服务。大学运动中心共有10个壁球场、4个举重训练馆、2个大体育馆，为学生提供各种运动场地。学校的每个学院也各自拥有自己的图书馆，方便学生学习查阅资料。

墨尔本大学的校训为"We shall grow in the esteem of future generations"，译为"以人为本，与时俱进"。墨尔本大学的校徽以蓝色为底色，上面是手持桂冠的洁白的胜利女神。墨尔本大学认为，人才培养是高等教育的核心环节。墨尔本大学将培养能适应多元文化的全球公民作为目标，即培养知识面宽、学术优异且具有领导力的大学生，因而致力于为学生创造一种独特的、内容丰富的、基于校园的墨尔本体验，以此实现人才培养目标。

在过去的20年中，墨尔本大学通过实施提升声望战略规划取得了显著的成就。在教学科研方面，学校不断强化学术研究和教学质量，培养了一大批优秀人才，为社会做出了重要的贡献，同时也在国际上获得了广泛的认可，逐步达到了世界一流高校的水准。未来，墨尔本大学将继续完善基础性服务设施，提高校园环境和生活品质；加强校企合作，促进产学研深度融合，将学术研究成果更好地转化为社会生产力；通过教学研究推动社会性服务，积极参与社会问题解决和社区服务，为社会持续贡献；同时，拓展多层结构的国际合作，促进国际学术交流与合作，不断提升学校的国际影响力，朝着一流大学目标继续迈进。

昆士兰大学

　　昆士兰大学（The University of Queensland）是澳大利亚公立大学，世界高等科研学府，同时还是6所砂岩学府之一，环太平洋大学联盟、澳大利亚八校联盟、国际高校联合体、国际铁路联盟及新工科教育国际联盟成员。昆士兰大学校友包括2位诺贝尔奖得主、117位罗德学者，以及澳大利亚首位女总督昆

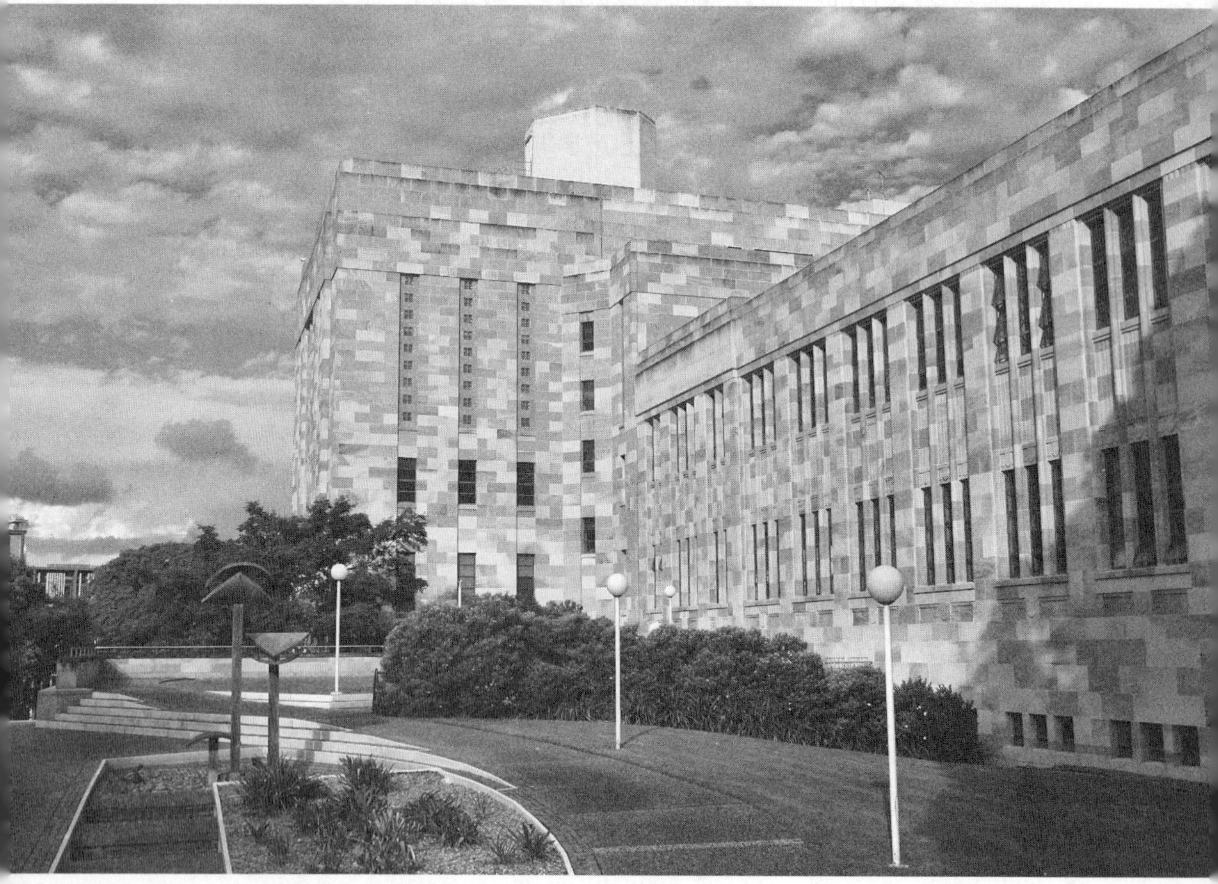

廷·布赖斯（Quentin Alice Louise Bryce）、澳大利亚前总理陆克文（Kevin Michael Rudd）、太阳能之父马丁·格林（Martin Green）、中国工程院院长李晓红等杰出人才。昆士兰大学致力于将学生培养成为具有高能力、高素质、高水平的人才，确保他们在各领域内都能取得成就。

1909年12月10日，昆士兰州通过州议会法（Act of State Parliament），同意创建一所大学（昆士兰大学）的议案。1910年4月16日，昆士兰大学正式建立于昆士兰州首府布里斯班，成为昆士兰州第一所大学。1911年，昆士兰大学开始授课，设有艺术、科学和工程3个学院；第一批学生共83名，授课地点主要是昆士兰州督府。第一次世界大战结束之后，学生数量增长迅猛，校方开始扩大学校基础建设，并于1922年在维多利亚公园建立校区（现该校医学院所在地）。1927年，詹姆斯·奥尼尔·梅恩博士（Dr James O'Neil Mayne）和他的妹妹玛丽·埃米拉·梅恩（Mary Emila Mayne）共同向昆士兰大学捐赠了大约价值50000英镑的财物，并通过布里斯班市政厅购买了111万平方米（275英亩）的土地捐赠，创建了昆士兰大学的主校区——圣·卢西亚校区。1990年，学校合并了昆士兰农业学院，也就是现在的昆士兰大学加顿校区。1999年，昆士兰大学在伊普斯维奇市设立校区，2015年该校区转型为南昆士兰大学。

在教育教学方面，昆士兰大学涵盖12个学习领域，在农业、环境科学、矿产与采矿工程、商务与经济学、教育学等多个学科领域具有卓越的学术声誉。农业与动物科学部主要提供农业和农业商学，以及兽医和动物科学方面的领先课程，其实践学习方法确保学生能定期接触行业专家和他们的企业，以获得成为所学领域未来佼佼者所需的专业知识和实践经验。商学与经济学部为学生提供世界一流的商业、经济学和管理学教育，使学生拥有前途无量的事业；学生由为全球公司提供咨询和建议的教师授课，培养其在日益互联和竞争激烈的世界中取得成功所需的技能。工程学部的课程由国际知名讲师、行业专业人士和领先研究人员共同讲授；学生可以在波音、德勤、澳大利亚电力、安永会计师事务所、谷歌、联盛集团、昆士兰州政府和力拓集团等机构完成专业实践。

昆士兰大学的研究生教育分为授课型研究生和研究型研究生，共有12个学科领域可供申请，包括农业与动物科学、建筑设计与城市规划学、艺术人文与社会科学、商学与经济学、传播媒体与体验设计学、计算机科学与信息技术、教育学、工程学、环境学、健康与医学、法学、力学与数学。可供选择的研究型高等

学位包括4种：哲学硕士学位、哲学博士学位、生物技术博士学位和临床兽医学博士学位。昆士兰大学设有研究生院，由负责科研与创新的副校长领导，统筹全校的研究生培养工作。学校重视创新创业教育，发挥自身在知识研究创造方面的优势，用严谨的治学态度与勤勉致知的精神培养学生和服务社会经济的发展。这一理念在人才培养上体现为，要求学生拥有科学的理性思维、宽厚的文化功底、必备的相关知识，为将来的竞争打好坚实的基础。

截至2023年，学校学生总数为55441人，其中本科生27494人，授课型研究生11419人，研究型研究生3360人。国际生人数占比为38.9%，来自137个国家，前3名生源国为中国、印度、新加坡。学校长期与国际资助机构合作，吸引最优秀的留学生，通过创新发展模式，提高本校的吸引力。例如，增加理论学习与实践学习相结合的机会，开设更多国际化课程，增加留学项目的多样性；丰富在线学习的模式，使传统的课堂模式与网络课堂模式相结合。总之，昆士兰大学提供了一个有活力的、国际化的学习环境。

2022年，昆士兰大学拥有7411名教职员工，其中学术型员工3057人，行政或研究助手4354人。从事教学和研究的教职工2600多人，其中很多人是世界公认的各领域的精英。昆士兰大学将教学作为学校发展的重要使命，认为科研及学术的发展是为了促进教学质量与水平的提高。因此，通过多种形式对教学、课程和学生进行评价，目前主要的评价形式有高校内部调查（Internal Survey）和外部调查（External Survey）。高校内部调查包括学生对课程和教师的评价，课程、教学质量与风险评估。每项评价依据学生观点、行业基准和分析证据，深入了解教师的教学方法、教学过程与课程的有效性，进一步提高学校的整体教学质量、教师的教学水平，以及学生的学习效果。昆士兰大学战略计划体现了大学对保持全面发展的信心与动力，强调了协作、多元化和合作创新对于解决复杂的全球性挑战的重要性。

昆士兰大学共有3处校区，分别是圣卢西亚、加顿和赫斯顿校区。主校区圣卢西亚校区，设址于昆士兰首府布里斯班市内的圣卢西亚，该校区将古老的砂岩建筑、现代化建筑、绿地和湖泊融合在一起，充满生机和活力。校内有银行、书店、药店、眼镜店、牙病诊所、贩卖部和咖啡屋，坐拥昆士兰州规模最大的图书馆，另备有全澳大利亚大学中最完善的体育设施。此外还设有1座电影院、3座艺术剧场、画廊、博物馆、音乐厅等，一些古典或流行音乐家和演员时常来校演出或参与学生活动。加顿校区位于布里斯班市中心以西87千米处，为学生提供有舒适悠闲的生活方式、世界一流的教学和科研设施、农场、社区花园，以及体育设施。赫斯顿校区位于布里斯班市区北区，昆士兰大学医学和公共卫生学院、临床研究中心，以及口腔健康中心都在该校区，旁边就是布里斯班皇家妇产医院。

昆士兰大学的校训为"Scientia ac Labore"（拉丁文），译为"倚靠学识暨勤勉"，充分体现了昆士兰大学以知识与勤奋为立校之基的思想。2022年，昆士兰大学发布了《2022—2025年战略规划》，并明确提出了2032年学校的发展目标，即培养最受欢迎的毕业生，成为高质量研究生和终身学习机会的主要提供者；通过具有广度、深度和充满活力的研究解决世界上最紧迫的难题；在教育和研究方面拥有广泛的全球影响力，并坚定致力于印太地区建设。面向未来，昆士兰大学已做好准备。

新南威尔士大学

新南威尔士大学（The University of New South Wales）位于南太平洋的"空中之城"——悉尼市，天朗气清的宜人气候、充沛温暖的阳光赋予其灵感，使其创建了世界上第一个光伏太阳能工程中心。新南威尔士大学为澳大利亚培养了出色的验光师；开创了澳大利亚预科制度的教学典范；是澳大利亚政府和司

法部的智囊团，为国家大业拳拳献策。可口可乐公司总部前任总裁曾在这里求学，澳大利亚财政部部长金·亨利（Kim Henry）在这里度过了他的大学时代，第一个荣获建筑界诺贝尔奖的澳洲人来自这里，2008年北京奥运会游泳馆方案的设计师曾在这里汲取知识。半个世纪以来，新南威尔士大学为澳大利亚创新了许多高新技术，特别在国防科技方面，制造了许多威力极大的高科技武器，为澳大利亚的军事工业发展做出了巨大的贡献。

新南威尔士大学的起源可以追溯到成立于1833年的悉尼机械艺术学校和成立于1878年的悉尼技术学院，当时称新南威尔士科技大学。1948年3月，开始招收第一批46名学生，开设专业主要包括土木工程、机械工程、采矿工程和电气工程。1949年，新南威尔士政府在悉尼技术学院的内城校园开始建设大学，并命名为新南威尔士理工大学。1958年，新南威尔士理工大学正式更名为新南威尔士大学，并一直保留至今。随着社会的发展与时代的需要，学校不断改革和完善自身建设，招生、师资规模也一再扩大。1960年学校成立了文学院，紧接着医学院建立，1971年法学院诞生。1951年该大学成立的纽卡斯尔学院与1962年成立的卧龙岗学院，分别发展成为现今的纽卡斯尔大学与卧龙岗大学。到1968年，新南威尔士大学开始在国际上崭露头角。如今的新南威尔士大学不仅是澳洲"八校集团"的成员，同时也是东南亚、欧洲及北美洲最负盛名的"21世纪大学集团"的成员。

新南威尔士大学以商科和工科著称，也是澳大利亚拥有最多百万富翁校友的大学。在澳大利亚证券交易所市值前200名的公司中，首席执行官大多毕业于新南威尔士大学。在近15年内，新南威尔士大学比其他澳洲大学培养了更多的公司创始人和联合创始人。由于身处南半球第一大城市悉尼市，众多国际企业总部的设立，以及学校与政府企业间的紧密联系，为毕业生创造了更好的就业机会。因此，新南威尔士大学是当地录取分数最高的大学之一，也是学生最为向往的大学。多年来连续被《亚洲周刊》评为亚太地区前十名的大学。

新南威尔士大学现有9个学院，1个大学院，共75个系。其中，大学院是由澳大利亚国防部资助，在1981年成立的。该院的学员都是军校学生，在此学习艺术、科学、工程。这个大学院也称为澳大利亚国防军事学院。在9个学院中，艺术与设计学院是位于帕丁顿的原城市艺术学院并入新南威尔士大学而成的。生命科学学院与科学技术学院皆建立于1997年。新南威尔士大学其余的学院分别

是商学院、工程学院、艺术与社会科学学院、建筑环境学院、法律学院、理学院，以及医药学院。新南威尔士大学开设了包括艺术、社会科学、生态环境、商业与经济、工程技术、法律、生命科学、医学、科学技术等方面的200门本科、硕士研究生、博士研究生专业课程。新南威尔士大学的工业设计专业在各类专业中较为突出，学制4年，海外学生可以从学年中开始，最低学历要求大学一年级以上。

新南威尔士大学研究生院是一个综合性的学术机构，致力于支持和管理研究生教育，并提供各种资源和服务，以帮助研究生在学术和职业方面取得成功。研究生院负责管理和支持研究生教育，提供学术支持、培训、职业发展，以及学生服务，帮助研究生学生提高其研究技能、学术写作能力和职业竞争力。此外，它还管理着研究生奖学金和招生程序。研究生院下设国际办公室、奖学金办公室。国际办公室专门服务国际研究生，帮助他们顺利过渡到澳大利亚学术环境，解决移民和签证问题，并提供跨文化培训等服务。研究生奖学金办公室负责管理和分发各种研究生奖学金，包括学费减免、生活费资助，以及研究项目资金。

根据新南威尔士大学2022年度报告统计，学校共有在校生62592人，包括本科生37262人，硕士研究生22003人，博士研究生3327人。其中，国际学生23472人，约占比37.5%，来自120个国家，主要以本科生为主。该校有超过16000名中国学生，约占全体国际学生的68.8%，学校接受中国学生用国内高考成绩申请攻读本科学位。新南威尔士大学为申请本科课程的留学生提供了预备课程，预备课程根据不同的专业设置，学习的时间为1年。新南威尔士大学为外国留学生设立了专门的留学生办公室，中国留学生还成立了中国学生联合会，以及参加各大国际华语辩论赛事的新南威尔士大学华辩社。

2022年，新南威尔士大学拥有7004名教职员工，其中学术型员工3251人，行政或研究助手2406人。很多教师是世界公认的各领域的精英。新南威尔士大学将科研与教学作为学校发展的重要使命。2022年新南威尔士大学教师荣获总理科学奖中的三项最高科学奖，这是新南威尔士大学学者首次在同一年获得科学研究和研究型创新前五名奖项中的三项。其中，特雷弗·麦克杜格尔（Trevor McDougall）教授因在海洋热力学和海洋混合领域的巨大贡献而被授予了总理科学奖。2023年，米歇尔·西蒙斯（Michelle Simmons）教授领导的团队制造出了原子级量子集成电路，为量子计算新方法奠定基础，因此荣获了总理科学奖。

新南威尔士大学位于澳大利亚最大的城市——悉尼市的近郊，离市中心很近。学校在帕丁顿、堪培拉，以及兰域——库基地区均设有校区，分别是艺术学院、国防军事学院和圣乔治分校等的所在地。校内设有4大图书馆，分别为社会科学和人文图书馆、生物医学图书馆、法学图书馆和物理科学图书馆。各大馆内的借书系统皆已计算机化，并和世界各地的主要图书馆有连线。

新南威尔士大学的校训是"Scientia Manu et Mente"（拉丁文），译为"实践思考出真理"，反映出学校对科技研究的精进和实践精神。在知识经济的时代背景下，新南威尔士大学立志成为世界一流大学，在科学研究和教学方面给予同等关注，凭借前沿性的研究促进科研创新，通过全球一流的教学培养社会精英和高质量人才，使他们在飞速变化的环境下，挑战传统的思维模式，具备解决现实问题的卓越能力，为人类共同的福祉和开明社会贡献才智。

# 澳大利亚国立大学

澳大利亚国立大学（The Australian National University），是澳大利亚唯一一所通过联邦议会立法成立的大学。该校是国家的研究中心，澳大利亚科学研究院有1/3的院士出自该校。学校拥有一所声名远播的医学研究院，先后有3位科学家荣获诺贝尔生理学或医学奖。澳大利亚国立大学具有超凡的研究水平，"认识事物的本质"是其立校的根本理念。光学研究中心的教师凭借光纤通信方面的研究成果，曾荣获澳大利亚科学奖和世界通信与信息技术领域的最高奖——马科尼国际奖。雷达与核物理的领头人奥利芬（Mark Oliphant）、青霉素的发现者之一弗洛里（Howard Florey）、历史学家汉考克（Keith Hancock）、经济学家库姆斯（Herbert Cole Coombs），以及新一代众多知名学者让这所大学熠熠生辉。

在人文社科领域，澳大利亚国立大学的艺术与人文专业在澳洲排名第一，特别是在考古学、历史学、现代语言学、哲学领域展现出显著优势。法学专业也是澳大利亚国立大学的强项，主要为学生提供了必修和选修课程。丰富的理论知识和实践训练使法学专业毕业生在就业市场上具有很强的竞争力。在自然科学领域，学校的精算学专业表现出色，其精算学课程非常完整，是唯一一家被澳洲精算师协会认定有资格授予精算学学士和精算学硕士学位的大学。地球与海洋科学、地质学等专业也实力强劲，拥有优秀的师资和先进的实验设备，为学生提供了深入学习和研究的机会。在工程技术方面，澳大利亚国立大学的工程与计算机科学学院也颇具实力，设有国家计算机基地，拥有超级计算机，并且是核融合科技的发源地，为学生在计算机工程、信息技术等领域提供了广阔的学习和研究空间。

澳大利亚国立大学始建于1946年。在澳大利亚国立大学成立之前，澳大利亚的战略家们就已意识到，第二次世界大战后重建需要大批的科学技术人才，并且未来国家经济发展也将更依赖教育和科学研究的发展水平，在实现由农业国向工业强国的结构转变中掌握前沿科技的高级人才是关键。这使澳大利亚政府清楚地意识到，只有大力培养自己的研究生，才可能赶上世界强国的发展步伐。澳大利亚国立大学成立之初就被赋予了光荣而艰巨的使命，国家要求它承担与国家利益联系密切学科或相关领域的研究和研究人才培养工作，在支持国家团结、统一和发展，提高国家自我认知，增进友邻理解，支持国家经济发展和社会转型等方面发挥作用。尽管澳大利亚国立大学建立之初仅有物理学、医学、社会科学和太

平洋地区研究等4个研究院，但却是当时全国唯一的全日制研究型大学。之后经过60多年的快速发展，澳大利亚国立大学现在拥有22个学术实体组成的7个大学学院。

澳大利亚国立大学将教学建立在科研的基础上，形成研究所、院系和研究中心结合的独特结构，整合后的7个学院也都是研究机构和教学单位的结合，这使其以研究引导教学的特色得到进一步加强。澳大利亚国立大学始终坚持为全体学生营造良好的自由学术环境，鼓励他们发现问题，发挥综合分析能力，培养学术自信。澳大利亚国立大学的毕业生之所以在各地受到欢迎，是因为他们大都具有学者的素质，是澳大利亚社会发展的生力军。对研究生及博士后的培养，澳大利亚国立大学提供的一系列国家级研究课题是其他任何一所澳大利亚大学都不可比拟的，这使其培养质量具有极高的国际水准。澳大利亚国立大学硕士培养分为授课类硕士和研究类硕士两种类型。这两种硕士类型的不同主要体现在培养方式和可预期的发展方向上。两者本身并没有好坏之分、高低不同，恰恰是对研究生的自主权、选择权的充分尊重。

澳大利亚国立大学的学生总人数达到13873人。其中，本科生为7630人，研究生为6243人。在这些学生中，国际学生的比例占33.2%。凭借优异的教学质量以及雄厚的科研实力，澳大利亚国立大学吸引了来自全球120多个国家的学生前来深造。2022年，共招收5000余名国际学生，约占在校生总数的27%，来自中国、印度、印度尼西亚等亚洲国家的学生占国际学生总数的85%以上。澳大利亚国立大学留学生教育的显著特点是注重研究型学生的培养。2022年，全校1800余名博士研究生中就有31%来自海外。为了帮助学生提高研究能力和学术水平，学校成立了"研究型学生发展中心"，给学生提供有关学术发展的专业咨询和服务。

截至2022年，学校的教学和研究人员共计3574人。其中，具有博士学位的比例为82%；320人入选澳大利亚国家科学院院士，占院士总人数的近1/3。在全世界20年来对所研究领域做出过根本性贡献的学者名单中，列有50位澳大利亚学者，其中21位来自澳大利亚国立大学。物理与工程研究院光学研究中心主任史尼德（Allan Snyder）教授，凭借在光纤通信方面的研究获得了澳大利亚科学奖。曾任约翰·科汀医学院院长的芬纳（Frank Fenner），因在病毒疾病研究和全球根除天花方面的贡献荣获世界卫生组织奖等大奖。除了上述学者，澳大利亚国立大学还有着许多声名卓著的知名学者，其中包括在澳大利亚最受人尊敬的著名的历史学家克拉克（Manning Clark）教授、澳大利亚20世纪中叶最著名的诗人霍普（A. D. Hope），以及建立第一例宏观经济模型的经济学家斯万（Trevor Swan）等。

澳大利亚国立大学位于澳大利亚首都堪培拉的阿克顿社区，校园总面积约150万平方米。澳大利亚国立大学坐拥南半球规模最大的图书馆，学校附近还坐落着众多的国家级文化和学术机构，如澳大利亚国家图书馆、澳大利亚国立美术馆、澳大利亚国家博物馆、澳大利亚国家植物园、澳大利亚国家生物标准实验室、澳大利亚战争纪念馆、国家肖像画廊、堪培拉博物馆暨美术馆和国家首都展览馆等。澳大利亚国立大学与这些机构有着紧密的联系和合作。学校的艺术中心如大学美术训练馆、堪培拉艺术与美术学校、图像美术馆、堪培拉音乐学校等组织丰富多彩的校园文化活动。学校大约有100个俱乐部和社团，包括亚洲电影协会，堪培拉海外学生咨询会等。

澳大利亚国立大学建校之初便确立了它的校训，即"First to learn the nature of things"，译为"最重要的是弄清事物的本质"。1968年又在文字表述上做了改变，即"Above all to find out the way things are"，虽然精神内涵未发生实质改变，但更加强调了发现精神。因此，澳大利亚国立大学从建立到今天一直以高质量的"研究引导型"教学而著称，发现精神是教育的推动力量。

70多年来，澳大利亚国立大学对科学知识前沿的推进和发展得到了学界及其他利益相关者的认可。通过与政府、商界和社会广泛合作，澳大利亚国立大学为国家社会发展提供了巨大的智力支持。通过与国际社会的学者积极合作，澳大利亚国立大学以创造性的研究和实用性的成果为国家、地区乃至全球政策的制定做出了重大贡献。同时，澳大利亚国立大学与澳大利亚人民密切相连，其创造的良好环境氛围使人们对知识充满好奇和渴望。

圣保罗大学

圣保罗大学（Saint Paul University）是巴西杰出的大学之一，备受全球瞩目。圣保罗大学以卓越的教育质量、杰出的师资队伍、广泛的学科领域和丰富的历史而闻名。该大学的声名远扬，吸引着来自世界各地的学生和学者。圣保罗大学的校友群体包括众多杰出的政治家、科学家、文化名人和企业家，他们为巴西和国际社会做出了杰出贡献。著名校友包括巴西作家、教授、社会学家和文学评论家安东尼奥·坎迪多·德梅洛·索萨（Antônio Candido de Medeiros Sousa），巴西律师和副总统米歇尔·米格尔·埃利亚斯·特梅尔·卢利亚（Michel Miguel

Elias Temer Lulia），以及巴西前财政部长吉多·曼特加（Guido Mantega）。作为巴西最古老和最知名的高等教育机构，圣保罗大学自1934年创立以来，始终坚持为公众服务、为国家和人民培养人才的初衷。这种坚定的使命感和责任感，使圣保罗大学在巴西乃至全球范围内都享有很高的声誉。

圣保罗大学的发展历史可以追溯到1827年。当时，巴西皇帝佩德罗一世（Pedro I）签署了一份法令，创立了里约热内卢国立学院。该法令为巴西高等教育的发展奠定了基础。当时巴西的教育系统开始逐渐向现代化和专业化发展。在1888年，圣保罗州政府设立了一所农业学校，旨在培训学生从事农业和工业工作，这所学校后来成为圣保罗大学的一部分。在20世纪初，圣保罗大学的创立者们开始致力于将该校建设成为一所综合性高等教育机构。在20世纪30年代，该校成为巴西第一所也是巴西当时规模最大的现代综合性高等学校。在巴西独立后的几十年里，圣保罗大学经历了快速的发展和变革。在20世纪60年代，该大学开始进行大规模的扩建和发展计划，并逐渐成为巴西最重要的高等教育机构之一。在20世纪70年代和20世纪80年代，圣保罗大学经历了政治动荡和改革，成为巴西联邦政府的组成部分。其间，该校加强了与国际高等教育机构的合作，并继续致力于推动科研和教育的发展。自创校以来，圣保罗大学一直致力于推动科研和教育的发展，如今成为巴西第一所同时也是现今规模最大的现代综合性高等学府。

圣保罗大学设有18个学院，涵盖人文、社会科学、自然科学、工程技术等多个领域。还拥有数百个本科、硕士和博士专业，包括但不限于农业科学、生物科学、健康科学、地球科学与环境教育、人文学科、应用社会科学、工程学、语言学、文学和艺术等，为学生提供了丰富多彩的学习选择。此外，课程的多样性和广泛性允许学生根据他们自身的教育目标和兴趣来自由组织和塑造自己的学习路径。其中，自然科学是圣保罗大学的优势学科之一，在几十年的发展中，取得了许多在国际上有重大影响的成就。比如在圣保罗大学研制成功的大型蓄水池分析系统，被联合国有关组织用来保护世界名城威尼斯的环境；在遥远的太平洋关岛上，该校的学者也去做过很有成效的动物学研究；在智利的安第斯高峰上，物理学家塞萨尔·拉特斯（César Lattes）曾以安置的金属板发现了一种被称为π介子的基本粒子。圣保罗大学的法学院创建于1827年，建院以来，一直被认为是巴西文化、社会和政治活动的中心之一。医学院

源自1943年建立的综合医疗诊所,是如今拉丁美洲最主要的医疗中心之一。该院为根治莱西玛尼斯传染病,曾作过长期的努力并做出了决定性的贡献,从20世纪60年代开始,该院就进行肾脏、心脏、肝脏等器官的移植研究,并且在肿瘤学、肾炎、肺炎的研究方面都有杰出的成就。

圣保罗大学的学生培养层次包括本科、硕士和博士,为学生提供了更多的发展机会。学校以高标准的招生而著称,要求学生具备卓越的学术潜力,以确保他们在学术和职业领域能够取得杰出的成就。圣保罗大学的研究生教育可以追溯到20世纪初,自创校以来,该校一直致力于推动科研和教育的发展。在过去的几十年中,圣保罗大学不断加强国际化建设,并与世界各地的知名高校建立了紧密的合作关系。圣保罗大学的研究生院和招生委员会等机构,负责研究生的招生和录取工作。这些机构会制定招生政策、审核申请材料、组织面试和考试等,以确定是否录取学生。圣保罗大学吸引了众多国际学生,对学校的国际多样性和全球化有积极的作用。与此同时,圣保罗大学的学生流动性也非常高,他们积极参与国内外的交流项目,不断丰富自己的学术经验。

圣保罗大学也是巴西研究生教育的杰出领导者,开设近270种研究生课程。学校在研究生教育领域拥有丰富的经验,这也是其历史的重要特点之一。圣保罗大学的研究生教育为巴西培养了众多的博士和硕士,他们在各领域的研究和创新中发挥了重要作用。圣保罗大学的研究生项目在国内和国际上享有盛誉,为学术和科研领域提供了杰出的人才。

圣保罗大学还吸引了大量国际学生,其中约14%是本科生,约86%是研究生,这为学校的国际多样性和全球视野增添了丰富的元素。总人数方面,圣保罗大学拥有65722名学生,其中本科生约占总人数的56%,研究生约占44%。在这些学生中,有1540名留学生,他们来自世界各地。

圣保罗大学拥有5900名教职员,其中95%为本地职员,5%是外国职员。多元化的师资队伍确保了高水平的教育和研究,为学校的学术声誉和贡献增色不少。如圣保罗大学终身教授伊万·谢斯塔科夫(Ivan Shestakov),是巴西科学院院士、美国数学会会士、巴西数学会会士、俄罗斯西伯利亚数学会会士。圣保罗大学的教职员身份涵盖了各种学科领域,为学生提供了丰富的学术资源和指导。总之,圣保罗大学以其多元化的学生群体和教职员队伍,以及多层次的学术培养模式而闻名,为培养出杰出的学者和研究者提供了坚实的基础。学校致力于国际化，吸引了来自世界各地的学生和国际教职员，进一步推动了学术交流和全球视野的发展。

圣保罗大学在全国总共设立了12个校区，其中4个校区位于圣保罗州。校园环境优美宜人，宽敞空旷。教学楼外观虽较为朴实，但教学设备先进，为学生提供良好的学习和生活条件。圣保罗大学另外8个校区分别是：圣保罗校区、鲍鲁校区、洛雷纳校区、皮拉西卡巴校区、皮拉松恩加校区、里贝朗普雷图校区、圣特校区和圣卡洛斯校区。这8个校区共同构成了圣保罗大学的广泛校园网络。为了满足学生和教育需求，巴西圣保罗大学借助其在线学习平台e-Aulas，汇集了超过1400小时的学习视频，为学习者提供了多元的学术资源。巴西圣保罗大学的在线学习平台既提供了便捷的学习方式、丰富的学术体验，也践行了开放教育的理念。

圣保罗大学的校训是"诚、实、严、活"，这一校训旨在培养学生的诚实、勤奋和创新能力。作为一所具有世界级学术声誉和资源优势的综合性大学，圣保罗大学为学生提供丰富的发展机会和优质的教育资源。今后，圣保罗大学将继续致力于成为世界一流的高等教育机构，通过不断改进教育质量、加强科研创新和国际化建设，提高自身在全球范围内的声誉和影响力。

后　　记

一般认为，1809年德国的柏林洪堡大学的创立标志着现代意义上的大学的诞生。经过200多年的发展，现代大学的地位与作用越来越凸显。不同的大学具有不同的精神文化，如何呈现世界顶级大学的精神文化？如何走好"各美其美、美人之美、美美与共"的大学文化大同之路？为此，笔者开始构思《世界大学100强》的遴选办法、写作框架、写作思路和写作内容。

2023年10月初，课题组正式开始启动《世界大学100强》的研究撰写工作。笔者组织北京理工大学国际交流合作处、研究生教育研究中心的有关老师、学者、工作人员开始研究写作方案，并反复征求有关专家和学者的意见与建议，确定了以"面向世界、服务需求"为导向，以"百所世界顶级大学"为研究对象，以"时代性、引领性、学术性、应用性"为核心的编写思路。本书的策划、构思、框架设计、写作内容、撰写风格和全书通稿均由笔者负责，中国科学技术出版社科学教育分社社长王晓义和北京理工大学国际交流合作处处长汪滢参与了本书的策划与研讨。一些博士研究生、硕士研究生参与了文献检索、资料整理、研究等工作。他们分别是王媛、杨文亚、吕钰琪、陈恺哲、赵锦涛。初稿完成后，李旖旎带领钟贞、张晓峰、王烨、王韵丝等进行了全书统稿。最后由笔者对全书进行了修改和定稿。

本书的研究撰写工作得到了来自各方的支持和帮助，对他们所做的贡献和辛苦付出表示感谢。本书是"国家资助博士后研究人员计划（项目编号：GZC20233405）"的研究成果。同时，本书在研究撰写时还参考了相关书籍和资料，在此感谢这些带给我们参考和启示的所有参考文献的作者！

由于笔者的视野、水平有限，再加上时间仓促，对书中内容的整体把握和精雕细刻都留有许多遗憾，本书中难免存在一些疏漏和不当之处，期待各位读者、同人谅解并不吝赐教。

王战军
2024年1月